Joachim Fiebach

Kunstprozesse in Afrika

Literatur und Gesellschaft

Herausgegeben von der
Akademie der Wissenschaften der DDR
Zentralinstitut für Literaturgeschichte

Joachim Fiebach

Kunstprozesse in Afrika

Literatur im Umbruch

Akademie-Verlag · Berlin

1979

Erschienen im Akademie-Verlag, DDR — 108 Berlin, Leipziger Str. 3—4
Lektor: Alfred Gessler

Lizenznummer: 202 · 100/144/79
Gesamtherstellung: IV/2/14 VEB Druckerei »Gottfried Wilhelm Leibniz«,
445 Gräfenhainichen/DDR · 5384
Bestellnummer: 753 664 6 (2150/69) · LSV 8051
Printed in GDR
DDR 9,50 M

Inhalt

Vorbemerkung

Dieses Buch ging aus einer Begegnung mit kulturellen Prozessen im subsaharischen Afrika hervor, die auch für Europäer bedeutsam sind. Hier verändern sich – gestern noch vorkapitalistische, durch den Kolonialismus deformierte – Gesellschaften, die, bis in die zweite Hälfte des 19. Jahrhunderts im wesentlichen ohne Schrift, also „orale Gesellschaften" (Agblemagnon) waren, in kapitalistisch oder schon sozialistisch orientierte, für die modernste Kommunikationsmittel selbstverständlich sind. Ich versuche an ausgewählten Beispielen einen Teilaspekt dieses Umbruchprozesses zu erörtern: wie sich moderne, über den Druck verbreitete Literatur als Faktor der nationalen und sozialen Befreiung von den vierziger bis zur Mitte der siebziger Jahre unseres Jahrhunderts entfaltete und veränderte. Die südafrikanische Literatur wird nicht berücksichtigt, da sich auf Grund der besonderen Geschichte und Gegenwart der Republik Südafrika besondere Bedingungen und Probleme ergeben haben. Es würde die Möglichkeiten dieser Arbeit übersteigen, dies jeweils zu erläutern.

Ich beziehe mich fast ausschließlich auf englisch und französisch geschriebene Literatur. Sie ist die in der literarischen Öffentlichkeit Afrikas bisher wirksamste und am meisten bekannte. Die in portugiesisch geschriebenen Literaturen (Angola, Moçambique) kann ich nur vereinzelt berücksichtigen. Auch Literatur in afrikanischen Lokal- und Verkehrssprachen wird – mit Ausnahme einiger Erscheinungen der Swahili-Literatur – nicht aufgenommen. Die Vielzahl der Sprachen, in denen sie erscheint, erschwert wohl jede vergleichende wissenschaftliche Behandlung.

Die Gesichtspunkte, unter denen die literarischen Bewegungen betrachtet werden, sind von den Interessen europäischer marxistischer Kunstwissenschaften bestimmt. Ich kann Afrika nicht „von innen" sehen und werten. Das heißt nicht, an außereuropäische Kunst normativ mit Vorstellungen heranzugehen, die aus europäischen Prozessen erwachsen und auf diese gerichtet sind. Spezifische Prozesse sollen erfaßt werden. Afrikanische Literatur hat aber auch international typische oder bedeutungsvolle Züge. Sie reflektiert übergreifende Prozesse unserer Epoche, ist von ihnen geprägt und spielt in ihnen als Kunst eine aktive Rolle. Afrikanische Literaturen sind denen in Europa – um nur ein Beispiel zu nennen – nicht absolut fremd; sie sind nichts Exotisches, das in sich abgekapselt von der anderen Welt existiert. Die Beziehungen afrikanischer Schriftsteller zu Elementen europäischer, amerikanischer und asiatischer Kulturen sind nur ein Ausdruck dafür. Ich gehe darauf in einzelnen Abschnitten ein, ohne aber den Anschein erwecken oder gar die These aufstellen zu wollen, die moderne Literatur Afrikas sei überhaupt erst durch außerafrikanische Anstöße und Einflüsse bewegt worden. Sie ist – und das ist meine Grundthese – wesentlich aus den Zwängen und Bedürfnissen sozialökonomischer, politischer und kultureller Umwälzungen auf dem afrikanischen Kontinent erwachsen, und sie ist speziell auf diese gerichtet.

Die Begriffe „modern“ und „traditionell“ werden häufig verwendet. Es sind einfache Arbeitstermini. Modern meint, wenn nicht anders erklärt, die materiellen und geistigen Verhältnisse und Erscheinungen, die sich auf Grund der kolonialen Geschichte seit dem 19. Jahrhundert und im Umbruch vorkapitalistischer Gesellschaften zu kapitalistisch oder sozialistisch orientierten herausgebildet haben. Traditionell bezeichnet Verhältnisse und Erscheinungen, die sich eigenständig in Afrika als vorkapitalistische vor der durchgängigen Kolonialisierung entwickelt hatten, und jene Elemente, die von diesen Verhältnissen – wie die mündliche Dichtung – in Resten und in Abwandlungen bis heute wirksam sind. Solche Trennung ist lediglich ein Behelf, um verschiedene Aspekte behandelter Prozesse differenziert bezeichnen zu können. In Wirklichkeit ist gerade das Einander-Durchdringen von „traditionellen“ und „modernen“ Elementen kennzeichnend.

Viele Kollegen halfen beim Zustandekommen des Buches, indem sie Thesen und Manuskriptteile diskutierten, auf wichtige Literatur verwiesen oder sie mir zugänglich machten. Ich möchte hier nur Hannelore Korluß danken, die mir als Bibliothekarin an der Humboldt-Universität durch vielfache sachkundige Literaturhinweise und durch das Beschaffen von Büchern unentbehrliche Hilfe leistete.

Juni 1978 Joachim Fiebach

Tendenzen und Elemente gesellschaftlicher Umwälzungen im subsaharischen Afrika

Sozialökonomische und kulturelle Situation

Die Literatur wie jede andere Kunst in Afrika befindet sich gegenwärtig in einer äußerst komplizierten historischen Situation. Die afrikanischen unabhängigen Länder sind Entwicklungsländer und Bestandteile der Bewegung für nationale und soziale Befreiung – einer der revolutionären Hauptströme unserer Epoche. Das bedeutet historische Rückständigkeit ihrer Produktivkräfte und das – von Staat zu Staat unterschiedliche – historisch neuartige Nebeneinanderbestehen von sozialökonomischen, ideologischen und kulturellen Elementen verschiedener Gesellschaftsordnungen in einer Gesellschaft, in einem Land. Zugleich bedeutet es rasche Auflösung oder, genauer, Umbruch dieser eigenartigen Verhältnisse, indem sich in ihnen und aus ihnen die kapitalistische Produktionsweise und entsprechende soziale Institutionen als herrschende entfalten oder aber indem versucht wird, einen entwickelten Kapitalismus zu umgehen und über eine antikapitalistische, revolutionärdemokratische Phase zum Sozialismus zu gelangen. Beide Wege sind entscheidend geprägt durch eine tiefwirkende kolonialistische Geschichte, die zu grundlegenden Abhängigkeiten vom Imperialismus führte und teilweise noch führt, auch in Ländern, die sich antiimperialistisch und antikapitalistisch entwickeln. Die Bewegung in Richtung auf nationale und soziale Befreiung ist so die konkrete geschichtliche Form, in der sich moderne Produktivkräfte und Produktionsverhältnisse herausbilden und in der die damit verbundenen kulturellen Umwälzungen verlaufen. Es geht um eine Befreiung von kolonialer und neokolonialer Abhängigkeit, zugleich auch von Ausbeutung und Herrschaft einer neuen eigenen reaktionären Bourgeoisie, die, parasitär mit dem internationalen Kapitalismus verbunden und seine Geschäfte betreibend, jede wirkliche sozialökonomische und kulturelle Entwicklung zum historisch möglichen Niveau vereitelt.

Die Widersprüchlichkeit dieser Prozesse stellt gerade die Kunst, die in die Realität progressiv eingreifen und spezifische ästhetische Produktivität entfalten möchte, vor Aufgaben, die oft schier unlösbar scheinen. Sie muß sich mit Erscheinungen auseinandersetzen, in denen ständig gegensätzliche historische Kräfte zusammenwirken, in denen Abhängigkeit und Eigenständigkeit, Versteinerung von Tradition und Erneuerung einschließlich des dialektischen Aufhebens von Tradition oft unauflöslich miteinander verwachsen sind. Im folgenden versuche ich einige Züge und Tendenzen dieser Wirklichkeit unter dem Begriff der Übergangsgesellschaften zu skizzieren.

„Auf die gegenwärtige politische Atmosphäre der Republik stimmt gleich die Hauptstraße vom Flughafen in die Hauptstadt ein. An der Straße entlang stehen Transparente mit einprägsamen Losungen: ‚Das Volk macht die Revolution für sich', ‚Das demokratische Guinea wird eine Fremdherrschaft nie anerkennen', ‚Parasitismus – ein Hemmschuh der ökonomischen Entwicklung', ‚Laßt uns den Klassenkampf verstärken', ‚Ideologie – ständige Basis für Menschen und Völker', ‚Zentren des revolutionären Unterrichts . . . und Organe der örtlichen revolutionären Macht . . . sind die Eckpfeiler der Revolution'."[1] So schilderte 1974 ein Korrespondent erste Eindrücke aus der Republik Guinea. Sie ist eines der Länder, die sich auf den Sozialismus zu orientieren suchen – bei einem sozialökonomischen Entwicklungsniveau, das Ende der sechziger Jahre vor allem durch die Landwirtschaft bestimmt wurde, in der nach Schätzungen noch über 80 Prozent aller Bauern Subsistenzwirtschaft betrieben.[2] „Ja, das Volk lebt hier nicht im Überfluß, die Wirtschaft hat Schwierigkeiten", fuhr der Korrespondent fort, „der staatliche Sektor ist noch schwach, es mangelt an Lebensmitteln, die Kaufkraft der nationalen Währung ist nicht hoch. Daß aber die Menschen unter diesen Bedingungen nicht in Skepsis, Apathie oder Mutlosigkeit verfallen . . ., ist ein Beweis ihres Glaubens an die Zukunft, an den vom Land gewählten Kurs."[3]

Nigeria, ein anderes westafrikanisches Land, entfaltete bisher kapitalistische Verhältnisse. Es war in den sechziger Jahren bereits stärker industrialisiert und urbanisiert als Guinea. Fragebogenumfragen unter Arbeitern eines größeren Industriebetriebes 1963/64 führten zu folgenden Einschätzungen: Die Manager haben afrikanische Assistenten, in deren Händen die Personalpolitik liegt. Die meisten der Assistenten diskriminieren die Arbeiter, die nicht dem gleichen Stamm wie sie selbst angehören. So hat in einer Abteilung ein Assistent 95 Prozent der Belegschaft mit Arbeitern aus seiner Region besetzt.

Man entläßt oft schon auf Grund geringfügiger Vergehen, ohne Warnung und Einhalten einer Kündigungsfrist. Daraus resultiert starke Unsicherheit – jeder fürchtet ständig um seinen Arbeitsplatz. Es besteht der Eindruck, daß die Anforderungen der Stelle oft geringer sind als die Fähigkeiten und die Ausbildung der Arbeiter. Viele haben das Gefühl, daß ihre Leistung von der Betriebsleitung nicht anerkannt wird. Allerdings gibt es innerbetriebliche Kurse für die Ausbildung von Arbeitern.[4] Am Anfang der siebziger Jahre nannte der nigerianische Soziologe J. A. Sofola Haltungen und Werte, die als ewig gegebene Qualitäten d e n Afrikaner von anderen unterscheiden, die die „afrikanische Persönlichkeit" ausmachen, die „wir heute und zu allen Zeiten in Funktion sehen". Afrikaner seien „altruistische Menschen, reich an Humanität, Gesellschaftsbezogenheit (sociality) und unverdorbener Moral". Das treibe die „afrikanische Persönlichkeit" zur „Bereitschaft zur spontanen Freundlichkeit", zum „moralischen Vorbehalt gegenüber der Ausbeutung anderer". Er habe die Veranlagung, „unbeirrt die Linie der Humanität zu befolgen, selbst mit einem blutigen Kopf".[5] „Die wesenhaft humanen und moralistischen Ideen, Überzeugungen und Gebräuche unter den Afrikanern sind die nichtmateriellen Seiten ihrer afrikanischen Kultur, die der individuelle Afrikaner bei seiner Sozialisation und in der Erziehung eingesogen und verinnerlicht hat, um seine Persönlichkeit zu formen."[6]

Am 6. August 1969 berichtete der kenianische *East African Standard* auf einer Seite über sehr unterschiedliche Vorgänge an einem längeren Wochenende in Kenia, das verhältnismäßig rasch kapitalistische Verhältnisse vorantreibt. In einem Artikel *Bewaffnete Räuber während des Feiertagswochenendes beschäftigt* wurde u. a. genannt: Auf der Como-Plantage in Thika wurde Herr Chege Karie von zwei Männern mit Buschmessern und Keulen angegriffen. Sie zerschmetterten seinen Schädel. Er starb im Krankenhaus von Thika. Im Handelszentrum von Timboroa stürmten acht Männer mit Buschmessern in das Geschäft von Herrn C. Mbuthia, griffen ihn an und entkamen in einem gestohlenen Auto mit Beute im Wert von 150 Pfund. Sieben Männer mit Buschmessern und Keulen griffen Herrn M. Wainnaina am Githunguri Handelszentrum in Kiambu an. Man raubte ihm Eigentum im Wert von beinahe 100 Pfund. Bei der Njogu Tankstelle, Kikuyu, raubte eine Bande von sechs mit Buschmessern Bewaffneten Herrn K. Ngure ungefähr 70 Pfund in bar und Gegenstände im Wert von fast 200 Pfund. Sie flüchteten in einem Auto, von dem man annimmt, daß es gestohlen wurde. In dem Artikel *Verstopfte Straßen bei der Rückkehr von dem Bankfeiertag* heißt es: „Heute arbeiten wieder Tausende von Urlaubern des August-Bankfeiertages. Sie waren während des Wochenendes an die Küste und ins Innere des Landes zu den Urlaubszentren geströmt. Der Rückstrom in die Städte begann gestern früh. Wie man berichtet, war der Verkehr auf den Straßen Nairobi–Mombasa und Nairobi–Nakuru sehr dicht . . . Am Sonntag hatten sich Tagesausflügler auf Naivasha konzentriert, wo Hotels und Klubs ein ausgezeichnetes Geschäft meldeten.“[7]

Drei Tage später berichtete die tansanische Zeitung *The Nationalist* mit dicker Schlagzeile auf der ersten Seite über *Stammesspannungen in Kenia.* Es sei zu Unruhen in Kenias Nationalversammlung gekommen, als der Oppositionsführer Oginga Odinga, ein progressiver Politiker mit ethnischer Zugehörigkeit zum Stamm der Luo, gefordert hatte, die Regierung sollte entweder dementieren oder bestätigen, daß in Präsident Kenyattas Haus rituale Eide des Kikuyu-Stammes abgelegt wurden. „Berichte über die neuen Eid-Zeremonien durch Kikuyu-Leute zirkulierten schon längst in Nairobi, seit dem Tod von Herrn Tom Mboya, dem Luo-Minister für Wirtschaftliche Planung und Entwicklung, und den darauffolgenden Unruhen seiner Stammesbrüder. Seitdem sind die zwei Gemeinschaften auseinandergerückt, und Beobachter haben hier ein Anwachsen der Spannung zwischen den zwei Gruppen entdeckt, während sich Kenia auf seine ersten allgemeinen Wahlen seit der Unabhängigkeit vorbereitet.“[8]

Ein paar Monate zuvor hatte der *Nationalist* von einem anderen Zusammenstoß zwischen Angehörigen verschiedener ethnischer Gruppen berichtet, allerdings ohne solche schwerwiegenden staatspolitischen Aspekte. An der Grenze zwischen Kenia und Tansania war es zwischen Bauern der Wakurya, die in Tansania leben, und Angehörigen des Kipsig-Stammes aus Kenia zu Zusammenstößen gekommen. „Der Stammeszusammenstoß erfolgte nach einer Behauptung der Kipsig-Stammesangehörigen, daß die Wakurya-Bauern ihr Vieh überfallen hätten, das an der Grenze weidete. Die Kipsig-Stammesangehörigen beschlossen daraufhin einen Angriff nahe der Grenze in der Musoma-Region (Tansania – J. F.), um das Vieh unter Kontrolle zu bringen. Die Polizei berichtet, daß mit selbstgemachten Gewehren, mit Pfeilen, Stöcken und Steinen gekämpft wurde. Ein Wakurya-Bauer wurde schwer verletzt . . .“[9]

Tansania hatte 1967 begonnen, eine „Politik des Sozialismus“ einzuschlagen, im Bewußtsein, daß es „ein Staat der Bauern und Arbeiter“ sei, aber noch kein sozialistischer Staat. Es gäbe noch „Elemente des

Kapitalismus und Feudalismus", die „sich ausbreiten und verfestigen" könnten.[10] Im Juli 1969 berichtete der *Nationalist* in großer Aufmachung über groben und bösartigen Mißbrauch von Amt und Macht. 585 Fälle hatte die Ständige Eingabenkommission für das Jahr 1967/68 zu behandeln. Die Chefs von Bezirks- und Kreisverwaltungen neigen dazu, ihre Macht zu mißbrauchen, indem sie Personen einsperren, „um Rivalen zu bestrafen oder jemanden, den sie hassen oder dem sie nur so ihre Macht demonstrieren wollen". Ein Mitglied des Parlaments ging zu einer Veranstaltung in Begleitung eines weiblichen Polizeibeamten. Er hoffte dort den ehemaligen Mann seiner Ehefrau zu finden. Da er argwöhnte, daß der ehemalige Mann mit seiner Frau sprechen würde, verprügelte ihn das Parlamentsmitglied. „Dann beauftragte das Mitglied des Parlaments einen Polizeibeamten, ‚seinen Gegner zu ergreifen und ihn einzusperren'."[11]

Am 23. Mai 1973 unterbrachen alle Arbeiter einer Tabakfabrik, an der 40 Prozent der Aktien einem internationalen britischen Unternehmen und 60 Prozent der National Development Corporation von Tansania, also einer nationalen staatlichen Institution, gehören, die Arbeit. Sie betonten, sie würden nicht weiterarbeiten, bis über den Personaldirektor Kashaija, einen Tansanier, entschieden werde. Kashaija verstoße gegen die Prinzipien der TANU, der damaligen revolutionärdemokratischen Einheitspartei des Festlands, indem er unnötige Ausgaben mache. So war er zum Begräbnis seines Vaters auf Kosten des Unternehmens gefahren und hatte eine beträchtliche Summe der Gesellschaft für eine große Party ausgegeben. Diese Party hatte die Arbeiter besonders entrüstet. Kein einziger von ihnen oder ihren Repräsentanten war eingeladen worden. Der zweite Vorwurf bezichtigte Kashaija der Begünstigung eigener Stammesangehöriger und anderer ihm genehmer Leute. Drittens klagten die Arbeiter den Direktor an, er praktiziere Privilegierung und Diskriminierung. Zum Beispiel habe er spezielle Kantinen für Arbeiter auf der einen Seite und für hohe Angestellte (Bürokraten) auf der anderen angeregt. Das Ständige Arbeitsgericht, das 1967 in Tansania eingerichtet worden war, fand eine Reihe der Anschuldigungen berechtigt und empfahl, Kashaija aus dem Unternehmen zu entfernen. Unterdessen – so berichtet der tansanische Universitätsdozent Shivji – „hatten die Arbeiter Überstunden gemacht, und zwar u n b e z a h l t e, um die Verluste wettzumachen, die durch den Streik entstanden waren"[12].

Solche gegensätzlichen Erscheinungen kennzeichnen die besondere historische Situation Tropisch-Afrikas. Sie weisen auf den spezifischen

Übergangsprozeß hin, in dem sich seit dem zweiten Weltkrieg, vor allem seit den sechziger Jahren, erst moderne kapitalistische Gesellschaften oder revolutionärdemokratisch geprägte Verhältnisse herausbilden, die bereits unter Vermeidung kapitalistischer Weiterentwicklung auf den Sozialismus zielen. Neben moderner industrialisierten Bereichen, vor allem im Bergbau und in der Rohstoffgewinnung,[13]* und einer sich explosiv entfaltenden Urbanisierung in allen Ländern[14] gibt es in unterschiedlichem Maße noch Reste vorkapitalistischer Gesellschaften, einschließlich gentilgesellschaftlicher Dorfgemeinschaften und Großfamilien; extensiv betriebene Landwirtschaft mit einfachsten Werkzeugen wie der Hacke prägen noch Sozialordnungen, Wertsysteme und das Niveau der Produktivkräfte. Obwohl moderne Farmbetriebe, bäuerliche Genossenschaften und in breitem Umfang die kleine bäuerliche Warenproduktion die Landwirtschaft historisch bestimmen und damit vorkapitalistische Strukturen in voller Auflösung begriffen sind, vielfach schon nicht mehr existieren, sind andererseits Naturalwirtschaft und damit verbundene soziale Haltungen noch verbreitet. Große Teile der Bevölkerung produzieren hauptsächlich für sich selbst, sind nur zeitweilig oder geringfügig an Warenproduktion und damit an ständiger Kommunikation mit den historisch progressiven Wirtschaftszweigen und sozialen Gruppen verbunden. In Sambia, das mit ungefähr 400 US-Dollar Pro-Kopf-Einkommen und mit einem Anteil der verarbeitenden Industrie von etwa 13 Prozent am Bruttosozialprodukt 1973 zu den entwickelsten Ländern Schwarzafrikas zählt,[15] existierten 1970 bei einer Gesamtbevölkerung von etwa 4,4 Millionen ungefähr 500 000 Subsistenzbauern (nebst Familienanhang). Daneben gab es nur 25 000 Bauern, die für den Markt produzierten, und etwa 550 größere kapitalistische Farmen.[16]

Die modernen Hauptklassen Proletariat und Bourgeoisie befinden sich teilweise erst am Anfang ihrer Herausbildung oder ihrer Stabilisierung als Klasse.[17] Bis auf kleine Gruppen eines Handelsbürgertums gab es bis Ende des zweiten Weltkrieges, dem Beginn der letzten großen Phase des Kampfes gegen den „klassischen" Kolonialismus, im wesentlichen nur kleine Gruppen einer vom Kolonialismus erzogenen, unterhaltenen oder von ihm stark geprägten bürokratischen oder administrativen Bourgeoisie. Der Kolonialismus hatte eine

* Ziffern, die auf Sachanmerkungen hinweisen, werden durch einen Stern gekennzeichnet.

schnellere und frühere Entwicklung verhindert, z. B. in Togo und Dahomey (heute VR Benin).[18] In den unabhängigen, kapitalistisch ausgerichteten Staaten kann sich heute ein Unternehmertum nur langsam, ungleichmäßig und hoffnungslos abhängig vom internationalen Kapital entwickeln.[19*]

Lohnarbeiter stellen immer noch einen nur geringen Anteil der Bevölkerung. Mitte der sechziger Jahre berechnete man nach offiziellen Statistiken, daß in dreißig unabhängigen schwarzafrikanischen Staaten etwa 5 800 000 Menschen Lohnarbeiter waren, davon 70 Prozent Arbeiter im eigentlichen Sinne. Für das unabhängige Schwarzafrika gab es so in den sechziger Jahren wenig mehr als vier Millionen Arbeiter.[20] Von etwa dreihundert Millionen Menschen in Afrika überhaupt waren Ende der sechziger Jahre hundertzehn Millionen erwerbstätig, davon ungefähr zwanzig Millionen Lohnempfänger, also weniger als sieben Prozent der Gesamtbevölkerung.[21] Die rasche Bildung einer klassenbewußten Arbeiterschaft wird durch das Weiterbestehen unentwickelter Verhältnisse auf dem Lande, insbesondere der sozialen und geistigen Wirksamkeiten der bäuerlichen Großfamilie, verzögert. Die Arbeiter kommen in der ersten Generation oft aus diesem Bereich. Sie haben sehr enge Bindungen ans Dorf und an die Großfamilie und kehren teilweise wieder dorthin zurück. Auch hier hatte der Kolonialismus außerordentlich hemmend gewirkt. Er unterhielt – z. B. im kapitalistischen Farmbetrieb – hauptsächlich Saison- oder Migrationsarbeiter und zwang durch unzureichende Entlohnung die Arbeiter, sich durch landwirtschaftliche Subsistenzwirtschaft ernähren zu helfen.[22] Andererseits entwickelte sich die Arbeiterklasse seit dem zweiten Weltkrieg relativ schnell. Gerade gewerkschaftlich organisierte Arbeiter erschütterten wesentlich das Kolonialsystem durch Generalstreiks 1945 in Nigeria, 1950 in Ghana und 1952 in den französischen Kolonien und beschleunigten die Entfaltung der politischen nationalen Befreiungsbewegung.[23] Seit den sechziger Jahren, seit der politischen Unabhängigkeit für die meisten afrikanischen Länder, steigt deutlich der Prozentsatz der Arbeiter, die sich endgültig als Arbeiter betrachten, also nicht mehr ins Dorf zurückgehen – ein Zeichen zunehmender Stabilisierung der Arbeiterklasse, ihrer Formierung als „Klasse für sich“. Damit lösen sie sich auch von Verhaltens- und Denkmustern traditioneller bäuerlicher Existenz und von Clan- und Stammesstrukturen, wenn diese auch im einzelnen – etwa hinsichtlich der starken Religiosität – nachhaltig und spezifisch weiterwirken.[24]

Besonders wichtig ist die veränderte Bedürfnis- und Interessenstruktur, die auf die Existenz als Arbeiter ausgerichtet und Bestandteil eines sich herausbildenden Klassenbewußtseins sowie einer spezifischen Kultur der afrikanischen Arbeiterklasse ist. Die von Seibel befragten nigerianischen Arbeiter, die teilweise in der ersten Generation als Arbeiter in der Stadt lebten, waren nicht nur brennend an der Entfaltung ihrer besonders ausgebildeten Fertigkeiten im Arbeitsprozeß interessiert. Im Unterschied zu dörflicher Bevölkerung zeichneten sie sich auch durch andere kulturelle Bedürfnisse aus. In der Mehrzahl identifizierten sie sich mit Inhalt und Ziel der industriellen Produktion; sie strebten für ihre Kinder vor allem Berufe wie Ingenieur, Techniker, Mechaniker an.[25] Sie widmeten einen beachtlichen Teil ihrer Freizeit und ihres sehr geringen Monatseinkommens der eigenen beruflichen und allgemeinen Weiterbildung und der modernen Bildung ihrer Verwandten. Letzteres – als wichtiges Bedürfnis genannt – kennzeichnet die spezifische Prägung von Arbeiterverhalten durch die noch unmittelbare Erfahrung vorkapitalistischer Verhältnisse. Neun Zehntel aller Befragten lasen Zeitungen, davon fast die Hälfte täglich, und nahezu alle waren gewohnt, sich des Radios als Informationsmedium zu bedienen.[26] Die differenzierte Haltung zu den sozialökonomischen komplizierten Problemen eines nichtkapitalistischen Kurses, die in den Streiks tansanischer Arbeiter während der siebziger Jahre zum Ausdruck kommt, zeigt ein beachtliches Maß an Disziplin und politischer Reife. Die Arbeiter traten weitgehend geschlossen gegen Korruption und Ausbeutung durch die bürokratische Bourgeoisie und das internationale Kapital auf, setzten sich andererseits für die Unterstützung revolutionärdemokratischer Entwicklung ein, indem sie die Richtlinien der TANU auf unbedingte Ausnutzung aller Ressourcen des Landes und auf ökonomische Leistung gegen den Imperialismus ernst nahmen und die Verluste, die während ihrer Arbeitsniederlegung entstanden waren, durch unbezahlte Überstunden wettmachten.[27]

Für den Übergangsprozeß sind ständig in Bewegung und Veränderung befindliche Zwischenschichten besonders charakteristisch – kleine Warenproduzenten, Händler, pauperistische, halbproletarische Massen und vor allem die Intelligenz. Sie machten in den sechziger Jahren über zwei Drittel der städtischen Bevölkerung aus.[28] Von größter Bedeutung ist dabei die Intelligenz oder – anders gefaßt – die in sich sehr differenzierte Gruppe derjenigen, die über Fach- und Hochschulbildung, teilweise auch nur Oberschulbildung verfügen. Auf

Grund des massenhaften Analphabetismus, der gegenwärtig in den meisten Ländern noch immer über 70 Prozent der gesamten Bevölkerung prägt, und auf Grund der unentwickelten modernen Klassenstruktur konnte diese Gruppe während der letzten Jahrzehnte eine führende Stellung erobern. Die sehr geringe Zahl der an kolonialen Schulen in Afrika oder an Institutionen der Kolonialmächte modern Gebildeten war bereits nach dem ersten Weltkrieg als Führungskader in antikolonialen Bewegungen tätig. Zunächst in begrenztem Maße von den Kolonialmächten für niedere und mittlere Funktionen in der kolonialen Verwaltung und im kolonialen Bildungswesen herangezogen, in einigen Fällen, besonders in Westafrika, in freien Berufen tätig (Rechtsanwälte), stellten sie nach dem zweiten Weltkrieg mit ihrer relativ modernen bürgerlichen Bildung, mit den dadurch ermöglichten Einblicken in internationale politische und soziale Prozesse und mit ihren Erfahrungen in Verwaltungs- und Bildungsarbeiten die meisten ideologischen, politischen und auch militärischen Führer des antikolonialen Widerstands, der nationalen Befreiungsbewegung. So nahmen sie zunächst die Führungspositionen im Staatsapparat, in den politischen Parteien und Massenorganisationen, im Bildungswesen und in den bewaffneten Organen der meisten Länder ein, die seit Ende der fünfziger Jahre unabhängig wurden.

Zwei für die historische Übergangssituation typische und entscheidende Gruppierungen haben sich gebildet. Das ist einmal eine bürokratische oder administrative Bourgeoisie. Sie besetzte auf den verschiedenen Ebenen die Machtpositionen im Staatsapparat, in der sich entfaltenden staatlich kontrollierten Wirtschaft und im Bildungswesen. Sie war und ist noch die wesentliche soziale Kraft, die die kapitalistische Entwicklung in den unabhängigen Ländern vorantreibt, eng verbunden – oft in Personalunion – mit der sich langsam vergrößernden Unternehmer-Bourgeoisie. Die bürokratische Bourgeoisie stellt den Hauptanteil am afrikanischen Bürgertum, das gilt zumindest bis in die Mitte der siebziger Jahre. Zum anderen hat sich – vor allem seit den sechziger Jahren – eine revolutionärdemokratische Intelligenz herausgebildet, die zunehmend marxistisch und auf den wissenschaftlichen Sozialismus orientiert ist. Sie artikuliert Interessen verschiedener Klassenkräfte, die in den kapitalistisch ausgerichteten Gesellschaften in antagonistischen Widerspruch zu Bürokratie und Unternehmertum geraten, und sie führte – auch in den siebziger Jahren (Moçambique, Angola, Guinea-Bissau) – die revolutionärdemokratischen, deutlich antikapitalistischen Befreiungsorganisationen. Vor allem aber ist sie die führende Kraft in den sehr spezifischen, historisch neuartigen Übergangsprozessen, die mit dem Begriff nichtkapitalistischer oder sozialistisch orientierter Entwicklungsweg gefaßt werden können.[29]

Dieser Weg zeigt wohl am deutlichsten die Besonderheiten, die eigenartige Komplexität und Widersprüchlichkeit der Übergangsgesellschaften. Sicherlich ist er deren gegenwärtig historisch progressivste Form. Unter der Einwirkung von Resten vorkapitalistischer Kulturen, in einer gerade erst voll expandierenden Warenproduktion, noch weitgehend abhängig von kapitalistischer Weltwirtschaft und inselartigen Unternehmen des internationalen Kapitals im eigenen Lande wird versucht, zugleich kapitalistische Warenproduktion, die Entfaltung einer Bourgeoisie und die Abhängigkeit vom internationalen Kapitalismus zu begrenzen und allmählich zurückzudrängen. Dazu wurden und werden Banken, Versicherungen, Schlüsselbetriebe und große Teile des Handels verstaatlicht, werden landwirtschaftliche Genossenschaften organisiert. Die sozialistische Orientierung beruht auf der Interessenvertretung und zugleich Förderung der Bauern sowie eines modernen Proletariats, auf der außenpolitischen Abgrenzung vom Imperialismus und dem offenen Kampf gegen ihn, auf der Anwendung politischer Prinzipien sozialistischer Umwälzungen und der Anlehnung an den Marxismus-Leninismus in der ideologischen und politischen Arbeit.[30]

Diese in sich äußerst komplizierten Bewegungen sind eine reale Möglichkeit, unter Vermeidung eines entfalteten Kapitalismus zum Sozialismus überzugehen. Die Herausbildung solcher revolutionärer Übergangsgesellschaften ist offensichtlich ein historisch unumkehrbarer Prozeß. Das meint nicht, jedes Land, das diesen Weg beginnt, gehe ihn konsequent zu Ende. Im einzelnen kann eine solche Entwicklung abgebrochen oder umgebogen werden wie in Ghana und Mali während der sechziger Jahre. Insgesamt aber wird dieser Weg immer wieder versucht, und zwar häufiger und konsequenter. Davon zeugen die antikapitalistischen Ansätze Äthiopiens, der VR Kongo, Angolas und Moçambiques während der siebziger Jahre. Das ergibt sich aus dem Grundwiderspruch zwischen Ländern der nationalen Befreiung und dem Imperialismus sowie aus der neuen historischen Situation, der zweiten Phase, in der sich die nationale Befreiungsbewegung nach der Unabhängigkeit in den neuen Staaten selbst befindet.

Die Unabhängigkeit ist zunächst nur politisch. Ausgehend von der kolonialen Geschichte, sind die jungen Staaten in das kapitalistische Weltwirtschaftssystem eingefügt und von ihm tief abhängig. Das macht den sich gerade in Ansätzen befindlichen Kapitalismus der Entwicklungsländer hoffnungslos rückständig. Er kann vor allem in den sehr unentwickelten Wirtschaften afrikanischer Länder von vornherein nur deformierter, abhängiger, peripherer, rückständiger, anachronistischer Kapitalismus sein in einer Epoche, in der die Ablösung des späten, hochentwickelten Kapitalismus durch den Sozialismus im Gange ist. Die entstehende Bourgeoisie kann sich so nur in empfindlicher Abhängigkeit vom internationalen Kapital und der westlichen Bourgeoisie bewegen. Ihre Entfaltung ist wegen des Kapitalmangels und der Kontrolle aller historisch entscheidenden Wirtschaftssektoren durch das internationale Kapital begrenzt – das betrifft ihre Tätigkeit sowohl in den staatlich geführten Unternehmungen (bürokratische Bourgeoisie) als auch im privaten Sektor. Deshalb sind große Teile des Kleinbürgertums und Bürgertums stark daran interessiert, sich von imperialistischer Abhängigkeit zu befreien – die objektive Grundlage heutiger Bündnisse mit den revolutionären Demokraten und den Arbeitern gegen den Imperialismus, obwohl sich nach der Unabhängigkeit schon deutlich die historischen Antagonismen zwischen ihnen in den afrikanischen Gesellschaften abzeichnen. Die Auseinandersetzung zwischen den neuen Staaten und dem Imperialismus, der Versuch, sich vom Neokolonialismus zu befreien, ist immer noch ein Hauptwiderspruch und trägt zum weltrevolutionären Prozeß der Gegenwart maßgeblich bei. Der kleinbürgerliche Nationalismus, der sich gegen den Neokolonialismus wendet, hat so auch in einer Phase, in der soziale Umwälzungen in den national befreiten Ländern historisch auf der Tagesordnung stehen, noch antiimperialistische Bedeutung.[31] Die Abhängigkeit vom internationalen Kapital und die hoffnungslose Rückständigkeit des sich erst jetzt entwickelnden Kapitalismus verhindern letztlich jede wirkliche Unabhängigkeit, jede echte Befreiung vom Neokolonialismus. Diese sind nur durch eine nichtkapitalistische Strategie zu erreichen. Infolge der unentwickelten modernen Produktivkräfte und Klassenverhältnisse ist sie in absehbarer Zeit kaum im Rahmen einer proletarischen Revolution, sondern in der revolutionärdemokratischen Übergangsgesellschaft zu verwirklichen. Solche Gesellschaften schließen für längere Zeit Verflechtungen mit der kapitalistischen Weltwirtschaft (bis zur Abhängigkeit von ihr) ein, und sie bieten auch Entfaltungsräume für bürgerliche Haltungen, insbesondere für die bürokratische Bourgeoisie, die sich tendenziell ständig reproduziert. Die Kritik der Arbeiter setzte in Tansania gerade an solchen Erscheinungen an. Ihre Streiks sind dramatischer Ausdruck der inneren Widersprüchlichkeit des Entwicklungsweges – seiner Unsicherheiten, der Gefahren, die ihm permanent drohen.

Von besonderem Gewicht für diese Unsicherheiten sind die soziale Lage, Bedürfnisse und Vorstellungen der führenden Kräfte, der kleinbürgerlichen Intelligenz. Sie entwickelt immer wieder auch bürgerliche Haltungen und Interessen, neigt bürgerlicher Lebensweise und Verhältnissen zu, insbesondere in Afrika, wo die koloniale Geschichte und ein anhaltender kulturimperialistischer Einfluß mit Konsumverlockungen und Konsumgratifikationen für die Intelligenz und diejenigen, die an staatlichen und wirtschaftlichen Schalthebeln sitzen, prägend sind. Andererseits neigen kleinbürgerliche Revolutionäre dazu, linksradikal, idealistisch den Reifegrad und die Machtmöglichkeiten sozialer Kräfte zu überschätzen, sich sektiererisch gegenüber den Zwischenschichten und dem nationalen Bürgertum zu verhalten. Durch zu schnelle, ökonomisch nicht haltbare Verstaatlichungen, insbesondere des Handels, wurden Versorgungsschwierigkeiten – wie in Guinea – zusätzlich vergrößert, die Massen dadurch den fortschrittlichen Kräften und Regimes entfremdet. Die errungene Macht und die historische Notwendigkeit ihrer diktatorischen Sicherung werden oft willkürlich gehandhabt, der Bürokratisierung und Isolierung vom Volk nicht immer entgegengearbeitet und so die revolutionäre Entwicklung aufgehalten oder umgebogen. Tendenzen zu persönlicher Macht und Willkürherrschaft einzelner oder eines kleinen Apparates können sich schnell durchsetzen, nicht nur in solchen Fällen, wie sie die Untersuchungskommission 1969 in Tansania enthüllte, sondern auch insgesamt – bis zur Errichtung autoritärer Ein-Mann-Regimes. Obwohl eine starke zentralistische, mehr oder minder ausgeprägte revolutionär-diktatorische Machtausübung für die revolutionäre Meisterung der komplizierten Prozesse notwendig erscheint, muß zugleich die demokratische Grundlage für ihre weitere erfolgreiche Gestaltung geschaffen werden, müssen unbedingt auf breiter Basis die Massen politisch-demokratisch zur Förderung der Prozesse mobilisiert werden. Ende 1975 sah die Kongolesische Partei der Arbeit, die politische Führungskraft der VR Kongo, mangelnde Mobilisierung der Massen und ungenügende Verbindung zu ihnen als einen Hauptgrund für „eine offensichtliche Verzögerung der Revolution“ mit der Orientierung auf Sozialismus. Die Revolution könne

„nicht in Salons von Polstersesseln aus ‚gemacht' werden". Es gäbe Perioden mit jähen Wendungen und Erschütterungen, in denen „eng egoistische Interessen einzelner Gruppen geschmälert werden": „Das Verständnis dafür ist bei den einzelnen Menschen unterschiedlich. Die Partei berücksichtigt die vorläufig noch ungleiche Mitwirkung der einzelnen Bevölkerungsgruppen – der Arbeiter, der Intelligenz, der Lernenden und Soldaten – an der Aktivierungsbewegung. Daher sieht die PCT ihre Aufgabe darin, den Sinn und Zweck der neuen Politik zu erläutern, den Massen zu zeigen, daß diese Politik in ihrem Interesse betrieben wird. Ebendeshalb wurde beschlossen, daß die Partei direkt unter die Massen geht, mit diesen arbeitet: mit ihnen offen diskutiert und ihnen den wahren Sinn dieser oder jener Maßnahme, der Aktivierungsbewegung insgesamt nahebringt . . . In der Volksrepublik Kongo ist diese Arbeitsweise viel wichtiger und wirksamer als der Einsatz der Massenmedien allein."[32]

Elemente des kulturellen Umbruchs

Diesen Entwicklungen entsprechen spezifische kulturelle Umbruchprozesse, die für das Kunstleben unmittelbar wirksam sind. Unter Kultur bzw. Kulturprozessen verstehe ich hier die materiellen und geistigen Lebensbereiche, die jeweiligen materiellen und geistigen Wirkungsfaktoren, die für die Entwicklung der Individuen in der gegebenen Gesellschaft bestimmend und charakteristisch sind – angefangen von den Lebens- und Arbeitsbedingungen bis zu den Bedürfnisstrukturen und Wertvorstellungen, die sich aus jenen ergeben und sie wiederum beeinflussen.[33] Wesentliche Kennzeichen historisch gegebener Lebensbedingungen, die zugleich Hauptfaktoren und Ausgangspunkte spezifischer Kulturprozesse sind und die den subsaharischen Ländern objektive Aufgaben und Ziele setzen, sind folgende:

Es dominieren chronische Unterernährung oder Fehlernährung (Proteinarmut, Abhängigkeit von ein oder zwei pflanzlichen Produkten). Moderne medizinische Betreuung ist sehr mangelhaft oder fehlt für viele Gruppen fast völlig. Die Lebenserwartung ist entsprechend niedrig. Sie beträgt in Afrika etwa durchschnittlich vierzig Jahre. Verhaltensweisen und Bedürfnisse sind weitgehend gekennzeichnet durch Einordnung in Normen und Werte vorkapitalistischer Stammeszugehörigkeiten (Tribalismus) und der Großfamilie, durch noch mangelndes gesamtgesellschaftliches, staatlich-national ausgerichtetes Bewußtsein und Verhalten.[34] Vor allem aber allgemeiner Analphabetismus und oftmaliger Rückfall in faktischen Analphabetismus sind Ergebnisse und Faktoren dieser allgemeinen Situation. Der Anteil der Analphabeten betrug 1970 in Afrika über 73 Prozent, lag also noch über dem Durchschnitt der Entwicklungsländer insgesamt (etwa 50 Prozent).[35] Die historische Grundaufgabe ist unter solchen Bedingungen: umfassende Herstellung und Sicherung von elementaren Entfaltungsmöglichkeiten für Individuen, die moderne Produktivkräfte behandeln, meistern und entwickeln können und die Träger sich herausbildender, moderner Gesellschaften und Staaten sind. Dazu gehören für die Massen – und das muß betont werden – hinreichende Ernährung und minimale moderne medizinische Betreuung (Eindämmen von epidemischen Krankheiten), das Herausbilden von Verhaltensweisen und Wertvorstellungen, die der Einbeziehung in moderne Klassen, in entwickelte Produktionssysteme, in moderne gesellschaftliche Organisationsformen und Staatswesen entsprechen und diese zugleich bedingen. Ohne durchgängige, also allgemeine Alphabetisierung können sich politische Haltungen und Bewußtsein – klassenmäßiges, nationales, antiimperialistisches – nicht herausbilden oder festigen, und ohne diese kann sich auf die Dauer keine Lebensweise stabilisieren, die der Entwicklung moderner Produktivkräfte entspricht und sie zugleich entfalten hilft. Die meisten Staaten schenken deshalb unmittelbar nach dem Erringen der Unabhängigkeit dem Bildungswesen besondere Aufmerksamkeit. Von 1960 bis 1965 erhöhte sich in 21 Ländern des tropischen Afrika der Anteil der Ausgaben für die Bildung (einschließlich Hochschulwesen) am Bruttosozialprodukt von 3 auf 4,2 Prozent.[36]

Die kulturellen Veränderungen müssen sich unter sehr komplizierten Bedingungen vollziehen. Da wirken zunächst vorkapitalistische und kolonial deformierte traditionelle Verhaltens- und Denkweisen, deren Hauptelemente sich, obwohl seit Jahrzehnten einem ständigen Wandlungsprozeß ausgesetzt, nur langsam aufheben. Sie stehen einer raschen Entwicklung moderner Produktivkräfte, der auf kapitalistische oder sozialistische Ziele gerichteten Produktionsverhältnisse und entsprechenden Bedürfnisstrukturen, Arbeits- und Freizeitverhalten und Wertorientierungen entgegen. Andererseits zerfallen und verschwinden sie schneller, treten allgemein neue Bedürfnisse und Wertsysteme an ihre Stelle, als sie die noch im Anfang befindliche Industrialisierung und durchgängige Modernisierung der Landwirtschaft und der

Dienstleistungen integrieren, produktiv nützen und befriedigen können.

Ein auffälliges Hemmnis ist das zählebige Eingebundensein des Individuums in kleine soziale Einheiten, in die traditionelle Großfamilie, den Clan, den Stamm. Es erschwert, Verhaltensweisen zu entwickeln und zu verinnerlichen, wie sie Zugehörigkeit zu modernen Klassen, zu politischen Bewegungen, Parteien und Organisationen, wie sie das Arbeiten in gesamtgesellschaftlichen, nationalstaatlich bedeutsamen Institutionen hervorbringt. Die traditionelle Ausrichtung auf die kleine ethnische Einheit, die Dorfgemeinschaft und die Großfamilie, äußert sich u. a. im Tribalismus, der Orientierung der Individuen auf von ihnen angenommene primäre Stammesinteressen und eine historisch bereits überholte Stammeszugehörigkeit. Das bedeutet bevorzugten oder auch ausschließlichen Umgang mit Stammesmitgliedern, Begünstigung (Vetternwirtschaft) von Mitgliedern des eigenen Stammes und natürlich vor allem der Großfamilie im Geschäftsleben, in den Verwaltungen, insbesondere das Verfolgen enger, lokaler politischer Interessen, politisches Denken und Handeln nicht im klassenmäßigen und nationalstaatlichen Maßstab, sondern im Familien-, Dorf- oder Stammesmaßstab, in borniertem Regionalismus. Der Nigerianer O. Arikpo bemerkte dazu in bezug auf die sechziger Jahre: „In allen nigerianischen kulturellen Gruppen ist es traditionell, für ein Mitglied der eigenen Gruppe zu kämpfen und es zu beschützen. Es ist aber auch ein gemeinsamer kultureller Zug im nigerianischen Stammesleben, daß Betrug und alle Formen von Unehrenhaftigkeit, die sich gegen Mitglieder der eigenen Gruppe richten, verurteilt werden und härtesten Gruppensanktionen unterliegen. Die Nigerianer von heute müssen lernen, in jeder Beziehung anzunehmen, daß die Einheit, die Nigeria heißt, die traditionelle stammesmäßige oder kulturelle Gruppe ersetzen muß. Unehrenhafte Handlungen von Männern der Öffentlichkeit müssen deshalb so gesehen werden, daß sie gegen die Gruppe, deren Mitglieder sie sind, gerichtet sind und daher härteste öffentliche Sanktionen verdienen. Solange das Durchschnittsmitglied der heutigen nigerianischen Gesellschaft nicht willens ist, irgendeine unmittelbare Sanktion gegen den anzuwenden, der vom allgemein akzeptierten Maßstab der Integrität abweicht, wird es unmöglich sein, Korruption und Vetternwirtschaft in unserem öffentlichen Leben einzudämmen, geschweige denn zu beseitigen. Nationale Integration oder Einheit wird nur erreicht, wenn der Nationalstaat als Träger der politischen Macht akzeptiert wird."[37]

Zugleich haben kleine Warenproduktion und Geldwirtschaft, Industrialisierung und Urbanisierung traditionelle Verhaltensweisen seit langem in großem Umfang zersetzt, verändert, angepaßt oder völlig beseitigt. Aber es lösen sich weitaus mehr Gruppen aus den traditionellen Verhältnissen und sind bereit, Lebens- und Denkweisen der modernen Produktivkraftentwicklung anzupassen, als das beim gegenwärtigen Stand des allgemeinen sozialökonomischen Entwicklungsniveaus immer auch produktive Wirkungen zeitigen könnte. Trotz der Anstrengungen vieler unabhängiger Länder konnte infolge begrenzter materieller Mittel (Bau von Schulen und Ausbildungsstätten) und durch Kadermangel (Lehrer, Ausbilder) Mitte der siebziger Jahre nur jeweils ein Teil der Kinder im Schulalter die allgemeinbildende Schule besuchen und ein noch geringerer Teil der Jugendlichen eine Berufsausbildung erfahren. Vor allem die Kinder von Subsistenzbauern und die ständig wachsende Gruppe der Arbeitslosen in den Städten sind vom Elementarunterricht oft ausgeschlossen.

Besonders in den Städten ist die Kluft zwischen Bereitschaft zur Veränderung geschichtlich überholter Haltungen sowie der Herausbildung neuer Bedürfnisse groß. Die Städte, in denen sich die Verwaltungen konzentrieren und entfalten, in denen sich verarbeitende Industrie und Dienstleistungsbereiche vorrangig entwickeln, sind in den letzten dreißig Jahren sehr schnell gewachsen. 1950 hatte Lagos (Nigeria) eine Bevölkerungszahl von etwa 230 000, 1962 bereits von 675 000, 1948 Accra (Ghana) 135 000, 1960 bereits 325 000, 1955 Conakry (Guinea) 40 000, 1967 mindestens 184 000.[38] Dieser Zuwachs, der unvermindert anhält, ist im wesentlichen Folge des Zustroms aus den ländlichen Gebieten. Die Industrialisierung und das Schaffen von neuen Arbeitsplätzen halten mit der Urbanisierung jedoch nicht Schritt, so daß die Zahl der Arbeitslosen ständig steigt und Slumgebiete, Kriminalität und Prostitution anwachsen. Für Senegal schätzt man, daß die Arbeitslosenzahl unter den in Lohnarbeit Stehenden von 20 000 (1959) bereits auf 110 000 (1968) angewachsen war.

Für den gesamten Kontinent wurden 1975 45 Prozent aller Erwerbspersonen als arbeitslos oder unterbeschäftigt geschätzt.[39]

Am raschesten vollzieht sich der Umbruch traditioneller Lebensweise in den Städten. Hier erzeugt das Angebot moderner Konsumgüter bzw. von europäischen und nordamerikanischen Kulturen übernommene Weisen der Bekleidung, des Essens, der Kommunikation, der Freizeittätigkeit (Kino, Restaurant, Sportveranstaltungen) ständig neue Bedürfnisse und Wertorientierungen, denen aber – wie die Benutzung der Bildungsstätten und der meist noch an Honorarzahlung gebundenen medizinischen Dienste – kaum von den Arbeitslosen und den halbproletarischen Massen mit minimalem Einkommen nachgegangen werden kann. Ein großer Teil der städtischen Bevölkerung wird in den individuellen Entfaltungsmöglichkeiten stark behindert (Ausschluß vom Bildungswesen, von moderner Kommunikation und künstlerischer Kultur wie dem Kino) und vermag seine durch die Umwelt ständig erzeugten Bedürfnisse nicht zu befriedigen (Konsumeinschränkung). Bedürfnisstrukturen und Wertorientierungen werden deformiert, indem sie allein auf den Bereich neuen Konsums, neuer Freizeittätigkeit gerichtet bleiben, neue Arbeitshaltungen und Fähigkeiten (technische Bildung, Umgang mit moderner Verwaltung usw.) aber wegen des völligen oder teilweisen Ausschlusses aus der modernen städtischen Arbeitswelt werden kaum entwickelt.

Im Konsumbereich der Städte machen sich soziale Differenzierungen und Spannungen besonders auffällig bemerkbar. Die überwiegende Mehrheit – neben den Arbeitslosen und Unterbeschäftigten auch die minimal entlohnten Arbeiter und die Masse der kleinen Händler und Angestellten – sieht, erfährt die moderne Konsum- und Kommunikationswelt tagtäglich, allerdings nur von außen, kann sie nicht benutzen, sie sich nicht aneignen. In dieser erdrückenden Mehrheit leben inselartig einzelne soziale Gruppen – die hochgebildete Intelligenz, die in- und ausländischen Fachleute, die Beamten und Unternehmer –, die offen demonstrieren, daß und wie man nicht nur neue Arbeitsmöglichkeiten, sondern gerade auch neuen Konsum und städtische Freizeit ausgiebig benutzen und genießen kann. Im Besitz von Tonbandgeräten, Autos, modischer Kleidung (überwiegend nach europäischem Vorbild), europäischen und amerikanischen Alkohols und im Besuch teurer Restaurants äußern sich sehr scharf und allen sichtbar soziale Unterschiede, Gegensätze, Klassenspannungen. Das Ausmaß dieses Gefälles wird deutlich an den Einkommensunterschieden, die Lohn- und Gehaltsdifferentiale von mehr als dreißig zu eins kennen. Untersuchungen in Uganda z. B. zeigten für 1965, daß Fachschulabsolventen das 30fache und Hochschulabsolventen das 49fache (damals etwa 1370 britische Pfund) des jährlichen durchschnittlichen Pro-Kopf-Einkommens im Land (etwa 28 britische Pfund) verdienten.[40*]

Aber nicht nur unproduktiv gehemmte und reduzierte Bedürfnisbefriedigung und Entwicklung von Fähigkeiten prägen die Situation. Auch gerade die im Sinne der kleinen Warenproduktion und der Geldwirtschaft, die zum Kapitalismus drängt, sich produktiv entfaltenden Haltungen, Fähigkeiten und Wünsche kehren sich unter den spezifischen Verhältnissen ins gesamtgesellschaftlich Unproduktive, verwirklichen sich also deformiert. Aus dem traditionellen Wirtschaften und sozialen Eingebundensein gelöst, sieht sich das Individuum in einer expandierenden, zunächst auf Kapitalismus zustrebenden Warenproduktion unmittelbar als Zentrum, als alleiniger Maßstab aller Dinge und Werte. Soeben aus den traditionellen Bindungen entlassen, richtet es seine Tätigkeiten und Interessen völlig auf sich selbst und seine nächsten Familienangehörigen, auf individuelle Bedürfnisbefriedigung und Entfaltung von Fähigkeiten, ohne politisch übergreifende, gesamtgesellschaftliche, klassenmäßige Interessen und Notwendigkeiten zu sehen, zu akzeptieren, zu berücksichtigen. Eine Art ursprünglicher Individualismus früher Akkumulation oder „Gründerjahre" ist so – vielleicht mit Ausnahme der bereits bewußteren und disziplinierten Teile des Industrieproletariats – charakteristisch für alle Schichten.

Diese äußerst komplizierte Lage erschwert die Entwicklung besonders antikapitalistisch orientierter Gesellschaften und Staatswesen, stört die Herausbildung und Stabilisierung von Haltungen und Wertsystemen, die unabdingbar sind. J. Suret-Canale, die Probleme Guineas in den sechziger Jahren untersuchend, hat wohl für alle Länder, die sich sozialistisch zu orientieren suchen, das Komplexe der Aufgaben umrissen:

„Indem sie sich unter der allgemeinen Einwirkung und Ausbreitung der Marktbeziehungen, der Geldwirtschaft, auflösen, machen die traditionellen Strukturen spontan einer Gesellschaft der kleinen Warenproduzenten Platz, die für den Markt arbeiten – Bauern, Händler, Unternehmer. Diese Entwicklung erzeugt normalerweise einen Geist des Individualismus und des Strebens in absolutem Widerspruch zu dem allgemeinen und nationalen Interesse, auf das sich das neue Wirtschaftssystem zu gründen sucht. Es entsteht ein krasser Widerspruch zwischen dem nationalen Ideal, zwischen dem, was es an Opfern für die Sicherung der Unabhängigkeit und des Fortschritts der Gemeinschaft voraussetzt, und dem frenetischen Willen zum Erfolg und zu persönlicher Bereicherung von unzähligen Rastignacs, die vor allem ein besseres Leben anstreben.

Können nun der alte afrikanische Kollektivismus und seine noch wirksamen Reste in der sozialen Psyche die Wirkungen dieses unheilvollen Individualismus bekämpfen? Die sozialen Strukturen, aus denen sich der Kollektivgeist herleitet, haben – ganz davon abgesehen, daß sie in voller Auflösung begriffen sind – nichts gemein mit dem Staat oder der modernen Nation, und ihr psychologisches Erbe hat andere negative Konsequenzen ... – regionales oder rassistisches Bewußtsein (das die ethnische Solidarität über die nationale Solidarität stellt), Vetternwirtschaft, parasitäre Haltungen der Familienmitglieder ...

So wird die Hartnäckigkeit der Demokratischen Partei Guineas verständlich, eine Umwandlung der Geisteshaltungen zu verlangen, die Notwendigkeit einer ‚kulturellen Revolution' zu unterstreichen. Es handelt sich hierbei darum, zugleich das ethnische Gruppen- oder Clanbewußtsein der vorkolonialen Zeiten und den Individualismus der Kolonialepoche zu überwinden, für den das allgemeine Interesse, das Staatsinteresse das Interesse des Fremden, des Unterdrückers bedeutete ..."[41]

Die nichtkapitalistisch orientierten Länder führen und müssen einen radikalen Kampf gegen geschichtlich überholte Stammesstrukturen und deren Herrschaftsinstitutionen (Häuptlingstum)[42] führen. Zugleich müssen sie neues kollektiv gerichtetes, gesamtgesellschaftlich orientiertes Verhalten organisieren, antiimperialistisches politisches Bewußtsein in historisch sehr kurzer Frist allgemein ausbilden. Das geschieht auf dem Lande vor allem durch die Bildung landwirtschaftlicher Genossenschaften, in den Städten und auf dem Lande durch das Erfassen möglichst aller Kinder und Jugendlicher in einem modernen Schulsystem, in Massenorganisationen und in nationalen Arbeits- und Militärdiensten. Die zahlreichen Massenkundgebungen und -demonstrationen, die vielen Umzüge und Aufzüge bei politischen Anlässen, die immer wieder so zur Schau gestellte Durchführung gemeinsamer, disziplinierter Aktionen haben daher oft eine rationale, funktionelle Aufgabe. Sie können wichtige Erfahrungen politischer, gesamtgesellschaftlicher Interessen sein, notwendiges modernes politisches Verhalten einüben und entsprechendes Bewußtsein prägen.

Verwüstungen des Kolonialismus

Der unumkehrbare Umbruch von Lebensweisen, von Entwicklungsbedingungen der Individuen und von Werten verläuft unter jeweils spezifischen Bedingungen. Er vollzieht sich in Ländern, die entscheidend durch den Kolonialismus geprägt worden sind und deren Kulturen auch nach der Unabhängigkeit bis heute mehr oder minder starken imperialistischen Einflüssen unterliegen. Kulturelle Veränderungen bedeuten so auch tendenziell kulturelle Entkolonialisierung[43] oder sind hauptsächlich darauf gerichtet. Wie der Kolonialismus die Entwicklung moderner Produktivkräfte durch Afrikaner gewaltsam verhinderte, so hielt er auch die historisch mögliche progressive kulturelle Entwicklung gezielt auf. Er gab den Kolonialisierten keine Möglichkeiten, sich während einer historisch ausreichenden Zeitspanne in der Meisterung moderner Produktivkräfte, von Verwaltungsmechanismen und beruflichen Fertigkeiten, geschichtlich progressiver Lebensweise und von Wertsystemen auszubilden. Für die Ausbeutung der Rohstoffe durch den Einsatz ungelernter, unterbezahlter Arbeitskräfte, die durch europäische oder einige asiatische Fachkräfte angeleitet wurden, war eine allgemeine Erhöhung des Bildungsniveaus nicht notwendig, zumal dies mit dem Risiko vergrößerter Einsichten in die Machtstruktur des Kolonialismus und antikolonialer Politisierung verbunden war. Bildung wurde nur einer kleinen Schicht zugebilligt – kleinen Gruppen traditioneller Herrschaft (Häuptlingsfamilien), der gerade entstehenden Handelsbourgeoisie und vor allem den Angestellten und der bürokratischen Bourgeoisie, die für die Zusammenarbeit mit der Kolonialverwaltung erforderlich waren. Der Kolonialismus sperrte die Kolonialisierten praktisch vom modernen Bildungswesen aus und verzögerte für Jahrzehnte die notwendige allgemeine Alphabetisierung. Nach fast siebzigjähriger Kolonialisierung gab es 1945 in den französischen Kolonialgebieten mehr als 95 Prozent Analphabeten.[44] In den Jahren unmittelbar vor dem Eindringen der Unabhängigkeit von 1957 bis 1960 war der relative Schulbesuch der Fünf- bis Vierzehnjährigen (bzw. der Fünfzehn- bis Neunzehnjährigen) in Mali 7,7 (0,5) Prozent, in Somalia 10,2 (1,1) Prozent und im damaligen Tanganyika, dem Festland Tansanias, 24,1 (2,1) Prozent.[45]

Wurden so die Kolonialisierten von historisch möglichen progressiven Entwicklungen ferngehalten, unterlagen sie andererseits objektiv und infolge gezielter Kolonialpolitik einer tiefgreifenden Manipulation durch die aktuelle bürgerliche Kultur, die ihnen vor allem von bürgerlichen und kleinbürgerlichen Kolonialisten und den christlichen Missionen im Lande selbst vorgelebt wurde. Die Kolonialverwaltungen, Missionen, europäischen Siedler und das nichtafrikanische leitende Personal der kapitalistischen Farmen, der Handelsunternehmen und der Bergwerke trugen Institutionen, Verhaltensweisen und Werte vor allem der bürgerlichen Kultur der jeweiligen Metropolen in das jeweilige Land. Sie richteten ihr Schulsystem ein, ihre Verwaltungsapparate, ihre Klubs und später ihre Zentren künstlerischer Tätigkeit, ihre Zeitungen und ihre Geschäfte mit dem aktuellen Konsumangebot moderner kapitalistischer Gesellschaften. Diese im wesentlichen plötzlich und von außen hereingebrachten kulturellen Elemente strahlten aus. Sie begannen – als Importiertes, zunächst Aufgepfropftes – eigenständige, gewachsene Kulturen zu verändern, indem sie sie deformierten. Die bürgerliche Lebensweise der jeweiligen Metropolen, die jeweiligen bürgerlichen Wertsysteme erschienen in den Kolonien als absoluter Maßstab von Kultur und zivilisatorischen Errungenschaften schlechthin. Als solche wurden sie in den Schulen und durch die Kolonialverwaltungen auch bewußt propagiert. Eigenständig gewachsene Institutionen und Gewohnheiten, afrikanische Geschichte und Kunst wurden dagegen abgewertet, in der Regel als barbarisch, kulturell minderwertig, als Unkultur schlechthin verteufelt. Die Annahme der kolonialen Kultur durch wichtige Gruppen der Kolonialisierten als Kultur überhaupt, die Verinnerlichung dieser Kultur, vor allem auch ihrer Wertsysteme, und damit die Abwertung und Verachtung eigener geschichtlicher Existenz ist eine der folgenschwersten Erscheinungen der Kolonialgeschichte im subsaharischen Afrika.[46] Die Kulturpolitik des französischen Kolonialismus, die auf eine Assimilation von Afrikanern an bürgerliche französische Kultur zielte, war in dieser Hinsicht besonders radikal. Die Schüler waren von der ersten Klasse an gezwungen, nur französisch zu sprechen; Kommunikation in den afrikanischen Mutter- oder Verkehrssprachen war verboten. Die eigene afrikanische Geschichte wurde totgeschwiegen und, wenn erwähnt, als Vorgeschichte barbarischer Wildheit hingestellt.[47] Obwohl sich verschiedene Phasen der Bildungspolitik abzeichnen (von 1903 bis 1916; von 1916 bis 1947/48; von 1948 bis zur Unabhängigkeit), in denen zur besseren Manipulation in wachsendem Maße auf Merkmale eigenständiger, insbesondere künstlerischer Kultur zurückgegriffen wurde, sind die Ziele der Angleichung, der kulturellen Kolonisierung unverändert geblieben. „Für den Augenblick", wurde 1909 formuliert, „sind die Aufgaben des kolonialen Erziehers, die freiwillige Anlehnung des Einheimischen an seinen Kolonialherrn zu fördern, ihn zu verwurzeln (l'enraciner), um ihn an uns zu binden . . ." Deshalb wird, so hieß es 1913, die Verbreitung der französischen Sprache „ein besonders geschmeidiges (souple)

Band zwischen unseren Untertanen und uns sein. Dank ihrer wird unser Einfluß in der Masse wirksam (s'insinuera), sie durchdringen ..."[48]*

Auch in anderen Kolonialgebieten gab es tiefgreifende Manipulationen bis in die Alltagsgewohnheiten von Massen. Chinua Achebe charakterisierte seine Erfahrungen in Nigeria so: „In meiner Schulzeit war es etwas Ungehöriges, nigerianische Tänze zu unseren Festlichkeiten zu veranstalten. Im guten christlichen Sinn mußten die Jungen mit Holzschwertern üben und die Mädchen vor allem Tänze um den Maienbaum (Maypole) aufführen. Schöne Schüsseln und Töpfe aus Ton sah man nur in den Häusern der Heiden. Wir zivilisierte Christen benutzten billiges Emaillegeschirr aus Europa und Japan. Wir trugen Kerosinkanister anstatt Wassertöpfe. Ein Produkt als ibo-made zu bezeichnen hieß in der Tat, es als im höchsten Maße minderwertig abzustempeln."[49]

Am tiefsten und folgenreichsten wirkte der kulturelle Kolonialismus auf die Intelligenz, auf die gebildete Elite, das entstehende Handelsbürgertum, auf alle die, die längere Oberschulbildung oder Fach- und Hochschulausbildung erlangten. Ihre Ausbildung fand in den von der Kolonialadministration und den christlichen Missionen unterhaltenen Internatsschulen statt, in denen sie, während langer Jahre von ihrer afrikanischen Umgebung weitgehend getrennt, zu „schwarzen weißen Männern" erzogen wurden, zu dem, was Fanon „schwarze Haut, weiße Maske" nannte.[50]* Bürgerliche Lebensweise der jeweiligen Kolonialmacht bis hin zur herrschenden Mode, bürgerliche Geschichts- und Menschenbilder, bürgerliche Konsumtionsbedürfnisse und nicht zuletzt bürgerliches Verständnis von Kunst wurde ihnen hier aufgezwängt und von ihnen oft verinnerlicht. Das wirkt in Verbindung mit ständigen Einflüssen des Neokolonialismus bis in die Gegenwart nach. 1965 bemerkte Achebe nach dem Verweis auf die oben gegebene Darstellung: „Heute hat sich sehr vieles verändert. Es wäre aber töricht, zu behaupten, daß wir uns völlig von den traumatischen Wirkungen unserer ersten Begegnung mit Europa erholt hätten. Vor drei oder vier Wochen fragte meine Frau, die in einer Knabenschule Englisch lehrt, einen Schüler, warum er über Winter schreibe, wenn er die Zeit des Harmattan meine. Er sagte, die anderen Jungen würden ihn einen Mann aus dem Busch nennen, wenn er das nicht täte! Wer würde denken, daß unser Wetter etwas zum Schämen wäre? Wir tun das aber offensichtlich."[51] Künstlerisch hat diese Situation Peter Nazareth in dem 1966 gesendeten Hörspiel *X* reflektiert. Es stellt u. a. dar, wie Literatur, offensichtlich in der ältesten Universität Ostafrikas, Makarere (Kampala), gelehrt wurde, zumindest bis in die Mitte der sechziger Jahre. Der Seminarleiter doziert über Dickens Roman *Bleak House:* „Sein Grundthema ist, wie es Dickens sieht, daß der Mensch ständig versucht, Ordnung aus dem dunklen Chaos zu schaffen. Es gibt keine Notwendigkeit für Dickens, irgendwelche positiven Werte in seinen Charakteren zu verkörpern, denn diese sind in seinem Stil gegenwärtig. Freude! Und die Freude am Leben! Das kommt gerade aus seinem Stil heraus ..." Ein Student opponiert dagegen: „Sie haben das Buch völlig falsch gelesen. Was ist diese verschwommene ‚Lebensfreude' und dieser verschwommene ‚Symbolismus'? *Bleak House* ist ein Roman, der sich sehr stark mit sozialer Ungerechtigkeit beschäftigt. Er zeigt, wie das soziale System selbst ungerecht ist ..." Der Student führt weiter aus, daß man den Roman mit der afrikanischen Realität vergleichen solle, um Einblicke in diese zu gewinnen. Das wäre für Afrika eine angemessene Interpretation. Daraufhin wird er nicht nur vom Seminarleiter kritisiert, sondern von den eigenen afrikanischen Studienkollegen. Ein Student antwortet ihm: „Sieh, Olull, benimm dich wie ein Gentleman und beherrsche deine niedrigen Instinkte. Du bist in einem Seminarraum, nicht im Dschungel. Und halte Politik aus der Literatur heraus – du solltest schließlich schon genug wissen und über dem schmutzigen Spiel der Politik stehen."[52]*

Koloniale oder neokoloniale Manipulation meint nicht, daß kulturelle Konzeptionen, technische und bildungsmäßige Errungenschaften, künstlerische Muster außerafrikanischer Gesellschaften in Afrika vorgestellt und dort in konkrete kulturelle Praxis integriert werden, sondern daß sie verabsolutiert, als einzige Maßstäbe importiert werden und daß sie bedingungslos, ohne Rücksicht auf die spezifische historische Situation, auf spezifische Bedürfnisse oder Entwicklungsmöglichkeiten, nachgeahmt werden sollen. Solche Importe wurden durch die Kolonialmächte institutionalisiert, besonders im Bildungswesen. Die nahezu vollständige Abhängigkeit oder die institutionalisierte Beeinflussung von in der Regel bürgerlichen Inhalten (Lehrstoffe, Lehrmeinungen) und Organisationsformen (Bildungsstufen, Prüfungen) prägten für Jahrzehnte die Ober- und Hochschulen, einen entscheidenden Multiplikator für die Formung von Ideologie und kulturellen Verhaltensweisen. Ende der sechziger Jahre gab es in den Universitäten von Kenia und Uganda für die Literaturausbildung lediglich Departements of English, mit einem kopflastigen Akzent auf dem Studium britischer Literatur, das wenig Bezug zur kulturellen Wirklichkeit und Geschichte der eigenen Länder hatte. Afrikanische Literatur, vor allem die reiche mündliche Dichtung, wurden nicht oder nur am Rande beachtet. Als 1968 die afrikanischen Schriftsteller und Dozenten Ngugi und Liyong einen Vorschlag zur Neuorientierung auf die afrikanische Realität und Kunst forderten, bemerkten sie, daß „die englische Tradition und die Herausbildung des modernen Westens" bei solcher Praxis als die zentrale Wurzel für ostafrikanisches Bewußtsein und kulturelles Erbe angenommen würde. „Daher in der Tat die angenommene zentrale Stellung des English Department, in das von Zeit zu Zeit andere Kulturen zugelassen werden können ..."[53] Es dauerte mehr als zwei Jahre, bis nach heftigen Auseinandersetzungen vor allem mit britischen Lehrkräften in der Universität von Nairobi[54]* ein Literaturinstitut mit dem Hauptakzent auf afrikanischer Kunst und Wirklichkeit geschaffen wurde.

Erfahrungen dieser Art haben bis heute Denk- und Verhaltensweisen unterschiedlichster Schichten der afrikanischen Intelligenz tief geprägt. Sie sind ein entscheidender Faktor ihrer kulturellen Anschauungen und praktischen Haltungen, akzentuieren selbstverständlich Gegenstände, Wertungen und Strukturen ihrer künstlerischen Produktion. Diese kann nur wirklich richtig verstanden, angemessen eingeschätzt werden, wenn die tiefgehenden Erlebnisse mit der kolonialen Vergangenheit und ihrer neokolonialen Fortsetzung umfassend berücksichtigt werden.

Tradition und Umwälzungen künstlerischer Produktion und Kommunikationsweisen: Beni-Tänze und Onitsha-Markt-Literatur

In welchem Maße sich die außerordentlich komplexen, widersprüchlichen Bewegungen in Kunst ausdrücken und vermitteln, mögen einige Vergleiche andeuten. Die historisch nachzuholende Industrialisierung und Urbanisierung bedingen jähe Umbrüche und scharfe Konflikte in den künstlerischen Produktions- und Kommunikationsweisen, in den ästhetischen Erwartungsmustern und der Sensibilität, die denen der Übergangsphase zu frühbürgerlichen Verhältnissen in der europäischen Renaissance und der ursprünglichen Akkumulation des Kapitals strukturell nicht unähnlich sind. Durch die massenhafte Alphabetisierung und Verbreitung von Druckerzeugnissen wird die Bedeutung der bis ins 20. Jahrhundert vorherrschenden mündlichen Kommunikation zurückgedrängt, damit auch die auf der unmittelbaren, persönlichen Kommunikation beruhenden oder auf sie zielenden Künste der Erzähler, Darsteller, Musiker, Sänger. Die Anpassung an Warenproduktion, an leistungsbetonte Arbeit im kapitalistischen Verwertungsprozeß oder in Unternehmungen, die auf Sozialismus orientieren, die historische Disziplinierung von Lohnarbeitern in der ersten oder zweiten Generation veränderten und verändern weiterhin das Verhalten zu Arbeit und Freizeit und damit traditionelle ästhetische Gewohnheiten und Bedürfnisse radikal und teilweise sehr schnell.

Diese Prozesse, die denen in West- und Mitteleuropa zwischen dem 16. und 18. Jahrhundert in gewisser Weise vergleichbar sind,[55] werden heute in Afrika überlagert und durchdrungen von einer relativ schnellen Industrialisierung und die sie notwendig begleitenden sozialen Differenzierungen und Spannungen, die vielfach an Entwicklungen im europäischen Kapitalismus des 19. Jahrhunderts erinnern. Zugleich sind sie aber schon durchsetzt mit Auswirkungen der wissenschaftlich-technischen Revolution, vor allem mit Auto, Rundfunk, Film, Fernsehen und deren ästhetischen Aspekten. Obwohl die Zahl der Fernsehzuschauer insgesamt noch sehr gering ist und der Film bisher nur die Städte kontinuierlich erreicht, bestimmen beide Medien doch zunehmend die Kommunikation und somit Sensibilitäten, Kunstproduktion und ästhetische Erwartungen. Einige Zahlen, besonders Zuwachsraten betreffend, sollen das belegen: 1955 gab es 43 Filmtheater auf kommerzieller Basis in Senegal (17 in der Hauptstadt Dakar) und 18 in der Elfenbeinküste. Um 1962 waren bereits 65 in Senegal und 50 in der Elfenbeinküste vorhanden.[56] Für die zweite Hälfte der sechziger Jahre schätzte man in Nigeria bei einer Bevölkerung von über 60 Millionen etwa 400 000 Fernsehzuschauer und etwa 38 000 Fernsehgeräte.[57] Anfang der siebziger Jahre wurden schon etwas weniger als 100 000 Geräte geschätzt, die allerdings fast ausnahmslos in den urbanen Zentren mit hoher Bevölkerungsdichte angenommen werden müssen.[58] Im Frühjahr 1978 sprach das nigerianische Fernsehen von über 400 000 Geräten in Nigeria. Der Rundfunk hat bereits praktisch alle Schichten erreicht und ist auch in den abgelegensten ländlichen Gebieten zum alltäglichen Informationsmedium geworden. Nach dem Statistischen Jahrbuch der UNESCO 1971 gab es bereits 45 Radioempfänger auf jeweils 1 000 Afrikaner im Jahr 1969. 1959 waren es erst 18.[59]

Die mit den audio-visuellen Massenmedien verknüpften künstlerischen Produktions- und Kommunikationsweisen bestimmen so historisch die Entwicklung – die über Radio, Schallplatte, Tonband und Fernsehen verbreitete Musik, der Spielfilm, das Hörspiel, darstellende Künste im Fernsehen. Nigerianische professionelle Theatertruppen haben bereits seit Beginn der sechziger Jahre ständige wöchentliche Auftritte im nationalen Fernsehen.[60]

Andererseits kann durch Vergleich mit europäischen Übergangssituationen die Spezifik in Afrika nicht erfaßt werden. Die vorkapitalistischen Gesellschaften Afrikas hatten wesentlich andere soziale und kulturelle Merkmale als die europäischen des Mittelalters. Vor allem aber die Kolonialisierung und die mit ihr verbundene Entwicklung des Kapitalismus haben besondere historische Bedingungen geschaffen. Der kulturelle Einfluß der Kolonialmächte, der heutigen spätbürgerlichen Kulturen in Europa und Nordamerika sowie der Kampf dagegen prägten teilweise entscheidend Inhalte, Funktionen, Formen des künstlerischen Lebens und der Kunstkonzeption.

Künstlerische Tätigkeit, die vorkapitalistische Formen einfach fortzuführen und fast sklavisch Verhaltensweisen der Kolonialisten nachzuahmen scheint, kann in der Tat als symbolische Aktion antikoloniale und progressive antikapitalistische Bedeutungen haben. Die Geschichte der Beni-Tänze in Ostafrika ist ein spannendes Beispiel dafür. Andererseits kann eine künstlerisch besetzte Kommunikationsform wie die Onitsha-Markt-Literatur Nigerias, die bewußt kulturelle Rückständigkeit (Analphabetentum) überwinden will, die das Individuum an moderne städtische Lebensweise heranzuführen und so seine Entfaltung zu befördern sucht, zugleich diese Entfaltung hemmen, da sie ihre Adressaten an bourgeoise Verhaltensweisen binden will und gegenüber den Antagonismen kapitalistischer Entwicklung weitgehend unkritisch bleibt.

Vom Ende des 19. Jahrhunderts bis in die sechziger Jahre des 20. Jahrhunderts spielten zunächst als Beni, später auch als Mganda bezeichnete Tänze, karnevalistische Aufzüge und – zumindest vor dem zweiten Weltkrieg – oft mehrere Tage dauernde wettbewerbsähnliche Feste für unterschiedliche soziale Schichten im östlichen Afrika eine wichtige Rolle. Ihr Ursprung hängt unmittelbar mit der durchgängigen Kolonialisierung und kolonialen Aufteilung Afrikas nach der Berliner Konferenz 1885 zusammen,[61] ihre konkreten Ausformungen mit der punktuellen Industrialisierung (Bergbauzentren), mit der sich durchsetzenden Lohnarbeit, mit der kapitalistischen

Warenproduktion und Urbanisierung. Beni tauchten erstmals während der neunziger Jahre des vorigen Jahrhunderts auf der Insel Lamu und in der Hafenstadt Mombasa auf, griffen dann rasch auf das Festland über, vor allem auf Städte im damaligen Tanganyika. Mit dem Vordringen des deutschen Imperialismus bis zum ersten Weltkrieg[62]* wurden Beni bis tief ins Innere des Kontinents getragen, vermutlich bis ins Kongobecken. Nach dem zweiten Weltkrieg, vor allem nach dem Erringen der Unabhängigkeit durch die meisten ost- und zentralafrikanischen Länder, traten Beni oder ihre Abarten (Mganda) nur noch begrenzt auf oder verschwanden gänzlich.

In der Erscheinungsform kopierten Beni-Tänze und die Gesellschaften, die sich zur Pflege von Beni bildeten, Verhalten und Institutionen der europäischen Kolonialmächte. Man übernahm zum Tanzen militärischen Drill, organisierte bzw. rhythmisierte Tänze in Linien oder in kreisartigen Marschtritten, die Militärformationen ähnlich sein sollten, führte Paraden oder Aufzüge durch und übernahm militärische Musik (Märsche) und ihre Instrumente (Hörner, Trompeten). Die Tänzer und Teilnehmer der Umzüge und Feste kostümierten sich – besonders bis zum ersten Weltkrieg – mit Uniformen der deutschen oder englischen Armee bzw. Flotte. Die Gesellschaften gliederten sich nach deren Rängen und Hierarchien. Beni-Gesellschaften von Mombasa veranstalteten vor dem ersten Weltkrieg karnevalsähnliche Umzüge mit flachen Wagen, auf denen Afrikaner Szenen aus dem von ihnen beobachteten Flottenleben darstellten. Als Admirale und Offiziere gekleidet, saßen sie auf einer modellierten Schiffsbrücke, tranken Whisky mit Soda, rauchten Zigaretten und nahmen ununterbrochen Berichte von Ordonanzen entgegen.[63] 1919 berichtete ein Kolonialbeamter von Ngoma (Tänzen, Tanzveranstaltungen), die er einige Jahre zuvor in den tansanischen Städten Tanga und Pangani an der Küste beobachtet hatte: „Wie gewöhnlich hat der Kontakt mit der europäischen Zivilisation die heranwachsende Generation berührt. Die aufdringliche Nachahmung (simulation) einer überlegenen Rasse durch die eleganten Gruppen der Jugend hatte ihren Effekt. Die Blechinstrumente der Militärkapellen hatten Eindruck auf sie gemacht, und schließlich bildete die jüngere Sektion der Dar-i-sudi (eine der Tanzgesellschaften – J. F.) ‚The Marine Band', die sich nach militärischen Gesichtspunkten mit Rängen vom Kaiser bis zum Gefreiten und Soldaten formierte."[64] Der Name Beni, eine Swahili-Adaption des englischen Wortes „band", weist auf das europäische Muster hin.

T. O. Ranger erklärt Entstehung und Entwicklung von Beni mit dem starken Eindruck, den die kolonialen Flotten, das koloniale Militär und die mit den Kolonialmächten verbundenen kulturellen Erscheinungen auf die Kolonialisierten machten. „In den neunziger Jahren des 19. Jahrhunderts wünschten viele junge Männer, vor allem westlichen Wegen zu folgen, um zu zeigen, daß alles Machtvolle in der Lebensweise ihrer Eroberer von ihnen selbst absorbiert und gemeistert werden konnte, um zu zeigen, daß die Swahili-Küste, die in ihren Augen zivilisierter und ‚moderner' als die Gesellschaften im Inland war, jetzt noch zivilisierter werden konnte ... Für einige wenige Jahre, in denen sich gerade Beni entwickelten, schienen die jungen Swahili eine reale Möglichkeit zu haben, Zugang zur europäischen weltlichen Bildung und zu beruflicher Ausbildung in religiösen, verwaltungstechnischen und juristischen Bereichen zu erlangen." Die jungen Swahili, die Beni tanzten und Beni-Lieder sangen, faßten das als eine Tätigkeit auf, die sie an neue Fertigkeiten und die neue Macht heranführte. „Sie sangen, daß sie begünstigt wären ‚durch Gott. Die Sprache Europas lesen und sprechen zu können heißt, die Tore des Himmels sind für uns geöffnet.' Sie nannten sich ‚Kinder der Küste, die von Europa nach Afrika reicht', das ‚Volk des Paradieses', in dem das ganze Ansehen der Leute von der Küste und jener, die vom Meer, vereint war."[65]

Die Swahili-Kulturen hatten eine besondere Aufnahmebereitschaft für andere Muster und Verhaltensweisen. Sie hatten durch ihre Küstenstädte und Inselstaaten seit dem 11./12. Jahrhundert sehr regen wirtschaftlichen und kulturellen Austausch mit Asien und dem Nahen Osten, der besonders durch die Islamisierung wirkte. Seit dem 16. Jahrhundert übten Portugiesen, Araber, Holländer, Franzosen, Engländer, Deutsche starken Einfluß aus und wechselten einander oft in der kolonialen Machtergreifung ab.[66]

Die offensichtliche Nachahmung europäischer Muster, als Übernahme und Meisterung effektiverer moderner Lebensweise und Fertigkeiten gedacht, war aber nur ein Merkmal. Beni-Gesellschaften setzten mit neuen Akzenten – Marschmusik, Drillbewegungen, militärischen Rängen – künstlerisch besetzte, kommunikativ-festliche, oft karnevalistische Wettbewerbe zwischen Großfamilien und Clans fort, die Bestandteile traditioneller, selbständig gewachsener Kulturen an der Küste waren. Das Wetteifern der Beni-Gesellschaften durch prachtvolle Ausgestaltung von Aufzügen, durch Veranstaltung reicher Feste, in denen privilegierte, aristokratische Familien- bzw.

Clanoberhäupter ostentativ Verschwendung als Zeichen ihrer Macht und ihres Reichtums demonstrieren, die kunstvollen Tänze und spöttisch-satirischen wie preisenden Dichtungen solcher Wettbewerbe setzten mit neuen Inhalten und Erscheinungsformen Tätigkeiten fort, die in den noch nicht von den europäischen Kolonialmächten beeinflußten Kulturen gewachsen waren und die sich jetzt neuen Realitäten anpaßten, neue Inhalte und Formen aufnahmen und diese zugleich mit den vorhandenen Strukturen zu einem neuen, eigenartigen Phänomen ausbildeten. Ein von Rangers angeführtes Gedicht, das einen Beni-Wettbewerb auf der Insel Mkunumbi 1913 beschreibt, zeigt das sehr deutlich. Es ging darum, unter veränderten Bedingungen (Kolonisation) mit neuen Elementen europäischer Verhaltensweisen tradierte festliche und zugleich wetteifernde Geselligkeit zu pflegen und durch die für vorkapitalistische Kulturen charakteristische Verausgabung von naturalem Reichtum Sozialprestige zu behaupten und sinnlichen Genuß zu bieten. Der Dichter, der den Wettbewerb vom Standpunkt des durch den Opponenten Bwana Simba (Herr Simba) Besiegten schildert, äußert folgendes: „Bwana Simba hat mich besiegt / im Wettstreit und im Singen / Und wenn sie ihre Lieder vorbringen / singen sie nur, um uns zu unterdrücken. / Die Lobpreisungen für Scheich Simba / haben sich über das ganze Land verbreitet, / selbst in entfernte Städte, / über das ganze afrikanische Festland ... Edelgeborener Bwana Simba, / sein Ruhm ist groß, / (selbst) die Feste des Adels / sind diesen Dingen nicht ebenbürtig. / Sein ausgezeichneter Ruf / ist denen in der Regierung bekannt, / und der Grund ist (sein) großer Reichtum, / der in eine Bank gegangen ist. / Die Rupien, die erwarben / seine Tänzer des Mwasha Tanzes, / füllen eine ganze Schachtel ... Dieser Mann kann nicht daran scheitern, / seinen Ruhm zu vergrößern, / so daß er die Länder / von Indien und Europa erreicht." Simba habe „zehn Kühe einfach so geschlachtet. Sie bedeckten den ganzen Hof". Dem britischen Kolonialbeamten, der diese verschwenderische Zurschaustellung unterbinden wollte, wurde vom Oberhaupt von Mkunumbi – wie der Dichter schildert – geantwortet, daß „seit jeher Menschen auf diese Weise wetteifern". Die miteinander rivalisierenden Führer betonten, sie würden keine britische Einmischung, die auf das Beenden des Wettbewerbs hinausliefe, dulden.[67]

Das Dichten aus aktuellen Anlässen ist tradierte allgemeine künstlerische Praxis der Swahili. Alle möglichen Lebenserscheinungen, und damit natürlich auch die vielfältigen Begegnungen mit europäischen

Einflüssen und den sich daraus ergebenden sozialen und kulturellen Veränderungen, wurden und werden im Gedicht künstlerisch verarbeitet und behandelt.[68*]

Die ngoma ya furaha, Tänze bzw. Tanzveranstaltungen zum Vergnügen, zur Freude (furaha), die Carl Velten nach Berichten afrikanischer Informanten um die Jahrhundertwende schilderte, zeugen von der langen Tradition bei Wettbewerbstänzen (ngoma ya mashindano) der Swahili – lange vor Beni. Die ngoma ya mashindano entsprechen in wesentlichen Strukturmerkmalen den Beni. In den Swahili-Städten der Küste Tansanias und auf Sansibar gab es hierarchische Funktionen für die Einberufung und Durchführung der Tänze und Wettbewerbe – Funktionen, die sich nach den Rängen der Funktionsträger in den sozial sehr differenzierten, klassenmäßig gegliederten Gesellschaften richteten. „Früher gab es viele derartige Wettstreite an der Küste", schrieb Velten. „Da hieß es plötzlich: Wir wollen eine Vereinigung bilden in diesem Viertel gegen die Leute im anderen Stadtviertel. Jede Partei wählte ihren Obersten, den ‚mkuu' (Großen), ferner einen ‚waziri' (Vezier), den ‚hal-mashauri' (Ratgeber) und den ‚kijumbe' (Einlader). Der mkuu hat alles zu sagen in dem betreffenden Viertel; ob einer stirbt oder heiraten will, oder es sich um die Hinterbliebenen handelt, alle Angelegenheit ordnet er."[69] Es gab das Ausstellen von Reichtum, das verschwenderische Feiern, Tanzen und Singen, das sich über mehrere Tage erstreckte: „Dabei wird eine Menge Geld ausgegeben; denn wenn die eine Partei zwei Ziegen schlachtet, wollen die anderen vier schlachten. Am letzten Tage der ngoma werden große Festessen veranstaltet, zu denen Freunde und andere Ortsangesessene eingeladen werden. Allenthalben werden maandazi-Kuchen gebacken. In jedem Hause versorgt man sich mit drei pishi (etwa sechs Pfund) Reis, einem pishi Weizenmehl und Butter und Zucker zum Backen; denn wenn es das nicht überall gibt, ist diese Partei mit Schande bedeckt."[70]

Die satirischen Angriffe auf Verhaltensweisen einzelner aus den gegnerischen Gruppen, oft Widersprüche aufzeigend zwischen angeblichem Reichtum und behaupteter Moral und der tatsächlichen sozialen und moralischen Befindlichkeit des Individuums, waren feste Bestandteile der ngoma ya mashindano. Im kasangwa-Tanz, der in einem Kreis von Männern und Frauen ausgeführt wurde, stellte man ein Mädchen im Lied so dar: „Die Bettstelle des jungen Mädchens / hat nicht einmal eine Schlafmatte; / wirklich, du bist sonst doch so eitel. / Die Bettstelle des jungen Mädchens / hat nicht einmal eine

Schlafmatte."[71] Im banji-Tanz, der von den goboreni- und seneda-Parteien um die Jahrhundertwende häufig veranstaltet wurde, verhöhnten die seneda-Sänger eine Frau der anderen Gruppe: „Die Tochter des Simba hat Zähne wie ein Flußpferd, / ihre Arbeit ist Ehebruch und außerhalb zu schlafen."[72]

Nach dem ersten Weltkrieg wurden Beni und ihre Abarten, wie Mganda, wesentlich Äußerungen ästhetischer Kommunikation und Kristallisationskerne für die Bildung von Vereinigungen der Lohnarbeiter und ehemaliger afrikanischer Soldaten in den Kolonialtruppen. Aus vorkapitalistischen Stammeskulturen, aus Dorfgemeinschaften und bäuerlichen Großfamilien in die sich entwickelnden Städte und Bergbauzentren als Wanderarbeiter oder ständige Lohnarbeiter gekommen, sahen sie sich neben der kolonialen Bedrückung neuen Verhältnissen gegenüber – Zwängen disziplinierter Arbeit in Verwaltungen und Betrieben; Beschränkungen ihrer früheren Mußezeiten; sozialen Differenzierungen und individuellen Vereinsamungen; sozialer Unsicherheit –, die sich in kapitalistisch geprägten städtischen Strukturen gegenüber der Geborgenheit in der ländlichen Großfamilie plötzlich ergaben. Die Mitgliederschaft in Beni-Gesellschaften sicherte Unterstützung in Krankheitsfällen, und sie bot die Möglichkeit, gewohnte gemeinschaftliche Freizeitgestaltung unter neuen Bedingungen weiterzuführen. Beni-Vereinigungen wurden Wohlfahrtsinstitutionen in einer Situation, da das Individuum entstehender Entfremdung und unbegriffenen Abhängigkeiten in einer Gesellschaft ausgesetzt war, die dem Lohnarbeiter in der Regel jeden staatlichen oder betrieblichen sozialen Schutz versagte. So bildeten vor allem die Arbeiter des Kupfergürtels Sambias, bis hin nach Malawi, in den dreißiger Jahren eine Beni-Abart, den Mganda, aus.

Mganda-Tänze sind bis Ende der sechziger Jahre lebendig geblieben; sie wurden z. B. 1969 in Dar es Salaam von Studenten und Arbeitern getanzt. Mganda hat als Abart von Beni, wie er auch in den dreißiger Jahren bezeichnet wurde, eine Reihe von Kennzeichen europäischen Einflusses. Man tanzt ihn in disziplinierten Bewegungen, die wohl Verhaltensweisen kolonialen Militärs und kolonialer Polizei abgeschaut waren, in Bewegungen, die auf Kommando von Vortänzern ausgeführt werden. Die Kleidung ist von europäischen Mustern geprägt – weiße Hemden, Khaki-Stoffe, Shorts, Wollsocken, mitunter glänzende schwarze Schuhe. Rhythmen, Musikinstrumente (Trompeten oder Hörner aus Kürbis) und Fliegenwedel zeigen aber deutliche Gemeinsamkeiten mit jenen Tänzen, die sich in Ostafrika seit langem selbständig entwickelt hatten, die wie Mganda als Reihentänze oder Gruppentänze Tradition haben.[73] Die akzentuierte Ordnung und die Kleidung drücken das Interesse aus, sich in ästhetischer Äußerung an neue Bedingungen (Elemente europäischer Kulturen) anzupassen bzw. sich dieser künstlerisch-schöpferisch zu bedienen. Wenn Mganda in Tansania Ende der sechziger Jahre als absolut autochtoner, allein der afrikanischen Tradition folgender Tanz angesehen wird,[74*] so ist das durchaus berechtigt, sofern man in Rechnung stellt, daß „autochtone" künstlerische Erscheinungen jeweils ihre eigene Geschichte haben, Veränderungen unterliegen und Wechselbeziehungen mit „nicht-autochtonen", anderen Kulturen zugehörenden Elementen einschließen.

Beni bzw. Mganda unterlagen selbst seit der Jahrhundertwende einer Wandlung. Die sozialen Träger wechselten von den am meisten privilegierten Swahili-Gruppen vor dem ersten Weltkrieg zu Lohnarbeitern zwischen den Weltkriegen. Aus der übertriebenen Nachahmung kolonialen Militärs in den Umzügen von Mombasa entwickelte sich der geordnete Tanz in kurzärmligem Hemd und Shorts – voll integrierte Verhaltens- und Kleidungsweisen ostafrikanischer Gesellschaften.[75*] Beni und Mganda erscheinen so als spezifisch ostafrikanische künstlerische Produkte und ästhetisch besetzte Institutionen in der unbewußten und bewußten Auseinandersetzung mit dem Kolonialismus, der sich entfaltenden kapitalistischen Warenproduktion und ihren sozialen Differenzierungen. Beni sei, so schlußfolgerte T. O. Rangers, mehr eine „wenn auch in gewisser Hinsicht beschränkte, kreative afrikanische Äußerung als ein aufgezwungenes (imposed) Idiom. Europäer produzierten Beni nicht, und sie billigten nicht, wenn er veranstaltet wurde. Mehr noch, weil die Blechband und die militärische Parade und die anderen ‚exotischen' Züge von Beni so fest im Kontext afrikanischer sozialer Selbsthilfe und Wettbewerbe verankert waren, weil sie reiner Ausdruck afrikanischer Gemeinschaftlichkeit (communalism) wurden, war ihre Bedeutung ganz verschieden von der Blechmusik und Paraden in Europa." Beni spiegelte sowohl Bedürfnisse als auch Spaltungen: „Er drückte zu verschiedenen Zeiten das Bestreben (aspiration) der jungen freien Swahili aus, die bei der Modernisierung eine Führungsrolle übernehmen wollten; [das Bestreben] der jungen Männer auf dem Lande, die sich nach ihren Erfahrungen mit der Wanderarbeit oder im Kriege respektiert zu sehen wünschten; [das Bestreben] der Bemba-Bergarbeiter, die sich ein anständiges Leben in den Industriestädten schaffen wollten. Diese Bestrebungen führen zurück zum Thema des Protests . . . Es ist wahr, daß bei Beni die Anliegen und der Protest symbolisch waren – man beansprucht das Recht auf Teilhabe am Gebrauch bestimmter Symbole wie Kleidung, Abzeichen und Zeremonien. Aber die Tatsache, daß die Bestrebungen symbolisch waren, machte sie nicht weniger bedrohlich für die Europäer." Man versuchte dem Kolonialismus durch solche Symbolik zu begegnen. „Deshalb berühren die Zusammenstöße zwischen Beni-Tänzern und Missionaren, die trivial scheinen, in der Tat eine zentrale Frage des Kolonialismus."[76] Es war so nicht zufällig, daß Beni- bzw. Mganda-Tänzer wesentlich an den Streiks beteiligt waren, die – mit deutlichem antikolonialem Akzent – in den dreißiger Jahren im Kupfergürtel ausbrachen. Man tanzte während des Streiks: „Mbeni-Lieder wurden bei Streikversammlungen in Mufulira gesungen, und das Mbeni-Kreuz wurde bei Streiknotizen in Nkana benutzt."[77]

Die noch erkennbare Geschichte von Beni gibt nicht nur Aufschlüsse über den Charakter kultureller Umbrüche – sie verweist auch auf die komplexe Funktionalität von ästhetischer Tätigkeit überhaupt und hat so nicht unerhebliche Bedeutung für dialektisch-materialistische Kunsttheorie. Der Wechsel der sozialen Trägerschichten, den die in der Erscheinungsweise sich nicht grundlegend verändernden Tänze durchmachten, ist bemerkenswert. Vor allem aber der Widerspruch zwischen der unkritischen Aneignung von Verhaltensweisen der Kolonialmacht in Inhalten und Formelementen ästhetischer Tätigkeit und deren tatsächlicher antikolonialer Wirksamkeit zwingt dazu, die gesellschaftliche Funktionalität künstlerischer Erscheinungen nicht nur im Hinblick darauf zu untersuchen, was und wie abgebildet wird und welche möglichen Wirkungen das ästhetische Produkt hat. Die Organisationsweise, der institutionelle Rahmen, in dem produziert und rezipiert wird, ist in Rechnung zu stellen. Die Beni- bzw. Mganda-Vereinigungen als Organisationen hatten insofern antikoloniale Bedeutung und damit Wirksamkeit, als sie sich, Institutionen künstlerischer Tätigkeit, deutlich von der Kolonialmacht, genauer von den durch sie kontrollierten Einrichtungen, abhoben. Nicht nur die Beni-Wettbewerbe vor dem ersten Weltkrieg hatten antikoloniale Aspekte, indem sie, offensichtlich von herrschenden Gruppen der Swahili beherrscht, die traditionelle Praxis des kulturell-künstlerischen Wettstreits gegenüber neuen kolonialen Einflüssen fortführten. Vor allem die Beni- bzw. Mganda-Organisationen mit proletarischer Mitgliedschaft, die sich nicht mehr ausschließlich aus einer ethnischen

Gemeinschaft bildeten und die wohl nur noch vermittelt an traditionelle Kultur anknüpften, hatten als Institution für künstlerische Betätigung objektiv eine antikoloniale Wirksamkeit, und sie trugen, wie ihre Rolle in den Streitkämpfen zeigt, zur Ausbildung proletarischer Klassenhaltungen bei. Inhalte und ästhetische Erscheinungsformen der Tänze allein hätten eine solche Funktion wohl kaum verwirklichen können.

Als Onitsha-Markt-Literatur sind jene Traktate und Geschichten bekannt geworden, die seit dem zweiten Weltkrieg in der Market Road von Onitsha, dem Handels- und Verkehrszentrum des östlichen Nigeria, verlegt und vertrieben werden. Es sind schmale Hefte von durchschnittlich fünfzig Druckseiten im dünnen Papierumschlag und mit Klammerheftung, auf einfachem Papier gedruckt. Sie sind verhältnismäßig billig; die Verkaufspreise liegen bzw. lagen zwischen 1 und 3,6 Shilling in den sechziger Jahren, zwischen 2 und 6 Shilling zu Beginn der siebziger.[78] Die Hefte scheinen erschwinglich für die städtischen Zwischenschichten und Arbeiter, die Grund- oder sogar Oberschulbildung besitzen und Beschäftigung haben.[79] Die von Seibel befragten Industriearbeiter, die im Durchschnitt 200 und mehr Shilling monatlich verdienten, ließen allerdings nicht erkennen, daß sie die Hefte lasen, obwohl diese in Lagos und anderen Städten Nigerias bekannt waren.[80] Heute liest man sie auch in Ghana und Kamerun.[81] Übereinstimmung besteht darüber, daß untere Angestellte, Schüler, Grundschullehrer, Händler, kleine Warenproduzenten, Taxifahrer die Hauptmasse der Leser stellen.

Die normale Auflagenhöhe der Hefte ist gering, zwischen 3000 und 4000 Exemplaren. Allerdings gibt es Erfolgstraktate, die Auflagen bis zu 60000 erreichen, die Neubearbeitungen, Ergänzungen und mehrere Auflagen erfahren.

Die Onitsha-Markt-Literatur ist Produkt der raschen modernen Urbanisierung und des verhältnismäßig steilen Anstiegs der Alphabetisierung bzw. der modernen Bildungsmöglichkeiten seit dem zweiten Weltkrieg in Onitsha. 1945 hatte die Stadt eine Bevölkerungszahl von etwa 77000, in den sechziger Jahren über 100000.[82] Vor 1940 gab es zwei Oberschulen, Ende der vierziger Jahre bereits acht. Dazu kamen Handelsschulen und Lehrerseminare, die von Privatunternehmern und christlichen Missionen betrieben wurden. Die Anzahl der Grundschulen war auf zwanzig gestiegen. Die englisch geschriebenen Hefte waren von Anfang an für die Absolventen dieser Schulen bestimmt (wahrscheinlich auch von Lehrern geschrieben), verlegt und gedruckt. Verlag und Druck sind wichtige Bereiche der Warenproduktion und des Handels, die Onitsha als ein Zentrum des sich entfaltenden Kapitalismus prägten.[83]

Als Produkte solcher Entwicklung sind die Hefte zugleich deren Mobilisatoren. In ihnen tauschen sich die genannten Leserschichten über die Realität aus, in der sie sich bewegen, die sie auch durch diesen Austausch zu beherrschen suchen. Die Hefte berühren die verschiedensten sozialen und privaten Bereiche der modernen Stadt. Das ist allein von den Titeln bzw. Themen abzulesen: *Wie man Armut vermeidet; Was man bei Fragen und Antworten wissen sollte; Wie man Liebesbriefe schreibt und beantwortet; Was Frauen über Männer denken; Wie man mit Mädchen spricht und ihre Liebe gewinnt; Wie man Bewerbungen, gute Briefe, Abkommen, Telegramme, Geschäftsbriefe, Zusammenstellungen, Liebesbriefe und Toasts schreibt.*

Didaktisch-aufklärende Absichten sind bestimmend. Der *J. C. Brother Book-Shop* empfiehlt das Lesen seiner Werke aus folgenden Gründen: „1. Sie werden Sie vieles lehren, was Sie nicht wissen. 2. Ständiges Lesen wird Ihr Wissen und Ihre Bildung (education) verbessern. 3. Interessante Romane werden Sie glücklich machen (inspire happiness in you)."[84] Die unmittelbare Lebenshilfe, die die Hefte bieten sollen, wird im Erzähl- oder Schreibgestus deutlich. In *Why Boys never Trust Money Monger Girls* heißt es: „Nehmen Sie sich in acht vor jenen Mädchen, die Sie bitten, ihnen viel Sachen zu kaufen. Bitte, gib mir 10 Shs. Ich habe keine guten Schuhe, ich habe keinen Puder und keine Pomade. Meine Ledertasche wird langsam alt, ich möchte ein neues Kleid, und ich habe schon seit langem kein Foto machen lassen. Damenarmbanduhren machen sich besser, und die modernen italienischen Schuhe sind im Angebot."[85] *Public Opinion on Lovers* stellt mehrere Geschichten vor, die erfolgreiches, also richtiges, und erfolgloses Verhalten im Umgang mit dem anderen Geschlecht schildern.[86]

Der Anstoß zur Entstehung der Onitsha-Markt-Literatur kam wohl von außen. Ursprüngliche Muster scheinen indische Magazine und Traktate gewesen zu sein, möglicherweise auch englische Literatur wie die Chapbooks – Erbauungsschriften aus dem 18. Jahrhundert –, die wiederum den indischen Heften als Modell gedient haben könnten. Nach dem zweiten Weltkrieg brachten nigerianische Soldaten, die für Großbritannien gekämpft hatten, solche Literatur mit bzw. hatten sie in Asien gelesen. Einige Soldaten steckten den ersparten

Sold in das Druckerei- und Verlagswesen.[87] Wesentlichen Einfluß übte das Christentum aus, das besonders unter den Ibo des östlichen Nigeria seit Ende des 19. Jahrhunderts durch rege Missionstätigkeit Fuß gefaßt hat. Immer wieder werden die Bibel, das Evangelium, Gott, Christus als Zeugen und Maßstäbe genommen. Christliche Normen und Ritualverhalten prägen das Verhalten der geschilderten literarischen Figuren. Die frisch verheiratete Galinda und ihr Gatte gehen am Sonntagmorgen zum Gottesdienst, wo sie in aller Öffentlichkeit – ein gesellschaftliches Ereignis – gesehen und gewürdigt werden können.[88] Der junge Mann, der in einer Geschichte aus *Public Opinion on Lovers* ein Mädchen auf der Straße entdeckt, „machte das Zeichen des Kreuzes und ging ihr sofort nach"[89]. Im zweiten Teil von *Beware of Harlots and Many Friends* heißt es u. a. über Glücklichsein: „Wenn jemand sicher ist, daß er keinem Mann oder keiner Frau etwas schuldet, daß seine Wege vor Gott wahr sind, sehe ich keinen Grund, warum er nicht glücklich sein sollte, so arm er sein möge. Aber wenn jemand reich ist und seine Wege vor Gott schlecht sind, sehe ich keinen Grund für sein Glücklichsein, so reich er sein möge . . . Jene, die rein glücklich sind, sind wahre Propheten und Prediger des Evangeliums. Sie haben keine Frauen, Kinder, reiche Kleider und keinen Pfennig, aber sie sind die glücklichsten Menschen der Welt. Warum? Weil sie Gott mehr als alles lieben."[90]

Beachtlichen Einfluß haben oder hatten Filme auf Themen, Motive, Sehweisen und Wertvorstellungen der Autoren und ihrer Figuren. Der Kinobesuch ist Statussymbol des erfolgreichen, modernen gebildeten Menschen. Als solcher wird er immer wieder angeführt. *Adventures of Four Stars* erzählt von einem jungen Mann, Kid genannt, dessen Vorbild die harten (tough) Burschen (guys) amerikanischer Filme sind. Er selbst sieht sich – wie sein Autor – als ein „swell type of international guy". Der Autor bemüht sich um amerikanische Idiome und Wörter, die unmittelbar amerikanischen Filmen entnommen zu sein scheinen.[91*]

Englische Literatur und anderer Bildungsstoff bis hin zu Plato, zur lateinischen Sprache und zu Nebukadnezar, Lehrgegenstand an Ober- und Fachschulen, sind häufig zitiert. Sie sind Ausweis der Bildung, der Modernität der geschilderten Figuren wie der Autoren, die mit ihnen umgehen. Werke der englischen Literatur (z. B. Shakespeare) haben nachweislich Motive und Strukturen von Onitsha-Geschichten und -Dramen geprägt.[92]

Solche Anstöße und Muster sind aber in spezifische Vorstellungsweisen, Wertsysteme und Schreibweisen eingeschmolzen worden. Stoffe, Themen, Gegenstände kommen eindeutig aus der gegenwärtigen Realität der nigerianischen Stadt. Sie spiegeln Existenzmöglichkeiten, soziale und individuelle Ziele, Bedürfnisse, Sehnsüchte, Nöte und Illusionen der kleinen und mittleren Händler, der Lehrer und Angestellten, der Schüler und kleinen Warenproduzenten. Um in der Stadt arbeiten zu können, ist es notwendig, ausreichende Kenntnisse in Englisch, der Amts- und Geschäftssprache, zu erwerben. *Beware of Harlots* demonstriert in einem kurzen Dialog auch, daß man ohne solche Kenntnisse nicht einmal Bote werden kann. Hilfe für erfolgreiches Verhalten dem anderen Geschlecht gegenüber – der Prostituierten oder dem individuell geliebten Mädchen oder jungen Mann – brauchen die Individuen, die in zweiter (oft erster) Generation in der Stadt, fast nur auf sich selbst gestellt, bestehen müssen und die sich hier ihr privates Leben neu einrichten. Noch sind Zwänge der Großfamilie wirksam, die bzw. deren Oberhaupt zu bestimmen hat, wer geheiratet wird. Oft sind solche Zwänge bereits aufgehoben in den Interessen auf Kapitalmehrung, die ein erfolgreicher Geschäftsmann durch die Heirat seines Kindes mit dem eines anderen erfolgreichen Unternehmers oder hochbezahlten Beamten verfolgt. Bürgerlich-kommerzielle Heiratsnormen erscheinen im Gewand alter vorkapitalistischer oder umgekehrt. Individuelle Liebe muß sich gegen solche Normen durchsetzen. Die Dramen *Veronica my Daughter* und *The Game of Love*, das vom Autor ein „klassisches Drama aus Westafrika" genannt wird, stellen dar, wie sich junge Leute mit ihrer individuellen Partnerwahl gegen ihre Väter – traditionelle Häuptlinge – behaupten müssen.[93]

Das Happy-End weist auf Eigenarten der „Übergangsgesellschaften": Ein Brautpreis muß gezahlt werden, eine Leistung vorkolonialer Hochzeiten, die jetzt nicht mehr in Naturalien, sondern in Geld zu erfüllen ist. Die individuelle Liebe wird nicht irrational, allein von romantischen Gefühlen bestimmt. Die Liebenden prüfen ihre materielle Situation; sie gründen die Heirat auf die reale Möglichkeit eines kleinbürgerlich zufriedenstellenden Lebensniveaus.[94]

Die politisch-historischen Darstellungen sind unmittelbar durch die aktuelle nigerianische Situation (Geschichte Awolowos, eines der politischen Führer Nigerias; Wahlbetrug Anfang der sechziger Jahre) oder durch die starke Anteilnahme nigerianischer Öffentlichkeit (Presse, Radio) an aktuellen afrikanischen und anderen internationalen Ereignissen bestimmt. Nigerianische Soldaten waren unter den UNO-Truppen, die 1961 im Kongo operierten, und die Medien berichteten ausführlich darüber. Das hatte eine solche Wirkung, daß nach der Ermordung Lumumbas spontane Aktionen gegen Weiße stattfanden. Lumumba-Dramatik wurde bald in allen Teilen Nigerias aufgeführt.[95]

Europäisch-indische Muster und Elemente traditioneller afrikanischer Kunst durchdringen einander. Die Onitsha-Autoren wenden sich unmittelbar an ihre Leser, fahren mit der Darlegung des Gegenstandes fort und ziehen dann Schlußfolgerungen (Moral der Geschichte). Strukturen traditioneller mündlicher Dichtung sind dem nicht unähnlich: Die Erzähler oder Sänger fragen oft die Zuhörer, ob sie fortfahren sollen, oder sie lassen sich zum Weitererzählen auffordern und enden mit einer erklärenden Moral.[96] Die Sprache der Onitsha-Autoren ist ein nicht selten idiomatisch und grammatikalisch unkorrektes Englisch – Verkehrssprache der Schichten, die Standard-Englisch nicht beherrschen und ihre Ibo-Muttersprache direkt ins Englische übertragen.[97]

Die Realität, über die man sich verständigt, ist ein harter Konkurrenzkampf, in dem der einzelne auf sich gestellt ist.[98] Es gibt keine selbstlose Freundschaft, keine Güte. Alle wesentlichen Leistungen und Beziehungen beruhen auf dem Tauschwert. Alles kann mit Geld errungen und stabilisiert werden; alle Dinge und Tätigkeiten lassen sich kaufen und verkaufen.. Das Heft *Beware of Harlots and Many Friends* hat zum Untertitel *The World is Hard.* Das Schicksal eines bankrotten Mannes wird hier folgendermaßen kommentiert: „Es gab eine Zeit, als die Leute ihn einen harten (tough) Mann nannten. Ein Pfund auszugeben war damals für ihn etwas Alltägliches. Er war ein bekannter Mann in großen Restaurants und Hotels, aber jetzt hat er sein ganzes Geld ausgegeben und bleibt nutzlos. Bruder, weine nicht, denn Weinen gibt dir kein Essen, und wenn du nicht ißt, stirbst du. Zieh los und schau dich nach Jobs um, wie Lastentragen, Lastwagenschieben und Wasserholen für Hotelunternehmer. Schade, nächstes Mal versuch, vernünftig zu sein. Die Welt ist hart."[99] Der Autor fordert auf, Geld zu sparen und „schmutziges Leben" zu vermeiden: „In den alten Tagen hatte man keine Bank . . ., keine Postämter, wo man sein Geld sparen konnte. Aber jetzt haben wir die Bank of West Africa, Barclays Bank, die African Continental Bank, das Post Office und andere Banken. Haben Sie keine Angst, Spar- oder laufende Konten bei der Bank, die Ihnen am meisten zusagt, zu eröffnen. Banken sind nicht für reiche Leute, sondern für alle, ungeachtet, wieviel Geld Sie haben."[100]

Protestantische Werte, das Lob harter Arbeit, des segensreichen, gottgefälligen Geldverdienens klingen an.[101] Aber es ist keine Kopie des frühbürgerlichen Protestantismus Europas, der Askese postulierte und den Genuß weltlichen Lebens, Verschwendung von Zeit durch Genuß als Verschwendung von Arbeitszeit für die Kapitalverwertung verdammte. Hier sind Geldverdienen, Sparen, harte Arbeit vornehmlich notwendiges Mittel, um ein wirkliches Leben des Genusses führen, um individuelles Glück und Geborgenheit in der Familie und in sinnlicher Bedürfnisbefriedigung erlangen und sichern zu können. Arbeit wird kaum um ihrer selbst willen gepriesen, Kapitalverwertung nicht als Fetisch ideologisiert. Genuß in der Freizeit, Konsum der neuen Warenwelt stehen im Vordergrund.

Wie weit man von protestantischer Moral entfernt ist, zeigt die Haltung zur Ehe. Es wird davor gewarnt, zwei oder mehrere Frauen zu haben, aber nicht aus christlicher Überzeugung, auch nicht aus – vielleicht – „puritanischer" Kalkulation der doppelten Kosten. Die genußvolle Ruhe, das Glück des Individuums – hier des heiratenden Mannes – soll gewahrt werden. Zwei oder mehrere Frauen, heißt es in *Beware of Harlots and Many Friends*, streiten sich nur und bereiten Schwierigkeiten, wenn sie im selben Haus oder gar im selben Raum wohnen. Deshalb solle man sie getrennt unterbringen. Habe man sie so unter Kontrolle und seinen Frieden gesichert, steht einer Ehe mit „Two Co-Wives" nichts im Wege. Die polygame Ehe traditioneller Gesellschaft ist auf diese Weise unter den veränderten Umständen fortzusetzen. Trotz der ständigen Warnung vor kostspieligen Frauen, vor Männer aussaugenden Huren (harlots) sind viele Autoren „in love with love", wie Obiechina treffend bemerkt.[102*] Das „in Liebe mit der Liebe" kann metaphorisch für die allgemeine Wertschätzung des Genusses, des Konsums stehen.

Obwohl die Verhältnisse als hart erkannt sind, obwohl man erfährt, daß die Welt zerbrochen ist („The world has broken into pieces"[103]), obwohl der einzelne immer fürchten muß, daß „man sich am Morgen freuen und am Nachmittag schreien kann"[104], wird die Realität als Ganzes, ihr soziales Gefüge und Wertsystem nicht in Zweifel gezogen oder partiell kritisiert. Sie wird unbefragt angenommen. Die erzählten Schicksale, die dargestellten Konflikte, die didaktischen Verallgemeinerungen, Ratschläge und Schlußfolgerungen richten sich nicht gegen soziale Grundlagen und Werte der sich kapitalisierenden Stadt. Bürgerliche Verhältnisse werden bejaht; man versucht, sich erfolgreich zu integrieren. Der einzelne erscheint als Maßstab und alleiniges Ziel aller Bemühungen und Wertungen.

Die Onitsha-Literatur mobilisiert kleinbürgerliche und bürgerlich-individualistische Haltungen. Sie wird, wenn auch in bescheidenen Maßstäben, völlig kommerziell, privatunternehmerisch betrieben und wendet sich ausdrücklich an den Leser als Individuum. Sie will ausschließlich seine privaten, von übergreifenden gesellschaftlichen Interessen abgetrennten Bedürfnisse befriedigen. In zwei Sätzen macht der Autor J. O. Nnadozie, seine Traktate direkt anpreisend, Zusammenhänge zwischen kommerzieller Vermittlung und individualistischer Haltung deutlich: „Leihen Sie sich keine Exemplare unserer Veröffentlichungen. Kaufen Sie Ihre eigenen Exemplare und halten Sie sie in Ihrem Haus, um sich selbst zu helfen und Ihre Gäste zu unterhalten."[105*]

Historische Umstände, soziale Kräfte erscheinen kaum als bestimmende Faktoren. Selbst die Handlungen in den politisch-historischen Geschichten sind weitgehend durch persönliche Neigungen oder Abneigungen, subjektiv gute oder üble Absichten motiviert. Der Verlauf von Geschichte erscheint als das Mit- oder Gegeneinander von einzelnen, ihre Triebkräfte personalisiert. Lumumba ist weniger der Mann, der die historisch progressiven Kräfte der nationalen Befreiung verkörpert, sondern vor allem das heiligenähnliche Individuum, kraft dessen politische Unabhängigkeit erreicht wird – sofern das überhaupt eine gewichtige Rolle spielt. Sein Tod wird erklärt vorrangig als Folge eines allgemeinen Schicksals, das personifiziert in Übeltätern und Sündern wie Mobutu, Tschombe, Kasavubu auftritt. In Th. Iguhs Drama *The Last Days of Lumumba* sagt der Held: „Ja, die Welt hat sich gegen mich gewandt, aber ich hoffe und bete, daß ein Tag kommt, an dem ich in meinem ganzen Ruhm (glory) dasitzen und den schamlosen Verrätern in eigener Münze heimzahlen werde ... Wenn die gegenwärtige Geschichte dieser Nation geschrieben wird, werden die Historiker gewiß nicht unterlassen, bei dem Namen von jedem einzelnen zu schreiben, welches seine Taten auf Erden waren. Einige von uns werden Heilige sein, andere Teufel (satans). Obgleich mein Kopf abgeschlagen wird, wird mein Name im Pantheon der Geschichte des Kongo lebendig (green) bleiben! Ich werde nicht getötet, weil ich gestohlen oder gelogen habe, sondern weil ich mich weigerte, mit Verrätern und Übeltätern Kompromisse zu schließen."[106] In einem anderen Lumumba-Stück will sein jüngerer Sohn in Rußland lernen, „wie man Raketen und Bomben herstellt, denn wie mein älterer Bruder sagte, die Rache muß unser sein“[107].

Die Onitsha-Hefte erscheinen als eine Abart jener Trivialkunst oder Trivialliteratur, die in engem Zusammenhang mit der Entfaltung kapitalistischer Verhältnisse entstanden. Starke soziale Differenzierung, allgemeine Alphabetisierung, Entwicklung des Druckereiwesens und individuelle Lesegewohnheiten sind Voraussetzungen für ihre Massen-Produktion und -Rezeption. Die unkritische Vermittlung sozialer Verhältnisse und Mechanismen, die unbefragte Vorstellung ideologischer Haltungen, das Herausstellen des einzelnen als einzelner, die personalisierte Sicht geschichtlicher oder konkreter sozialer Kräfte und Determinanten, das Unbehagen vor der Unsicherheit alles Bestehenden, den schicksalhaften Wechselfällen des Lebens, die sich in den Taten guter oder schlechter Menschen durchzusetzen scheinen und in denen sich die undurchschauten Mechanismen bürgerlich-kapitalistischer Wirklichkeit abbilden – solche Züge sind der Trivialliteratur und dem trivialen Melodrama in Europa und Amerika seit dem 18. Jahrhundert nicht unähnlich, desgleichen die Sehnsucht nach dem individuellen Glück, nach sozialem Aufstieg, die Lösung von Konflikten im Happy End. Auch strukturelle Merkmale internationaler Trivialkunst vom 18. bis ins 20. Jahrhundert finden sich wieder: grobe Übertreibungen im Erzählen oder Darstellen von Gefühlen, Sehnsüchten, Handlungen (Melodrama), das stereotype, klischeehafte Wiederholen von Bedürfnissen, Wertvorstellungen, Motivationen, Zuständen.[108*] In *The Last Days of Lumumba* umdrängen immer gleich „Millionen“ den Helden auf Straßen und Plätzen, sind Versammlungsräume „zehnfach überfüllt“, haben die Belgier „Millionen unserer Leute“ niedergeschossen, umgeben „eine Million Lumumbisten“ den Drahtzaun, der den Gerichtssaal abgrenzt, in dem Lumumba der Prozeß gemacht wird.[109] Konsum-Sehnsüchte und ihre Befriedigung als Statussymbolik sind fast in allen Heften die gleichen: häufiger Kinobesuch, öffentlich wirksames Auftreten in guten Restaurants und Hotels, modische europäische Kleidung, Radio, ständiges Taxifahren.

Onitsha-Literatur läßt sich aber nicht – und das muß betont werden – auf europäische oder amerikanische, auch nicht auf andere afrikanische Modelle[110*] zurückführen. Sie ist erwachsen aus der Realität einer Stadt, in der sich aus traditionellen Verhältnissen kolonial deformiert kapitalistische Verhältnisse sehr rasch ausbilden und für die damit entstehenden Zwischenschichten Literatur zu einem Instrument der Anpassung und der Bewältigung des Umbruchs wurde.

Zur Tradition der mündlichen Dichtung oder „oralen Literatur"

Afrikanische Kulturen, die sich südlich der Sahara unabhängig von der europäischen Kolonisation eigenständig entwickelt hatten, blieben bis ins 19. Jahrhundert in der Regel ohne Schrift. Die ethnischen Gemeinschaften (Clans, Stämme, Großfamilien) und Staaten waren – mit wenigen Ausnahmen wie den Swahili-Gemeinschaften an der ostafrikanischen Küste – „orale Gesellschaften" (sociétés orales), wie sie N. Agblemagnon nannte.[111]* Ihre sprachliche Kommunikation vollzog sich allein über die unmittelbare Äußerung und Begegnung, sieht man von der Rolle westafrikanischer „Trommelsprachen" und der vereinzelten elitären Verwendung arabischer Manuskripte ab. Ihre Wortsprachkunst, ihre Literatur, war die mündliche Dichtung, worunter ich hier sowohl Poesie als auch Prosa fasse.

Bis ins 20. Jahrhundert hinein lebendig und – wenn auch nur zögernd – vielfach dokumentiert, ist diese Dichtung eine der erregenden Erscheinungen der Kunstgeschichte. Sie ist außerordentlich mannigfaltig – nicht nur in ihren Gegenständen und Gattungen. Ihre Produzenten waren professionelle Sänger wie die Griots Westafrikas, die, in Kasten organisiert, oftmals unmittelbar im Dienst von Königen standen, semiprofessionelle Wandererzähler und beliebige, talentierte „Laien" der Dorfgemeinschaften und Großfamilien. Sie bedienten unterschiedliche soziale Schichten und Bedürfnisse. Es konnte „hohe", elitär-offizielle Dichtung sein, Dichtung, die nur für mythisch-religiöse Rituale und ihre Eingeweihten oder für Gruppen herrschender Schichten und Klassen bestimmt war, oder ganz weltliche, öffentliche Kunst, in der sich Dörfer, Familien, Clans über ihre Realität verständigten und ästhetisch-genußvoll produzierten.[112]* Die mündlichen Dichtungen der vorkapitalistischen Gesellschaften sind alles andere als eine klassenmäßig, ästhetisch-strukturell und organisatorisch einheitliche Erscheinung. In den Kulturen, die durch Klassenspaltung geprägt waren, konnten neben den Liedern und Erzählungen ausgebeuteter Bauern und Handwerker spezielle Lyrik und Epik privilegierter Kriegerkasten, ausbeuterischer Oligarchien und Könige stehen. Das von D. T. Niane aufgezeichnete *Soundjata*-Epos oder die von L. Kesteloot dokumentierten Epen um die Herrscher von Segou äußerten und unterstützten ideologisch aktiv die bestehenden sozialpolitischen Verhältnisse und die herrschenden Ausbeuterschichten in den Klassengesellschaften der Mandingo-Königreiche bis zum 19. Jahrhundert. Künstler in den Diensten der Könige und der Vertreter der herrschenden Klassen unterstützten mit ihren Gesängen bestehende Ausbeutungsverhältnisse, zumindest objektiv. Ausgehend von der Rolle der Griots, die für herrschende Schichten arbeiteten, und mit Bezug auf den Griot des *Soundjata*-Epos bemerkte Joe L. Mbele 1977 auf einer Konferenz zur marxistischen Analyse afrikanischer Literatur in Ibadan/Nigeria: „Ihre Aufgabe ist es zu sichern, daß die Namen der Könige nicht in Vergessenheit geraten. Die Griots ließen es zu – nein, sie waren aktiv daran beteiligt, die Namen der Sklaven, der Bauern, der einfachen Soldaten und der Handwerker in Vergessenheit zu bannen, die Namen jener Leute, die durch ihre harte Arbeit die Räder des Reiches bewegten. Der Griot, seiner Klassenrolle getreu, bannte in Vergessenheit die Namen der Leute, die das Reich nährten und kleideten und alle seine Kriege fochten."[113*] Dieser grundlegende Tatbestand wird im folgenden vorausgesetzt, ohne daß ich im einzelnen ausdrücklich darauf eingehe. Hier geht es nur um einige Merkmale, durch die die mündliche Dichtung, die „orale Tradition", zum Funktions- und Strukturmodell für moderne Literatur geworden ist und auf Grund derer sie in abgewandelten Formen und mit neuen Inhalten heute noch eine wichtige Rolle spielen kann. Bewußt wird darauf verzichtet, die sozial differenzierten Trägerschichten, die unterschiedlichen Gegenstände, die vielfältigen, teilweise gegensätzlichen ideologisch-weltanschaulichen Aspekte und die mannigfaltigen Formen zu umreißen. Das ist in unserem Zusammenhang gar nicht möglich. Drei Merkmale sollen herausgestellt werden: die Besetzung wesentlicher Lebenstätigkeiten der vorkapitalistischen Gesellschaft mit Dichtung und damit die unübersehbare Funktionalität von Dichtung; Dichtung als Prozeß, in dem sich kein abgeschlossenes, vom Schöpfer wie vom Aufnehmenden scheinbar dinglich gelöstes Produkt herstellt, sondern in dem sprachliche Tätigkeit zugleich das Produkt ist; die Widersprüchlichkeit eines nüchtern-irdischen, gleichsam rationalen Verhaltens zu einer mythisch-phantastisch gedeuteten Welt.

In den vorwiegend „oralen Gesellschaften" besetzt dichterische Produktion als eine herausragende Form der Kommunikation notwendig fast alle wesentlichen Tätigkeiten und Lebensbereiche, bis hin zu den verschiedenen Entwicklungsstadien vorkapitalistischer Arbeit (Landwirtschaft, Jagd, Handwerk). Man verständigt sich in Wortsprachkunst – in Poesie oder Prosa – über die Weltanschauung der jeweiligen Gemeinschaft (Großfamilie, Clan, Stamm, Staat, Klasse), deutet sich seine Sozialstrukturen, seine Geschichte, versucht im Dichten die Natur zu erfassen und das eigene Verhältnis zur Natur und die eigene Stellung in ihr zu definieren. Dichten war also fester Bestandteil der ritualen Praxis mythischer und religiöser Deutungen der Welt, und in dichterischer Form vollzogen sich wichtige Vorgänge und Rituale (magische Zeremonien, mythische Feste, Initiationsbräuche, Rituale zu Hochzeiten und zu Begräbnissen). Dichtend äußern sich schließlich Gruppen und Individuen zu den sie und die Gemeinschaften bewegenden moralischen, weltanschaulichen und sozialen Fragen des Tages.

Daraus ergibt sich eine strenge Funktionalität. Verschränkt mit den verschiedensten Lebensbereichen, als eine Form öffentlicher Tätigkeiten und Äußerungen bedient die „orale Literatur" diese zugleich; sie ist orientiert auf die nichtkünstlerische Praxis, das nichtkünstlerische geistige Leben. Sie erklärt die Welt, lehrt das Leben in der Gemeinschaft, überliefert Geschichte, und in ihr kann sich auch das Individuum kritisch zu Fragen der Gemeinschaft verhalten. Als der Nigerianer Samuel Johnson 1897 die Geschichte seines Volkes, der westnigerianischen Yoruba, schrieb, bemerkte er: „Die nationalen Historiker sind bestimmte Familien, die im erblichen Amt vom König von O y o unterhalten werden. Sie wirken auch als des Königs Dichter (bards), Trommler und Beckenschläger. Von ihnen sind wir abhängig, insofern es um irgendeine zuverlässige Information geht ... Wir können nur die Überlieferungen berichten, die allgemein angenommen wurden." Und im Abschnitt über das Wissen, die Gelehrsamkeit, bemerkte er: „Da die Yoruba keine Schrift kennen, besteht ihr Wissen hauptsächlich in mündlichen Überlieferungen. Die Historiker sind des Königs Beckenschläger und Balladensänger ... Sie mögen mit den Rhapsoden des homerischen Zeitalters verglichen werden, da sie fast genau die gleichen Funktionen erfüllen. Sie singen dem König die Geschichte der Nation und die Geschichte früherer Herrschaft, um ihn zu informieren und zu belehren."[114]

Die Geschichten, die während abendlicher Muße und zu anderen Freizeitgelegenheiten ausdrücklich für die Unterhaltung, zum ästhetischen Genuß erzählt werden, thematisieren die außerkünstlerische Welt. Erzählungen der Ndonga aus dem Südwesten Afrikas (Namibia) sind vielfach – wie die anderer Völker – „Anweisungen" oder Mitteilungen, wie man arbeitet, wie man sich sozial verhält, welche Werte die Gemeinschaft hat, was tabuiert ist.[115] Die Funktionalität kommt in der Struktur dieser Geschichten zum Ausdruck: Sie betonen in der Regel am Schluß durch ein oder zwei Sätze ihren „Lehrwert". Erzählungen aus Dahomey, der heutigen VR Benin, die während der dreißiger Jahre unseres Jahrhunderts dokumentiert wurden, enden z. B. folgendermaßen: „Aus diesem Grunde muß ein Mann heute Geld haben, um zu heiraten" – „Das meint, daß wird in Dahomey erst zum Weissagen gehen müssen, bevor wir etwas tun" – „Aus diesem Grunde sollte man einer Frau niemals Geheimnisse erzählen, denn eine Frau behält nie ein Geheimnis" – „Seid ihr nicht der Meinung, daß er drei Tode starb für das dreimalige Unrecht, das er beging?".[116]

Die Funktionalität darf nicht so verstanden werden, als übe mündliche Dichtung ihr Publikum jeweils nur in bestehende Sozialstrukturen und moralische Normen unbefragt ein, als lehre sie nur feststehende, allgemein akzeptierte Normen, Weltsichten und Verhaltensweisen. Die Frage, mit denen eine der erwähnten Geschichten aus Dahomey endet, zeigt, in welchem Maße eigenes, individuelles Verhalten und Denken von den Zuhörern gefordert wird. Vielfach bildet die Dichtung kritisches Verhalten ab, stellt Fragen an Tabus, äußert Konflikte und Spannungen in den Gemeinschaften und zwischen einzelnen Individuen sehr drastisch, bis hin zur Satire auf Häuptlinge und Könige. Besonders beliebte Erzählungen waren im Dahomey der dreißiger Jahre die, in denen das Übertreten von Tabus, individuelle Klugheit, Selbstbehauptung gegenüber Normen und eigenwillige Verhaltensweisen gegenüber im Mythos gesetzten Werten geschildert wurden. Diese Geschichten kreisten um Legba, Kind der Schöpfungsgöttin Mawu, oder um Yo, eine amoralische mythologische Figur. Legba verhält sich extravagant, setzt sich bedenkenlos über Werte und Gesetze hinweg. Er schläft mit jedem Wesen, jeder Frau – auch mit seiner Schwester Gbadu und mit der Tochter, die sie ihm gebar. Beides bricht Heiratsregeln in gröbster Weise. Der

Fall wird vor Mawu gebracht. Legba gibt zunächst seine Tat nicht zu, Zeichen des Unwillens, sich Regeln zu unterwerfen, und seiner amoralischen Grundauffassung. Mawu verurteilt ihn, da er seine Schwester betrogen habe, da er ständig mit steifem Penis, Ausdruck seiner unersättlichen, jede Norm übersteigenden Sexualität, herumgeht. Legba bleibt davon unberührt. Als Symbol des möglichen Andersseins erscheint das Liebesspiel, das er sogleich wieder mit Gbadu vor den Augen Mawus betreibt. Auf entsprechende Vorwürfe reagiert er mit herausfordernder Logik, daß nämlich, „da sein Organ für immer steif bleiben sollte, Mawu selbst solches Benehmen verordnet habe“[117].

In einer anderen Erzählung beschafft sich der vor allem wegen seiner Gefräßigkeit auffallende Yo eine Frau, indem er einen dornigen Busch in ein schönes Mädchen verwandelt. Ein Mann, „der des Königs Stab trug“[118], entführt die Frau in des Königs Haushalt. Dort arbeitet sie für den König und schläft mit ihm. Yo rächt sich. Er singt ein magisches Lied, das die Frau während eines Tanzes irritiert und das schließlich ihre Rückwandlung in einen Dornenbusch bewirkt. Die Unbotmäßigkeit gegen herrschaftliche Willkür resultiert in des Königs Erkenntnis (die Moral der Geschichte!), daß „ein König einem armen Mann nicht die Frau wegnehmen darf“. Zugleich aber hat Yo in seiner Schwatzhaftigkeit allen Leuten erzählt, daß man Frauen aus Dornbüschen machen könne. Dagegen wehren sich nun die Bäume. So können heute – wie der Erzähler kommentiert – keine Frauen mehr aus dem Busch gewonnen werden: „Yo machte vieles zunichte, was von unseren Vorvätern entdeckt worden war.“[119] Sein ungewöhnliches Verhalten ist zwiespältig. Es stiftet Segen und Gerechtigkeit, demonstriert Genußfähigkeit, Freude am Sinnlichen, zerstört aber auch, bricht Ordnungen auf, die als positive von den Vorfahren eingerichtet wurden. Auf Yo muß sich also Kritik, Spott richten – ebenso wie freudige Sympathie.[120*]

Das Außergewöhnliche, vor allem realisiert in persönlicher Besonderheit, kann sich auch im Rahmen gesetzter Ordnungen entfalten, nicht nur als das Andersartige, sich ihnen verweigernde Prinzip. Thematisiert ist das in Epen. In der *Soundjata*-Geschichte wird von herausragenden Taten erzählt, von der außergewöhnlichen, einmaligen Leistungsfähigkeit einer Person innerhalb der von den Vorfahren, den Ahnen, der mythologisch begriffenen übersinnlichen Welt festgelegten Beziehungen und Normen. Sie selbst erscheint – in der übertreibenden Sicht des preisenden Griots – als Stifter solcher Beziehungen.[121]* In dem von A. H. Ba übersetzten Epos *Monzon and the King of Kore,* offensichtlich einer Variante eines anderen epischen Themenkreises,[122]* verliebt sich die Frau eines Königs in den Gegner ihres Mannes. Sie verrät ihre Stadt aus individueller Neigung. Nachdem ihr Mann durch ihre Mithilfe besiegt ist, wird sie von den Ratgebern des Königs Monzon, Vater des Siegers Da Monzon, getötet. Da wollte sie heiraten. Das aber hätte schwere Verwirrungen in die Herrschaftsgruppe der Monzon gebracht. Da der besiegte König und der siegende König, also Da Monzons Vater, aus der gleichen Altersgruppe sind, werden auch ihre Frauen als zur gleichen Gruppe gehörig betrachtet. Da Monzon würde so gleichsam seine Mutter heiraten. Das *Ozidi*-Epos aus dem südlichen Nigeria stellt die außerordentlichen Kräfte des Ozidi, mit denen er alle für ihn auftauchenden Probleme löst und Gegner besiegt, groß heraus.[123]

Zahlreich sind die satirischen Lieder und Geschichten, mit denen Individuen und Gruppen soziale Mißstände, moralisches Fehlverhalten und bedrohliche Ansprüche auf die diktatorische Herrschaft von Häuptlingen, Clanoberhäuptern, Königen kritisch bloßlegen. Solche Dichtung konnte besonders zu bestimmten Festen entstehen, in denen durch karnevalistische Freizügigkeit auch in früheren Klassengesellschaften Konflikte enthüllt werden sollten und die Individuen und Gruppen die Möglichkeit gaben, ihre Ansichten zu wichtigen Problemen öffentlich zu äußern. Hier spielten zweifellos gentilgesellschaftliche Praxis oder die Überlieferung gentilgesellschaftlicher Gleichheit aller Gesellschaftsmitglieder bis in die Klassengesellschaften hinein eine wesentliche Rolle.[124]* Die satirische, politisch eingreifende Dichtung ist vielfach metaphorisch; sie äußert sich indirekt, in Anspielungen, die von der Gemeinschaft aber sehr genau verstanden wurden. Ein somalischer Sultan, der die Clanversammlung ignorierte und diktatorische Macht erlangen wollte, wurde nicht zuletzt durch folgendes Gedicht entlarvt und von der Macht entfernt: „Die Wechselfälle der Welt, o ‘Olaad, sind wie die Wolken der Jahreszeiten / Herbstwetter und Frühlingswetter kommen jeweils nacheinander / In das Lager einer Familie zieht eine andere Familie / Wenn ein Mann getötet wird / heiratet einer seiner Verwandten seine Witwe / Letzte Nacht warst du hungrig und allein, aber heute Nacht werden die Leute dich als Gast bewirten / Wenn das Glück einen Mann nur an den äußersten Rand seines Gewandes setzt, wird er schnell stolz und anmaßend / Ein kleines Melkgefäß fließt, wenn bis zum Rand gefüllt, bald über.“[125]

Mündliche Dichtung Schwarzafrikas funktioniert also traditionell als Teil eines vielschichtigen, widersprüchlichen Prozesses, in dem sich Gesellschaften und Individuen ihre Stellung in der Welt verständlich zu machen suchen, in dem Gesellschaften stabilisiert und zugleich ihre Konflikte und Spannungen offen ausgetragen werden. Ihr „Lehrwert", ihr Eingreifen in die außerkünstlerische Praxis und in Denkweisen dürfen nicht eng verstanden werden. Funktion bedeutet hier, daß Gruppen und Individuen sich aktiv in Dichtung über fast alle Fragen ihrer materiellen und geistigen Existenz verständigen und so letztlich ihr soziales Leben zu meistern suchen.

Ein wesentlicher Aspekt der Funktionalität ist das Ästhetische. Abgesehen vielleicht von den künstlerisch besetzten esoterischen Kulten ist die mündliche Dichtung in Afrika jeweils ein ästhetisches Ereignis. Sie entsteht als besondere ästhetische Produktion und wird als solche genossen. Das Publikum reagiert aufmerksam auf artistische Leistungen, oftmals durch demonstrative Gaben oder Beifallsäußerungen, und die Künstler – ob professionelle Dichter oder „Laien" – versuchen sich in besonderer künstlerischer Gestaltung und sind sich solcher Leistungen sehr bewußt. Der Griot aus Guinea, dessen Variante der Geschichte Soundjatas, Gründers des großen Mali-Reiches vom 13./14. Jahrhundert, T. Niane dokumentiert hat, beginnt seinen epischen Gesang so: „Ich bin Griot. Ich – Djeli Mamadou Kouyaté ... Lehrer in der Kunst des Erzählens. Seit undenklichen Zeiten stehen wir Kouyaté in den Diensten des Fürstenhauses Keita von Mandingo: wir sind Brunnen voller Wörter, Brunnen, die Jahrhunderte alte Geheimnisse bergen."[126*] Die *ntsomi*-Geschichten der Xhosa aus dem südlichen Afrika, die von „Laien" – meist älteren Frauen – erzählt wurden und noch werden, charakterisiert der amerkanische Forscher H. Scheub so: „Die *ntsomi* ist eine phantastische Geschichte .., ein Märchen, ein anscheinend unbedeutendes Phantasiegebilde, endlos in ihren Wiederholungen. Sie ist auch ... das Mittel, mit dem Weisheit der Vergangenheit über die Generationen weitergegeben wird, ein Bild privaten Verhaltens und öffentlicher Moral, eine Dramatisierung von Werten, eine Äußerung der Xhosa-Weltanschauung. Diese alte Weisheit wird in künstlerisch genußvoller Weise vermittelt, in einem solchen Maße, daß die Künstler und ihr Publikum ein kompliziertes System ästhetischer Prinzipien entwickelt haben, das seinerseits wiederum ein anspruchsvolles kunstkritisches Bewußtsein (system of art criticism) hervorgebracht hat."[127]

Mündliche Dichtung im strengen Sinn – streng im Unterschied zur geschriebenen Dichtung, die hauptsächlich mündlich vermittelt wird wie die traditionelle Swahili-Literatur – existiert nur jeweils als Tätigkeit, in der Tätigkeit des Dichtens. Künstlerisches Produzieren ist hier zugleich Vermitteln von Kunst. Es findet nicht außerhalb, nicht getrennt von der Kommunikation statt, somit in der unmittelbaren Begegnung und aktiven Wechselbeziehung zwischen Künstlern und Publikum. Über die Techniken, die solchem Schaffen entsprechen müssen, über die lange Lehrzeit solcher Künstler, die längere Gedichte oder Epen singen, hat Albert Lord aus dem Studium jugoslawischer Dichter und mit Bezug auf Homer genaue Aufschlüsse gegeben.[128] Hier soll uns interessieren, welche Folgen oder Möglichkeiten daraus für die Strukturen des „Werkes" erwachsen. Da seine wortsprachliche Existenz jeweils im Moment des Schaffens, des Produzierens von Sätzen oder des Entwerfens von künstlerischen Bildern, gegeben ist und mit diesem Akt wieder verschwindet, i s t das Werk dieses Entwerfen, oder genauer: Es erscheint im Akt des Erzählens. Sachverhalte werden im wortsprachlichen Tätigsein bezeichnet, ohne daß die Bezeichnung fixiert wird und sich ein Produkt von dem Schaffenden absetzt, ohne daß sich ein „Werk" ihm und dem Publikum in dinglicher Form gegenübersetzen könnte. Daß Dichtung eine Äußerung, ein Verhalten zur Welt ist, zeigt sich wohl nirgends deutlicher.

In dem Tätigsein äußert sich gleichsam die gesamte Individualität; deshalb auch die ständige Tendenz, mündliche Dichtung durch Musik zu rhythmisieren und zu organisieren oder – neutraler ausgedrückt – mit Musik zu begleiten. Und deshalb stellt der Dichter auch mimisch dar, zumindest in der Tendenz. Das künstlerische Bezeichnen und Bedeuten von Welt, das sich in dem Tätigsein als Verhalten des Individuums zur Welt äußert, aktiviert zugleich vielfältige Ausdrucks- und Kommunikationsmittel. Musikalischer, mimischer, tänzerischer Ausdruck unterstützen und ergänzen einander. „Für den mündlichen Dichter ist der Moment der Gestaltung (composition) das Darstellen", schreibt A. Lord. „Im Falle einer literarischen Dichtung gibt es eine Zeitkluft zwischen der Gestaltung und der Lesung oder dem Darstellen (performance). Im Falle der mündlichen Dichtung existiert diese Kluft nicht, weil Gestaltung und Darstellen zwei Aspekte desselben Moments sind ... Unser mündlicher Dichter ist Komponist. Unser Sänger von Geschichten ist ein Komponist von Geschichten. Sänger, Darsteller, Komponist und Dichter sind einer – unter verschiedenen Aspekten, a b e r z u r g l e i c h e n Z e i t . Singen, Darstellen, Komponieren sind Seiten einer Handlung."[129] Die „gesprochene Kunst" (spoken art), wie J. Berry die traditionelle Dichtung Westafrikas nannte, erscheint so auch als theatralische und musikalische.[130] Die Xhosa-Erzählerinnen sind zugleich Sängerinnen und Darstellerinnen. Die Bilder, in denen sie ihre Geschichten entfalten, werden vor dem Publikum „objektiviert durch beherrschtes Singen (den Sprachrhythmus, der von Zeit zu Zeit in Singen übergeht) und Tanz (Schauspielen, Körperbewegung und Geste). Das Kern-Bild (core-image) ist tief verwurzelt in Gesang und Tanz, und die typische Wiederholung des Liedes und des Tanzes der Xhosa wird in die *ntsomi*-Form übersetzt. Lied (oder Gesang oder Sprechen) und Schauspielen (mime) und die Wiederholung beider werden im *ntsomi* künstlerisch ausgenutzt. Das Singen, dem eine physische Form durch Schauspielen (mime) und rhythmische Körperbewegung gegeben wird, treibt die sich entwickelnde Geschichte (plot) durch Wiederholung vorwärts."[131]

Mit einem solchen Verhalten konfrontiert, ist das Publikum in der Regel seinerseits tätig, nicht nur geistig, sondern durch Eingreifen in die Darstellung. Es kommentiert laut, unterbricht den Dichtenden, belohnt ihn mit Gaben, übernimmt im chorischen Gesang selbst das Dichten, zumindest an Stellen, die Wiederholungen von stereotypen Sätzen oder Bildern sind. Die Strukturen des „Werkes" sehen oft solches Eingreifen, solches Mitmachen ausdrücklich vor. Mit Eingangs- und Schlußformeln wird auf das Publikum angespielt. Sie fordern auf, mit bestimmten Sätzen zu reagieren oder überhaupt sich zu dem Gebotenen zu äußern. Vielfach sind die Erzählungen so strukturiert, daß ein Wechsel von Solo und Chor, von Erzähler oder erzählendem Sänger und den Zuhörern erfolgen muß.[132]*

Dichtung, künstlerisches Schaffen im allgemeinen – zieht man die musikalischen und darstellerischen Seiten in Betracht – vollziehen sich als Prozeß, in den die Beteiligten eingreifen können, der gleichsam für sie beherrschbar ist. Mündliche Dichtung Afrikas ist so eine „Kunst in Bewegung", wie sie im Zusammenhang mit der bildenden Kunst, insbesondere dem Maskenbilden, beschrieben wurde.[133] Abgesehen von esoterischer Dichtung in sakralen Ritualen und an Königshöfen wie in Ruanda, war Kunst grundsätzlich der Kritik unterworfen, in dem Sinne, daß sie nicht als etwas Starres, Unangreifbares angenommen wurde, sondern als etwas Veränderliches – nach eigenen, jeweils konkreten Zwecken, ästhetischen wie außerästhetischen. Die Kunstwerke selbst waren in der Regel offen strukturiert. Ihre

Teile konnten verändert werden. Die Geschichten oder Lieder wurden „zusammengesetzt", sie waren somit fähig, neue Elemente aufzunehmen, andere auszusondern. Der Vorrat an Bildern und an Handlungsteilen, die die Sänger und Erzähler jeweils haben und im Kunstprozeß entfalten, teilweise unter Mitwirken ihres Publikums, ist die Grundlage solcher „Montage"kunst. Die vielen Brüche in Erzählungen und Gedichten, das oft sprunghafte Übergehen von einem Vorgang zum anderen ohne angedeutete oder zunächst sinnfällige Übergänge und Verbindungen, die oftmaligen Wiederholungen von Sätzen, das Aneinanderreihen von Bildern, deren Zusammenschau erst vollen Sinn ergibt (wie in dem Gedicht gegen den somalischen Sultan) – all das erklärt sich aus dieser Montagestruktur.

Künstler und Gesellschaft verhalten sich solchen Werken gegenüber respektlos. Dichtung wird nach funktionalen Aufgaben behandelt. Sie kann sich so nicht „verdinglichen" oder, anders gesagt, nicht in einem Produkt fixieren, das von seinen Schöpfern losgelöst existiert, ein Eigenleben führt und autoritär wird. Ein Kult des Dichtwerkes ist weitgehend ausgeschlossen. Andererseits sind Elemente mündlicher Dichtung – Bilder, Metaphorik, die Beziehungen zwischen Dichtern und Zuhörern – vielfach formelhaft. Mündliche Dichtung baut weitgehend auf einem Fundus von Bildern, Gleichnissen, Handlungsskeletten, Motiven und Themen auf, der sich über lange Zeiten, vielleicht Jahrhunderte, wenig verändert, der jeweils nur variiert und teilweise ergänzt wird im Prozeß des Dichtens. Sie ist aus Sterotypen zusammengesetzt. So können die Zuhörer auch mitwirken. Sie kennen die Stellen, die sie dichtend ausfüllen sollen oder wollen, und sie verstehen die oft dunklen, schwer entschlüsselbaren Metaphern schnell, da sie sie schon mehrfach gehört haben, mit ihnen vertraut sind. Sie wissen aus Erfahrung, wie Vorgänge, die abrupt hintereinanderfolgen und keinen Sinn zu machen scheinen, zu einem Sinn zusammenzudenken sind. Die mündliche Dichtung des subsaharischen Afrika ist so ähnlich strukturiert wie viele seiner vorkapitalistischen Gesellschaften, deren Produktivkräfe, deren soziale und geistige Ordnungen sich nur langsam entwickelten, die mitunter über Jahrhunderte starr gefügt blieben, in denen die Beharrung ein wesentliches Merkmal war, die aber auf Grund konfliktreicher Widersprüche und Spannungen ständig in innerer Bewegung waren.[134*]

Solche Widersprüchlichkeit spiegelt sich auch in anderen Zügen mündlicher Dichtung. Nebeneinander und oft miteinander verschränkt in einem Werk stehen phantastische Inhalte, Motive und Bilder auf der einen Seite und scharfe, nüchterne Sicht und Bewertung von Erscheinungen der Natur und sozialer Wirklichkeit auf der anderen. Einerseits werden Vorgänge übersichtlich, chronologisch genau und klassisch objektiv dargestellt, andererseits werden die Darstellungen von jähen Übergängen und Abschweifungen durchbrochen, das Einschieben von neuen, fremden Motiven bringt in die gegliederten Ordnungen Brüche hinein, Diskontinuität; sie lassen die Geschichte unheimlich, fremd erscheinen. Eine wohl wesentliche Ursache dafür ist die Abhängigkeit der vorkapitalistischen Gesellschaften von der Natur, vom Ackerbau und von Viehzucht und von der damit und mit den Klassenspaltungen verbundenen mythisch-religiösen Weltanschauung. Die Abhängigkeit von der Natur, von Jahreszeiten, Erntezyklen und biologischen Kreisläufen, gliedern und bestimmen Leben und Denken. Wie das arbeitende Subjekt natürliches Individuum, natürliches Dasein sei, bemerkte Marx zu vorkapitalistischen Produktionsweisen, erscheine „die erste objektive Bedingung seiner Arbeit als Natur, Erde, als sein unorganischer Leib; es selbst ist nicht nur der organische Leib, sondern diese unorganische Natur als Subjekt“[135].

Der ständige Verkehr mit der Natur zwingt zu deren genauer Beobachtung, zur Kenntnis ihrer Erscheinungen und Details. Daher die Schärfe und die Sinnlichkeit, mit denen natürliche Vorgänge, aber auch soziale Verhaltensweisen gezeichnet werden. Daher auch die überragende Rolle, die Themen, Gegenstände und Motive aus der Natur, vor allem der Tierwelt, spielen. Tiergeschichten sind eine der beliebtesten und überall verbreiteten Formen mündlicher Dichtung in Schwarzafrika. Die immer wiederkehrenden und so übersichtlichen, genau geordneten natürlichen Zyklen (Trocken- und Regenzeiten, Aussaat und Ernte) drängen wie die stabilen Sozialverhältnisse zu einer übersichtlichen, klaren Darstellung des Verkehrs zwischen Mensch und Natur, natürlicher Erscheinungen und auch gesellschaftlicher Vorgänge. Zugleich bleiben die Kausalzusammenhänge in der Natur, in den Beziehungen zwischen Mensch und Natur unbekannt. Mythos und Religion versuchen sie phantastisch zu erfassen, und Magie und Zauberei sollen Realität meistern. Scharfe, genaue Bilder von wahrnehmbarer objektiver Wirklichkeit und Bilder einer phantastischen, nur in der phantasiereichen Vorstellung existierenden Welt stehen nebeneinander oder sind ineinander verschlungen. In der wohlgeordneten, rationalen Darstellung von Raum- und Zeitverhältnissen können plötzlich Brüche entstehen; unklare, geheimnisvolle Vorgänge bringen etwas Irrationales hinein. Figuren tauchen ohne sinnfällige Motivation oder Zusammenhang mit vorher erwähnten Vorgängen auf und spielen im Fortgang der Darstellung keine sichtbare Rolle mehr. E. N. Obiechina betonte, westafrikanisches Geschichtenerzählen untersuchend, daß die Welt der mündlichen Dichtung weder irrational noch alogisch, sondern durch die Gesetze von Ursache und Wirkung bestimmt sei, allerdings nach der Logik des magischen Glaubens. Die traditionelle westafrikanische Erzählung sei eine undifferenzierte Welt, in der die „Kluft zwischen dem Natürlichen und Übernatürlichen, dem Abstrakten und Konkreten, dem Physischen und Metaphysischen“[136] nicht existiert. Das trifft auf die orale Tradition als Ganzes zu. Genaue Wirklichkeitsbeobachtung, Verhalten zu einer konkreten sozialen Situation einerseits und phantastisches Erfassen der Welt andererseits können getrennt voneinander erscheinen. Dafür zwei Beispiele aus der Poesie der Acoli in Uganda und aus der Ìjálá-Dichtung der Yoruba in Nigeria.

Totenklagen der Acoli sind oft gerade an die Lebenden gerichtet, setzen sich mit Erben auseinander, auch satirisch-höhnend. Okot p'Bitek, selbst Acoli, führt folgendes Lied an: „Wenn es den Tod nicht gäbe, / Woher würde der Erbe etwas kriegen? / Das Vieh ist für den Erben zurückgelassen worden – / He, wie würde der Erbe etwas kriegen? / Das Eisendachhaus ist für den Erben zurückgelassen worden – / He, wenn es den Tod nicht gäbe, / Wie würde der Erbe reich? / Das Fahrrad ist für den Erben zurückgelassen worden; / Dieser Erbe hat großes Glück; / He, Bruder, sag mir, / Wenn es den Tod nicht gäbe, / Häßlicher – wessen Tochter hätte dich geheiratet? / Eine Frau ist für den Erben zurückgelassen worden; / He, Erbe, wie hättest du gelebt? ...“[137] Okot p'Bitek bemerkt dazu, gegenseitige Angriffe von Brüdern ergeben sich aus dem heftigen Wettbewerb zwischen den Männern, „die sich um die Gunst der Witwe bemühen können, auch um das Eigentum des toten Mannes. Ausgewählt zu werden ist ein Zeichen von Vertrauen. Der soziale Status des Erben hebt sich dadurch.“[138] Eine andere Totenklage verbindet das genaue Beobachten eines Toten mit poetischen Vergleichen zur Natur: „Der Geliebte meiner Mutter / ist wie gepflückte Gemüseblätter; / Seine großen Augen sind weit geöffnet, / Seine Zähne sind weiß wie Sesam in der trockenen Jahreszeit ...“[139]

Ìjálá, gesungene Kurzerzählungen der Yoruba, werden vornehmlich von Schmieden und Jägern, die zugleich landwirtschaftlich arbeiten, im geselligen Zusammensein bei Palmwein und Maisbier oder bei der Arbeit vorgetragen. Eine der Erzählungen berichtet von Kújowú, dem Bauern und Jäger, der für eine seiner Frauen ein Elfenbeinhalsband besorgen wollte. Er machte sich auf die Jagd, „Jägerballaden singend“. Nach langem Suchen trifft er auf Elefanten, die ihn vertraut beim Namen nennen. Er solle von der Jagd Abstand nehmen. Aber Kújowú lehnt das ab. Er habe keine Furcht und sei sehr geschickt, könne sich in Bäume und Gräser verwandeln. Er versucht Magie anzuwenden, aber die Elefanten entziehen sich, indem sie sich in Affenbrotbäume verwandeln. Der Jäger muß ohne Beute nach Hause ziehen. Dort droht ihm seine erstgeheiratete Frau mit Scheidung, wenn er nicht das Halsband bringe, das alle Bauersfrauen besäßen. Er macht sich ein zweites Mal auf die Jagd. Wieder verbieten die Elefanten ihm, daß er sich nähere, und zwar mit „einer menschlichen Stimme“[140]. Er hört aber nicht. Darauf fangen sie ihn mit dem Rüssel, bringen ihn zum Löwen, dem König aller Tiere. Der verurteilt den Menschen, für ewig als Torwächter seines Palastes bei ihm zu bleiben. Der Jäger wird zum Diener der Tierwelt.

Die von D. T. Niane dokumentierten epischen Gesänge über den König Soundjata, der im 13. Jahrhundert das große Mali-Reich gründete, enthalten beide Aspekte, das Phantastische und das nüchterne Erfassen objektiver Wirklichkeit, die unbefragte Annahme gegebener sozialer und geistiger Ordnungen und das Herausstellen besonderer individueller Leistungen. Die Erzählung kreist um das große Individuum, den mächtigen König und Heerführer, um seine überragenden physischen und geistigen Kräfte, um seine Jugend, sein Exil und seinen triumphalen Sieg über alle Widersacher und mächtigen Könige. Diese Kräfte aber sind ihm von übernatürlichen, phantastischen Wesen verliehen. Seine Taten kann er nur in Übereinstimmung mit gesetzten Ordnungen vollbringen. Das Schicksal, Gott, die Ahnen – sie haben seinen Weg vorgezeichnet, wie sie seine Welt eingerichtet haben. Der Sänger betont das, wenn er schildert, wie die Königinmutter vergeblich gegen den jungen Soundjata vorzugehen versucht: „Die Königinmutter fand keine Ruhe mehr. Aber kann man gegen das Schicksal an? Nein. Oftmals glaubt der Mensch im Wahn, den Weg abändern zu können, den Gott ihm vorgezeichnet hat. Doch alles, was er unternimmt, geht in eine höhere Ordnung ein, die er kaum zu begreifen vermag. Deshalb waren die Anstrengungen Sassoumas gegen den Sohn der Sogolon vergeblich. Was sie auch tat, es war in seines Schicksals Sinne. Gestern noch verachtet und öffentlich verspottet, wurde der Sohn Sogolons heute so geliebt wie einst verhöhnt."[141] Soundjata wird – aus der Sicht des ihn preisenden Sängers – als der Herrscher dargestellt, der für immer die soziale und politische Ordnung, das Mali-Reich, eingerichtet und jahrhundertedauernde Normen gesetzt hat.[142] In der Ordnung sich bewegend, die die Ahnen und Gott gestiftet haben, kann er auch Stifter und Bewahrer solcher Ordnung werden. In dieser Ordnung, die sozial eine vorkapitalistische Klassengesellschaft ist, sind Mythos, Magie und Religion, der phantastische Verkehr mit Ahnen, Geistern, Zauberkräften und mit der dem Menschen totemistisch verbundenen Tierwelt feste Bestandteile. Soundjata kann seinen mächtigen Gegner, König Soumaoro, nur mit zauberischer Gewalt besiegen. Die reale Macht des historischen Soumaoro deutet der Sänger – und damit die Geschichtslegende – als eine Gewalt, die letztlich aus dem Gebrauch von Zauber resultiert. Soundjata selbst erscheint als Abkömmling eines nichtmenschlichen Wesens – der Büffel-Mutter. Sie kann ihm schon am Vorabend seines Exils voraussagen, daß er zu Großem bestimmt ist: „Ziehen wir weg von hier, später wirst du zurückkommen, wenn du groß bist, um zu herrschen, denn in Mandingo soll sich dein Geschick vollenden."[143] In der Erzählstruktur dagegen äußert sich Nüchternheit, Rationalität. Ereignisse, die Biographie des Helden, Raum- und Zeitverhältnisse werden übersichtlich geschildert. Nachdem der Griot sich vorgestellt hat, erzählt er von den ersten Königen des Mandingo-Volkes bis zum Erscheinen der Büffel-Frau, der Mutter des Helden. Dann geht er über zu Kindheit, Jugend und Exil Soundjatas. Vor dem entscheidenden Feldzug zur Rückeroberung seines Reiches, während „fern von der Heimat der Sohn Sogolons lernte, mit den Waffen umzugehen"[144], wird die chronologische Schilderung unterbrochen und von Soumaoros Geschichte berichtet. Der große Widersacher, die objektiven Schwierigkeiten, gegen die der Held anzukämpfen hat, müssen vorgestellt werden. Dann kehrt der Erzähler zu Soundjata zurück, zu dessen Kriegszügen, seiner Rückkehr in die Heimat, seinem Sieg und zu den jetzt stabilen Verhältnissen im großen Mali-Reich. Dinge und Menschen werden von außen gesehen; die Sachverhalte werden als objektive Realität nüchtern geschildert.[145]*

Das Ineinander von genauen Zeichnungen wahrnehmbarer Wirklichkeit und von reicher phantastischer Metaphorik ist für die mündliche Dichtung charakteristisch. Es gibt ihr einen eigenartigen ästhetischen Reiz. In diesen Bildern vergegenständlicht sich als künstlerische Phantasie die phantastische Deutung der Welt, und in der scharfen Zeichnung von Details und der Darstellung von Sachverhalten als objektiven Gegebenheiten äußert sich das nüchterne, rationale Verhältnis, das man zur Wirklichkeit hat, zur Arbeit des Bauern und Handwerkers, zu den biologischen Zyklen, zu den sozialen Verhältnissen. Für den Ìjálá-Sänger – als Bauer und Jäger mit der Natur eng verbunden – ist es normal, die Flucht bei Beginn eines Krieges so zu schildern: „Ich hatte nur ein Handtuch um, als ich in den Busch rannte . . . / Die Bäume, / Die Bäume, die Augenzeugen des Krieges waren, warfen sofort die Blätter ab. / Die Palmen, die ihn sahen, bedeckten ihre Stämme mit heruntergeworfenen Ästen. / Leute meines Alters erinnern sich der Katastrophe.“[146] Die dichterische Schöpfungskraft, die sich in solcher Metaphorik äußert (Bäume, deren Verhalten Katastrophen bezeugt und die auf menschliche Ereignisse reagieren), wurzelt im vertrauten Umgang mit der Natur und in der Phantastik, mit der dieser Verkehr gedeutet wird. Naturwesen und Mensch erscheinen auf der gleichen Ebene. Die Natur wird „vermenschlicht“. Die künstlerische Phantasie und Sensibilität sind Aspekte eines übergreifenden Verhaltens, mit dem das Individuum vorkapitalistischer, agrarischer Kulturen die Welt zu meistern und zu begreifen suchte. Deshalb sind sie wie die Dichtung überhaupt auf die Wirklichkeit gerichtet, die allerdings vorerst nur phantastisch erklärt werden kann. Die Genauigkeit und Sinnlichkeit, mit denen wahrnehmbare Realität und phantastische Vorstellung dargestellt sind, ergeben sich daraus.

Mündliche Dichtung für die nationale und soziale Befreiung

Eine so streng funktionale und auf die jeweilige Realität gerichtete Kunst ist grundsätzlich offen für Veränderungen ihrer Inhalte und auch Formen. Die mündliche Dichtung paßte sich größtenteils an die neuen historischen Situationen im 20. Jahrhundert an. Oder anders gesehen – die in vorkapitalistischen Kulturen geprägte Haltung, Kunst als Instrument zur Bewältigung von Wirklichkeit und zur Entfaltung von Produktivität einschließlich der ästhetischen zu gebrauchen, setzte und setzt sich in Schichten, Klassen und politischen Bewegungen fort, die sich im Zuge der Umwälzungen der vorkapitalistischen Gesellschaften und des Kolonialsystems herausbildeten. Technische, soziale und politische Neuerungen erscheinen in mündlicher Dichtung oder in hauptsächlich mündlich vermittelter Literatur (Lieddichtung). Die sich entwickelnde Arbeiterklasse und die Bauern, die bis in die siebziger Jahre weitgehend analphabetisch blieben, die vorwiegend oder überhaupt nur mündlich kommunizieren können, verhalten sich auch in Formen traditioneller Dichtung zum Kolonialismus, zu den neuen Gegensätzen zwischen Unternehmern und Lohnarbeitern, zum antiimperialistischen Kampf ihrer jeweiligen Länder oder ethnischen Gebiete, zum Aufbau der neuen Staaten und zu deren politischen Führern. Mündliche Dichtung war mindestens bis Ende der sechziger Jahre eine Hauptform, die technischen, sozialen und politischen Umwälzungen zu erfassen und sich über sie zu verständigen. Politische Aktionen unmittelbar besetzend oder als mündliche Dichtung selbst zur politischen Handlung werdend, spielte sie eine wichtige Rolle in der antikolonialen Bewegung. In den sozialistisch orientierten Staaten wird sie benutzt, um gesamtgesellschaftliches Bewußtsein, elementare Ansätze antiimperialistischer Haltungen und politischen Denkens unter den Massen auszubilden und zu fördern. Die Tradition der mündlichen Dichtung ist so bis heute lebendig geblieben. Über neuartige Produktions- und Kommunikationsformen (Schallplatte, Radio, Tonband) hat sie zweifellos die größte Breitenwirkung und tiefste Massenwirksamkeit aller gegenwärtigen dichterischen Tätigkeit.

In welchem Maße sich jeweils traditionelle Gattungen und Stile fortsetzen, in welchem Umfang neue Einflüsse wie etwa die christliche Hymne, internationale Popmusik und die über Druck vermittelte Literatur Techniken und Mittel veränderten und verändern, ist noch kaum erforscht worden. Mir geht es darum, einige inhaltlich-funktionale Veränderungen vorzustellen und anzudeuten, was das Vordringen moderner Kommunikationsformen für die „orale Tradition“ im strengen Sinn bedeutet. Dabei richte ich den Blick vor allem auf die Veränderungen mit historisch progressivem Charakter, auf die Rolle, die mündliche Dichtung in der von den Massen getragenen antikolonialen Bewegung spielt. In welchem Umfang sich dagegen inhaltliche Neuerungen oder Anpassungen mit unterschiedlichen und entgegengesetzten politischen und sozialen Funktionen vollzogen, soll zunächst an einem Beispiel gezeigt werden. 1918 besang ein Trommler im Königreich der Nupe (Nigeria), daß sich der König Etsu Bello ein Auto gekauft hat: „Der Name Allahs ist der Beginn alles Wissens. / Sprechen wir über den Tag, als Etsu Bello ein Auto kaufte. / An dem Tag, als Etsu Bello ein Auto kaufte / Ging ganz Bida hinaus, eine Straße zu bauen. / Jüngere Brüder und ältere Brüder, sie gingen hinaus, die Straße zu bauen. / Alle Leute auf den Farmen gingen hinaus, die Straße zu bauen. / Die junge Braut, sie ging, die Straße zu bauen. / Der Bräutigam, er ging, die Straße zu bauen. / Aber warum gingen sie alle hinaus, die Straße zu bauen? / Das geschah, weil Etsu Bello ein Auto gekauft hatte. / Deswegen gingen alle Leute hinaus, eine Straße zu bauen."[147] Die Form des traditionellen Preisliedes ist deutlich, aber auch die sozial konservative Funktion, die die ästhetische Aneignung des historisch neuen Sachverhalts – des Autos – hier hat. Das Auto wird nur vom König besessen. Es steht nur ihm zur Verfügung. Alle Untertanen müssen für den einen Herrscher eine Straße bauen. Das neue Verkehrsmittel erscheint sofort als Instrument und Symbol alter traditioneller Ausbeutungsverhältnisse.

Nach dem zweiten Weltkrieg hat die nigerianische Bourgeoisie in auffälliger Weise Preisliedsänger in ihre Dienste genommen. Künstler besingen in traditioneller unmittelbarer Kommunikation und für moderne technische Medien (Schallplatte) die sie beschäftigenden Kaufleute und Unternehmer in sozial apologetischer Funktion. Trägerschichten, ästhetischer Charakter und soziale Funktion ursprünglicher Dichtungsformen können innerhalb dieses Prozesses wesentlich verändert werden. Auf der bereits erwähnten Konferenz in Ibadan führte G. G. Darah an: „Ungefähr bis zur Mitte der sechziger Jahre war faktisch alle Poesie in Urhobo satirisch. Produktion und Darstellung von Poesie geschahen auf einer kooperativen Basis. Die Ökonomie war im wesentlichen bäuerlich. Es gab keine Klassenteilungen. Diese kommunalistische Struktur ermöglichte die satirische Poesie. Heute gibt es Klassenteilungen im Zuge eines beginnenden Kapitalismus. Nutznießer der neuen Ordnung ist die Klasse der Kaufleute und Unternehmer (contractors). Ihr Erscheinen hat das Anwachsen der Preislyrik bewirkt, die früher auf rituale Ereignisse und die Einsetzung von Häuptlingen beschränkt war. Einige Künstler, die bekannte Satiriker waren, sind wegen materieller Verlockungen zur panegyrischen Bewegung übergelaufen. Eine Schallplatte mit dem Lob eines sich herausbildenden Kapitalisten bringt jetzt unmittelbare materielle Belohnung."[148]*

Dieser Tendenz stehen die historisch progressiven inhaltlichen und funktionalen Veränderungen mündlicher Dichtung entgegen, die sich besonders im Zusammenhang mit dem antikolonialen Kampf ergaben. Faktisch in jedem Land zu beobachten, sind sie für die afrikanische Literaturentwicklung und nicht zuletzt für eine moderne marxistische Realismustheorie besonders bedeutsam. 1938 reagierte der Acoli-Sänger Omal Lakana mit einem satirischen Spottlied, als ein von den Kolonialisten gestützter Häuptling und der koloniale Bezirkskommissar alle arbeitsfähigen Männer aus Lamogi/Uganda zur Zwangsarbeit nach Gulu schickten: „He, mein Penis will sich aufrichten. / Wenn ich des Häuptlings Mutter finde, / Werde ich sie mitten auf der Straße ficken; / He, mein Penis will sich aufrichten. / Ich besteige das Fahrrad, / Ich eile nach Gulu. / He, mein Penis will sich aufrichten. / Wenn ich die Mutter des Bezirkskommissars finde, / Werde ich sie auf dem Fußballplatz von Pece ficken . . ."[149] Er wurde zu zwei Jahren Gefängnis verurteilt. Darauf antwortet er mit einem kurzen Gedicht: „Wenn ich der Tod werden könnte, / Wenn ich der Tod werden könnte, / Würde ich über den weißen Mann herfallen."[150] 1953 stellte man im Südwesten Afrikas (Namibia) die Geschichte des Ovambolands bis zur Ankunft des weißen Mannes kurz dar, um dann antikoloniale Töne anzuschlagen: „Da kam einer, der weiß ist im Gesicht, / er geht mit bedecktem Magen (die Ambo bedeckten traditionell ihre Magengegend nicht – J. F.). / Er richtet und hat den Willen, uns zu beherrschen. / . . . Nicht für immer mögest du uns hier im Ovamboland regieren. / Wir erheben uns später gegen ihn, wenn es gilt, im Ovamboland."[151] In den fünfziger Jahren trug die mündliche Dichtung oder mündlich vermittelte Dichtung in deutlich traditionellen Strukturen zur politischen Bewußtseinsbildung und zur Mobilisierung der Massen gegen den Kolonialismus bei. Sie war eine der wesentlichen Tätigkeiten, in denen sich die Auseinandersetzung mit dem Kolonialismus vollzogen. Die Kämpfer des Mau-Mau, der militärischen Front zur Befreiung Kenias Anfang der fünfziger Jahre, und die sie unterstützenden Gruppen verständigten sich in Liedern über die koloniale Situation, über ihre Kampfziele und Haltungen gegenüber den Gegnern. Die Lieder wurden teilweise in der Kikuyu-Sprache gedruckt. In einer Hymne hieß es:

„Es herrscht Wehklagen im Land des schwarzen Volkes wegen des Hungers nach Land. Ihr törichten und ihr weisen Leute, gibt es jemand unter euch, der sich nicht bewußt ist, daß das Land übervölkert ist.

Ihr Europäer, ihr seid nichts als Räuber, obwohl ihr vorgebt, ihr wäret gekommen, uns zu führen. Verschwindet, verschwindet, ihr Europäer, die vergangenen Jahre sind mehr als genug für uns gewesen ...

Ihr von Kikuyu und Mumbi kämpft hart, daß uns die Selbstregierung gegeben wird, daß uns unser Land zurückgegeben wird. Das Korn ist reif für die Ernte, wenn wir uns verspäten, wird die Ernte verloren sein ..."[152]

Die politische Auseinandersetzung zwischen der Befreiungsbewegung um Kenneth Kaunda in Sambia und dem Kolonialismus wurde mit Liedern geführt. Über eine Massenversammlung, die Kaundas Partei, die UNIP, im Wahlkampf 1962 durchführte, gibt es folgenden Bericht: „Tausende drängten sich in einem enormen Halbkreis um die große offizielle Plattform, die von der Jugendabteilung auf einem der riesigen Ameisenhügel erbaut war ... Die Jazzband der UNIP spielte gelegentlich einen Calypso oder einen Swing, und zwischen jeder Ansprache sangen kleine Chöre politische Lieder, die die UNIP und ihre Führer priesen. ‚Kaunda wird die Afrikaner politisch von den Engländern befreien, / Die uns ungerecht behandeln und uns täglich schlagen. / UNIP als eine Organisation bleibt nicht an einem Ort. / Sie bewegt sich zu verschiedenen Gegenden und Völkerschaften, / Sie macht sie bekannt mit den Schwierigkeiten, mit denen wir konfrontiert sind. / Diese Weißen bereiten nur den Weg für uns, / So daß wir kommen und uns selbst reibungslos regieren.' "[153]

Eine besonders starke Rolle spielen politische Lieder in der Tradition der mündlichen Dichtung für Guinea. Städtische Arbeiter, proletarisierte städtische Massen und Bauern unterstützten während der Wahlkämpfe der fünfziger Jahre Sékou Touré und seine Partei wesentlich durch politischen Gesang. Er trug maßgeblich dazu bei, Touré gegen den Willen der Häuptlinge, die von den Franzosen eingesetzt waren, und gegen die Kolonialverwaltung 1956 in die französische Nationalversammlung zu wählen. Das Miteinander von politischen und religiösen Zügen und Motiven, Techniken des Preisliedes, indirekte Anspielungen durch Metaphorik und Montageverfahren (unvermittelte Abfolge von verschiedenen Bildern oder Vorgängen) zeigen, daß hier die mündliche Dichttradition unmittelbar fortgesetzt wurde. Den Opponenten Tourés, die bei der Wahl von 1956 unterlagen, galt folgendes Lied: „Ihr bereitet Essen vor / Das erlesenste Essen, das man finden kann. / Ihr seid bereit mit eurem Löffel / Den ersten vollen Löffel auszulöffeln. / Und da – ein Tropfen heftigen Gifts / Fällt in das Essen. / Das Wasser ist verunreinigt / Es wird untrinkbar. / Alles ist zu Ende. / Alles ist vorbei."[154] 1958 rief der Guinese „Diély Momoudou Kandé aus Sarayah, / der große Redner und Gitarrist" in traditionellen Techniken dazu auf, zum Referendum, durch das de Gaulle die französischen Kolonien in einer engen Gemeinschaft mit Frankreich zu halten suchte, nein zu sagen: „Denn sechzig Jahre lang schon sagen wir ja, / sechzig lange Jahre immer nur ja. / Wohlan, doch diesmal sagen die Söhne Guineas, / sagen die wahren Söhne Guineas alle / sagen nein, nur nein. / Habt keine Angst. / Seid ohne Furcht, / der Herr, der Allmächtige, / wird euch helfen, / Allah, Herr über alles und alle. / Denn die 33 Räte von Guinea, / vereinigt um Sékou Touré, / denn alle sagen nein, nur nein, / denn die 62 Führer von Guinea, / vereinigt um Sékou Touré, / denn alle sagen nein, nur nein."[155]

In mündlicher Dichtung reagiert man nicht nur auf aktuelle politische Ereignisse. Seit den fünfziger Jahren verständigt sich die Gewerkschaftsbewegung in Tansania über soziale Probleme auch ästhetisch. Gegensätze zwischen tansanischen Arbeitern und offensichtlich kolonialistischen Unternehmern äußern sich in Liedern. Man wird sich bewußt über das Ausbeutungsverhältnis und antikoloniale Haltungen: „Wir bedauern, daß die Unternehmer uns geringschätzig behandeln sollten (should trife with us). / Wir sind unserer Rechte beraubt, wirklich, wir wissen nicht, wo wir essen können. / Wir machen ihre Arbeit, bringen ihnen ihr Geld ein, / Kleider sprießen an ihnen durch die Anstrengungen der Arbeiter. / Gebt den Organisationen der Arbeiter Freiheit / Wir wollen nicht, daß das Gesetz unsere Gewerkschaften zerbricht. / In einem freien Tanganyika (frühere Bezeichnung für das Festland Tansanias – J. F.) mögen die Gewerkschaften stark sein. / Wir wollen nicht verachtet werden. / Vereinigen wir uns also und besiegen (triumph over/crush/overthrow) die Unternehmer."[156*]

In Tansania werden bis in die siebziger Jahre alte Sing- und Erzählweisen benutzt, um die Geschichte des Kampfes für die Unabhängigkeit, die Rolle von Führungspersönlichkeiten (Präsident Nyereres, des früheren Ministerpräsidenten Kawawa) darzustellen oder antikapitalistische Maßnahmen bewußt zu machen und soziale Leistungen (Schulbau) zu feiern. Tradierte künstlerische Beschäftigung mit gegenwärtigen Vorgängen findet statt im bäuerlichen Gehöft vor einem kleinen Publikum, in Restaurants, auf zentralen Veranstaltungen in den größeren Städten. Sie bezieht sich auf örtliche Ereignisse in lokalen afrikanischen Sprachen und richtet sich auf gesamtgesellschaftliche bedeutsame Erscheinungen in der sich herausbildenden Nationalsprache Swahili. Berufsmäßige Sänger, die von ihren Auftritten in Dörfern und Städten leben, Bauern, die in der Freizeit darstellen, oder städtische jugendliche Amateure sind Verfasser und Vorführende.

Allerdings befindet sich die künstlerische Produktions- und Kommunikationsweise und damit die mündliche Dichtung seit längerer Zeit im Umbruch. Die zunehmende Alphabetisierung der Massen und das seit den dreißiger Jahren immer schnellere Vordringen der technischen Kommunikationsmittel haben zusammen mit der Urbanisierung historisch neue Bedingungen geschaffen. Die afrikanischen Länder sind keine „oralen" Gesellschaften mehr. Die durch persönliche Beziehungen geprägte kleine Öffentlichkeit – gesellige Abende, traditionelle Feste, Versammlungen und Rituale –, in der die mündliche Dichtung ihre spezifischen Merkmale entfalten konnte, wird in ihrer kulturellen Bedeutung zunehmend von einer nationalstaatlichen Öffentlichkeit abgelöst, die sich durch sachlich vermittelte, anonyme Kommunikation über die Massenmedien (Zeitungen, Rundfunk, Fernsehen) auszeichnet. Neue künstlerische Produktions- und Distributionsgewohnheiten und neue ästhetische Erwartungen bilden sich aus. Die mündliche Dichtung hat so ihre ehemals übergreifende Bedeutung verloren. D. T. Niane konnte während der fünfziger Jahre die große Griot-Dichtung nur noch versteckt in einigen ländlichen Bereichen finden.[157] Haltungen der traditionellen Dichtung (die Funktionalität), einzelne ihrer Techniken und das enge Zusammengehen von verbalem und musikalischem Ausdruck werden jedoch weitergeführt. Sie sind aufgehoben in den Liedern, die professionelle, ausgebildete Sänger und Musikgruppen in den städtischen Restaurants, für Plattenfirmen und für den Rundfunk produzieren. Die Hymnen der Mau-Mau-Bewegung, die politischen Gesänge in Zambia, die Gedichte des Guinesen Kandé waren bereits weitgehend als geschriebene Literatur entstanden und teilweise verbreitet worden. Im heutigen Guinea spielen Lieder, die offensichtlich an die Tradition des Preisliedes anknüpfen, aber wesentlich über die Schallplatte und den Rundfunk vermittelt werden, eine große Rolle für die politische Bewußtseinsbildung und für die Befriedigung ästhetischer Bedürfnisse. Sie setzen anscheinend tradierte Erwartungen fort und sind zugleich durch die moderne Umwelt geprägt. Die knappe plakative Darstellung von Sachverhalten, das Preisen von Führerpersönlichkeiten (Sékou Touré) sind „traditionell“ – wie die Verbindung von Musik und Wort. Sie haben aber wichtige Elemente und Instrumente (elektrische Gitarre) internationaler „Pop“-Musik aufgenommen. Ein Titel der Gruppe Keletigui et ses tamborinis heißt *Mandjou.* Er wird in der Art des „Rumba-Guinée“ gespielt. Mandjou ist das Synonym von Touré. Ein Stück des Liedes geht (nach einer französischen Übersetzung) so: „Mandjou, du hast das Vertrauen des Volkes, du hast die ‚baraka‘ der gerechten Menschen, danke für das, was du getan hast und was du weiterhin für uns tust.“[158]

Die Tradition der mündlichen Dichtung hat eine ungewöhnlich massenhafte Wirksamkeit, wobei sich die ursprüngliche Produktions- und Kommunikationsweise verändert hat – aber die Tradition ist „aufgehoben“. Mündliche Dichtung im strengen Sinn hat langfristig gesehen als eine kulturell zentrale Erscheinung wohl keine Perspektive mehr. Die Umwälzung der Produktivkräfte hat ihre vormals beherrschende Rolle schon untergraben. Zwei Beispiele aus Ostafrika mögen das abschließend zeigen. Nach intensiver Feldforschung auf der Insel Bukerebe im Viktoria-See stellte G. W. Hartwig fest: Von traditioneller Dichtung besetzte Spiele (Tanz, Musik, Lied), die im ersten Drittel unseres Jahrhunderts – besonders unter der Jugend beliebt – noch massenhaft ausgeübt wurden, waren in den sechziger Jahren weitgehend verschwunden. Das ist durch die neuen Lebensbedingungen und somit durch neue Werte und ästhetische Bedürfnisse zu erklären. „Junge Mitglieder, deren Mitwirkung die Zukunft des Spiels sichert, sind nur sehr wenig vorhanden. Die meisten sind entweder zu sehr damit beschäftigt, sich zu bilden und auszubilden, oder die, deren Ausbildung abgeschlossen ist, widmen ihre meiste Zeit dem Geldverdienen.“[159] Das Radio setzt jetzt Maßstäbe guter Musik. Der Rundfunk und zahlreiche kleine Bands vermitteln die Musik und damit das Liedschaffen, das als „Pop“musiklied die jungen und mittleren Generationen heute befriedigt.

Wie die reichen Spiele auf der Bukerebe-Insel sind die verschiedenen Abarten des Beni-Tanzes in Kenia und Tansania fast völlig verschwunden. Auf der Insel Lamu, wo nach dem zweiten Weltkrieg noch einmal ein kräftiger Aufschwung einsetzte, gab es Ende der fünfziger Jahre nur noch Reste. T. O. Ranger bemerkte dazu: „Die mittlere Generation, die Beni in den fünfziger Jahren zu tanzen pflegte und aus der meine Informationen in Lamu stammten, betrachtet diesen Wandel ohne Freude und Zustimmung. Das Schul-

system habe den jungen Männern merkwürdige Ideen in die Köpfe gesetzt. In Lamu hat sich das Schulsystem seit der Unabhängigkeit sehr schnell entwickelt. Junge Männer möchten nicht mehr die Zeit und die Anstrengung aufbringen, die für erfolgreiche Beni-Aktivitäten erforderlich sind. Sie würden lieber eine Platte auflegen und mit einigen wenigen Freunden tanzen. Es erforderte organisatorische Fertigkeiten, Disziplin, das Bedürfnis, in der ganzen Gemeinschaft ein Bestandteil zu sein, um eine erfolgreiche Beni-Gesellschaft zu organisieren. Heute sind junge Männer träge Individualisten."[160]
Jazz-Klubs lösten die früheren Beni-Gesellschaften ab. Sie setzen die künstlerisch besetzte Geselligkeit fort, die Beni-Gesellschaften und vorkoloniale Feste begründet hatten – als kommerzielle Unternehmen der „Unterhaltungsbranche", die sich in der entfalteten Warenproduktion der Umbruchsgesellschaften herausbildete. In einer Studie über die Veränderungen in der kenianischen Hafenstadt Mombasa heißt es: „Anstatt allein um Popularität zu wetteifern, verlegte man sich auf Rumba und Jazz und bot sich buchstäblich auf dem offenen Markt feil. Mit diesem neuen Trend strebten sie danach, so viel Anhänger wie möglich außerhalb Mombasas zu gewinnen. Eine Revolution hat stattgefunden. Es gab jetzt die Kingi Jazz Band, die Skotchi Jazz Band, die Sadla Jazz Band."[161]

Ein Grund wird klar, warum moderne Literatur, die sich als emanzipatorische Tätigkeit versteht, die mündliche Tradition hervorhebt: Es ist deren „kritische" Haltung, die Kunst nicht mit einer Aura umgibt, die einmal Fixiertes, die Produkte (Werke) nicht zu Idolen erstarren läßt. Öffentlich-weltliche Kunst wird plebejisch-unehrerbietig behandelt, ohne die Anerkennung, den Genuß des künstlerischen, also besonderen Könnens auszusparen. Daher das Sich-selbst-in-Frage-Stellen der mündlichen Dichtung – bis hin zur Aufhebung ursprünglicher Existenzweise in den technischen Medien. Daher auch das widerspruchsreiche, Bewegung selbst bedeutende Zusammenspiel von Phantastik und Wirklichkeitsbeobachtung, von Imagination und Realitätssinn, von Diskontinuierlichem und Kontinuierlichem, Stereotypem, Schematischem, das diese afrikanische Dichtung charakterisiert.

Entwicklung moderner Literatur und antikoloniale Bewegung der vierziger/fünfziger Jahre

Kulturelle Eigenart, Kritik der kolonialen Situation und Entwürfe für ein „goldenes afrikanisches Zeitalter"

Die moderne Literatur Schwarzafrikas bildete sich unter dem Einfluß des Kolonialismus und in der Auseinandersetzung mit ihm heraus. Seit Ende des 19. Jahrhunderts entstanden – zu einer Zeit, als der gesamte Kontinent kolonialisiert war –, wurde sie auch wesentlich in der Schrift und in den Sprachen der Kolonialmächte geschrieben und bis in die sechziger Jahre hinein weitgehend von Verlagen der jeweiligen Metropolen, vor allem in Paris oder London, produziert und verbreitet. Sie erschien in künstlerischen Gattungen und Strukturen, die – wie der Roman und das geschriebene Drama – ursprünglich in den Kulturen der europäischen Kolonialmächte gewachsen waren. Dem 1958 entstandenen Drama *Tuinese*, das, in der westafrikanischen Ewe-Sprache geschrieben, die vorkoloniale Kultur einer ghanaischen Völkerschaft schildert, stellte der Ghanese F. K. Fiawoo ein Vorwort voran, in dem er ausdrücklich die Beachtung der aristotelischen, klassischen Dramaturgie Europas betont: „Mit *Tuinese* wurde der Versuch gemacht, den Prinzipien zu gehorchen, die dem Bau eines Dramas zugrunde liegen." Es wurden die „Regeln der drei Einheiten befolgt, die durch die alten klassischen Stückeschreiber vorgeschrieben sind".[162]

So scheinbar ein Beleg für den kolonialistischen Anspruch, dem dunklen, barbarischen Kontinent erstmals Kultur gebracht zu haben, war die moderne Literatur von Anfang an aber ein Zeugnis gegen die koloniale Legitimation, selbst wenn das nicht immer thematisiert wurde oder literarisches Schaffen gerade zeigen sollte, daß man die Kultur des Kolonisators angenommen und sich assimiliert habe. Allein das Schreiben von Gedichten, Romanen und Theaterstücken war für die zunächst sehr schmale Gruppe der modern Gebildeten, die Literatur produzierte, jeweils der Beweis, die schöpferischen kulturellen und zivilisatorischen Fähigkeiten zu besitzen, die ihnen die Ideologen des Kolonialismus und Rassismus absprachen. Schon ehe in den zwanziger Jahren nationale Bestrebungen zu politisch wirksamen Organisationsformen führten, demonstrierte die Literatur eigenständige, bedeutende afrikanische Kulturen als symbolische Haltung, sich der völligen Unterordnung unter die vom Kolonialismus oktroyierten sozialen Verhaltensweisen, Rechtsverhältnisse, moralischen Normen und Werte zu widersetzen. Sie bereitete – zumindest mittelbar – nationales antikoloniales Bewußtsein vor. Das 1915 aufgeführte, erst 1974 veröffentlichte Stück *The Blinkards* des Ghanesen Kobina Sekyi war als Konservationsstück in vier Akten entworfen. Der Autor benutzte die Dramaturgie des „drawing-room"-Dramas oder des gut gemachten konventionellen Stückes, das für die dramatische Literatur des viktorianischen Großbritannien charakteristisch war; inhaltlich geht es um eine Kritik ghanaischer Kaufleute und anderer sozialer Gruppen, die bedingungslos die Lebensweise des viktorianischen Bürgertums nachahmen und eigenständig gewachsene afrikanische Kultur ablehnen. Im Mittelpunkt steht ein Rechtsanwalt, der die Kultur der ghanaischen Fanti sinnvoll mit Elementen zu ergänzen sucht, die er während seines Studiums in England erfahren hat. Auf ihn bezieht sich einer der Kaufleute, deren sklavisches Nachahmen der Europäer lächerlich gemacht wird, am Schluß des Stückes: „Wenn wir nur national wären, würden wir vernünftiger sein und unendlich mehr Respekt verdienen. Unsere Art und unsere Dinge sind unserem Klima angemessen . . . Die Leute von früher waren in der Tat weise: Wenn wir nun den Bräuchen, die sie uns hinterließen, etwas mehr folgten und die Art anderer Rassen etwas weniger annehmen würden, würden wir schließlich so gesund sein, wie sie es waren."[163]

In breiterem Umfang entfaltet sich die moderne Literatur seit den dreißiger Jahren. Das hing mit der grundlegend veränderten internationalen Situation nach dem ersten Weltkrieg und der Oktoberrevolution zusammen. Die historische Erschütterung des Imperialismus führte auch im subsaharischen Afrika zu einem Aufschwung antikolonialer Bewegungen. Ende der dreißiger, Anfang der vierziger Jahre forderten in vielen Ländern politische Parteien, Gewerkschaften und nationale Massenorganisationen bereits die Selbstverwaltung oder sogar weitgehende Selbständigkeit auf der Grundlage eines Dominiumstatus, zumindest aber die juristische und soziale Gleichberechtigung der Afrikaner innerhalb eines politischen Verbundes mit den europäischen Metropolen.[164] Die moderne Literatur wurde zum kulturellen Ausdruck dieser Bewegung. Sie war – bewußt oder auch unbewußt – historisch objektiv ein wichtiges Medium, sich über Ziele und Wurzeln antikolonialer Bestrebungen zu verständigen, afrikanische Eigenständigkeit zu demonstrieren und den Kolonialismus in der kulturellen Öffentlichkeit Europas zu kritisieren. In welchem Maße antikoloniale politische Tätigkeit und Literatur während der vierziger und fünfziger Jahre zusammenhingen, zeigt sich vielleicht am deutlichsten bei Leopold Senghor, Agostinho Neto und Patrice Lumumba.

Stoffe, Gegenstände und Wertmaßstäbe jeweils aus der Geschichte und Gegenwart des eigenen Landes beziehend, waren die nationalen Literaturen zugleich auf die allgemeine Situation der Afrikaner unter dem Kolonialismus gerichtet. Das erwuchs aus der ähnlichen oder gleichen Geschichte, dem gleichen historischen Ziel fast aller kolonial und rassistisch unterdrückten Afrikaner. In diesem Sinne konnte S. A. Gakwandi 1977 in einer Studie über den afrikanischen Roman begründet von einer „seltsamen Entwicklung transnationaler Kulturen" ausgehen: „Da nationale Gefühle die ideologischen Bestrebungen afrikanischer Völker in diesem Jahrhundert beherrscht haben, teilen Schriftsteller aus Afrika in dieser Periode bestimmte gemeinsame Werte. Vor dem Anwachsen der nationalen Bewegung (nationalism) war es für einen afrikanischen Schriftsteller viel schwieriger, einen Standpunkt für die Deutung seiner Erfahrung zu wählen. Die nationale Position hat dem modernen afrikanischen Schriftsteller die Möglichkeit gegeben, seine gegenwärtige Erfahrung einzuschätzen und zu kommentieren."[165] Und wie die nationale Bewegung vielfach panafrikanische Züge hatte und von panafrikanisch orientierten Organisationen und Aktivitäten der Afroamerikaner Impulse erhielt, entwickelte sich die afrikanische Literatur besonders während der vierziger Jahre in Zusammenarbeit und unter maßgeblichem Einfluß schwarzer Dichter aus den USA und Lateinamerika. Aimé Césaire aus Martinique und Léon-G. Damas aus Guayana haben dafür wesentliche Modelle geschaffen. Sie sind zumindest aus der französischsprachigen afrikanischen Literatur dieser Phase nicht wegzudenken. Ausgangspunkt und Basis sind die gemeinsame Geschichte von Afrikanern und Afroamerikanern, den Abkömmlingen der seit dem 16. Jahrhundert millionenfach aus Afrika verschleppten Sklaven, gemeinsame Erfahrungen mit dem Rassismus und die Situation der Ausbeutung und Unterdrückung, in der sich das kolonialisierte Afrika und die afroamerikanischen Minderheiten befanden oder befinden.

Für die von der Intelligenz geführte Auseinandersetzung mit dem Kolonialismus stand das kulturelle Moment im Mittelpunkt. Mit der

Besinnung auf die kulturelle Eigenart, durch die Demonstration einer eigenen bedeutenden Geschichte konnte die rassistische Legitimation und somit der Kolonialismus entscheidend getroffen werden. Sich afrikanischer kultureller Leistungen und Werte bewußt zu werden war besonders für die Intelligenz wichtig, die durch die bürgerliche oder kleinbürgerliche koloniale Bildung, durch ihre privilegierte Stellung in Afrika oder während ihrer langen Aufenthalte in den europäischen Metropolen der afrikanischen Wirklichkeit weitgehend entfremdet wurden. Im wissenschaftlichen Studium wie in der künstlerischen Darstellung der kulturellen Tradition und mit der Annahme einer spezifischen kulturellen Identität als Afrikaner oder Schwarzer konnten notwendiges Selbstbewußtsein und Motivation gefunden werden, sich dem Kolonialismus zu widersetzen. Das war jedoch kein einheitlich verlaufender Prozeß. Vielmehr manifestieren sich hier die soziale Differenzierung seines wichtigsten Trägers – der Intelligenz – und die unterschiedliche Haltung der verschiedenen sozialen Schichten zum Kolonialismus, zur nationalen Unabhängigkeit und zu den historischen Umwälzungen im weiten Sinn. Während der zwanziger und dreißiger Jahre belegen die Anfänge des französischsprachigen Romans offen die Annahme der Assimilationspolitik und der Versuche, den Kolonialismus zu rechtfertigen. Eigenständige afrikanische Geschichte darstellend, hob P. Hazoumé am Schluß seines 1938 entstandenen Romans *Doguicimi* hervor, daß die französische Flagge „Frieden, Freiheit und Humanität nach Dahomey“[166] gebracht habe. Verschiedene Schriftsteller unterstrichen gerade den historisch konservativen Charakter und die inhumanen Aspekte der traditionellen Gesellschaften. F. J. Amon d'Aby kritisierte mit dem 1953 entstandenen Stück *Kwao Adjoba* traditionelle Heiratsregeln, die Rechtlosigkeit von Witwen unter traditionellen Verhältnissen in der Elfenbeinküste. Er löste eine Diskussion über die historische Rückständigkeit sozialer und kultureller Tradition aus.[167] Im allgemeinen äußert sich aber im positiven Verhalten zu gentilgesellschaftlich geprägten Kulturen oder geschichtlich überholten frühen Klassengesellschaften gerade das Ringen um Befreiung vom Kolonialismus und somit um historisches Fortschreiten. Jomo Kenyattas ethnologische Studie über die Kultur der kenianischen Kikuyu hatte 1938 solche Zusammenhänge direkt hergestellt. Sie sollte zeigen, daß der britische Kolonialismus eine wohlgeordnete, nach eigenen Maßstäben lebende Gemeinschaft brutal unterdrückte. Der Afrikaner sei vom Land seiner Väter vertrieben worden, schrieb er am Schluß des Buches, „die

Europäer haben ihm die materiellen Grundlagen seiner Kultur geraubt und ihn auf den Status der Leibeigenschaft (serfdom) herabgedrückt, die unvereinbar mit menschlichem Glück ist. Der Afrikaner ist durch die jahrhundertealten kulturellen und sozialen Institutionen für eine Freiheit bestimmt, von der Europa kaum einen Begriff hat. Es liegt nicht in seiner Natur, Leibeigenschaft für immer zu akzeptieren. Er begreift, daß er ununterbrochen für seine eigene völlige Befreiung kämpfen muß. Tut er das nicht, ist er verdammt, das Beutestück rivalisierender Imperialismen zu bleiben, die ihre Fänge immer mehr in seine Vitalität und Kraft treiben werden."[168]

Auf der Suche nach der kulturellen Identität wurde die mündliche Dichtung, die bis zu den vierziger Jahren nur von wenigen Ethnologen beachtet und die nicht als bedeutende künstlerische Tradition gesehen worden war, Bezugspunkt und Modell für die moderne Literatur. Senghor verfaßte Gedichte für den mündlich-musikalischen Vortrag. Sein Landsmann Birago Diop stellte 1947 mit *Les Contes d'Amadou Koumba* überarbeitete traditionelle Dichtung vor (1974 in der DDR im Band *Aus den Geschichten des Amadou Koumba* erschienen). 1952 veröffentlichte der Nigerianer Amos Tutuola mit *The Palmwine-Drinkard* (dt. *Der Palmweintrinker*)* erstmals ein englischsprachiges Werk, das, in der Form des aus Europa übernommenen Romans, Motive und Erzählweise mündlicher Epik fortsetzte.

Sich der kulturellen Entfremdung und zugleich der Anmaßung des Kolonialismus – seinem „Räubertum" im Sinne Kenyattas – entgegenstellend, thematisierte und pries die Literatur markante Seiten traditioneller Kulturen und ihrer natürlichen Umwelt, etwa den Mythos, den Tanz, die Trommel, den Urwald, die Savannen. Begriffen, die die europäische Kultur symbolisieren sollten – die Klarheit des Tages, Rationalität, das Weiß-Sein –, setzte man Symbole des Afrikanischen entgegen: das Nächtlich-Dunkle, Spontaneität, das Schwarz-Sein. Die Négritude, wie Senghor definierte, „die Gesamtheit der kulturellen Werte der schwarzen Welt, so wie sie im Leben, in den Einrichtungen und in den Werken der Schwarzen"[169] erscheint, spielte dabei eine herausragende Rolle. Césaires 1939 erschienenes Poem *Cahiers d'un Retour au Pays Natal* (dt. *Zurück ins Land der Geburt*) umriß übergreifende Standpunkte und gab der

* Sofern Titel in deutscher Übersetzung vorliegen, werden sie nach dem Originaltitel in (dt. ...) gebracht, wenn dieser zum erstenmal genannt wird.

literarischen Richtung den Namen. Er pries die Schwarzen, die Neger, die „nicht den Dampf bezwangen und nicht die Elektrizität", die nicht das Pulver und nicht den Kompaß erfunden haben: „Mein Negertum (négritude) ist weder Turm noch Kathedrale / es stößt in das rote Fleisch der Erde / es stößt in das warme Fleisch des Himmels / . . . Eja für die, die nichts erfanden / für die, die niemals entdeckt haben / für die, die niemals erobert haben / aber, ergriffen, sich dem Wesen aller Dinge ausliefern / . . . Blut / Blut! All unser Blut aufgeregt durch das männliche Herz der Sonne / Jene, die die weibliche Natur des Mondes im öligen Leib erkennen / die in Einklang gebrachte Kraft der Antilope und des Gestirns / . . . Ihr wißt, es ist nicht der Haß gegen andere Rassen / der mich zum Umgräber macht dieser einen Rasse / denn was ich will / ist, für den Hunger der Welt / für den Durst der Welt / sie endlich frei zu fordern."[170]

Geprägt vom Surrealismus spitzte Césaire das „Zurück ins Land der Geburt" besonders zu. Aber gerade so war sein Poem programmatisch für die Literatur, die durch die Verkehrung der Werte, in der Behauptung einer eigenen Geschichte, eigener Wesenszüge und eigener Schönheitsvorstellungen des Schwarzen den kolonialistisch-rassistischen Anspruch auf Überlegenheit europäischer Zivilisationen zurückwies und damit bewußt oder unbewußt für die antikoloniale Revolution der vierziger und fünfziger Jahre wirkte. Die metaphysische idealistische Vision von einem übergreifend gleichen Wesen des Schwarzen und einer rassisch bestimmten Negerkultur sollte das Trauma rassischer Unterlegenheit und ewiger Abhängigkeit zerstören, in das der Rassismus, die bürgerliche Kultur und die idealistischen Kulturkonzeptionen der Kolonialmächte die kolonialisierte Intelligenz gestoßen hatten. Noch 1959, am Vorabend der Unabhängigkeit für den entscheidenden Teil der schwarzafrikanischen Länder, sprach Alioune Diop, Mitbegründer der *Présence Africaine*, auf dem zweiten Kongreß schwarzer Schriftsteller und Künstler in Rom von der Zerbrechlichkeit, unter der man leide, einer Zerbrechlichkeit, die verschiedene Namen habe: Minderwertigkeit, Kolonialisierbarkeit, Abhängigkeitskomplex. Keine andere farbige Rasse habe eine so beschämende Rolle in der westlichen Kultur gespielt: „Keine machte auch das Maß an Versklavung, Rassismus und Kolonisation durch." Die „Négritude", die „Afrikanische Persönlichkeit" wie der Nationalismus wurden und werden vom Westen angefeindet. Aber: „Die Négritude, die aus dem Gefühl heraus geboren ist, im Geschichtsverlauf frustriert worden zu sein, und aus der Freude heraus, zu schaffen und nach unserem wirklichen Wert betrachtet zu werden, die Négritude ist nichts anderes als unser bescheidenes und hartnäckiges Bestreben, Opfer zu rehabilitieren und der Welt das zu zeigen, was sie gerade geleugnet hat: die Würde der schwarzen Rasse. Aber die afrikanische Persönlichkeit, Grundlage unseres Humanismus, erstrebt, um sich in authentischen Werken zu enthüllen, die Lösung vom westlichen Einfluß." Man wolle die Solidarität der schwarzen Völker schaffen, um die gleichrangige Würde der Rassen wiederherzustellen, um die Sicherheit der Völker und Kulturen zu wahren „und für eine neue Gerechtigkeit als authentische Grundlage der menschlichen Brüderlichkeit".[171]

Die kulturelle Problematik war nur ein Aspekt der kolonialen Situation. Die Literatur, die sich als Bestandteil der Bewegung für Unabhängigkeit entfaltete, mußte sich zwangsläufig mit den übergreifenden sozialen Antagonismen auseinandersetzen. In der von der Négritude geprägten Dichtung der dreißiger und vierziger Jahre wurden rassische Diskriminierung und Unterdrückung teilweise auch als eine Erscheinungsform kapitalistischer Herrschaft kritisiert. Ohne direkt die Unabhängigkeit zu fordern oder – wie bei Senghor – überhaupt ins Auge zu fassen, verbanden Autoren der Anthologie *La Nouvelle Poésie Nègre et Malgache*, die 1948 u. a. Césaire, Damas, Senghor, Birago Diop und David Diop vorstellte, das Preisen schwarzer Schönheit und Kultur mit der Kritik kolonialer, rassistischer Gewalttätigkeit und dem Ausdruck antifaschistischer, revolutionärer Haltungen.[172] Während der fünfziger Jahre bildete sich eine Epik aus, die den fundamentalen Gegensatz zwischen Kolonialismus und Kolonialisierten sowie die allseitigen Verwüstungen durch den Kolonialismus offen thematisierte. Ihre bedeutendsten Autoren – wie die Kameruner Mongo Beti und Ferdinand Oyono, der Senegalese Sembene Ousmane und der Nigerianer Chinua Achebe – begriffen sich als bewußte antikoloniale Schriftsteller, deren Schaffen zur Unabhängigkeit und damit zum historischen Fortschritt ihrer Gesellschaften beitragen sollte. Mit dem Blick auf den ersten Kongreß schwarzer Schriftsteller und Künstler betonte so die Redaktion von *Présence Africaine* 1956, es gäbe „keine kulturelle Befreiung ohne vorherige politische Befreiung"[173]. Vertreter der Kolonialmächte reagierten heftig auf diese deutliche Politisierung. Der Erzbischof von Yaounde verbot in Kamerun den Vertrieb des Romans *Le Pauvre Christ de Bomba*, den Mongo Beti 1956 in Paris veröffentlicht hatte.[174]* Besonders die antikolonial akzentuierte Literatur Angolas wurde seit Beginn des bewaffneten Befreiungskampfes 1961 bis zum Sturz des Caetano-Regimes 1974 von Verfolgungen und Verboten betroffen. 1965 führte das sogar zur Auflösung des portugiesischen Schriftstellerverbandes, weil eine Jury portugiesischer Schriftsteller Luandino Vieira für seinen ersten Band angolanischer Erzählungen einen Preis verlieh.[175]

Bis auf einige Gruppen – wie die traditionelle Aristokratie und die von den Kolonialisten eingesetzten Häuptlinge – hatte der Kolonialismus alle Klassen und Schichten zutiefst betroffen. Er behinderte die Entfaltung der Produktivkräfte und so der modernen Klassen – des Proletariats wie der nationalen Bourgeoisie. Wenn auch in unterschiedlichem Maße waren sie ebenso wie die städtischen Zwischenschichten, z. B. die Intelligenz, und wie die Bauern im gleichen oder ähnlichen Abhängigkeitsverhältnis und der gleichen oder ähnlichen Diskriminierung ausgesetzt. Das war Grundlage für eine breite antikoloniale Front, die sich in den vierziger und fünfziger Jahren gebildet hatte und in der, vereinigt in Parteien und Massenorganisationen oder einander gegenseitig unterstützend, proletarische Kräfte (Gewerkschaften), Vertreter des Bürgertums und der Intelligenz auf die Unabhängigkeit hinarbeiteten.[176]* Konzeptionen wie die der „Négritude" und der „Afrikanischen Persönlichkeit" widerspiegelten diese Realität und die durch Rassismus und Kolonialismus geprägte gemeinsame Geschichte aller Afrikaner – in idealistisch-metaphysischen Denkmustern und unter dem traumatischen Zwang zum ständigen Vergleich mit europäischen Kulturen, die die Intelligenz in ihrem von den Kolonialmächten bestimmten Bildungsgang angenommen und erfahren hatte. Auf Grund einer solchen gemeinsamen Front vermochte auch die Literatur nicht nur Haltungen ihrer wichtigsten Träger – eben der modernen gebildeten Elite – zu reflektieren. Gedichte und besonders die Epik der fünfziger Jahre gestalteten Vorgänge unter den Massen, stellten Bauern, Soldaten, Arbeiter vor.

Die Geborgenheit des einzelnen in der vorkapitalistischen Dorfgemeinschaft oder Großfamilie und die Elemente von Gleichheit, Brüderlichkeit, Freiheit innerhalb der antikolonialen Front als ewige Wesenszüge des Afrikaners deutend, nahm man die Befreiung vom klassischen Kolonialismus zugleich für den wesentlichen, endgültigen Sieg über Unterdrückung und Ausbeutung. Die nationale Revolution erschien gleichbedeutend mit der Befreiung der Menschheit überhaupt, als Beginn eines neuen „goldenen Zeitalters" sozialer Gerechtigkeit, des Humanismus und der außerordentlich raschen Entfaltung der Produktivkräfte. Das Negertum (Négritude), die afrikanische Persönlichkeit und die ihnen wesensmäßig zugehörenden Verhältnisse würden der von Kapitalismus, Rassismus, Gewalt und Inhumanität erschütterten Welt ein neues Modell friedlichen, humanen Zusammenlebens einbringen. Die bisherige Hierarchie der Werte, die These vom dunklen Kontinent, der von Europa erst erleuchtet werden müsse, wurde jetzt von den Vertretern jenes Kontinents, die nach dieser Wertehierarchie und im Geiste dieser These erzogen worden waren, einfach umgekehrt. Diese Etappe der nationalen Unabhängigkeit sei noch lange nicht abgeschlossen, bemerkte die Redaktion von *Présence Africaine* 1957 zum ersten Kongreß der schwarzen Schriftsteller und Künstler. Man werde u. a. durch den Dialog mit dem Westen und durch bedeutende Kunstwerke „noch dazu beitragen, in die Welt ein besonders scharfes Bewußtsein der Gerechtigkeit und der Liebe einzuführen“. Man könne schon im Kampf gegen den Rassismus und Kolonialismus „von der Zukunft träumen, von Aufgaben, die der Unabhängigkeit folgen“. Die Schriftsteller, die in europäischen Sprachen schreiben, dürfen ihre Mission mit der Unabhängigkeit nicht beendet sehen. „Sie haben das Bewußtsein ihrer Völker für das moderne Leben zu schärfen. Sie haben auch das westliche Bewußtsein für Formen der Schönheit, für Gerechtigkeit und Solidarität zu schärfen, denen sich die moderne Welt nicht bewußt ist. Sie sind die ersten Erbauer einer Weltstadt (cité mondiale), in der die menschlichen Familien die ungeheuren Möglichkeiten des menschlichen Abenteuers genügend klar und weit sehen können. Wir denken, ohne Eitelkeit, daß die Kulturschaffenden der Völker, die nicht westlich sind (non-occidentaux), die Welt, die geboren wird, am reichsten und umfassendsten (universalisante) inspirieren werden.“[177]

Solche Vorstellungen waren nicht nur für die Kulturschaffenden typisch. Unmittelbar nachdem Sambia 1964 die Unabhängigkeit errungen hatte, entwarf Kenneth Kaunda, einer der politischen Führer der antikolonialen Bewegung und Präsident des neuen Staates, die Konzeption eines afrikanischen Humanismus, der weitgehend mit den idealistischen Deutungen und Erwartungen der Négritude-Anhänger übereinstimmte. Gegenwärtig gehe eine „große humanistische Revolution“ über Afrika hinweg. Viele Imperialisten dachten, ihre Invasion in Afrika wäre humanistisch gewesen – um „die armen, unwissenden Heiden zu befreien, die in ihrem barbarischen Stammessystem gefangen waren. Wenigstens behaupteten sie das in ihren Biographien. In Wirklichkeit wertete sie, bei allen Leistungen, den Menschen ab." Sie schuf Elitegesellschaften, in denen man nur nach der Hautfarbe bewertet wurde. Schlimmer aber noch – „die Kolonialisten suchten unser Selbstbewußtsein zu zerstören. Sie hämmerten dem afrikanischen Bewußtsein die Idee ein, daß wir primitiv, rückständig und heruntergekommen wären und daß wir ohne ihre Anwesenheit untereinander wie Tiere leben würden ... Natürlich stellte die nationale Bewegung (nationalism) unser Selbstbewußtsein wieder her, denn sie lehrte uns, daß wir zusammen als Menschen – und nur als Menschen – etwas schaffen konnten. In keiner Phase des Freiheitskampfes hatten wir die materielle Kraft oder die militärische Macht der Kolonialisten. Humanität in der Revolte gewann uns unsere Freiheit. Ich glaube, wir triumphierten, nicht weil wir die größte Macht hatten, sondern weil wir eine höhere moralische Position einnahmen ... Als ich 1964 von London mit *Zambia's Independence Constitution* in meiner Aktentasche ankam, wurden ich und meine Kollegen von einer riesigen Beifall äußernden Menge begrüßt. In diesem sehr bewegenden Moment wurde mir erneut bewußt, das es M e n s c h e n waren, die das getan hatten. Es war der Sieg einer Gesellschaft, die auf dem Menschen beruht, über eine Gesellschaft, die auf der Macht beruht (Man-centred, Power-centred)." Afrika habe schon immer den Menschen in den Mittelpunkt gestellt. „Das ist der Kern unserer traditionellen Kultur. Jetzt aber sehen wir die Möglichkeit, unsere Entdeckung beispielhaft auf die ganze Welt auszubreiten. Der Westen soll seine Technologie und Asien seinen Mystizismus haben! Afrikas Gabe an die Weltkultur muß in den m e n s c h l i c h e n V e r h ä l t n i s s e n (Human Relationships) liegen."[178] Seine These, Afrika sei vielleicht der letzte Ort, wo der Mensch noch Mensch sein kann, gründe sich auf Afrikas Beziehung zur Natur, auf die Strukturen der traditionellen Gesellschaften, der Stammesgemeinschaften und Großfamilien, in denen soziale Harmonie und Geborgenheit des Individuums Notwendigkeit und Ergebnis waren. Das habe die Psychologie der Afrikaner so geprägt, daß sie auch in den modernen komplexen Gesellschaften wirksam sei als afrikanische Psychologie. „Ich bin tief darauf bedacht, daß diese hohe Wertschätzung des Menschen und der Respekt für die menschliche Würde, die ein Vermächtnis unserer Tradition ist, im neuen Afrika nicht verloren gehen. Wie ‚modern' und ‚fortgeschritten' die neuen Nationen Afrikas im westlichen Sinn auch werden mögen, wir sind fest entschlossen, diesen Humanismus nicht verdunkeln zu lassen."[179]

In welchem Maße die Erwartung eines schnell sich verwirklichenden humanistischen Afrika nach der Unabhängigkeit, eines „goldenen afrikanischen Zeitalters", auch materialistisch orientierte und die den proletarisierten städtischen Massen verbundenen Ideologen, Politiker und Künstler prägte, erweist sich an Agostinho Netos Lyrik der fünfziger Jahre. In dem Gedicht *Blutend und keimend* steht: „Wir entstammen dem unermeßlichen Afrika / das von Krallen umklammert / blutet in Schmerz und Hoffnung Leiden und Kraft / blutet aus dem von blutigen Hacken ausgeweideten Leib seiner Erde / blutet im Schweiß des Ackers, des Zwangs, der Baumwollfelder / blutet Hunger Verzweiflung Unwissen Tod / aus den Wunden im schwarzen Rücken des Kindes, der Mutter, der Ehrlichkeit / blutend und keimend / ... Hier unsre Hände / geöffnet der Brüderlichkeit der Welt / der Zukunft der Welt / in Gewißheit vereint / für Recht für Eintracht für FRIEDEN / ... Unsere Augen Leben und Blut / sind gerichtet auf Hände die Zeichen der Liebe geben überall in der Welt / Hände voll lächelnder Zukunft Vertrauen einflößend in Afrikas Lebenskraft / in des menschlichen Afrika Erde / Wir entstammen dem unermeßlichen Afrika / in dessen Boden die Hoffnung keimt / das Bande der Brüderlichkeit in freiem Willen / und aus der Sehnsucht nach Eintracht erschafft / blutend und keimend / Der Zukunft hier unsre Augen / Dem FRIEDEN hier unsre Stimmen / Dem FRIEDEN hier die Hände Afrikas in Liebe vereint."[180]*

Lyrik konservativ-romantischer Négritude als antikolonialer Entwurf: Léopold S. Senghor

Die Anthologie, in der Léopold Senghor 1948 erstmalig französischsprachige Literatur von Schwarzen Afrikas und Amerikas gemeinsam vorstellte, leitete Sartre mit einem größeren Essay *Orphée Noir* ein. Er enthielt überraschende und scheinbar widersinnige Thesen. Die Negerdichtung, wie sie sich hier bot, sei die einzige bedeutende revolutionäre Dichtung der Gegenwart. Er – Sartre – wolle seinen weißen Lesern erklären, was die Schwarzen schon wissen, warum „der Schwarze, in seiner gegenwärtigen Situation, zunächst zum Bewußtsein seiner selbst gelangen" müsse und „warum die schwarze Poesie französischer Sprache in unserer Zeit die einzige große revolutionäre

Poesie ist".[181] Zugleich verwirkliche diese Dichtung, ihr Negertum betonend, einen „antirassistischen Rassismus". Dies sei der einzige Weg, der zur Beseitigung der Rassendifferenzen führen könne.[182] Senghor selbst deutete in seinem Vorwort den hohen Stellenwert des Rassischen für die Anthologie an. „Und jetzt", schloß er, „singen die Neger!"[183]

Betonung des Rassischen, sei es auch antirassistisch gemeint, und revolutionäre Funktion scheinen unvereinbar, zumal in der Mitte des 20. Jahrhunderts, unmittelbar nach dem zweiten Weltkrieg, dessen objektiver historischer Inhalt nicht zuletzt die vereinten Anstrengungen der Völker gegen den bis dahin extremsten Rassismus war. Aber selbst wenn die Anthologie als Ganzes für die vierziger Jahre eine revolutionäre Rolle spielen sollte, so scheinen doch der Herausgeber Senghor und seine Lyrik, wichtiger Bestandteil der Sammlung, fern von revolutionären Absichten und objektiver revolutionärer Bedeutung. Solche sind höchstens vereinzelt, zeitlich begrenzt und in Ansätzen seiner Dichtung erkennbar, sofern man nur ihre Themen, ihre Gegenstände, die gespiegelte Wirklichkeit, die Wertungen und Standpunkte des lyrischen Subjekts, das unmittelbare „zweistellige" Verhältnis zwischen dargestellter Wirklichkeit oder Vision und der dichterischen Darstellung, der Gedichte als solcher, nimmt.

Senghor hatte in die Anthologie Werke aufgenommen, die er – nach eigenen Angaben – zwischen 1936 und 1948 geschrieben und seit 1945 in zwei Bänden veröffentlicht hatte: *Chants d'Ombre* (1945) und *Hosties noires* (1948). Sie waren ein Zeugnis seiner dichterischen Arbeit überhaupt, charakteristisch auch für die Werke, die er später noch veröffentlichen sollte: *Ethiopiques* (1956) und *Nocturnes* (1961). Seine Gedichte aus der Anthologie wie sein poetisches Gesamtwerk sind vor allem Behauptung seines besonderen Negertums. Er thematisiert und besingt seine engere Heimat, die Küste Senegals, stellt positiv, bejahend, ja verklärend Geschichte und kulturelle Züge seiner ethnischen Gruppe, des Serer-Stammes, vor, seine Familie, insbesondere aber das tropische Afrika insgesamt mit seiner kulturellen Vergangenheit, seinen eigenartigen Traditionen, seiner Geographie, seinen Frauen. Von nächtlicher Liebe schreibend, fragt er, ob dies „eine maghrebinische Nacht" sei, die er zugleich als Nacht von Joal, seinem Geburtsort, durchlebt. Im Antlitz der Geliebten „sehe ich das Antlitz von Kumba Tam"[184], der Schönheitsgöttin der Serer. Seit 1928 in Frankreich, zunächst als Student und später als Lehrer für Französisch, pfeift Senghor mit Zaubergeschrei „euch herbei, ihr

Hunde meiner Arme, ihr Hunde meiner Beine, / Denn im Brunnen einer Kneipe hab ich mein Herz verloren auf Montmartre." Er sieht die totemistische Einheit von Mensch und Tier, das Einssein von Natur und Mensch in verfremdend-poetischer Metaphorik: „Hört das grelle Bellen der Hunde im schwarzen Gestrüpp meines Leibes. / Mein Blut muß man zügeln an seiner langen Zinnoberleine. Der Menschensohn, Löwensohn brüllt im hohlen Rücken der Hügel / Und zündet rings hundert Dörfer an mit männlicher Harmattanstimme."[185] Er denkt an Joal, die Geburtsstätte, an die Pracht des Sonnenuntergangs, „daraus sich Kumba Ndofen seinen Königsmantel schneiden lassen wollte". „Ich denke zurück an die Totenfeste, die dampften vom Blut der geschlachteten Herden, / Vom Lärm der Kämpfe und den Gesängen der Zauberer ... / Ich denke zurück an den Tanz der mannbaren Mädchen, / An die Kampfchöre – o an den Schlußtanz der Jünglinge, schlank / Den Oberkörper geneigt, und an den reinen Liebesschrei der Frauen: / ‚Kor Sigar'."[186] Senghor preist die „Schwarze Frau": „Nackte Frau, schwarze Frau / gekleidet in deine Farbe die Leben, in deine Form die Schönheit ist!" Die schwarze Schönheit verbindet sich untrennbar mit dem Rhythmus der Trommeln, der Tam-Tam: „Nackte Frau, dunkle Frau / reife Frucht mit festem Fleisch, düstere Ekstasen des schwarzen Weines, / Mund, der meinen Mund zum Singen bringt, / Savanne mit klarer Ferne, Savanne du zitterst im feurigen Kosen des Ostwinds, / geschnitztes Tam-Tam, gespanntes Tam-Tam, du tosest unter den Fingern des Siegers / und deine schwere Altstimme ist der Festgesang der Geliebten."[187] In der *Nacht von Sin,* dem alten Königreich im Senegal, heißt er die Frau, „dem Gepoch unsres dunklen Blutes" zu lauschen, auf die Stimme der Ahnen zu hören: „Lauschen will ich in der rauchigen Hütte welche der Widerschein gnädiger Seelen besucht; / Den Kopf auf deiner Brust die glüht wie ein Kuskuskloß der dampfend vom Feuer kommt / Will ich den Duft unsrer Toten atmen, daß ich ihre Lebensstimme empfange und weitertrage ..."[188] Der Kongo, weit entfernt vom Senegal, verschmilzt für ihn mit Joal, dem Geburtsort. Im Kongo, der für sein ganzes Afrika steht, will er die Stimmen der Kora, eines der traditionellen Musikinstrumente Westafrikas, rufen. Die mündliche Dichtung, die spontane, jeweils neu sich gestaltende Produktion und Kommunikation von Dichtung werden gepriesen; denn: „Schreibertinte ist ohne Erinnerung". Die Trommeln sollen ihn erlösen, „vor allem vom schwammigen Boden und von den seifigen Liedern des Weißen Mannes!"[189] Und dann wird das lyrische Ich, wird Senghor – Kaya-Magan, Kaiser des alten Ghana, eines der mächtigsten mittelalterlichen westafrikanischen Königreiche: „Kaya-Magan bin ich! Die erste Person / König der schwarzen Nacht, der Silbernacht, König der Glasnacht. / ... Mein Reich ist das der Geächteten Cäsars, der großen Verbannten von Vernunft und Instinkt / Mein Reich ist das der Liebe ...“[190]

Einige Gedichte allerdings, besonders jene, die offensichtlich bis Mitte der vierziger Jahre entstanden sind, spielen kritisch herausfordernd und sogar umstürzlerisch auf koloniale Unterdrückung und Ausbeutung an. Sie thematisieren die unüberbrückbaren Gegensätze zwischen dem kolonialisierten Afrika und der kolonialistischen Bourgeoisie Europas, weisen die Politik der Assimilation, der Auslöschung kultureller Eigenart der Kolonialisierten scharf zurück und solidarisieren sich – in einem Fall – mit allen durch die Bourgeoisie Ausgebeuteten und Unterdrückten. Das politisch klarste und schärfste Gedicht ist *Zum Aufruf des Stammes von Saba,* 1948 in *Hosties noires* veröffentlicht, mit der Datierung von 1936. Es beginnt mit einer Erinnerung an die Mutter: „Ich hör deine Stimme, wenn ausgeliefert ich bin dem tückischen Schweigen der europäischen Nacht / Gefangen mit meinem weißen und kalten wohlgeglätteten Laken ...“. Er fleht die Ahnen, die Schutzgeister an: „Mögen sie es mir gewähren, die Schutzgeister, daß mein Blut nicht schal werde / wie das eines Assimilierten, eines Zivilisierten.“ Lange Jahre fern von der Heimat, hämmert er seinen „großen hallenden Mund zurecht für das Echo, für die Befreiungstrompete“. Die traditionelle Kasten- oder, genauer, Klassengesellschaft der Serer zählt nicht mehr: „Weder Herren von nun an, noch Sklaven, noch Gelwars (Adlige – J. F.), noch Preissänger eines Preissängers, / Nichts als die glatte männliche Kampfkameradschaft ...“ Die Tat des Ras Desta – eines Führers der Äthiopier gegen die italienische Aggression – sei zum Freiheitsfanal für ganz Afrika geworden. Im Halbschlaf sieht er den Tag der Befreiung, an dem alle vereint seien: „Zum letzten Ansturm auf die Verwaltungsräte die die Beherrscher der Kolonien beherrschen. / ... Vielleicht erwartet uns auf dem Hügel der Tod; Leben sprießt dort aus dem Tod in der singenden Sonne / Und aus dem Sieg; auf dem Hügel in frischer Luft wo die feisten Bankiers ihre weißen und rötlichen Villen erbauten / Fern von den Vorstädten, fern von dem Elend der Eingeborenenviertel.“ Verschieden seien die Kleider, Merkmale, Sitten der Unterdrückten, gemeinsam aber ihre Interessen: „Der Nomade, der Bergmann, der Fronknecht, der Bauer, der

Handwerker, der Stipendiat und der Schütze / Da ist der Bergmann Asturiens, der Schauermann Liverpools, der aus Deutschland verjagte Jude, und Dupont und Dupuis und alle die Burschen von Saint-Denis."[191] 1942 beklagt er in dem Brief *an einen Gefangenen,* einen Afrikaner in den Händen der Faschisten, seine Einsamkeit in Paris: „Ihr kennt nicht die Restaurants und die Bars und den Adel der Schwarze nicht zuläßt / Ihr kennt nicht die Wissenschaft, nicht jene Menschlichkeit die an den Grenzen des Negertums ihre Polizeisperren aufbauen."[192] 1944 schlägt er kritische antikoloniale Töne an. Die Kolonialbehörden hatten in Tyaroye bei Dakar Senegalesen erschossen – ehemalige Kriegsteilnehmer, antifaschistische Kämpfer der französischen Armee, die sich gegen die Kolonialpraktiken erhoben hatten. Bestürzt fragt er, ob es wahr sei, „daß der Haß der Bankiers" die stählernen Arme Frankreichs, also seine Armee, gekauft habe?[193] Die Thematisierung des weltweiten Umsturzes, der solidarischen Aktion gegen die Unterdrückung durch die Bourgeoisie – wie sie im Saba-Poem anklang – wiederholt sich jedoch nicht mehr. 1945 ruft der Katholik in einem *Friedensgebet,* das seinem Mitstudenten und Freund Georges Pompidou gewidmet ist, seinen Gott, seinen Herrn an, denen zu vergeben, die Afrika verbluten ließen: „Herr, von allen weißen Nationen setze Frankreich zur Rechten des Vaters ... Ja, Herr, verzeih Frankreich das zwar den geraden Weg predigt aber auf krummen Pfaden wandelt / Das mich zu Tisch lädt und mir sagt ich solle das Brot mitbringen, das mit der rechten Hand spendet und mit der linken die Hälfte davon entreißt. / Ja, Herr, verzeih Frankreich, das die Besatzung haßt und mir die schwerste Besatzung aufbürdet ... / Das sich Republik nennt und seine Länder den Großaktionären ausliefert / Und aus meinem Zwischenstromland, aus meinem Kongo einen großen Friedhof unter der weißen Sonne gemacht hat. / Ach Herr, entferne aus meinem Gedächtnis das Frankreich das ja nicht Frankreich ist, diese Maske von Kleinheit und Haß auf Frankreichs Gesicht, / ... Denn ich habe eine große Schwäche für Frankreich."[194]

Nach 1945 wird der Antagonismus zwischen Kolonialisierten und Kolonialisten kaum mehr artikuliert. In Senghors Lyrik dominiert nun vor allem die Behauptung der kulturellen Eigenart und Ebenbürtigkeit der Schwarzen. Eine wichtige Ausnahme bildet 1951 sein Poem über Tschaka, den bedeutenden Zulu-König, der im ersten Drittel des 19. Jahrhunderts ein starkes Reich und eine starke afrikanische Armee schuf, die nach seinem Tod dem englischen Kolonialismus langen und wirksamen Widerstand entgegensetzen konnte. Tschaka, der seine Geliebte opfert, um ein Beispiel für die völlige Hingabe des Kriegers an seine kollektive Aufgabe – die Verteidigung des Volkes – zu geben, wird mit einer „weißen Stimme" konfrontiert. Diese – Vertreter kolonialer weißer Moral – wirft Tschaka Unmenschlichkeit und blinden Haß vor. Tschaka antwortet: „Sein Volk lieben ist nicht hassen. / Ich sage, es gibt keinen bewaffneten Frieden, keinen Frieden unter dem Joch, / Keine Brüderlichkeit ohne Gleichheit. Ich wollte alle Menschen als Brüder."[195] Die Beschäftigung mit den Gegensätzen zwischen Afrika und der kolonialistischen Metropole steht zunehmend im Zeichen des Vergleichs und des Ausgleichs der unterschiedlichen und einander ebenbürtigen Kulturen. Senghor mit seinen afrikanischen Erfahrungen und seiner französischen Bildung sieht sich als Mittler, als Symbol friedlichen Gebens und Nehmens. Kaya-Magan, d. h. das lyrische Ich Senghor, hat auch eine Schwäche für die Fremde, das Weib mit „den Lichtung-Augen, den Zimtapfel-Lippen und dem Geschlecht wie ein brennender Dornbusch. / Denn ich bin die beiden Flügel der Tür, bin Zweischlag des Raums und der Dreischlag."[196] Die Gedichte an die „Fürstin von Belborg", seine zweite Frau, eine Französin aus der Normandie, thematisieren diese Mittlerrolle, die Affinität des „Abgesandten des schwarzen Volkes", als den er sich sieht, auch zur „nordischen", zur französischen weißen Kultur.[197]

Der weitgehende Verzicht auf politisches Engagement und die zögernde, auf Ausgleich und Vermittlung bedachte Kritik kolonialer Unterdrückung in Senghors Dichtung nach 1945 scheinen im umgekehrten Verhältnis zu seiner politischen Tätigkeit zu stehen. Zwar hatte er bereits in den dreißiger Jahren enge Kontakte mit linken, radikalen Gruppen, arbeitete in der französischen Lehrergewerkschaft und stand während des Krieges in Beziehung zur Résistance. Aber erst 1945 begann seine umfangreiche politische Arbeit, die 1960 mit seiner Wahl zum Präsidenten des unabhängig gewordenen Senegal ihren Höhepunkt fand. Er gehörte bis 1948 dem Führungsgremium der Sozialistischen Partei Frankreichs an, war Mitglied der konstituierenden Versammlungen, die 1945 und 1946 für Frankreich eine neue Verfassung ausarbeiteten, und seit 1946 Abgeordneter der französischen Nationalversammlung als einer der Delegierten Senegals. 1948 wurde er zum Mitbegründer und sehr bald zur führenden Persönlichkeit des Bloc Démocratique Sénégalais (BDS), einer der Parteien in den afrikanischen Kolonien, die objektiv zur politischen Unabhängigkeit Ende der fünfziger Jahre beitrugen, wenn auch ihre Führer – wie Senghor – lange Zeit diese Unabhängigkeit selbst nicht anstrebten. Während dieser Jahre waren wesentlich neue weltpolitische Bedingungen entstanden. Der Krieg gegen den Faschismus hatte bedeutende Massen der kolonialisierten Völker politisch mobilisiert. Ihre Dienste in den Armeen der Alliierten wurden motiviert mit dem notwendigen Kampf für Freiheit, Demokratie und Gleichberechtigung. Sie erwarteten nun die Realisierung dieser Kriegsziele auch in ihren eigenen Ländern. Der zweite Weltkrieg und seine Ergebnisse beschleunigten weltweit den Aufschwung und das Anwachsen der nationalen Befreiungsbewegung. Der Befreiungskampf, der in vielen asiatischen Ländern – 1947 in Indien – zur Unabhängigkeit führte, machte das Ende des „klassischen Kolonialismus" historisch sichtbar. Frankreich hatte mit der Verfassung von 1946 alle Hoffnungen auf wesentliche Gleichstellung, Autonomie oder gar Unabhängigkeit der überseeischen Kolonien zunichte gemacht.[198] Die Regierung ging brutal gegen alle Ansätze antikolonialer Tätigkeit vor. Die französische Armee tötete Ende der vierziger Jahre Zehntausende Nordafrikaner und Madagassen, sie führte demonstrativ außerordentlich aufwendige Kriege zur Stabilisierung der Kolonien in Indochina. An den Ausbeutungsverhältnissen, der ökonomischen Unterentwicklung und Ausplünderung, der kulturellen Assimilationspolitik hatte sich gerade für die Kolonien in Afrika nichts wesentlich verändert. Als Abgeordneter machte Senghor auf das Weiterbestehen des alten Kolonialismus aufmerksam. Er kritisierte die außerordentliche wirtschaftliche Benachteiligung des Senegal, wies auf die ungeheuren Unterschiede in den Bildungsaufwendungen zwischen der Metropole und Westafrika hin, sprach sich für kulturelle Autonomie, gegen die Assimilation aus.[199]

Allerdings – und das mag ein Schlüssel für seine lyrische Aussage sein – vertrat Senghor bis Ende der fünfziger Jahre, mit Ausnahme eines Interviews von 1946,[200] die Französische Union, eine Föderation zwischen Frankreich und den überseeischen Ländern. Er war gegen die nationale politische Unabhängigkeit, die er am Zeitalter der Atombombe und der technischen Umwälzungen als überholt ansah. Die überseeischen Länder sollten jedes Merkmal einer Kolonie verlieren, ihre eigene Kultur entwickeln, staatlich-politisch aber mit Frankreich föderiert oder konföderiert bleiben. Frankreich erschien ihm als das bedeutende Land der Freiheit, symbolisiert in seiner großen revolutionären Vergangenheit, als die am wenigsten rassistische Kolonialmacht. 1955 verteidigte er Frankreich gegen scharfe

Angriffe auf der Konferenz der national befreiten Länder in Bandung.[201] Im Rahmen der Föderation oder Konföderation – so meinte er – können die Völker ihre kulturelle Identität bewahren und durch kulturell-geistigen Austausch zugleich einander bereichern. Diese Möglichkeiten waren für ihn entscheidend. Die Befreiung vom Assimilationszwang erschien so als eigentliche Befreiung vom Kolonialismus. In der Auseinandersetzung mit radikalen, marxistisch beeinflußten Intellektuellen Westafrikas deutete er 1956 den antikolonialen Kampf vorrangig als einen kulturellen, ja künstlerischen: „Der Kolonialismus ist die Doktrin und das System der Ausbeutung der abhängigen Völker durch die Kolonialistenvölker. Halten wir fest, daß er nicht die einzige Tat des Westens, selbst nicht des Kapitalismus ist. Halten wir vor allem fest, daß der schlimmste Kolonialismus nicht politischer, sondern ökonomischer, in erster Linie kultureller Art ist. Er trocknet das geistige Leben der Völker an seiner Quelle aus. Die europäische Vernunft, zur Königin gemacht, ist der schlimmste Attila."[202*]

Seit Mitte der dreißiger Jahre, als er zusammen mit Aimé Césaire und Léon-G. Damas die nur kurze Zeit bestehende Zeitschrift *L'Etudiant Noir* gründete, zeichnete sich ab, daß Senghor hauptsächlich nach der besonderen Eigenart des Schwarzen, seiner nur ihm wesenhaft zugehörenden Seele oder geistigen Beschaffenheit, und seiner spezifischen kulturellen Geschichte suchte. Das stand bewußt wie objektiv im Gegensatz zur Assimilationspolitik Frankreichs, die eine eigene hochstehende, gar gleichrangige Kultur der afrikanischen Länder und der nach Amerika verschleppten Sklaven bzw. deren Abkömmlingen nicht anerkannte. Der Kampf gegen Assimilation hatte damit objektiv eine antikoloniale Funktion. Hauptanliegen Senghors war nun die positive Demonstration der kulturellen und geistigen Eigenarten, die von der Kolonialmacht geleugnet wurden bzw. ausgelöscht werden sollten. Das führte zur Konzeption der Négritude. Der Begriff Négritude ist vermutlich erstmals in Césaire Poem *Cahier d'un Retour au Pays Natal (dt. Zurück ins Land der Geburt)* gebraucht worden. Dieses Poem, 1939 bei seinem Erscheinen von der französischen Öffentlichkeit kaum beachtet, setzte schon wesentliche Akzente der Négritude-Konzeption. Radikal betont wurde das völlige Anderssein des Schwarzen. Senghor besetzte das Anderssein mit einer Reihe von – in seinem Verständnis – positiven Merkmalen. Das Wesen des Schwarzen bestehe in seinem engen Verhältnis zur Natur, der lebendigen, stets tätigen Verbundenheit mit ihr. Damit gehe einher seine ungeheure Emotionalität. Er lebe vorrangig aus dem Gefühl – Grundlage seiner Dynamik, seines Verständnisses alles Lebendigen. Der Schwarze sei dem Mysterium nahe, wesenhaft gläubig, religiös. Alle diese Eigenschaften zeichnen ihn aus und heben ihn ab vom Weißen, dessen geistige wesensmäßige Beschaffenheit und dessen Kultur der Cartesianismus, die Vernunft und die Wissenschaft, die Technik und die industrielle Leistung seien. Das wiederum symbolisiere die Ferne der europäischen Kultur von der Natur. Das entscheidende aber sei die besondere Seele des Schwarzen. In seinem ersten programmatischen Aufsatz *Ce que L'Homme Noire Apporte* (dt. *Der Beitrag des Schwarzen*) setzte er 1939 die einzige und einzigartige Seele des Negers als Ausgangspunkt aller anderen spezifischen Haltungen und seiner besonderen geistigen Kultur. Die Emotion sei „negerhaft, wie die Vernunft griechisch ist"[203]. Daraus folge, daß sich der Neger wesensmäßig eins weiß mit dem Objekt, mit dem, was außer ihm ist. So werde die ganze Natur beseelt von der menschlichen Gegenwärtigkeit: „Nicht nur die Tiere und die Phänomene der Natur – Regen, Wind, Donner, Berg, Fluß –, sondern auch der Baum und der Stein werden zu Menschen. Menschen, die ihre ursprünglichen körperlichen Eigenschaften als Mittel und Zeichen ihrer persönlichen Seele beibehalten. Hierin liegt der tiefste, der ewige Charakterzug der Negerseele."[204] Der Neger sei zutiefst religiös. Sein besonderer Beitrag zur Weltkultur sei der Sinn für das Übersinnliche, das religiöse Gefühl, das selbst bei den mit den Kommunisten sympathisierenden afroamerikanischen Dichtern „aus der Tiefe ihrer Négritude" durchbreche.[205] 1950 hieß es in einem Vortrag über Negerdichtung: „Der Neger ist ‚Gefühlsmensch', und tatsächlich bildet die Emotion die Quelle seiner Vorstellungen."[206] Die schwarzen Dichter, die wie Césaire und Damas ein Stück Weges zusammen mit dem Marxismus gingen, wüßten dennoch vor allem, „daß Wissenschaft und Technik weiß waren, daß die Natur, um die es sich handelte, das Arbeitsfeld der Techniker und nicht der Bauern war. In der ‚sozialistischen' Welt sollten sie im günstigsten Fall Konsumenten der weißen Zivilisation werden." Sich zum Neger-Sein bekennen, heiße zunächst, „den in der Schule gelernten westlichen Werten den Rücken kehren: der Technik, der Wissenschaft, der Vernunft".[207] Als Senghor 1962 das Vorwort zu einem Lyrik-Band von F. Tchicaya U'Tamsi schrieb, betonte er, daß dessen Gedichte die am meisten authentischen Tugenden der negro-afrikanischen Poesie gewahrt hätten, indem ihre Syntax die Logik aus den Verankerungen reiße, eine Syntax, „die unsinnig rede (qui deraisonne)"[208]. Der Welt Europas, die von Vernunft, Tag, Helligkeit, Härte gekennzeichnet sei, stehe die schwarzafrikanische Welt des Weiblichen, Nächtlichen, Mütterlichen gegenüber. Man finde, so formulierte er 1956 im Senegal, bei den afrikanischen Künstlern und Schriftstellern „das andere Gesicht, das der Nacht, das des Mondes: die Bejahung und Bestärkung der Négritude, die Rückkehr zur Tiefe der Wurzeln ..."[209]

Diese Visionen des Schwarzen setzte er um in Dichtung. Sie ist deren Vorstellung in Aktion, geronnenes Produkt der Visionen und zugleich Zeugnis ihres lebendigen Wirkens. Die Dichtung flehe nicht um Annahme, sondern demonstriere in sich das spezifische So-Sein, die Würde, den Rang der angenommenen eigenartigen schwarzen Kultur. Ihre Wurzeln, ihre Heimat lägen im tropischen Afrika, das Senghor als Paradies, beschworen in Dichtung, erscheint. Das Poem *Mögen Koras und Balafong mich begleiten,* datiert 1939, ist seine dichterische, visionäre Rückkehr in die Heimat: „Ein Paradies, das ein Mädchen mit schwerthellen Augen vorm Fieber bewahrt, / Das Paradies meiner afrikanischen Kindheit, das die Unschuld Europas bewachte ..." Es ist ein Paradies des Nächtlichen, Weiblichen: „Du afrikanische Nacht, meine schwarze Nacht, mystisch und klar und schwarz und voll Glanz / Du bist mit der Erde in Einklang, bist die Erde und die harmonischen Hügel. / O klassische Schönheit, du hast keine Ecken, sondern elastische, elegante geschwungene Linien. / ... O meine Löwin, meine schwarze Schönheit, meine schwarze Nacht, meine nackte Nacht. / Wie oft hast du mein Herz zum Schlagen gebracht wie einen Wildleoparden im engen Käfig. / Nacht, du erlösest mich von Raison und Salon, von den Spitzfindigkeiten, den Pirouetten der Ausflüchte, vom berechneten Haß der humanisierten Gemetzel. / Nacht, du lösest all meine Widersprüche, jegliche Widersprüche in der Ureinheit deines Negertums."[210]

Die Vorstellung des Paradiesischen erstreckte sich auch auf soziale Strukturen. Senghor war sich der sozialen Differenzierungen in den traditionellen afrikanischen Königreichen bewußt. 1945 – als er gegen die kolonialistische These von der ungegliederten, barbarisch-chaotischen afrikanischen Welt die traditionelle Serer-Gesellschaft als eine hochgegliederte, wohlgeordnete und komplex-komplizierte Gesellschaft vorstellte – ging er auf die Kastenteilungen, die erheblichen sozialen Unterschiede zwischen Aristokratie, Königtum, Handwerkern, Sklaven ein. Deutlich entstand das Bild einer frühen Klassengesellschaft, obwohl er – im Sinne der Vision vom Paradies –

die Existenz von Klassen aussparte, lediglich von Kasten sprach und es vorzog, die afrikanischen Haussklaven der privilegierten Schichten als Hörige zu bezeichnen, also Gegensätze abzumildern suchte.[211] Später überging er immer mehr traditionelle Kasten- und Klassenspaltungen und die sich geschichtlich tatsächlich daraus ergebenden Spannungen und Antagonismen. Er stilisierte die traditionellen afrikanischen Kulturen grundsätzlich zu harmonischen, sozial befriedeten, in denen sich die wesensmäßig friedliche Seele, die ewiggesetzte Friedensliebe und Menschenliebe des Schwarzen verwirklicht habe – im Gegensatz zu der kapitalistisch zerrissenen, entfremdeten europäischen Gesellschaft. So stellte er auf dem zweiten Kongreß der schwarzen Künstler und Schriftsteller (1959) eine negro-afrikanische Ethik vor, die aus der „schwarzen Ontologie" sich begründe: „Die Ethik ist in Schwarzafrika tätige Weisheit. Für den lebendigen Menschen besteht sie darin, die Einheit der Welt anzuerkennen und an deren Ordnung mitzuarbeiten. Seine Pflicht ist es also, gewiß, sein persönliches Leben zu verstärken, aber auch das Sein bei den anderen Menschen zu verwirklichen . . . So steht die Gerechtigkeit im Zentrum der negro-afrikanischen Ethik. Sie stiftet Frieden oder stellt ihn wieder her, den Frieden, der dem Negro-Afrikaner so teuer ist, jene ausgewogene Ordnung, welche die Übereinstimmung von Person, Gemeinschaft und Gesellschaft darstellt."[212] In dieser harmonischen Gemeinschaft drücke der König Sinn und friedliche Ordnung am besten aus, stehen für Senghor die – real privilegierten – Aristokraten und patriarchalischen Familienoberhäupter an der Spitze der Wertskala. Obwohl Senghor in den fünfziger Jahren politisch mehrmals betonte, daß er besonders die Interessen der westafrikanischen Bauern vertrete, und obwohl er in dem programmatischen Poem *Zum Aufruf des Stammes von Saba* forderte, „weder Herren von nun an, noch Sklaven, noch Gelwars (senegalesische Edelleute – J. F.)"[213] anzuerkennen, gehört seine übergreifende Neigung dem Vornehmen, Elitären, dem Aristokratischen. Anrufe an und Bilder von Fürsten, Königen, Edlen tauchen immer wieder in den Gedichten auf. Mit ihnen identifiziert sich das lyrische Ich, mit ihnen ist das Gute, Hilfreiche, Gerechte verbunden. Der *Brief an einen Dichter* stellt seinen Freund Césaire als Fürsten dar, als Vornehmen, der „die Ahnen und die rechtmäßigen Fürsten"[214] besang. Den Nachkommen der Mandingo-Fürsten, den Gelwar, gilt 1940 im Gefangenenlager der Faschisten sein Gedenken: „G e l w a r Deine Stimme kündet uns Ehre"[215] – nicht der afrikanischen Massen wird hier gedacht, die die großen Reiche des Mittelalters trugen, sondern der Aristokratie. Schließlich besingt er während der fünfziger Jahre seine zweite Frau als Fürstin von Belborg, verkehrt mit ihr dichtend als Führer, als „Abgesandter des schwarzen Volkes“[216]. Der Dichter als Kaya-Magan, der Kaiser, spricht von sich als von der „Kraft des Afrika der Zukunft“.[217*]

Es ist nicht zu übersehen: Senghors Bild von der Gesellschaft, insbesondere seine Sicht der schwarzen Kultur, afrikanischer Werte und sozialer Realität, sind insgesamt metaphysisch-idealistisch. Seine Theorie der Négritude wie die Dichtung, die Négritude ist oder ausdrücken soll, charakterisieren (mit Ausnahme einiger antikolonialpolitischer Gedichte) die Welt des Afrikaners und Afroamerikaners als statisch, ewig gesetzt. In der Unwandelbarkeit der visionär beschworenen Vergangenheit und der ewig bestehenden schwarzen Seele, die wiederum eine gleichbleibende Zukunft sein werden, enthüllt sich konservative Haltung zur Wirklichkeit. Sie ist verbunden mit einer Neigung zum Elitären, der Vorliebe für die privilegierte Schicht oder Klasse der Edlen, Fürsten und Könige, überträgt sich auf geistige Leistung, die ihrem Schöpfer zum Fürsten gegenüber der Masse macht. Das lyrische Ich, das sich bis Mitte der vierziger Jahre auch noch mit Bauern und Arbeitern nicht nur Afrikas und der schwarzen Welt solidarisiert, verschmilzt immer stärker mit der Welt der Vornehmen, der Herrschenden, die sich – wie Kaya-Magan – patriarchalisch, in elitärer Spitzen- und Ausgewähltenposition verhalten und so aristokratische Wertvorstellungen vermitteln. Die soziale Wirklichkeit Afrikas, insbesondere seine Geschichte, soziale Struktur und Mechanismen, sofern sie nicht durch den Kolonialismus bestimmt sind, erscheinen als Idylle. Sind die Thesen und ihre dichterischen Bilder von der ewigen schwarzen Seele, der rassisch bedingten Emotionalität und Friedfertigkeit eine metaphysische Abstraktion, ein Mythos, der jeder historischen Grundlage entbehrt, so erlauben die romantischen Visionen paradiesischer Unschuld, Harmonie und unproblematischer Sozialbeziehungen keinen Ansatz, sich afrikanischer Realität realistisch zu nähern, sich geistig in der komplizierten, widerspruchsvollen Geschichte und Gegenwart der Kolonialisierten zurechtzufinden.[218*]

Die idealistischen und konservativ-aristokratischen Merkmale seiner Dichtung wie der Négritude-Konzeption waren Anzeichen und Ausdruck seiner konservativen Politik und Gesellschaftstheorie, die in den fünfziger Jahren deutlich hervortraten. Konservativ waren nicht nur seine Kompromißbereitschaft der Kolonialmacht gegenüber, sein Bemühen, westafrikanische Länder innerhalb der französischen Union zu belassen – er vertrat auch deutlich Interessen der starken konservativen Geistlichkeit, der Marabouts, und bürgerlich orientierter Kräfte des Senegal. Die Négritude wurde von Senghor immer stärker als eine Gegenkonzeption zum wissenschaftlichen Sozialismus ausgearbeitet, durch die – in Verbindung mit der These eines speziellen afrikanischen oder senegalesischen Sozialismus – progressive antikapitalistische Kräfte und Tendenzen im Senegal weltanschaulich und gesellschaftstheoretisch widerlegt oder integriert werden sollen.[219*]

Die Wirklichkeit, die Senghors Lyrik unmittelbar bezeichnet und widerspiegelt, die Haltungen, die sie preist, sind, mit wenigen Ausnahmen, eher rückwärtsgewandt als vorwärtsdrängend, eher konservativ als umstürzlerisch. In den vierziger und fünfziger Jahren aber konnte sie, zugespitzt ausgedrückt, gerade w e g e n der romantischen Idealisierungen, der aristokratischen und elitären Züge und der metaphysischen Fixierung auf vorgeblich ewige, rassisch umschriebene Geisteshaltungen eine antikoloniale, daher objektiv emanzipatorische Bedeutung haben. Die selbstsichere, stolze wie selbstverständliche dichterische Entfaltung einer wohlgeordneten, hierarchisch gegliederten, nach eigenen Werten lebenden schwarzen Welt widerlegte eine der scheinbar überzeugendsten kolonialistischen Rechtfertigungen – die der barbarischen Anarchie, des Ungeordnetseins, der Wildheit, die der „weiße Mann“, der Kolonialist, erst ordnen mußte und auch künftig ordnen muß. Die dichterische Schöpferkraft, mit der diese andere schwarze aristokratische Welt beschworen wurde, zerstörte vor allem ein Kernstück rassistischer, kolonialistischer Legitimationsversuche – den Mythos vom kreativen Unvermögen der Kolonialisierten, die These, sie seien zu modernen kulturellen Hochleistungen unfähig. Neben der theoretisch-publizistischen Demonstration der Gleichwertigkeit einer afrikanischen Hochkultur und ihrer spezifischen Werte in den Aufsätzen zur Négritude waren Senghors Gedichte für die Öffentlichkeit in Frankreich, in der kolonialen Metropole selbst, ein unübersehbares Zeugnis des schöpferischen kulturellen Potentials der Kolonialisierten. Senghor hatte nicht nur Anfang der vierziger Jahre die „Einsamkeit in meiner schwarzen Haut“[220] und die entsprechenden rassistisch-kolonialistischen Diskriminierungen erfahren müssen. Während seiner Schulzeit in den zwanziger Jahren in Dakar erfuhr er die Behandlung eines „Wilden“[221], und in den vierziger und fünfziger Jahren mußte er sich als Abgeordneter des französischen Parlaments mit dem diskriminierenden und ökonomisch ausbeuterischen Praktiken, insbesondere den Benachteiligungen im Bildungswesen der französischen Kolonialmacht den Afrikanern gegenüber, auseinandersetzen. Seine Reden machten deutlich, daß solche Praxis immer wieder mit der wesensmäßig geringeren Leistungsfähigkeit, letztlich der rassischen Unfähigkeit zur Hochkultur gerechtfertigt wurden.[222] Noch 1955 war die Publizistik der Kolonialmächte geprägt von der Ansicht, „daß allein der Westen zu denken weiß, daß an den Grenzen der westlichen Welt das finstere Reich des primitiven Denkens beginnt, das ... unfähig der Logik, das das falsche Denken selbst ist“[223]. Wie tief das Bild des Schwarzen als der Verkörperung, des Trägers alles Wilden, Bösen, also des in Schach zu Haltenden, saß, machten psychologische Untersuchungen Frantz Fanons – selbst Farbiger von den Antillen – deutlich. Mehr als die Hälfte von ungefähr 500 befragten Weißen (Franzosen, Deutschen, Italienern, Engländern) verbanden den Begriff „Neger“ Ende der vierziger Jahre mit folgenden Vorstellungen: „Biologie, Penis, stark, athletisch, potent, Boxer, Joe Louis, Jesse Owens, senegalesische Truppen, wild, Tier, Teufel, Sünde.“ Fanon fügte hinzu: „Es ist interessant zu bemerken, daß einer von fünfzig (der Befragten – J. F.) auf das Wort Neger mit Nazi oder SS reagierte. Wenn man um die emotionale Bedeutung des Zeichens SS weiß, erkennt man, daß der Unterschied zu den anderen Antworten unbedeutend ist.“[224] Seine eigenen Erfahrungen als Farbiger und seine wissenschaftlichen Untersuchungen verallgemeinernd, schrieb Fanon über die Folgen rassistisch-kolonialistischer Praxis: „In Europa ist der schwarze Mann das Symbol des Übels ... Der Folterer ist der schwarze Mann, Satan ist schwarz. Man spricht von Schatten – wenn jemand schmutzig ist, ist er schwarz, ob man dabei an physische oder an moralische Schmutzigkeit denkt ... Schwarzheit, Dunkelheit, Schatten, Nacht, die Labyrinthe der Erde ... schwärzen den Ruf. Und dann auf der anderen Seite der helle Blick der Unschuld, die weiße Friedenstaube, magisches, himmlisches Licht. Ein herrliches blondes Kind – wieviel Frieden liegt in diesem Ausdruck, wieviel Freude, und vor allem wieviel Hoffnung! Es gibt keinen Vergleich mit einem herrlichen schwarzen Kind: So etwas ist buchstäblich unerwünscht.“[225] Das dichterische Vorstellen einer paradiesischen, idyllischen, friedlichen schwarzen Welt, edler und schöner schwarzer Menschen hatte in dieser Situation eine provokative, umstürzlerische, dissonante Wirksamkeit. Es erschütterte tiefverwurzelte Wertvorstellung in der Öffentlichkeit der Kolonialmacht. Die Darstellung einer wohlgeordneten, sich gleichbleibenden, letztlich konservativ-statischen Gesellschaft und Kultur konnte so befreiend wirken, drängte auf Umwälzung – des kolonialistisch-rassistischen Bildes vom Kolonialisierten, zur Aufgabe kolonialer Legitimation und damit letztlich zur Befreiung vom Kolonialismus.

Wichtiger aber als für die Öffentlichkeit und die Mitläufer der Kolonialmacht war das selbstsichere, stolze Behaupten eigener gleichwertiger und zugleich ganz eigenständiger Kultur für die Kolonialisierten. Senghors Dichtung wie seine Négritude-Konzeption konnten so in den vierziger und fünfziger Jahren geistige Mobilisierungsfaktoren für die Befreiung von Minderwertigkeitskomplexen der Kolonialisierten sein, für die Gewinnnung von Selbstbewußtsein, von kritischem Verhalten gegenüber der Assimilationspolitik. Sie wirkten gegen die Annahme und Verinnerlichung des Mythos von der absoluten Überlegenheit des „weißen Mannes", der europäischen Zivilisation und damit der Kolonialmächte, letztlich von der Unabänderlichkeit des Kolonialismus. Eine solche geistige Befreiung, auch in der Form illusionärer Metaphysik und eines konservativen Geschichtsbildes, war einer der Schritte zur Unabhängigkeit. Fanon hat ausführlich das Entstehen und die Art der ungeheuren Minderwertigkeitskomplexe beschrieben. Die Gruppen der Kolonialisierten, die in engere Berührung mit den Kolonialisten kamen, versuchten, sich ihnen anzupassen, weiß zu scheinen („weiße Maske"!), Lebensweise und Werte der kolonialistischen Bourgeoisie anzunehmen. Um sich aus dieser geistigen Knebelung zu befreien, aus dieser Entfremdung der Persönlichkeit, die Bestätigung des kolonialistischen Zustandes ist, nimmt der schwarze Kolonialisierte die ihm von der kolonialen Situation und ihren rassistischen Mythen oktroyierte Identität an. Er sondert, wie Fanon formulierte, Rasse ab, findet – das betrifft Senghor – eine andere, ganz besondere Welt des Rhythmus, der Nacht, der Emotionalität: „Hier haben wir den Neger rehabilitiert . . . Er beherrscht die Welt mit seiner Intuition, der Neger, der wiedererkannt ist, der wieder auf seinen Füßen steht . . . Und er ist ein Neger – nein, er ist nicht ein Neger, sondern der Neger, die fruchtbare Antenne der Welt . . . Ich umarme die Welt! Ich bin die Welt! . . . Der weiße Mann möchte die Welt. Er möchte sie ganz für sich selbst. Er sieht sich prädestiniert als Herr der Welt . . . Aber es gibt andere Werte, die nur zu meinen Formen passen. Wie ein Magier raubte ich dem weißen Mann ‚eine gewisse Welt' . . ."[226] Diese Welt, so macht Fanon mit einem Zitat aus Senghors *Chants d'ombre* (dt. *Schattenlieder*) deutlich, ist schwarz, die Welt der Nacht, des „Wilden". Aber ihre Merkmale sind denen, die ihr vom bürgerlichen Europa beigemessen werden, genau entgegengesetzt: Sie ist eben die friedliche, harmonische, paradiesische, die gute Welt. Senghor und die anderen Dichter der Négritude, die in der von ihnen herausgegebenen Anthologie vorgestellt wurden, standen mit dieser „positiven Umkehrung", dem romantischen Gegenentwurf, dem antirassistischen Mythisieren Afrikas bzw. des Negertums nicht allein. 1956 meinte der westafrikanische Ethnologe Hazoumé, westlichen und afrikanischen Humanismus vergleichend, daß Werte und Verhaltensweisen wie Güte, Ehrenhaftigkeit und Solidarität in Afrika seit Jahrtausenden verankert seien.[227] 1959, auf dem zweiten Treffen der afrikanischen Künstler und Schriftsteller in Rom, führte Cheikh Anta Diop aus, daß die westliche – in seiner Theorie die arische, nordische – Welt u. a. durch scharfe Antagonismen, durch Kampf und Expansionsdrang bestimmt sei, während gerade Afrika eine Moral kennzeichne, die auf Harmonie, Friedfertigkeit und Gerechtigkeit fuße und orientiere.[228]*

Die koloniale Geschichte hatte die idealisierende Vision von der sich immer gleichbleibenden Negerseele und Negerkultur, ungeachtet historisch-konkreter Unterschiede und Veränderungen in Afrika und Amerika, begünstigt. Die Schwarzen in Amerika sind Abkömmlinge der Sklaven, die seit dem 16. Jahrhundert aus Afrika verschleppt worden waren. In Amerika unterlagen und unterliegen sie als Minderheiten (USA) oder als Kolonialisierte (französische Antilleninseln) ähnlicher oder gleicher Diskriminierung und Ausbeutung wie in den ehemaligen afrikanischen Kolonien und den heutigen rassistischen Diktaturen des südlichen Afrika. Sie begegneten dem gleichen Mythos von der Überlegenheit des „weißen Mannes", der bürgerlichen europäischen und nordamerikanischen Kultur. Sie erfuhren ähnliche oder gleiche Zwänge, diesen Mythos zu verinnerlichen, ihr „Schwarzsein" und besonders ihre eigene Geschichte zu verleugnen. So waren die afro-amerikanischen Bürgerrechtsbewegungen in den USA, die sich seit Beginn des 20. Jahrhunderts formierten, immer wieder auf Afrika orientiert, auf die Verbundenheit mit den schwarzen Unterdrückten außerhalb der USA. Das fundamentale Problem unseres Jahrhunderts, wie Dubois die Rassentrennung nannte,[229] wurde bald als Problem der Befreiung aller Schwarzen gesehen. Zugleich hatten die afro-amerikanischen Bewegungen für Gleichheit und gegen Rassismus eine außerordentlich mobilisierende Wirkung auf die sich nach dem ersten Weltkrieg formierenden antikolonialen Bewegungen in Afrika. Eine der Formen, in denen sich die ähnlichen oder als gemeinsam erachteten Interessen der Schwarzen in Amerika und Afrika ausdrückten, war die panafrikanische Bewegung. Sie spielte auch in Frankreich während der zwanziger und dreißiger Jahre eine Rolle.[230] Die Harlem-Renaissance-Dichtung in den USA nach dem ersten Weltkrieg, ein Ausdruck dieser emanzipatorischen Tendenzen, bereitete Senghors Négritude-Konzeption unmittelbar vor. Senghor hatte engen Umgang mit einigen afro-amerikanischen Dichtern, die während der dreißiger Jahre in Frankreich lebten. Er wurde tief von ihnen beeindruckt. Claude McKay, einer der afro-amerikanischen Dichter, sei der „eigentliche Erfinder der Négritude“: „Ich meine damit nicht den Begriff, sondern die Werte der Négritude . . . Wenn der Stolz verhöhnt wird, verwandelt er sich in Haß. Aber er ist dann hart wie Stahl und rein wie Gold . . . Der Haß von McKay ist der Haß auf das Böse: der Haß auf den Haß.“[231]*

Hinter der Besinnung auf eine gemeinsame Geschichte (Sklavenhandel), eine gemeinsame Hautfarbe und deren Verteufelung standen gleichartige Erfahrungen rassistisch legitimierter Ausbeutung und Diskriminierung, die zur Solidarität mit den Kolonialsierten aller Kontinente und einander ähnlichen emanzipatorischen Versuchen führten. Albert Memmi, der arabische Jude aus Tunesien, hat daher – wie der farbige Fanon aus der Karibik – kolonialistische Mechanismen und deren Auswirkungen auf das Verhalten der Araber, der Kolonialisierten, beschrieben. Er verallgemeinerte, daß sich die Revolte gegen den Kolonialismus und die Unterdrückung der Geschichte, der Kultur und der Eigenarten des Kolonialisierten, gegen den Mythos von der Überlegenheit des kolonialistischen Europäers zunächst in einem Gegenmythos (contre-mythologie) äußere. Die Beschuldigungen des Kolonialisten umkehrend, „werden der Kolonialisierte, seine Kultur, sein Land, alles das, was ihm gehört, alles das, was ihn repräsentiert, vollkommene Positivität ... Auf den negativen Mythos, der durch den Kolonialisten aufgezwungen wurde, folgt ein positiver Mythos von sich selbst, vorgebracht durch den Kolonialisierten.“[232] Memmi wies darauf hin, daß dieser Gegenentwurf, der geistige Revolte ist, sich zunächst in Denkweisen des Kolonialisten bewege, durch die Integration in das Kolonialverhältnis geprägt sei. Der Kolonialisierte stelle seine Forderungen und kämpfe „im Namen der Werte des Kolonialisten selbst, benutzt seine Techniken des Denkens und seine Methoden des Kampfes“[233]. In der Revolte „fährt der Kolonialisierte fort zu denken, zu fühlen und zu leben . . . im Vergleich zum Kolonialisten und zur Kolonisation“[234].

Für Senghor bedeutete das, in der idealistisch-metaphysischen, auch nach rassistischen Gesichtspunkten ausgerichteten Denkweise der kolonialistischen Bourgeoisie zu dichten. So überrascht es nicht, die Visionen vom ewigen Wesen, der emotonialen Grundbestimmung des Schwarzen bei Gobineau zu finden. Senghor hat Gobineau unmittelbar rezipiert, als positives Zeugnis für die Richtigkeit seiner Négritude-Konzeption, insbesondere auch seiner Ästhetik der Negerdichtung. 1954 bemerkte er über negroafrikanische Dichtung: „Aber Sie können sich vorstellen, daß, da der Neger laut Gobineau ‚das von der künstlerischen Emotion am stärksten ergriffene Geschöpf‘ ist, ich Ihnen zahlreiche Beispiele aus den Gedichten, die ich gerade gelesen habe, hätte hervorpicken können: Vergleiche, Metaphern, Katachresen, Periphrasen – wenn ich nur das Reich der Bilder betrachte, das der Neger sein eigen nennt. Meine Aufgabe ist vor allem, Ihnen zu zeigen, wie die emotionale Glut, die glühende Lava der Négritude, die grobe Materie der Sprache in reines Gold verwandelt und wie der Dichter unter dem Material der Syntax und des Vokabulars das jeweils geeignetste auswählt, um die Bedeutung des besungenen Gegenstandes, um dessen ‚Lebenskraft‘ auszudrücken.“[235*]

Memmi hat, obwohl unmißverständlich die ökonomische Ausbeutung als Wurzel des Kolonialismus nennend, nicht die konkrete soziale Trägerschicht der Gegenmythen – wie der Négritude – umrissen. Fanon deutete Anfang der fünfziger Jahre mit Bezug auf die Situation der Karibik an, daß besonders die privilegierte Intelligenz, die vom Kolonialismus gebildete Elite als eine Gruppe der Mittelschichten (Bürgertum), die Gegenentwürfe, die ausgiebige Beschäftigung mit der Geschichte, der kulturellen Vergangenheit brauche. Sie sei geistig entfremdet und so auf die Vergangenheit, auf die kulturellen Probleme der Identität in erster Linie oder ausschließlich fixiert. Für den schwarzen Arbeiter bestünden solche Probleme nicht. Er erfahre unmittelbare ökonomische Ausbeutung wie die Ausgebeuteten und kolonial Unterdrückten aller Kontinente (Vietnamesen). Seine Haltung richte sich einzig darauf, dieses Ausbeutungsverhältnis umzustürzen.[236] Fanon reflektierte damit schon Ende der vierziger Jahre die sozialen Differenzierungen und die gegensätzlichen Gesellschafts- und Kunstkonzeptionen, die sich dann Ende der fünfziger Jahre, u. a. auf dem zweiten Kongreß der afrikanischen Schriftsteller und Künstler, vor allem aber seit Beginn der sechziger Jahre innerhalb der antikolonialen Bewegung abzeichneten. In den fünfziger Jahren war das Wesentliche noch die gemeinsame Front aller sozialen Kräfte und weltanschaulich-künstlerischen Positionen gegen den Kolonialismus. Wie bedeutsam die idealistische, von bürgerlicher Denkweise tief geprägte Deutung des Negertums und afrikanischer Geschichte war, machte Sembène Ousmane in seinem ersten Roman *Le Docker Noir* 1956 deutlich. Die Hauptgestalt, ein schwarzer Arbeiter, erhält nicht zuletzt dank Cheikh Anta Diops Hypothese von den negroiden Grundlagen der alten ägyptischen Hochkulturen Selbstbewußtsein in seinem Kampf gegen die rassistische Umwelt in Frankreich.[237]* Allerdings zeigte die Prosa Ousmanes bereits in den fünfziger Jahren eine andere Realität Afrikas, andere Haltungen und soziale Kräfte als Senghors Lyrik.

Die antikoloniale, auf Veränderung drängende Funktion von Senghors Dichtung, zumindest bis 1956 (*Ethiopiques*), wurzelte nicht allein, vielleicht nicht einmal vorrangig in der Demonstration einer anderen Welt. Die poetische Gestaltung dieser Welt, die ästhetische Spezifik mußten eingefahrene Vorstellungen, Haltungen und Sehweisen von Afrika und den Afrikanern erschüttern, „durcheinanderbringen" und so wandlungsfähig machen. Die Struktur seiner Lyrik zeigte sich als Produkt kreativen Vorstellungs- und sprachlichen Gestaltungsvermögens, die Haltungen und Wahrnehmungsweisen, Denken und Sehen des Gewohnten, Fixierten, Vertrauten übersteigen und so in Frage stellen. Der Leser – oder Hörer – wurde und wird „erschüttert", überrascht, auf neue Sehweisen und mögliches Begreifen gestoßen durch die Musikalisierung, das Zusammenbringen von geschriebener Sprache und Musik, und durch in sich dissonante Bilder, die visionär-ungewöhnlich Reales, Wahrnehmbares und zugleich Phantastisches in sich vereinigen. Senghor schrieb seit Ende der dreißiger Jahre für den mündlich-musikalischen Vortrag. Er stellte auf diese Weise geschriebene Lyrik, ihre textlich-papierene materielle Existenzform und die anonyme, sachlich vermittelte Rezeption durch individuelles Lesen in Frage. Die Mehrzahl seiner Gedichte ist dementsprechend komponiert: „für zwei Flöten", „für zwei Hörner und einen Gorong (traditionelle Trommel Westafrikas – J. F.)", „für zwei Koras (traditionelles harfenähnliches Instrument – J. F.)", „für große Orgel" (1945 *Friedensgebet*), „für drei Koras und ein Balafong (afrikanisches Xylophon – J. F.)", „für Jazzorchester: Trompetensolo" (das in den fünfziger Jahren verfaßte Gedicht *New York*). Das programmatische Poem *Mögen Koras und Balafong mich begleiten* von 1939 soll nicht nur inhaltlich und in der Wertorientierung dichterische Rückkehr in seine Heimat, Abkehr von der Assimilation und Hinwenden zum authentischen Negertum bedeuten – auch seine Struktur folgt traditioneller afrikanischer Dichtung: ein „Woi (Lied, Gedicht – J. F.) für drei Koras und ein Balafong".

Für manchen Leser mögen diese Verweise abstrakte Vorschriften bleiben, lediglich Absicht sein, die sich nicht voll erkennbar oder empfindbar auf den Sprachrhythmus, die Bilderfolge auswirkt. Wer nicht vertraut ist mit den Klängen, den Möglichkeiten des Rhythmus und der Melodie, den die traditionellen Instrumente haben, wird schwerlich eine notwendige Zusammengehörigkeit zwischen ihnen und dem Text wahrnehmen und ästhetisch verarbeiten können. Aber die eigenartigen Bilder und Metaphern, das Neben- und Ineinander, die Montage von detailliert bezeichneter, wahrnehmbarer Realität und phantastischer Vision, die mitunter scharfen Brüche in der Bildfolge sind auch für den Nicht-Kenner als integrale Merkmale auffällig. Im *Gesang der Eingeweihten*, in dem sich das lyrische Ich auf die „Reise zu den Quellen der Ahnen" macht, wird das Horn zu Hilfe gerufen: „Ich gleite aus auf der Fährte der Dickhäuter, auf dem seifigen Steg ihrer Rätsel." Die Fährte der Dickhäuter bedeutet hier wohl beides – die wirkliche Spur der Elefanten und die der Ahnen, des authentischen Lebens Afrikas. Ahnen wie Leben sind nicht glasklar-rational, einfach zu nehmen – sie sind seifig. Ein klagender Ruf ertönt, „doch nur S c h r e i e s t u m m e r V ö g e l (Hervorhebung von mir – J. F.) antworten mir".[238] *Im Schattengesang* reißt „der Adler der Zeit" ihn, Senghor, über den Kontinent fort. Der Kontinent, seine Realitäten, seine Möglichkeiten werden, gebrochen durch die subjektive Sicht und Phantasie des Dichtenden, „gemustert", vorgestellt in einer Bilder- oder Vorgangsfolge, die jeweils sehr Verschiedenes unmittelbar, abrupt, diskontinuierlich enthält: „Werd ich die Stürme loslassen müssen aus allen Zauberhöhlen der Wüste? / Aus allen vier Ecken des leeren Himmels den Sand zusammenscharren müssen in einem gewaltigen Heuschreckeneifer? / Und dann in einem vorzeitlichen Schweigen die Arbeit der apokalyptischen Kälte? Schon entgleiten dir wirre Frauenworte, Klagen glücklicher Drangsal, wer weiß / Und die Steine in plötzlichem leisem Fall beginnen wie

Katarakte zu tosen."[239]* In *Zum Aufruf des Stammes von Saba* wird der Afrikaner, gefangen in weißen und kalten Laken, von Ängsten bedroht. Plötzlich stürzt ein Geier, „der grelle Schrecken der gelben Blätter", auf ihn, wohl der Schrecken des europäischen Herbstes, oder „der Schrecken der schwarzen Soldaten beim Donner der Panzertornados".[240] Der *Frühlingsgesang* stellt den Krieg oder die Erfahrung des Krieges so vor: „Und in den Nächten donnern große metallene Risse", „und die Städte zerschmettern so schnell wie der Blitz. / Die schweren Lokomotiven springen über die Kathedralen . . ."[241] Harlem, das für Senghor das „schwarze" Gegengewicht, die „schwarze" Rettung des in Technik und Rationalität erstorbenen New York verkörpert, sieht er so: „Ein grüner Kornfelderwind quillt aus dem Pflaster unter den nackten Füßen der Tänzer Dans, / Hinterbacken, Wellen aus Seide und Brüste aus Lanzeneisen, Wasserrosenballette und Zaubermasken. / Zu Füßen der Polizeipferde rollen die Mangofrüchte der Liebe aus niederen Häusern, / Neben den Gehsteigen Gossen von weißem Ruhm, von schwarzer Milch im blauen Dunst der Zigarren." Hier müsse man die Ohren öffnen für Gott, „der aus einem Saxophonlachen Himmel und Erde erschuf an sechs Tagen".[242]

Raum- und Zeitebenen sind in dichterischen Bildern und deren Zusammenstellung verschoben, Eigenschaften mit Dingen oder Erscheinungen zusammengebracht, die in der Wirklichkeit nicht miteinander existieren. Die „Umkehrung der Werte", die Herausforderung kolonialistischer Weltsicht durch das positive Setzen afrikanischer Realität und afrikanischer, schwarzer Visionen und Ansprüche vollzieht sich im Verkehren von „Realität" durch die Struktur der Dichtung. In ihr entfaltet sich kreative Phantasie als ästhetisch wahrnehmbare, unübersehbare visionäre, schöpferische Behandlung von Wirklichkeitsmaterial und als auffälliges Versinnlichen von subjektiver Sicht und Vorstellung. Die Art des Produzierens oder des Produkts – des Gedichts – ist so in sich Veränderung, drängt auf das Anderssein und Andersmachen. Eine neue Haltung zur Realität der vierziger und fünfziger Jahre wird nicht nur inhaltlich, als Botschaft, sondern auch als dichterisches Machen und Wahrnehmen, als neue ästhetische Sensibilität vermittelt. Senghors Lyrik, die zu den ersten bemerkenswerten Beiträgen moderner geschriebener Poesie aus dem subsaharischen Afrika gehört, verwirklicht zugleich eine neuartige künstlerische Empfindsamkeit.

Allerdings darf das Neuartige nicht überschätzt oder verabsolutiert werden. Senghors Dichtungen bis zu den *Ethiopiques* sind strukturell in vieler Hinsicht eine gemäßigte Variante französischsprachiger Avantgarde-Literatur. Gerade die visionäre kreative Phantasie, von Hugo Friedrich „diktatorische Phantasie" genannt, die bis zur äußersten Aggressivität getriebene subjektive Besonderheit, Andersartigkeit und Fremdheit der poetischen Bilder und ihrer Montage sind deren wesentliche, immer wiederkehrende Kennzeichen. Spätestens seit Lautréamont und Rimbaud verbinden die kreative Phantasie, der Wille zu ganz subjektiver Dichtung die unterschiedlichsten Dinge und Eigenschaften, Prozesse und Situationen, die im Sinne „alltäglicher Logik", von der Wahrnehmung objektiver Wirklichkeit her nicht zu verbinden sind, oft sogar einander ausschließen. Die dichterische Vision spielt mit Zeit und Raum, bringt wirkliche Verhältnisse und Abläufe durcheinander, löst sich von der wahrnehmbaren, rational zu verfolgenden Anordnung der Erscheinungen, um in Überblendungen, in Simultaneität und im dissonanten Bild künstlerische Äußerungen zu vermitteln, künstlerische Wirklichkeit zu entwerfen, die nur als solche, auf der Ebene ästhetischer Kommunikation, existieren. Sie haben keine „genaue" Entsprechung in wahrnehmbarer Realität, zwingen den Rezipienten, seine Assoziationsfähigkeit freizusetzen, neue Sehweisen zu entwickeln, Kunst als Bereich ständiger Verfremdungen und Umbrüche der Sensibilität zu akzeptieren.[243]

Senghor ist seit seinem Aufenthalt in Frankreich Ende der zwanziger Jahre ein intimer Kenner dieser Richtung in der Avantgarde. Er schrieb seine Diplomarbeit über das Exotische bei Baudelaire, er hatte Umgang mit den zeitgenössischen Surrealisten. Er bezog sich wahrscheinlich auf Rimbauds Begriff „Alchimie des Wortes" aus dem Zyklus *Ein Aufenthalt in der Hölle*, um die sinnliche Bedeutung, die rein emotionale, vom Semantischen verschiedene Wirksamkeit dichterischer Sprache zu erklären. Diese „alchimie verbale" sei besonders charakteristisch für die negro-afrikanische Dichtung, die vor allem sinnlich, magisch, emotiv wirke.[244] Die Mission der Kunst, wie er sie sah, habe Rimbaud vorgezeichnet: sie wäre, „wie Rimbaud will, ‚das Leben zu verändern' ". „Sie ... veranlaßt uns, die Erscheinungen des Bestehenden und der Dinge zu übersteigen (dépasser), um in ihre tiefe Realität einzudringen und uns dort zu identifizieren"[245]. Die Bedeutung des Surrealismus für seine Kunst hat er ausdrücklich hervorgehoben. Die französische Dichtung seit Lautréamont habe bedeutenden Einfluß auf die schwarzen Dichter gehabt, die er in seiner *Anthologie* vorstelle: „Die Dichter der *Anthologie* haben Einflüsse verarbeitet, viele Einflüsse, und sie sind stolz darauf. Ich bekenne sogar – Aragon gab mir dafür das Beispiel –, ich habe viel gelesen, von den Troubadours bis zu Paul Claudel. Und viel nachgeahmt."[246] Es sei „das Verdienst des Surrealismus, entdeckt zu haben, daß zwei konkrete Wörter genug sind und daß das Bild um so stärker ist, ‚je ferner die Bezüge zweier einander angenäherter Wirklichkeiten liegen'"[247].

Die Ähnlichkeit der dichterischen Strukturen entsprang ähnlichen Protesthaltungen gegenüber der bürgerlichen Welt – so unterschiedlich die philosophischen und politischen Standpunkte innerhalb jener Avantgarde von Rimbaud bis zu Bréton und zwischen ihnen und Senghor sind. Ähnlich sind die Versuche, durch die Entfesselung kreativer Phantasie, durch Verkehren der Werte und im ständigen Revolutionieren ästhetischer Sensibilität die erfahrenen Versteinerungen, die qualvolle Entfremdung des humanistischen Intellektuellen innerhalb der bürgerlichen Wirklichkeit zu durchbrechen, „das Leben zu verändern", indem seinen Erscheinungsformen und historischen Normen, d. h. dem bürgerlichen Alltag und den Idealisierungen der bürgerlichen Realität, extreme Gegensätze gegenübergestellt werden. So betont Rimbaud, der den Kommunarden von 1871 nahestand und durch sie Hoffnung auf Umwälzung der von ihm gehaßten bürgerlichen Gesellschaft schöpfte, das Negerhafte, Dunkle, Barbarische, Emotionale – als Herausforderung der von dieser Gesellschaft idealisierten „weißen Welt", des Zivilisierten und Vernünftigen. „Ja! ich habe die Augen eurem Licht verschlossen", schreibt er 1873. „Ich bin ein Tier, ein Neger. Aber ich kann gerettet werden. Ihr seid getünchte Neger – Kannibalen, Besessene, blutbesudelt und habsüchtig. Kaufmann, du bist Kannibale; Richter, du bist Kannibale; General, du bist Kannibale . . . Das klügste ist, den Kontinent zu verlassen, wo der Wahnsinn umherstreunt, um Geiseln zu fangen für diesen Auswurf. Ich trete ein in das wahre Reich der Kinder des Ham . . . Ich begrabe die Toten in meinem Bauch. Schreie, Trommel, Tanz, Tanz, Tanz! Damit ich die Stunde nicht sehe, wo ich ins Nichts falle, wenn die Weißen landen. Hunger, Durst, Schreie, Tanz, Tanz, Tanz!"[248] Lautréamont schließt die Päderasten, die von der bürgerlichen scheinheiligen Moral des 19. Jahrhunderts Verfolgten, in seine antibürgerliche Humanität in *Les Chants de Maldoror* ein. Er setzt den „Gesetzgebern stupider Institutionen" und den „Erfindern einer engen Moral" seine „universelle Liebe" entgegen.[249] Zugleich fordert er sie heraus mit schreckhaften, dunklen Visionen des Vampirhaften. Sich mit diesem Nächtlichen identifizierend, will er dem „jungen

Menschen" ein guter Freund sein.[250] Provokativ-rebellisch schreibt er: „Ich bin schmutzig. Die Läuse zerfressen mich." Der manipulierenden idealistischen Schönheitsauffassung seiner bürgerlichen Welt des 19. Jahrhunderts stellt er demonstrativ das Häßliche, Monströse, Ungeheuerliche in ungewohnten, phantastischen Bildern gegenüber.[251*] Der Surrealismus erhob dann das Irrationale, Spontan-Unbewußte oder – um mit Senghor zu sprechen – das Emotional-Spontane zum Programm für die individuelle Befreiung. Die Befreiung des Geistes von der Rationalität, der Konzentration auf die wissenschaftliche Analyse, der alltäglichen Logik in der dichterischen Produktion sah Breton als umstürzlerische antibürgerliche Aktion.[252*]

So mußte sich diese Richtung europäischer Avantgarde seit dem Ende des 19. Jahrhunderts zwangsläufig zu Asien und Afrika hingezogen fühlen. Hier sah sie (oder glaubte zu sehen) die noch nicht von „bürgerlicher Rationalität und Zivilisation" zersetzte Herrschaft des Emotionellen, Spontanen. Hier fand sich eine Welt der Parias, der nicht zum „Herrenvolk" (Rimbaud) Gehörenden, eine provokatorische Alternative zur verhaßten Bourgeoisie und ihrer tradierten idealistischen Ästhetik.[253*] Senghor wiederum sieht in dieser Avantgarde Verbündete für die Negerdichtung, „vor allem in Breton und den Surrealisten, die durch Lautréamont und Rimbaud ihre Weihe empfangen hatten"[254]. Die Entfremdung, in der sich der rassisch diskriminierte, durch koloniale Assimilationspolitik kulturell entwurzelte schwarzafrikanische Intellektuelle befand, war letztlich nur eine Variante der zerstörerischen Entfremdung, die die bürgerliche Gesellschaft – und somit auch ihre kolonialen Bereiche – durchdringt. Gemeinsame oder ähnliche historische Ausgangspunkte und Wurzeln, aber auch ähnliche Reaktionen prägten die Dichtung Senghors, anderer schwarzer Künstler aus der *Anthologie* und jener französischen Avantgarde, die sich in Dichtung aus der Entfremdung zu befreien suchte. Eine der ersten bedeutenden modernen Dichtungen Schwarzafrikas ist zugleich eine Variante internationaler antibürgerlicher dichterischer Versuche zur Befreiung durch provokative Umkehrung der Werte und Umbrüche ästhetischer Sensibilität.[255*]

Dennoch unterscheidet sich Senghor zugleich von der europäischen Avantgarde – von Rimbaud bis zum Surrealismus. Der wohl wesentlichste Gegensatz besteht in der versöhnlerischen, konservativen Grundhaltung Senghors, die zwar eine andere Wertskala als die des bürgerlichen Europas anstrebt, aber letztlich an Stelle einer mythisierten „Hierarchie weißer Werte" wieder eine „Hierarchie schwarzer

Werte" setzen will, in der sich Mystifizierungen, Idealisierungen und zwanghafte Ordnungen wie in der abgelehnten europäischen andeuten. Die bürgerliche, elitär-aristokratische Grundhaltung Senghors und seiner Dichtung wird deutlich. Sie hat Auswirkungen auf die künstlerische Struktur. Während Rimbauds dichterische Visionen mit deutlichem Bezug auf die Unterdrückten, auf die, die nicht zum „Herrenvolk" gehören, bürgerliche Ordnungen und Normen buchstäblich aufzusprengen sucht, während er eine Schönheit oder Ästhetik der Dissonanz, der gewaltsamen Gegensätze, als Befreiung von moralischem und ästhetischem Zwang entwirft, sehnt sich Senghor nach einer aristokratisch-vornehmen Welt. Er besingt die harmonische Ordnung dieser Welt und bedeutet mit seinen dissonanten Bildern und Montagen gerade die Sehnsucht nach ruhiger Harmonie. L. Kesteloot spricht vom monotonen Rhythmus seiner Gedichte. Sie vergleicht ihn mit der Bewegung der Savannen und bringt ihn in Beziehung zum Temperament Senghors, das nicht „explosiv" sei.[256] Während Lautréamont das Häßliche, Abnorme, Ungeheuerliche als solches hinstellt, einfach sagt: „Ich bin schmutzig", das Häßliche als Gegengewicht zur existierenden bürgerlichen Welt in Monstrosität betont oder beläßt, sollen Senghors Nacht, seine afrikanische Wildnis, seine schwarze Schönheit, die in der bürgerlichen Welt abgewertet, unschön ist, absolut nichts Ungeheuerliches vorstellen. Häßliches und Monströses werden in Schönes und Vertrautes umgedeutet; ihnen wird gerade die Provokation genommen. Während die Surrealisten auf die absolute Freiheit des Individuums und des Geistes zielen, jede Ordnung, vor allem aber eine streng hierarchische, ablehnen und so die absolut ungeordnete Arbeit des Unbewußten und ihrer dichterischen Produkte, der Bilder, entfalten, stellt Senghor mit seinen Bildern eine andere – aristokratische – Ordnung vor. In diese Ordnung ist das Individuum eingefügt, also nicht absolut frei. Seine kreative Phantasie entwirft gerade eine Welt, die eine verhältnismäßig klar überschaubare objektive Realität bedeutet, in der der einzelne Teil einer Hierarchie ist. Während die antibürgerliche Avantgarde antireligiös ist – ein Aspekt ihre antiautoritären Haltung –, bleibt Senghor tief religiös. Er hat das selbst deutlich erkannt. Der negroafrikanische Surrealismus sei grundverschieden vom europäischen Surrealismus, schrieb er, sich dabei wohl einbeziehend. „Dieser ist empirisch, jener mystisch, metaphysisch, magisch. André Breton schreibt in *Signe ascendant*: ‚Die poetische Analogie' – wohlgemerkt, die e u r o p ä i s c h e surrealistische Analogie – ‚unterscheidet sich grundlegend von der mystischen Analogie, indem sie hinter dem Gewebe der sichtbaren Welt niemals ein unsichtbares Universum voraussetzt, das sich manifestieren will. Sie geht ganz empirisch vor.' In der afrikanischen Analogie wird ein Universum von hierarchisch geordneten Lebenskräften vorausgesetzt und ständig offenbart."[257]

Senghors Lyrik brachte noch einen anderen Akzent in die moderne Literatur der kreativen, ausschweifenden, „diktatorischen Phantasie" und der demonstrativen Montage von Bildern: das Verarbeiten traditioneller mündlicher Dichtung Westafrikas. Er hatte nicht nur als Kind die Griot-Dichtung reichlich erlebt, sondern seit den dreißiger Jahren traditionelle Kunst aufmerksam studiert. Ihre Brüche, ihr Nebeneinanderstellen von kausal oder handlungsmäßig unverbundenen Vorgängen, ihre metaphorische Zusammenschau von real Unvereinbarem, ihr freies Umgehen mit Zeit und Raum und ihr mythisch-totemistisches Verweben von Mensch und Tier, Mensch und Ding führen dicht an Kompositionstechniken moderner Literatur heran. Das Streben nach psychologischer Wahrscheinlichkeit, nach dem Aufbau einer Illusion von Wirklichem und der einfachen Mimesis von Zeit- und Raumverhältnissen, das bürgerliche Kunst seit der Renaissance übergreifend geprägt hatte, sind bei der traditionellen Dichtung wie der Avantgarde nicht vorhanden. Die traditionelle Erzählung, beobachtet Senghor, schreitet „in Sprüngen weiter, daher ihre materiellen Unwahrscheinlichkeiten und das Fehlen jedes psychologischen Kommentars"[258]. Ähnliches sieht er beim Surrealismus. Sein Verdienst sei die Entdeckung gewesen, „daß zwei konkrete Wörter genug sind und daß das Bild um so stärker ist, ‚je ferner die Bezüge zweier einander angenäherter Wirklichkeiten liegen' "[259].

Es läßt sich wohl nicht genau ausmachen, in welchem Detail und bis zu welchem Maße Strukturen moderner französischer Literatur und mündlicher Dichtung Westafrikas Senghors Lyrik prägten. Im Protest gegen rassische Diskriminierung, gegen koloniale Assimilation und in der selbstbewußten Demonstration einer eigenständigen und gleichwertigen schwarzafrikanischen Kultur ist sie beides zugleich: bedeutendes Zeugnis moderner afrikanischer Literatur und jener kreativen künstlerischen Phantasie, in der sich im 20. Jahrhundert international, über Kontinente und nationale Kulturen hinweg, nicht nur Versuche ästhetischer, sondern auch sozialer Befreiung äußern. So scheint sie über die unmittelbare antikoloniale Funktion der vierziger und fünfziger Jahre hinaus eine bleibende Bedeutung zu haben trotz ihrer konservativ-bürgerlichen, elitären Botschaften.[260*]

Proletarisch-revolutionäre Alternative: Sembène Ousmanes Prosa

Sembène Ousmanes zweiter Roman *O pays, mon beau peuple*, in deutscher Übersetzung unter dem nichtssagenden Titel *Stromauf nach Santhiaba* erschienen, schilderte 1957 Verhältnisse und Haltungen einer Dorfgemeinschaft, an deren Spitze ein traditioneller König steht. Oumar Faye, die Hauptfigur, geht in das Dorf, um Arbeitskräfte für seine Felder anzuwerben, Arbeitskräfte, die nur mit Zustimmung ihres Königs mitkommen dürfen. Das Mädchen Itylima führt ihn in die Hütte ihrer Mutter: „Es gab nur einen Raum, der während der Regenstunden als gemeinschaftliches Zimmer und Küche diente. In der Mitte brannte ein Feuer, und der Rauch beizte die Augen. Nachdem sich Faye an das Halbdunkel gewöhnt hatte, sah er irdene Krüge in allen Größen, Kalebassen, die ziemlich im ganzen Raum verteilt standen, und eine Matte auf einer kleinen Erhöhung aus gestampftem Lehm, die offenbar als Bett diente . . . Itylimas Mutter war eine vorzeitig gealterte Frau; die harte Arbeit auf den Reisfeldern und die Salzgewinnung in den Salzsümpfen hatten ihren Körper ausgemergelt. Oumar konnte die Alte ganz deutlich sehen. Tiefe Falten durchfurchten ihr Gesicht. Sie trug nur einen geflickten Rock, der jedoch noch unzählige Löcher aufwies. Ihre Brüste waren völlig eingeschrumpft; wenn sie sprach, bewegten sie sich und hingen dann wieder da wie kleine, leere Schläuche." Am nächsten Tag wird Faye zu „Seiner Majestät" geführt: „Der König war ein Mann, der nur noch im Sitzen leben konnte. Seine Lenden waren durch eine Fleischmasse verborgen, die nach allen Seiten auseinanderquoll. Um diesen entsetzlichen Anblick noch zu vervollständigen, verschwand sein Hals zwischen einem winzigen Kopf und einem riesigen Bauch, der in seiner Mitte noch durch einen Nabelbruch entstellt wurde. Als Oumar ihn sah, fragte er sich, ob dieser Mensch überhaupt einer Überlegung fähig wäre. Er hockte auf einem klobig gearbeiteten Stuhl. Ein Lendenschurz, der teilweise in den Falten seines Leibes verschwand, bedeckte seine Blöße. Zwei oder drei Schritte von ihm entfernt, fächelte ein Diener mit einem Wedel in der Hand seinem häßlichen Gesicht Kühlung zu. Zwei sehr magere Männer standen rechts und links. Faye war in einiger Entfernung stehen geblieben . . . Bei sich selbst dachte er: Dieser König verdient nichts weiter, als Fleisch für eine Metzgerei zu liefern. Er nimmt seine Rolle noch wirklich ernst. Wann wird er endlich verstehen, daß er nur eine Puppe ist? Ein Hampelmann, der nicht einmal Glieder besitzt. Ja, eines Tages müssen diese Überbleibsel einer anderen Zeit verschwinden. Und als wollte er sich dieser Gedanken wegen entschuldigen, sagte er zu sich: Und doch gehört er meinem Volk an."[261]

Der Unterschied, ja Gegensatz zu Senghor ist unübersehbar. Afrika erscheint hier häßlich, borniert, rückständig. Die von Senghor romantisierten Edlen und Könige sind in den Jahren 1949/50, in denen die Handlung spielt, unproduktive, habgierige, dumme Herrscher über verelendete Bauern. Nur für das silberbeschlagene Gewehr Fayes gibt der König Arbeitskräfte – Argumente, daß sie gut bezahlt werden, verhallen ins Leere. Das von Senghor als schön besungene Afrika ist hier Schmutz, Krankheit, Unwissenheit – Vergangenheit, die radikal überwunden werden muß. Nicht nur in diesem Dorf. Sembène Ousmane weist in seinem Roman auf solche notwendigen Umwälzungen hin. Faye hat in Frankreich eine Weiße geheiratet – ohne seinen Vater um die Einwilligung zu bitten. Er entzog sich der von der Familie vorherbestimmten Heirat mit einem Mädchen seines senegalesischen Heimatortes. Nach seiner Rückkehr aus Frankreich wohnt er nicht mehr im Gehöft der Großfamilie, sondern baut sich ein abseits gelegenes eigenes Haus. Er hält sich von den moslemischen religiösen Ritualen fern, gerät so in tiefen Konflikt mit dem Vater, der religiöser Führer des Ortes ist. Schließlich, ein entscheidender Schritt, wird er, aus einer Fischerfamilie stammend, die ihre Arbeit sozial weit höher wertet als Feldarbeit, Bauer. Auf verschiedenen Ebenen durchbricht er verfestigtes, tabuisiertes traditionelles Kastenwesen, traditionelle Religiosität und Verhältnisse patriarchalischer Großfamilie. Faye organisiert gegenseitige Hilfe isoliert arbeitender Kleinbauern, versucht den Aufbau einer bäuerlichen Genossenschaft, die die rückständige kleine Warenproduktion und Subsistenzwirtschaften mit ihren engbegrenzten Entfaltungsmöglichkeiten für das Individuum an progressive produktionstechnische, soziale und kulturelle Verhältnisse des 20. Jahrhunderts heranführen soll. Die Vergangenheit, die Senghor so überschwenglich besingt, wird aufgesprengt. Eine andere gegenwärtige Wirklichkeit mit neuartigen Perspektiven scheint auf – bis hin zu sozialen und geistigen Widersprüchen und Differenzierungen, zu Disharmonien zwischen Traditionalisten und alten patriarchalischen Herrschern auf der einen Seite und einer kleinen Gruppe modern Gebildeter und den praktisch in Leibeigenschaft gehaltenen Bauern auf der anderen. Solche Differenzierungen werden punktuell diskutiert oder vom Erzähler als wesentliches Faktum behauptet.[262]

In einer Beziehung, die für die Literatur der fünfziger Jahre wesentlich ist, sind sich die elitäre, üppige Metaphern entfaltende Lyrik Senghors und die spröde, plebejisch karge, oft nur berichtende Prosa Ousmanes ähnlich: in der gesteigert liebevollen Verbundenheit mit Afrika, mit dem Senegal. *O pays, mon beau peuple* (*O Land, mein schönes Volk*) ist ein zutiefst sinnträchtiger Titel. Faye schließt selbst den König mit in das Volk ein, versagt sich so vernichtender Ablehnung. Das kennzeichnet die Haltung des Autors. Während er in der Regel knapp, gleichsam objektiv-berichtend erzählt oder Vorgänge durch Dialoge aufhellt, wird er fast schwärmerisch, wenn er über das Volk, über die Liebe zu ihm, insbesondere zu den Bauern, schreibt. Erzählerstandpunkt und Figur verschmelzen, sind nicht mehr genau zu unterscheiden an einer Stelle, an der Fayes Wirken als Bauer geschildert wird:

„Das Leben eines Bauern kennt nur wenig Ruhe: säen, jäten und sich plagen und dann die Ernte. Wenn er aber die Freude erlebt, seine Arbeit beendet zu sehen, vergißt er seine Müdigkeit; vor seinen Augen reifen die Früchte des Feldes, die Saaten gehen auf, vom Wind gestreichelt oder vom Tau benetzt; Augenblicke, in denen er aus dem tiefen Rot des Horizonts in bläulichen Tönen die Hitze aufsteigen sieht – und immer das Bedauern, nicht noch mehr Kräfte zur Verfügung zu haben, aber auch der Stolz und die Freude, es auch dieses Mal wieder geschafft zu haben. Ja, dieses Leben des Bauern ist schön.

‚O meines Volkes schöne Heimat!' sang Oumar, während sein Fuß die Erde berührte.

Allein ging er über seine Felder und träumte, wer weiß, wovon? ... Allein vor seinem Volk, das er in Gedanken vor sich sah, vom Schweigen und von der Einsamkeit umgeben, überkam ihn die Rührung, und er sprach und hörte die Stimme seines Volkes, das ihm antwortete."[263]

Senghors Lyrik und Ousmanes Prosa der vierziger und fünfziger Jahre haben einige gemeinsame Ansatzpunkte und strukturelle Ähnlichkeiten: Afrika, genauer senegalesische Erscheinungen und Prozesse werden vor allem in ihrem Verhältnis zur Kolonialmacht dargestellt, zur Kolonisation mit den verschiedenen sozialen, politischen und kulturellen Aspekten. Die Auseinandersetzung mit ihnen – so unterschiedlich sie erscheint – ist bei beiden Ausgangspunkt, Motivation künstlerischer Äußerung. Sie prägt wesentlich Themen, Strukturen, Funktionsabsichten und – während der fünfziger, Anfang der sechziger Jahre – auch Wirksamkeiten. Das Umwälzen und Fortschreiten der senegalesischen Gesellschaft, das Ousmane hartnäckig thematisiert, ist zugleich, ja zunächst und vor allem Umwälzen und Beseitigen des Kolonialismus. Er beherrscht letztlich alle Klassen und Gruppen der afrikanischen Völker und beutet sie aus, lähmt ihre Produktivität, hält sie in Rückständigkeit. So gehört der König auch zum Volk. Diese übergreifende geschichtliche Situation bestimmt Motive, Wertungen und Struktur der Erzählung. Ihr Beginn ist symptomatisch. Auf dem Flußschiff, mit dem Faye und seine Frau aus Europa zurückkehren, flüchten Afrikaner vor einem Regenguß auf das überdachte Deck. Sie werden von Europäern vertrieben. Ohne Widerstand ergeben sie sich in ihr scheinbar unvermeidliches Schicksal des anthropologisch unterlegenen Schwarzen, der Privileg und Überlegenheit des weißen Mannes anerkennen muß. Faye dagegen schlägt einen Weißen zu Boden, ein bisher unerhörter Akt der Auflehnung.

Die Geschichte von Faye und seiner Frau entfaltet sich in ständigem Konflikt mit den verschiedenen Formen des Kolonialismus und Rassismus. Seine Frau muß sich gegen Franzosen wehren, die sie aufdringlich bis zum Versuch der Vergewaltigung belästigen – nur weil sie mit einem Schwarzen verheiratet ist. Wer einen Afrikaner, einen Barbaren, heiratet, muß eine Hure, selbst minderwertig sein. Fayes Entwicklung als Bauer, vor allem sein Organisieren gegenseitiger Bauernhilfe und das Projekt der Genossenschaft rühren an Grundlagen des Kolonialismus – an die ökonomisch ungehinderte Ausbeutung. Das französische Handelsunternehmen, das bisher Produkte zu Niedrigpreisen aufkaufen konnte, das mit den unwissenden und vereinzelten Bauern machen konnte, was es wollte, sieht sein Monopol bedroht. So wird Faye erschlagen. Ousmane schildert nur die Tatsache, nennt nicht die Täter. Die Afrikaner wissen aber um sie oder um ihre Hintermänner, und die Logik der Erzählung macht diese dem Leser kenntlich. Das Handelsunternehmen hatte – so stellt Ousmane dar – Maßnahmen gegen Faye beschlossen. Der alte Händler Gomis, tradierten Denkweisen verhaftet, wollte sich vor Fayes Tod nicht an dem neuartigen, umstürzlerischen Genossenschaftsprojekt beteiligen; er spricht am Ende des Romans zu den Afrikanern, die sich um das Haus der Erschlagenen versammelt haben: „Ihr wißt alle, daß es Oumar Fayes Ziel war, wir sollten uns alle zusammenschließen. Deswegen hat man ihn ermordert. Er hat mir, bevor er erschlagen wurde, gesagt, jemand unter euch wüßte von seinen Plänen. Wir müssen also mit vereinten Kräften arbeiten. Die Erde gehört uns, sie ist das Erbe unserer Väter. Es ist unsere Aufgabe, sie denen zu entreißen, die sich ihrer bemächtigen wollen."[264]

Fayes Wirken, ein Anfang von Selbsthilfe der Afrikaner, hatte in den fünfziger Jahren eine ähnliche antikoloniale Bedeutung wie Senghors romantisierende Visionen: Beides sollte die kulturelle Gleichwertigkeit und Schöpfungskraft Afrikas gegenüber dem kolonial-rassistischen Bild von der Kulturunfähigkeit des Schwarzen vorrangig betonen. Faye, in dem sich manche biographischen Züge Ousmanes (das auffällige Pfeiferauchen und die Teilnahme am Krieg gegen den Faschismus) finden, deutet das in einem Gespräch über Verhaltensweisen der Franzosen an: Sie haben in ihrem Mutterland dreihundert Jahre gebraucht, „um das zu schaffen, was sie nun haben. Ich bin davon überzeugt, daß wir fünfzig Jahre nötig hätten, um sie zu überflügeln."[265] Das koloniale, rassistische Verhalten Afrikanern gegenüber und der Versuch, dessen Legitimation zu zerstören, bestimmen völlig Ousmanes ersten Roman *Le Docker Noir* (1956). Er erzählt vom senegalesischen Dockarbeiter Diaw Falla, der in Frankreich seine Individualität, seine kulturschöpferischen Fähigkeiten zu entfalten und zu behaupten sucht und von der rassistischen Öffentlichkeit und Justiz brutal vernichtet wird. Diaw schreibt ein Buch, das eine ihm bekannte Schriftstellerin einem Verleger empfehlen will. Der Verleger veröffentlicht das Buch unter ihrem Namen. Sie schweigt dazu, auch als es einen Preis bekommt. In ihrer Pariser Wohnung durch Diaw zur Rede gestellt, macht sie Ausflüchte, will ihn mit Geld entschädigen. Das reißt ihn dazu hin, sie zu töten. Es ist genau jene Haltung der Verachtung dem Afrikaner, dessen geistiger Produktivität gegenüber, die er in dem Buch über die Sklaverei dargestellt hatte. Diaw will das Verhältnis einmal umkehren, die Französin einmal erniedrigen. Ousmane schildert diesen Moment so: „Er drückt sie immer kräftiger zusammen. Sie wimmert wie in einem Schraubstock. Er empfand keine Freude (plaisir) an dem, was er tat, aber e r m u ß t e s i e d e m ü t i g e n (Hervorhebung von mir – J. F.)."[266] Die französische Öffentlichkeit und das Gericht verurteilen ihn wegen vorbedachten Mordes. Für sie ist es undenkbar, daß ein Schwarzer einen von Franzosen preisgekrönten Roman schreiben konnte, obwohl der Angeklagte Seiten auswendig weiß. Ihre Reaktionen stimmen völlig mit den Haltungen überein, die Fanon experimentell Ende der vierziger Jahre ermittelt hatte: Neger wird identifiziert mit geistiger Minderwertigkeit und mit wilder sexueller Begierde und Potenz, aus der sich zwangsläufig solche grausamen Verbrechen ergeben müssen.[267] Ousmanes Darstellung, seine Erzähltechniken weisen das Gegenteil aus. Diaw ist ein disziplinierter, intelligenter Arbeiter. Hart um seine nackte proletarische Existenz in Marseille ringend, entfaltet er zugleich umfangreiche gewerkschaftliche Tätigkeit unter den afrikanischen und arabischen Kollegen, wirkt aufmerksam an seiner eigenen Bildung, schreibt seinen Roman nachts. Seine Persönlichkeit und sein Wirken vermittelt Ousmane meist in dialogisch gestalteten Vorgängen. Durch die Erzählweise selbst wird demonstriert, daß der afrikanische Autor mit modernen Montagetechniken vertraut ist. Die Geschichte Diaws ist nicht linear erzählt. Ihr Verlauf erschließt sich aus einer komplizierten Verschachtelung von zeitlich sehr unterschiedlichen Ereignissen, Erfahrungen verschiedener Figuren, Rückerinnerungen, dialogisch vermittelten Meinungen. Der Roman beginnt im Senegal. Diaws Mutter sieht das Foto ihres Sohnes in einer Zeitung mit der Ankündigung, die sie nicht lesen kann, daß der „Neger Diaw Falla, Mörder der berühmten Schriftstellerin, in drei Tagen" abgeurteilt wird. Dann wechselt in einem abrupten „Schnitt" die Handlung nach Marseille. Aus Gesprächen seiner Freunde und Zitaten aus einer Zeitung geht hervor, daß Diaw vor Gericht auf Totschlag plädiert. Erst gegen Ende des Romans schildert Ousmane den Totschlag selbst.

Ousmanes dritter Roman *Les Bouts de Bois de Dieu* (1960) stellt tiefgreifende soziale und kulturelle Umwälzungen als untrennbaren Bestandteil antikolonialen Kampfes dar oder – umgekehrt – antikoloniale Befreiung als Funktion solcher Umwälzungen. Er geht auf ein historisches Ereignis zurück: 1947/48 streikten die afrikanischen Eisenbahner auf der Linie Dakar–Bamako. Im Monate währenden Streik, der große Opfer fordert, der die Familien der Arbeiter an den Rand des Verhungerns bringt, wächst – so erzählt Ousmane – die Solidarität der Arbeiter aus verschiedenen Stämmen und Regionen, die sich bis dahin relativ isoliert verhielten, innerhalb traditioneller Stammes- und Sippenschranken. Es bildet sich langsam Klassenbewußtsein aus. Die junge selbständige afrikanische Eisenbahnergewerkschaft sammelt Erfahrungen, stärkt ihre Kampfkraft. In diesem Prozeß entsteht zugleich Selbstbewußtsein, Vertrauen in die eigene Leistungsfähigkeit. Die umsichtige Organisation des Streiks, der erfolgreiche solidarische Widerstand von Arbeitern, Frauen und Jugendlichen an einer Strecke von mehreren hundert Kilometern und über sehr unterschiedlich entwickelte Städte hinweg beweisen, daß man der scheinbar übermächtigen kolonialen Eisenbahngesellschaft und ihrem

Unterdrückungsapparat die Forderungen der afrikanischen Massen aufzwingen kann. Oder anders gesehen: Befreiung von kolonialer Herrschaft, insbesondere auch ihrer Verinnerlichung durch die Kolonialisierten, vollzieht sich als erfolgreiche Praxis sozialer Umwälzungen. Ousmane macht das besonders deutlich an der Rolle der Frau. In wesentlichen Teilen des Romans wird die Teilnahme der Frauen am Streikgeschehen geschildert. Ihre Findigkeit, Nahrung zu beschaffen, ihr Widerstand gegen Polizei und Militär und schließlich ihr Protestmarsch von Dakar nach Thiés sind mit entscheidend für den Erfolg des Streiks. Solch eine Sicht der Frau, solch eine Demonstration ihrer Emanzipation zur selbständigen, wichtigen Kraft in grundlegenden gesellschaftlichen Prozessen hatte revolutionäre Bedeutung für die westafrikanischen moslemischen Kulturen und patriarchalisch strukturierten Gesellschaften, die traditionell der Frau jede Teilnahme an dieser Öffentlichkeit verweigerten.

Die Auseinandersetzung mit dem Kolonialismus ist dabei literarisch strukturbildend, nicht nur wegen der Tatsache, daß sich 1947/48 ein Streik um bessere Arbeitsbedingungen und Entlohnung zwangsläufig gegen kolonialistische Unternehmer und damit das Kolonialsystem richten mußte. Ousmane verflocht Szenen und Figuren in die Geschichte des Streiks, die nicht erforderlich wären, wollte er nur eine Geschichte wachsenden Klassenbewußtseins und sozialer Umwälzungen erzählen. An wichtigen Drehpunkten schildert er Haltungen und Denkweisen von Kolonialisten, die den Schwarzen als rassisch Minderwertigen, Zivilisationsunfähigen, moralisch Verderbten sehen. Jeder Afrikaner, so meinen sie, sei käuflich, die Masse unfähig, auch nur für kurze Zeit einen so komplizierten Streik durchzustehen (man bezieht sich dabei auf den Streikversuch aus dem Jahre 1938). Der Regionaldirektor Dejean spricht über Telefon mit der Eisenbahndirektion in Dakar. „Ich werd' mich um die Eingeborenen kümmern ... Danke, ich bin dankbar für Ihr Vertrauen. Und machen Sie sich keine Gedanken, es wird dasselbe wie beim letztenmal sein ... Wenn sie hartnäckig sind? In diesem Fall haben wir einen mächtigen Verbündeten – Hunger ... Was sagten Sie? ... Aber ich kenne sie. Ich versichere Ihnen, sie sind Kinder. Bin zwanzig Jahre hier draußen – ich hab meine Erfahrungen mit ihnen . . . Ja, Sie haben recht, hinter ihnen müssen ein paar Fanatiker stehen, Männer, die sie aufgestachelt haben und die sie für ihre eigenen Zwecke gebrauchen. Aber sie sind alle gleich. Sie sind mehr an Titeln als an Geld interessiert. Ich kenne meine Afrikaner. Sie sind vom Stolz zerfressen ..."[268] Der Verlauf des Streiks widerlegt Dejean. Er erschüttert das Kolonialsystem und seine ideologische Legitimation. Das letzte wichtige Ereignis des Romans spielt im Haus des Franzosen Isnard. Im Glauben, er kenne durch jahrzehntelange Kolonialerfahrung die „Eingeborenen", hatte er versucht, den Gewerkschaftsführer zu bestechen. Jetzt haben die Streikenden seine Entlassung durchgesetzt. Eine Welt ist ihm und seiner Frau zerbrochen. Die Frau beginnt Amok zu laufen und wird von einem der Soldaten erschossen, die zum Schutz des Europäerviertels, also auch Isnards, aufgeboten sind. Die erfolgreich Streikenden haben den kolonialistischen Mythos von ihrer wesensmäßigen Minderwertigkeit zerstört und geben andererseits ein Beispiel dafür, daß und wie man sich als Afrikaner selbst von seiner Verinnerlichung befreien kann. Beobachter haben gerade diese Bedeutungen des Romans in den sechziger Jahren herausgestellt. „Dieser Roman", schrieb A. C. Brench in einer Analyse der französischsprachigen Prosa Afrikas, „stellt (represents) die Endphase in der Emanzipation der Afrikaner von kolonialistischer Unterdrückung dar. Sie haben Freiheit als Individuen erreicht. Freiheit und Würde wurden durch ihre eigenen Anstrengungen ohne Bezug zu europäischen Standards erworben. Der Hauptkampf gilt nicht der kolonialen Macht, sondern der Geisteshaltung, die jahrelange weiße Herrschaft afrikanischen Arbeitern aufgezwungen (imposed) hat ... Durch ihre eigenen Anstrengungen und ihr Verantwortungsbewußtsein haben die Afrikaner ihre Gleichheit (equality) mit Europäern behauptet."[269]

Senghor sieht die kulturelle Gleichwertigkeit afrikanischer Gesellschaften und die großen schöpferischen Möglichkeiten ihrer Individuen vorrangig in der unverwechselbaren Geschichte, in anthropologisch gegebenen Verhaltensweisen (Spontaneität, Emotionalität) begründet. Für Sembène Ousmane ist vor allem wichtig, wie Afrikaner jene sozialen, technischen und politischen Möglichkeiten und Realitäten, die moderne Produktivkräfte und Produktionsverhältnisse bestimmen, für sich, für die Gestaltung ihrer Welt erfolgreich nutzen: die Technik und die modernen Kommunikationsmittel; moderne Bildung (Alphabetisierung); Frauenemanzipation; die Klassenunterschiede und die daraus resultierende Notwendigkeit solidarischer Organisationen des Proletariats und anderer Werktätiger. In der ersten Verhandlung zwischen Streikführern und Eisenbahndirektion läßt Ousmane die Gewerkschaftler Lahbib und Bakayoko das deutlich betonen: „Dejean war aufgestanden und brüllte ihn an. ‚Ich kenne alle diese Lügen. Ich hab sie alle schon gehört! Ihr werdet von Bolschewiken angeführt, und ihr sitzt da und beleidigt eine große Nation und ein großes Volk.' ,Monsieur le directeur,' sagte Lahbib, ,Sie vertreten hier keine Nation oder kein Volk, sondern einfach eine Klasse. Wir vertreten eine andere Klasse, die nicht die gleichen Interessen wie die Ihre hat. Wir versuchen, einen gemeinsamen Bezugspunkt zu finden, das ist alles ...' Dejean hatte augenscheinlich nicht einmal gehört, was Bakayoko sagte. Er war immer noch voller Wut über Lahbib. ,Wo würdet ihr ohne Frankreich und das französische Volk sein?' fragte er plötzlich. ,Wir wissen, was Frankreich darstellt', sagte Bakayoko, ,und wir respektieren es. Wir sind in keinem Sinne antifranzösisch. Aber noch einmal, Monsieur le directeur, das hat hier nichts mit Frankreich oder seinem Volk zu tun. Es hat etwas mit Angestellten und ihrem Unternehmer zu tun."[270]

Zugleich aber werden historisch gewachsene soziale und kulturelle Verhältnisse, wird die große Geschichte Westafrikas nicht übersehen oder gar abgetan. Tiémoko, Streikführer im Bamako, singt in einem wichtigen Augenblick seiner eigenen Entwicklung und des Streiks ein altes Lied über Soundjata: „Während er lief, durchdachte er alle Seiten seines Plans, und ein Gefühl des Überschwangs erfaßte ihn. Zum erstenmal in seinem Leben würde eine seiner Ideen eine Rolle im Leben von Tausenden anderer spielen. Er erlebte nicht Stolz oder Eitelkeit, sondern die überraschende Entdeckung, welchen Wert er als menschliches Wesen hatte. Er lief sehr aufrecht auf der einsamen Straße und begann laut eine alte Bambara Hymne zu singen, die dem Gründer des Mali-Reiches, dem Soundjata, gewidmet war."[271] Die Tradition, gewachsene kulturelle Normen und Werte sind Realitäten, in denen zu leben und kämpfen ist, mit denen gerechnet werden muß, als Faktoren, die die sich herausbildenden modernen Verhältnisse prägen, spezifizieren. Gerade proletarischer Klassenkampf, historisch progressives Verhalten müssen diese Realitäten genau berücksichtigen, können sich nur in der Prägung durch sie vollziehen. Der Erzähler Ousmane und sein Held Faye achten die tiefe Religiosität und die noch sehr starke Unterordnung der Kinder unter den patriarchalischen Vater, obwohl ihre Distanz, ihre prinzipielle Kritik sich andeuten. Als der Vater eröffnet, er werde nach Mekka pilgern und habe für das notwendige Reisegeld ein Haus auf lange Zeit vermietet, beschreibt Ousmane die Reaktion Fayes folgendermaßen:

„,Das ist das erste, was ich von dieser ganzen Angelegenheit höre. Wie kannst du aber über ein Gut verfügen, daß dir gar nicht gehört, und noch dazu, ohne mir etwas davon zu sagen? Als ich Geld brauchte, habe ich mich an meine Mutter gewandt, und was soll ich jetzt tun? Auch ich brauche Geld.'

,Ich bin dein Vater, und meine Bedürfnisse müssen vor den deinen befriedigt werden!'

Oumar verneigte sich ohne ein Wort der Widerrede. Er wußte, daß sein Vater recht hatte und er selber, ein erwachsener Mensch, ihm gehorchen mußte. Im Schoße dieses, seines eigenen Volkes war ein erwachsener Mann noch keineswegs volljährig."[272]

Der Fahrkartenschaffner Diara, ein traditionell hochgeachteter Alter, ist zum Streikbrecher geworden. Die Eisenbahner stellen ihn vor ihr Gericht. Tiémoko hat ihn, seinen eigenen Onkel, gefangengenommen. Bestehende Normen sind allein durch diesen Schritt umgewälzt. Klasseninteressen beginnen sich deutlich über traditionelle Sippeninteressen hinwegzusetzen. Aber nicht Tiémoko, sondern ein traditioneller Denkweise verpflichteter Alter bestimmt das Urteil über den Streikbrecher. Er lehnt körperliche Züchtigung wie überhaupt eine konkrete Strafe ab. Das verstoße gegen religiöse Werte und treffe auch nicht die Kolonialisten, sondern nur ihr Opfer. Die öffentliche Schande des Verrats, die Verachtung der Gemeinschaft für den Verräter, somit das ständige Leben in Schande, das der Verräter von jetzt ab führt gemäß lebendiger traditioneller Auffassungen, ist tiefste Verdammnis. Diara wird so frei in moralische Einsamkeit entlassen, ein fast tödliches Urteil für ihn und seine Familie. Ousmane schildert das Ereignis zugleich mit Mitgefühl. Der Erzähler neigt dazu, sich für Momente mit dem Verräter, der auch Opfer, der ein Mann aus dem Volke ist, zu identifizieren, indem er sowohl das objektive Geschehen als auch die subjektiven Reaktionen der Opfer, ihre Betroffenheit schildert. Nachdem Tiémoko gegangen ist, bleiben nur noch drei Menschen im Versammlungsraum: „Diara, sein Sohn Sadio und Ad'jibid'ji, die still auf ihrer Bank saß. Diara konnte seine Gedanken nicht von der Frau Hadi Diab losreißen. Er hatte bei ihrer Taufe das Weihlämmchen gehalten, und heute hatte sie ihn öffentlich gebrandmarkt. Sie hatte ihn vor allen Leute beleidigt. Er wußte, daß eine Wunde wie diese nie mehr heilen würde. Sadio saß immer noch zusammengesunken in seinem Stuhl. Seine Finger spielten mechanisch mit den Papieren, die auf dem Tisch verstreut waren, und über seine Wangen rannen Tränen. Er wußte, daß von diesem Tag an sein Vater von jedem entwürdigt und beleidigt, vielleicht sogar geschlagen werden konnte, und er würde keine Verteidigung haben. Und er wußte, daß die Leute, wo immer er auch hinkam, ihn anschauen und sagen würden: ‚Dein Vater ist ein Verräter.' Nicht ein Mann in dieser Halle, nicht einer seiner Freunde hatte auch nur mit ihm gesprochen, bevor sie weggingen. Er war allein, verzweifelt allein."[273] Am Schluß wird die Auseinandersetzung zwischen den Älteren aus dem Volke und Bakayoko sowie Tiémoko noch einmal aufgenommen. Es geht darum, ob man den Gegner hassen soll oder nicht. Bakayoko kann nicht anders als mit radikaler Ablehnung kämpfen. Er ist, wie der Erzähler kommentiert, „die Seele des Streiks"[274]. Die letzten Zeilen des Romans relativieren den Wert dieser Haltung, entlassen zumindest den Leser mit Fragen, indem ein traditionelles Lied über eine Schlacht aus der afrikanischen Vergangenheit zitiert wird. Die blinde Maimouna singt die Legende von Gouba: „Sie hatten ihre Feinde durchbohrt. / Aber glücklich ist der Mann, der die Schlacht ohne Haß schlägt."[275]

Angriffe auf den Kolonialismus aus der Sicht des „kleinen Mannes", von Bauern und Arbeitern, demonstratives Aufwerten afrikanischer Kultur und zugleich Kritik ihrer Widersprüche – diese miteinander untrennbar verbundenen komplexen Probleme behandelt nicht nur Ousmanes Prosa. Zwischen 1955 und 1960 erschienen mehrere westafrikanische Romane, die teilweise ironisch-überlegen die deformierende Verinnerlichung kolonialer Herrschaft, die Rückständigkeit traditioneller Lebensweise und das Kolonialsystem kritisch thematisierten und zugleich das kulturelle und soziale Potential des Afrikaners hervorhoben. Das war besonders auffällig in der Epik der Kameruner Ferdinand Oyono und Mongo Beti. Oyonos erster Roman *Une vie de boy* (1956) betont die Perspektive des „kleinen Mannes" bereits in der Erzählstruktur. Der „houseboy" Toundi schreibt in einem Tagebuch – er hat in einer christlichen Mission moderne Grundschulbildung genossen – sein Erleben kolonialer Verhältnisse nieder. Der Respekt vor der Eigenart afrikanischer Lebensweise äußert sich deutlich, zugleich aber auch die Ergebenheit gegenüber der kolonialen Herrschaft, die sich für den Diener Toundi insbesondere in „seiner" Herrschaft, einem französischen Kolonialbeamten und dessen Frau, verkörpert. Antikoloniale Kritik ergibt sich gerade aus den vom „houseboy" subjektiv nicht kritisch intendierten Einsichten in die Kultur der Kolonialisten. Vorgeblich die absolute Höhe humaner Zivilisation, enthüllt sich diese als moralisch verderbte, geistig stumpfsinnige, unproduktive Realität. Die Einsichten in die wirkliche Beschaffenheit kolonialistischer Lebensweise sind ein wichtiger Schritt zur Befreiung. Darum reagiert der Kolonialbeamte äußerst brutal, als sich erweist, daß Toundi um die Ehebrüche seiner Frau weiß – der „houseboy" wird zum Krüppel geschlagen.

Mongo Betis zweiter Roman *Le pauvre Christ de Bomba* (1956) ist ähnlich strukturiert. Im fiktiven Tagebuch, das ein junger afrikanischer Diener führt, entfaltet sich, ironisch durch die naive Sicht des Afrikaners gebrochen, die Geschichte des französischen Priesters von Bomba und seines Projekts, eines christlichen Vorehe-Internats für junge Frauen. Das Internat soll diese von der üblichen Praxis vorehelicher sexueller Beziehung abbringen, hat in Wirklichkeit aber, da es gegenwärtige Verhältnisse unter Afrikanern völlig ignoriert, inhumane, zerstörerische Wirkungen. Da die jungen Frauen auf Gedeih und Verderb einigen missionierten männlichen Afrikanern ausgeliefert werden, wuchert sofort Korruption. Die vom Priester ehrlich gemeinte Erziehung zu christlich moralischem Lebenswandel verkehrt sich in finanzielle Erpressung und sexuelle Nötigung. Sie entzweit die Afrikaner, schafft soziale Hierarchien und neue Autoritäten. Der Geistliche ist ein Fremder, objektiv ein Gegner seiner bäuerlichen afrikanischen Gemeinde geblieben, letztlich ein Werkzeug der Kolonialbehörden, die ihm anraten, die Leute, die er liebe, nicht von „der bolschewistischen Hydra"[276]*, d. h. von antikolonialen Kräften verschlingen zu lassen.

Was die moderne europäischsprachige Lyrik Afrikas betrifft, hatte Agostinho Neto Anfang der fünfziger Jahre bereits die Lage und Erwartungen bäuerlicher und proletarischer Massen vorgestellt. Die Slums der angolanischen Städte, die Zwangsarbeit, zu der die Bauern gepreßt wurden, das Ringen um Selbstbewußtsein des Afrikaners und Aneignung progressiver Errungenschaften des 20. Jahrhunderts waren zusammen mit der tiefen Liebe zur spezifischen Geographie und gewachsenen Kultur Afrikas die herausragenden Bezugspunkte, Themen und Wertmaßstäbe seiner Gedichte.[277]

Sembène Ousmane hatte nicht als erster und einziger auf die sich bildende afrikanische Arbeiterklasse und ihr antiimperialistisches Potential verwiesen. 1946 hatte der Südafrikaner Peter Abrahams in dem Roman *Mine Boy* Arbeitsbedingungen, Lebensweise und Bewußtsein eines afrikanischen Grubenarbeiters der ersten Generation geschildert. Mongo Beti skizzierte in seinem ersten Roman *Ville cruelle*[278]* 1955 Haltungen städtischer Arbeiter mit Fachausbildung, die sich mit diskriminierenden Ausbeutungspraktiken von Kolonialisten nicht abfinden, sich – rebellische Einzelaktionen – dagegen aktiv wehren, deutlich im Unterschied zur Hauptfigur des Romans, dem Bauern Banda.

Ousmanes Prosa verweist aber nicht nur auf die Existenz einer afrikanischen Arbeiterklasse. Ihre ideologischen Aspekte, ihre Wertungen und ihre Erzählstruktur werden bis Anfang der sechziger Jahre in starkem Maße durch den Versuch geprägt, das sozialpolitische aktive Handeln von Arbeitern und anderen Werktätigen (des Bauern Faye), das Wachsen von proletarischem Klassenbewußtsein und den organisierten ökonomischen und politischen Kampf werktätiger Massen vorzustellen. Seine Geschichten bedeuten die radikale Umwälzung nicht nur kolonialer Verhältnisse, sondern kapitalistischer Ausbeutung und Unterdrückung, mit der Tendenz, jede Veränderung als Schritt hin zur klassenlosen Gesellschaft zu vermitteln. *Le Docker Noir* deutet solche Zusammenhänge noch kaum an. Die Geschichte des Faye, seine Bemühung um eine genossenschaftliche Landwirtschaft mit eindeutig antimonopolistischer Tendenz weist aber schon in diese Richtung.

Les Bouts de Bois de Dieu entfaltet diese Prozesse umfassend. Die Streikführer Lahbib und Bakayoko betrachten die koloniale Situation vom proletarischen Klassenstandpunkt aus. Der Streik und seine Ergebnisse zielen objektiv darauf hin, kapitalistische Verhältnisse zu schwächen, sie grundsätzlich in Frage zu stellen. Bakayoko, von W. W. Iwaschewa als „Arbeiter und Berufsrevolutionär"[279] wohl treffend gedeutet, wirkt für eine Gesellschaft, in der es keine Klassen und keine rassistischen Unterschiede gibt. Ansätze zu einer klassenbewußten Arbeiterschaft, das Erlernen und erfolgreiche Praktizieren proletarischer Solidarität gegen ausbeuterische Herrschaft strukturieren die Erzählung. Die Entwicklung verläuft konfliktreich und sozial wie individuell sehr differenziert. Der Roman besteht aus einer Vielzahl Geschichten, die miteinander verschränkt sind, zeitlich oder räumlich simultan und handlungsmäßig oft ohne Beziehung verlaufen oder die jeweils nur an einem Punkt des Streikverlaufs erzählt werden. Das Interesse an ihrer Entfaltung ist auffällig. Zugleich erscheinen sie als Glieder eines objektiven, überindividuellen, gesellschaftlichen Prozesses, der Ausbildung von Klassenbewußtsein, der Frauenemanzipation, sich organisierender proletarischer Solidarität.[280*] Solch dialektischer Zusammenhang erschließt sich schon aus der Übersicht der groben Komposition. Objektive Ereignisse, die verschiedene Stufen und Aspekte des Streikgeschehens markieren, und individuelle Geschichten sind jeweils demonstrativ zusammengestellt, oder in den individuellen Schicksalen vollziehen sich wie in einem Brennpunkt die jeweiligen Stufen des objektiven Prozesses. So weisen die ersten Abschnitte auf zwei Räume und damit Ereignisse, in denen und mit denen der Streik beginnt: auf Bamako und Thiès. Zugleich sind in die Darstellung dieser Ereignisse die Geschichten zweier wichtiger Individuen – des jungen Mädchen Ad'jibid'ji und der Blinden Maimouna – verschränkt. In der Mitte des Streiks – ungefähr auch Mitte der Erzählung – gliedert Ousmane folgendermaßen: *Thiès, Sounkaré, der Wächter.* (Die Episode des alten Wächters, der vor Hunger stirbt und von Ratten angefressen wird.) *Penda.* (Eine junge Frau, die sich mit Männern entgegen traditioneller Normen abgibt, daher verachtet wird, jetzt aber umsichtig mithilft, die hungernden Familien zu versorgen.) *Doudou.* (Schilderung des Gewerkschaftssekretärs und zugleich der Unternehmertaktik, durch Bestechungen den Streik abzuwürgen.) *Die Lehrlinge.* (Eine Episode, aus der sich wegen der Erschießung zweier Jungen eine so explosive Situation ergibt, daß die Unternehmer sich mit den Arbeiterführern erstmals treffen müssen.) *Der Vatikan.* (Haltungen der Kolonialisten.) *Die Rückkehr Bakayokos.* (Die erste Verhandlung zwischen Eisenbahnverwaltung und Gewerkschaftsführern, die zugleich individuelle Züge der Führer entfaltet.)

L'Harmattan (1964), Ousmanes bisher letztes literarisches Werk, in dem er aktives antikoloniales Handeln zugleich auch antikapitalistisch akzentuiert, weist auf eine marxistisch-leninistische politische Führungsgruppe. Das Wirken marxistischer Kräfte, die 1957 eine selbständige Partei, die Partei Africain de l'Indépendance (PAI), für den Senegal gründeten,[281] wahrscheinlich zum Ausgangspunkt nehmend, skizziert Ousmane marxistische Vertreter der Intelligenz und Gewerkschaftler in ihrem Ringen für die völlige Unabhängigkeit afrikanischer Staaten. In dem breiten Spektrum von Figuren, die im Roman vorgestellt werden, erscheinen diese als konsequente Verfechter der strikten Unabhängigkeit, die die französische Kolonialmacht durch das Referendum 1958 zu umgehen suchte.[282]

So ist, soweit ich sehen kann, Ousmanes Prosa bis Anfang der sechziger Jahre der erste Ansatz proletarisch-revolutionärer, sozialistisch-realistischer Literatur in Tropisch-Afrika. Sie entstand bereits während der ersten drei Jahrzehnte breiterer Entfaltung moderner afrikanischer Kunst, und sie erwuchs – das macht ihre Spezifik aus – aus der Auseinandersetzung mit dem klassischen Kolonialismus und sozialer Rückständigkeit. Bewirkte die Reaktion auf die koloniale

Situation, die fast alle Klassen und Schichten ähnlich berührte, ähnliche Züge in der Lyrik Senghors und der Prosa Ousmanes, so hat die soziale Differenzierung unter den Kolonialisierten zugleich zu ideologisch-weltanschaulich und damit auch strukturell unterschiedlichen, ja gegensätzlichen Richtungen geführt. Der elitär-aristokratischen, idealistischen Kunst Senghors, Ausdruck sich bildenden afrikanischen Bürgertums, setzte Ousmane eine materialistische, plebejische Literatur entgegen, die aus der sich entwickelnden revolutionären proletarisch-bäuerlichen Bewegung hervorging und diese zu fördern suchte.

Vergleiche mit außerafrikanischer revolutionärer und sozialistischer Literatur drängen sich auf. Gorkis *Mutter* habe, so heben sowjetische Literaturhistoriker hervor[283], Einflüsse auf *Les Bouts de Bois de Dieu* gehabt. Proletarische Frauen, ihre geistige und praktische Emanzipation, in der sie das Bewußtsein ihrer Klassenlage ausbilden, prägen Ousmanes Roman zweifellos. Es geht aber nicht – wie bei Gorki – um die Geschichte einer Frau als exemplarischer Fall für revolutionäre Praxis, sondern um die Geschichte einer Massenaktion, eines sozialpolitischen Prozesses in der Mannigfaltigkeit seiner unterschiedlichen sozialen und individuellen Kräfte. Es gibt wohl keinen Anhaltspunkt, daß Gorkis Werk hier eine besondere Rolle gespielt hätte – wohl aber André Malraux' *La Condition Humaine (dt. So lebt der Mensch).* Dieser Roman wird als einziges Buch bei Ousmane zitiert. Bakayoko besitzt ihn, Tiémoko liest ihn, unmittelbar bevor er Diara vor das Eisenbahnertribunal bringt. Vor allem aber findet sich seine erzählerische Struktur in *Les Bouts de Bois de Dieu* wieder. Ohne die historischen Schlüsselfiguren genau wiederzugeben, ohne einen historischen Roman im engeren Sinne anzustreben, erzählt Malraux über Vorbereitung, Verlauf und Niederlage des Arbeiteraufstandes, der 1927 in Schanghai von Kommunisten angeführt wurde.[284]* Wie Ousmane den Streikverlauf, so schildert Malraux den zeitlichen Ablauf, die verschiedenen Räume und sozialen Ebenen, die der Aufstand erfaßte, komplex und mit reportagehafter Genauigkeit und Knappheit, ohne die wirkliche Reportage oder Dokumentation zu liefern. Der Erzählgestus des Dokumentierens, des Ereignisse knapp und mit nackter Objektivität Schilderns geht bis zur exakten Angabe fiktiver Uhrzeiten, zu denen sich die Handlungen der Romanfiguren abspielen. Ähnlich wie Ousame den Streik verfolgt Malraux den Aufstand in den Handlungen, Haltungen und Bewußtseinsvorgängen mehrerer Hauptakteure, einiger Randfiguren und eines gewichtigen sozialen Gegenspielers: des französischen Monopolisten Ferral. Innerhalb des politischen Geschehens entfalten die Hauptfiguren Kyo, Katow und Tschen ihre individuellen Beziehungen, die miteinander verzahnt sind oder teilweise zeitlich und räumlich simultan verlaufen. Die Geschichte Ferrals ist als historische Grundhandlung in die Erzählung montiert. Er ist – ähnlich wie Dejean und Isnard bei Ousmane – Verlierer in der Auseinandersetzung mit der rebellischen Chinesen. Vorherrschend sind knappe Dialoge, vom Erzähler kommentarlos, gleichsam „unerzählt" vorgeführt. Kurze Sätze, mitunter nur Satzteile und einzelne Wörter bezeichnen gedrängt Außenwelt. Daraus und aus den Dialogen erwachsen die Reflexionen bzw. die Darstellung des Bewußtseinsstroms einzelner Figuren. Ousmane benutzt ähnliche Techniken.

Es gibt aber einen grundsätzlichen Unterschied, ja Gegensatz zwischen dem Franzosen und dem Senegalesen. Malraux nimmt den Aufstand vor allem als ein Ereignis, in dem sich verschiedene Individuen mit ihrem (und offensichtlich mit Malraux') Grundproblem auseinandersetzen: mit existentieller Angst, Einsamkeit und Fremdheit. *So lebt der Mensch* demonstriert in erster Linie, daß es eine jeden einzelnen bedrückende, metaphysisch übergreifende Tragik gibt, einen abstrakt begriffenen Gegensatz zwischen geschichtlicher Fatalität oder, besser, zwischen existentieller Fatalität für das Individuum und der Sehnsucht, aus dieser Fatalität, die Einsamkeit und Fremdheit ist, durch revolutionäre kollektive Aktion auszubrechen, sich selbst und die Möglichkeit der Kommunikation mit anderen zu finden. Ousmane dagegen geht es um die konkrete Lage, um konkrete Entfaltungsmöglichkeiten und so auch vielfältige, soziale und individuell differenzierte Haltungen, Bedürfnisse und Sehnsüchte von Individuen. Seine Afrikaner kennen keine metaphysisch gesetzte Einsamkeit und Verlorenheit. Ihre Entfremdung und ihre Aktionen zur Befreiung von Entfremdung sind jeweils konkret und spezifisch. Es geht ihnen um bessere Arbeitsbedingungen, um die Sicherung eines Existenzminimums, das man ihnen durch Aushungern zu verweigern sucht, um die Entfaltung individueller Fähigkeiten mittels moderner Bildung, um die Organisation des Klassenkampfes, um die Emanzipation der Frau. Während Malraux' Figuren immer wieder aus konkreten Vorgängen auf eine allgemeine Fremdheit reflektieren, Situationen – überspitzt formuliert – lediglich Ausgangspunkte für die Darlegung der Psychologie metaphysisch entfremdeter Individuen sind, reagieren und denken Ousmanes Gestalten in der Regel auf die jeweiligen Situationen unterschiedlich, dem jeweiligen Problem zugewandt, spezifische Erfahrungen machend und so sich differenzierende Individualität andeutend – zumindest in dem Maße, wie sich solche bei der skizzenhaften Gestaltungsweise beschreiben läßt.[285*]

Indem Ousmanes Prosa bis zu *L'Harmattan* revolutionäre Prozesse und besondere individuelle revolutionäre Haltungen in ihren spezifischen historischen Gestalten und Funktionen zu erfassen sucht, steht sie sowjetischer und deutscher revolutionärer Kunst der zwanziger und dreißiger Jahre näher als dem literarischen Modell Malraux. Werke rücken ins Blickfeld, die den Massencharakter revolutionärer Vorgänge, die Geschichte des einzelnen hauptsächlich als Bestandteil umfassender komplexer gesellschaftlicher Bewegungen reflektieren; Werke, die „wirklichkeitsbesessene"[286] sind; Werke, die diese Wirklichkeitsbesessenheit durch demonstrative Authentizität, durch offenen Realitätsbezug der Werkstruktur betonen. Dieser Realitätsbezug stellt sich durch dokumentarische Belege, durch eine Fakten reproduzierende Darstellungsweise und eine Sprache her, die spröde und alltäglich ist und die kunsthafte Metaphorik sichtbar ausschließt. Ousmane erzählt aus einem Blickwinkel und in einer Sprache, die an die Romane von Neukrantz und Bredel Anfang der dreißiger Jahre, mitunter auch an Tretjakow erinnern. Er scheint Dinge und Vorgänge primär oder nur so wahrzunehmen, wie sie sich dem ersten, einfachen Betrachten bieten. Diesen Eindruck vermittelt er direkt dem Leser – ohne metaphorische oder gleichnishafte Verschiebungen der unmittelbar wahrnehmbaren Konturen, Farben, Bewegungen. Seine Darstellungsweise zielt auf das Faktische, insoweit es „alltäglich" sichtbar und hörbar ist, oder auf psychische Vorgänge, die – zumindest dem Anschein nach – unkompliziert sind, dem Verständnis leicht zugänglich. Er reißt kaum neuartige, fremde Seiten an Dingen und menschlichen Haltungen auf. Er ist – über die betonte Sensibilisierung für die einfach wahrnehmbare, faktische soziale und individuelle Realität hinaus – nicht besonders bemüht oder vermag es nicht, anderes, neues, „verfeinertes" Wahrnehmen in der ästhetischen Kommunikation zu fordern, die Phantasie des Lesers zu mobilisieren, damit über die wahrgenommenen, relativ schnell zugänglichen Vorgänge verborgene komplizierte Zusammenhänge und Aspekte offenbar werden. Die Alltäglichkeit oder Normalität der Sprache und damit das Vorstellen von Welt nur in den Umrissen ihrer unmittelbaren Wahrnehmbarkeit oder ihrer leicht zugänglichen, vertrauten Psychologie können bis ins Banale gehen. Sätze tragen mitunter kaum Möglichkeiten von Konnotationen, in denen sich über den einfach bezeichneten Sachverhalt hinaus poetisch relevante Züge und Wechselbeziehungen der erzählten Vorgänge entdecken ließen. Andere Passagen vermitteln klischeehafte Bilder in alltäglich abgenutzter Sprache: „Mit der Gewandtheit, die nur von langer Übung kommt, schwang er (ein anderer Mann – J. F.) sich nun zur anderen Seite des Baumes herum. ‚Fabelhaft! An seiner Stelle würde ich vor Angst tot herunterfallen. Gibt es denn dabei niemals Unfälle?‘ fragte sie. ‚Das ist das Risiko bei diesem Beruf.‘ ‚Du hast kein Herz!‘ ‚Du hast ja eins für mich . . . Los, und jetzt so schnell wie möglich nach Hause!‘ An diesem Abend genossen sie in vollen Zügen die Glückseligkeit ihrer Ehe.“ Oder: „Er (Faye – J. F.) kehrte zu seiner Mutter zurück, die aufstand, als sie ihn eintreten sah. Er fragte sie: ‚Warum hast du mir niemals von der Erbschaft gesprochen?‘ ‚Dein Vater wollte es nicht. Er tut ganz recht daran, nach Mekka zu gehen. Ich hoffe, daß auch du es eines Tages tun wirst.‘ ‚Nein, Mutter, schlag dir das aus dem Kopf. Ich habe es nicht nötig, ins Paradies zu gelangen. Ich suche mein Paradies schon hier‘, rief er lebhaft und legte seinen Arm um die Schulter seiner Frau. Zusammen traten sie in die Nacht hinaus.“ Einen Ball der Afrikaner beschreibt er folgendermaßen: „Faye tanzte mit seiner Frau. Diagne hielt Désiré in den Armen; wenn er Oumar beim Tanzen begegnete, zwinkerte er ihm zu. Die Stimmung wurde immer fröhlicher, und die Paare fanden zueinander. Über den Köpfen strahlte das Licht des großen Kronleuchters. Ein Tanz folgte dem anderen. Die Paare wirbelten unermüdlich zu den Klängen der Musik über die Tanzfläche. Ohne zu ermüden, ging Isabelle von einem Tanz und von einem Arm zum anderen. Oumar war mit der Mulattin auf den Hof hinausgetreten; dort setzten sie sich auf eine Bank. Nur das Weiß seiner Jacke schimmerte durch die Dunkelheit.“[287] Solche direkte Übernahme von alltäglichen Vorstellungen und ihrer klischeegewordenen sprachlichen Hülle in Kunst ist strukturell nicht unähnlich der „Verwendung der ‚Funktionärssprache‘ “ bei Bredel, Neukrantz und anderen Autoren, die Alfred Klein feststellt. Sie hätten noch nicht völlig den nötigen Sprung zur „Parteiarbeit mit künstlerischen Mitteln“ gefunden, brächten so Haltungen ihrer politischen und publizistischen Tätigkeit in die Kunst ein, wodurch sich „Gleichförmigkeit, ja Übereinstimmung mancher Passagen in den Romanen völlig verschiedener Schriftsteller“[288*] ergäbe.

Andererseits hebt sich Ousmanes Erzählweise in vielem ab von proletarisch-revolutionärer Literatur in Europa. Trotz der geschichtlichen Stoffe, die er behandelt, trotz seiner „Wirklichkeitsbesessenheit“ unterstreicht er nicht den Wirklichkeitsbezug, die Authentizität seiner Geschichten durch dokumentarische Belege. Er tendiert nicht zur Dokumentarkunst wie Neukrantz und andere revolutionäre deutsche Künstler der zwanziger Jahre (Becher, Piscator).[289*] Ousmane versucht auch nicht – wie Tretjakow –, Wirklichkeitsrelevanz, „Authentizität“ des Dargestellten und der Darstellung durch die Demonstration des Faktischen zu betonen. Er schreibt Romane, Dichtungen, in denen sich Wirklichkeit abbildet, kein – letztlich doch fiktives – „Bio-Interview“, in dem „Rohstoff der Tatsachen geliefert“ werden soll, das „ohne Entstellung“[290] die Wirklichkeitsrelevanz eines literarisch vermittelten Lebens durch den Gestus der Reportage oder Autobiographie demonstriert. Im Vorwort zu *L'Harmattan* betont Ousmane, daß seine Arbeit – der Wirklichkeitsverbundenheit der Griots folgend, wie er meint – „ganz dicht am Realen und am Volk“ bleibe. Aber die im Roman geschilderten Ereignisse vollzögen sich nicht in einem bestimmten frankophonen afrikanischen Land: „Ich betone (avertir), daß ich weder das Werk eines Historikers noch eines Chronisten anstrebe.“[291]

Diese kurzen Vergleiche zeigen wohl hinreichend, daß Ousmanes Prosa bei manchen Ähnlichkeiten mit europäischer revolutionärer Literatur nicht wesentlich aus literarischen Modellen[292*] erklärt werden kann. Allerdings deuten sie an, daß ähnliche, nicht identische ideologische Positionen, ähnliche Kunstkonzeptionen und ähnliche Haltungen zur Auseinandersetzung mit sozialer Realität in Literatur während einer gegebenen Phase zu ähnlichen Strukturen führen oder sehr wahrscheinlich führen. Die jeweilige Spezifik der Erzählweisen und Wertungen bestimmen natürlich die konkreten gesellschaftlichen Umfelder der Produktion und der angestrebten Kommunikation sowie individuelle Fähigkeiten und Neigungen. Ousmane ging als Afrikaner, der seine wesentlichen Erfahrungen unter dem klassischen Kolonialismus machte, in ähnlicher Weise wie revolutionäre, sozialistische Künstler der zwanziger und dreißiger Jahre in Europa davon aus, daß Literatur konkrete soziale Wirklichkeit und deren revolutionäre Umwälzung zum Gegenstand haben und zugleich mobilisierender Faktor solcher Umwälzungen – hier antikolonialer und antikapitalistischer in Westafrika – sein müsse. 1958 bemerkte er auf dem Treffen asiatischer und afrikanischer Schriftsteller in Taschkent, daß der senegalesische Schriftsteller nicht im Elfenbeinturm lebe. Die Literatur Senegals sei volkstümlich. Alles komme aus dem Volk, und alles gehe zum Volk: „Die senegalesische Literatur verfolgt praktische Ziele. Der Dichter oder Prosaist ist zugleich auch Moralist oder Erzieher . . . Wir bieten alle Kräfte auf, um unsere Literatur zu einer solchen aktiven zu machen, wie sie es in der Vergangenheit war . . . Wir machen sie zu einer volkstümlichen . . ., für die ganze Gesellschaft, die aus freundschaftlichen Klassen besteht, bestimmten. Und schließlich - wir machen sie zu einer operativen, wirkenden, das heißt, sie wird auf die Befriedigung materieller und kultureller Bedürfnisse gerichtet."[293] 1959 gehörte Ousmane zu den afrikanischen Schriftstellern, die Lylian Kesteloot auf die Frage, welche Aufgabe sie haben, antworteten: Das Volk befreien. So kritisierte er in diesem Zusammenhang die Négritude wegen ihrer zu passiven Haltung; der Schriftsteller müsse sich dagegen in wirklich revolutionärer Tätigkeit engagieren.[294] Und 1963 führte er in Dakar aus: „Manche sagen, sie müssen sich selbst ausdrücken, einige meinen, sie fühlen sich zum Schreiben gedrängt. Was mich nun betrifft, ist das Schreiben, das jetzt mein Beruf ist, eine gesellschaftliche (social) Notwendigkeit, wie die Berufe (jobs) des Maurers, des Tischlers, des Eisenarbeiters."[295] Allein solche Funktionalität beachtend, gehörte Ousmane zu den afrikanischen Schriftstellern, die in den fünfziger Jahren primär, ja ausschließlich Ideen vermitteln wollten, Form hingegen vernachlässigten. Der auffällige Mangel an neuartiger ästhetischer Wahrnehmung in der Gestaltung sozialer Beziehungen und Haltungen, die einfache Reproduktion alltäglicher, klischeehafter Sprache erscheinen als ein besonderer Aspekt und zugleich als ein Ergebnis seiner Kunstauffassung, die in der Tendenz Wirksamkeit von Kunst mit zweckgerichteter, utilitärer Funktionalität anderer Tätigkeit gleichsetzte, die ästhetische Wirklichkeit und ihre besonderen Wirkungsmöglichkeiten offensichtlich nicht berücksichtigte.[296]* Dennoch fand er, wohl gerade von der Gleichsetzung künstlerischer und sozialökonomischer Tätigkeit ausgehend, mit *Les bouts de bois de Dieu* und *L'Harmattan* zu einer besonderen künstlerischen Struktur, in der sich realistische, „wirklichkeitsbesessene" Kunst im 20. Jahrhundert offensichtlich immer wieder äußert, einer Struktur, die massenhaft verlaufende Prozesse direkt abbildet und zugleich als Form den Realismus, die Wirklichkeitsrelevanz künstlerischer Produktion und Kommunikation bedeuten soll. Das Beschreiben von sozialen und politischen Prozessen als solchen durch die räumliche und zeitliche Simultaneität unterschiedlicher Vorgänge und individueller Geschichten, die oft nur durch die sachliche Vermittlung auf den Prozeß hin verbunden sind, deren Individuen in der Regel nur zufällig unmittelbar aufeinander einwirken, deren Rolle im Prozeß wesentlich durch die Montage der einzelnen Geschichten oder die Chronik des Gesamtprozesses (Streikverlauf, Referendum 1958) sichtbar ist, solches Beschreiben reflektiert (zumindest annähernd) direkt die tatsächlich komplizierten Strukturen, in denen sich die wesentlichen Umwälzungen im 20. Jahrhundert als objektive, sachlich vermittelte vollziehen.

Eisensteins Stummfilme von *Streik* bis zu *Das Alte und das Neue* und Piscators Dramaturgie der zwanziger Jahre sind vielleicht die bedeutendsten Beispiele. Indem ihre Montagen als Chroniken mit dokumentarischen Beleg demonstrativ gesellschaftliche Prozesse als solche, individuelle Vorgänge immer in ihrem sachlichen Bezug zum übergreifenden Prozeß und in ihrer sozialen Dimension darstellten, waren sie zugleich auch Zeichen der „Wirklichkeitsbesessenheit" ihrer Schöpfer. Ihre künstlerischen Formen hatten so besondere Konnotationen: Der unbedingte Wille ihrer Schöpfer, mit Kunst unmittelbar wirksam zu werden, praktisch einzugreifen in Realität, und die tatsächliche Praktikabilität von Kunst sollten bereits über die Struktur erfahren und begriffen werden. Es ist nicht bekannt, ob Ousmane sich wie Eisenstein und Piscator[297*] über diese Bezüge klar war oder ist. Sie sind aber zwischen seiner 1958 und 1963 geäußerten Theorie der primären Praktikabilität und der Gleichheit von ästhetischer und zweckgerichteter Arbeit einerseits und seinen zwei Romanen andererseits herzustellen. Der Vergleich zwischen Ousmane und proletarisch-revolutionärer Kunst Europas drängt zu der Annahme, daß revolutionäre Kunst in der Epoche des Übergangs vom Kapitalismus zum Sozialismus in verschiedenen Phasen jeweils wieder gleiche oder ähnliche Strukturen speziell in der Reaktion auf neue historische Drehpunkte des revolutionären Prozesses hervorbringt oder benutzt. Der spezifische Charakter der jeweiligen Phasen wie die konkreten Inhalte und Zielsetzungen der jeweiligen Kunstwerke müssen dabei natürlich berücksichtigt werden. In Analogie zu und im Kausalzusammenhang mit dem einheitlichen revolutionären Weltprozeß dieses Jahrhunderts, der sich in deutlich unterschiedenen Etappen und in sehr verschiedenen Formen wie der Entwicklung sozialistischer Gesellschaften, der revolutionären internationalen Arbeiterbewegung und den Kämpfen um nationale und soziale Befreiung vollzieht, bildet sich eine international übergreifende revolutionäre Kunstrichtung heraus, die bei aller jeweiligen historischen, regionalen und nationalen Spezifik bemerkenswerte weltanschauliche, kunststrategische und strukturelle Ähnlichkeiten und Gemeinsamkeiten hat. Eine Theorie revolutionärer Kunst unserer Epoche müßte so, um bei den genannten Beispielen zu bleiben, gleichermaßen Bredel, Becher, Piscator, Eisenstein und Tretjakow wie Sembène Ousmane erfassen.

Ousmanes Prosa war wohl in den fünfziger Jahren und Anfang der sechziger Jahre der konsequenteste literarische Ausdruck der Kräfte, die, vom Marxismus beeinflußt, innerhalb der breiten antikolonialen Bewegung den linken antikapitalistischen, revolutionärdemokratischen und proletarischen Flügel bildeten. Die Differenzierung hatte sich Ende der fünfziger Jahre deutlich abgezeichnet und sollte dann unmittelbar nach der Unabhängigkeit der meisten Staaten – nach 1960 – die nationale Befreiungsbewegung entscheidend prägen. Im kulturellen Bereich deutete sie sich auf dem zweiten Kongreß der afrikanischen Schriftsteller und Künstler 1959 in Rom an. Die nationale Unabhängigkeit und das Verhältnis von Kultur und sozialpolitischen Prozessen spielten eine entscheidende Rolle. Eine Gruppe von Intellektuellen und Politikern, für die Senghors politisches, gesellschaftstheoretisches, kunstkonzeptionelles und poetisches Wirken repräsentativ war, suchte noch am Vorabend des Zusammenbruchs des klassischen Kolonialismus – besonders des französischen – nach Möglichkeiten, nationale Autonomie und Selbständigkeit zu erlangen, ohne den staatlichen Verbund mit der Kolonialmacht aufzugeben. Sie hatte in den französischen Kolonien weitgehend dazu beigetragen, daß sich – mit Ausnahme Guineas – beim Referendum 1958 eine Mehrheit für die politische Verbindung mit Frankreich erklärte. Erst 1960 gelangten die meisten ehemaligen französischen Kolonien Schwarzafrikas – auch Senegal – zur Unabhängigkeit. Eine Kulturkonzeption, wie sie Senghor mit der Négritude ausgearbeitet hatte, bot diesen Kräften eine theoretische Grundlage. Indem die Kultur als das entscheidende Gebiet sozialer und individueller Selbstverwirklichung angesehen wurde, ließ sich eine kulturelle Autonomie und somit eine eigene, gleichrangige und selbständige gesellschaftliche Organisation afrikanischer Länder innerhalb eines Staatsverbandes mit Frankreich denken. Die negro-afrikanischen Werte, die – von Senghor und anderen angenommen – metaphysisch gesetzten wesenshaften Verhaltensweisen, die sich bei einer solchen Autonomie voll entfalten könnten, würden zugleich alle anderen gesellschaftlichen Institutionen prägen, sie afrikanisch machen, die bisher praktizierte kolonialistische Assimilation überwinden. Ein solches Modell konnte nur gedacht werden in der Annahme, daß Kultur und damit Kunst letztlich nicht entscheidend von sozialpolitischen Prozessen determiniert werden und daß sie sich außerhalb ihrer Funktionalität für diese Prozesse realisieren könnten. Senghors Négritude-Auffassung geht in diese Richtung. Politisch enthielt solche Konzeption immer die Möglichkeit des Kompromisses mit dem Kolonialismus. Ästhetisch zielte sie darauf, Kunst aus ihren Bezügen zur Realität zu reißen. Gegen diese Tendenzen wandten sich die radikalen antiimperialistischen Kräfte, für die auf dem Kongreß besonders Sékou Touré und Frantz Fanon sprachen. Sie betonten das Primat sozialer Praxis, die antikoloniale politische Umwälzung und die Funktionalität von Kultur und Kunst innerhalb dieses Prozesses. „Die Kultur eines Volkes ist notwendig determiniert durch seine materiellen und moralischen Verhältnisse", bemerkte Sékou Touré. Der Wert einer Kultur könne sich nur nach der „Funktion ihres Einflusses in der Entwicklung sozialen Verhaltens" messen:

„Um an der afrikanischen Revolution teilzunehmen, genügt es nicht, einen revolutionären Gesang zu schreiben, sondern man muß diese Revolution mit dem Volk machen. Mit dem Volk, und die Gesänge werden allein und von selbst kommen.

Um wirklich effektiv zu werden, muß man selber ein lebendiger Teil Afrikas und seiner Denkweise sein, ein Element dieser Volksenergie, die voll für die Befreiung, den Fortschritt und das Glück Afrikas mobilisiert ist. Außerhalb dieses einzigen Kampfes gibt es keinen Platz für den Künstler oder für den Intellektuellen, der nicht mit dem Volk in dem großen Kampf Afrikas und der leidenden Menschheit engagiert und mobilisiert ist."[298] Fanon hob hervor, die nationale Befreiung, die konsequente Entkolonialisierung durch radikale politische Unabhängigkeit wären Ausgangspunkt bedeutender afrikanischer Kulturen. Der Prozeß solcher Entkolonialisierung, solcher revolutionären Umwälzung sei bereits eine wesentliche kulturelle Tätigkeit. Sie entfalte nationale Kunst als einen ihrer wichtigen Bestandteile und funktionellen Aspekte. Seine Rede hatte den programmatischen Titel *Gegenseitige Begründung von Nationalkultur und Befreiungskampf*. „Da die Kolonialherrschaft total und nivellierend ist", begann er, „hat sie es in kurzer Zeit geschafft, die kulturelle Existenz des unterdrückten Volkes gründlich zu zerrütten." Der Unterdrücker mache alle Anstrengungen, „den Kolonisierten dazu zu bringen, die Minderwertigkeit seiner in instinktive Verhaltensweisen abgesunkenen Kultur einzugestehen, die Unwirklichkeit seiner Nation zuzugeben und, im äußersten Fall, den unorganisierten und unvollendeten Charakter seiner eigenen biologischen Struktur." Daraus müsse gefolgert werden, den Kampf um nationale Unabhängigkeit radikal zu führen: „Der Kampf für die nationale Existenz gibt zunächst die Kultur frei, öffnet ihrer Produktion die Türen. Später wird dann die Nation der Kultur die Existenzbedingungen und den Rahmen für ihren Ausdruck sichern ... Wir sind der Meinung, daß der organisierte und bewußte Kampf eines kolonialisierten Volkes um die Wiederherstellung der nationalen Souveränität die stärkste Äußerung einer Kultur ist, die es überhaupt gibt ... Der Kampf selbst entwickelt in seinem Ablauf und seinem inneren Prozeß die verschiedenen Richtungen der Kultur und deutet neue an. Der Befreiungskampf gibt der nationalen Kultur nicht ihren alten Wert und ihre früheren Konturen wieder: er strebt eine grundsätzliche Neuordnung der Beziehungen zwischen den Menschen an und kann daher weder die Formen noch die Inhalte der Kultur unberührt lassen. Nach dem Kampf verschwindet nicht nur der Kolonialismus, sondern auch der Kolonisierte."[299]

Ousmanes literarische Produktion der fünfziger, Anfang der sechziger Jahre ist ein Beleg dieser revolutionären Konzeption. Ihre antiimperialistische Konsequenz, ihre revolutionären antitraditionalistischen Aspekte waren ein Gegenpol zur romantischen konservativen Négritude-Dichtung, wie sie Senghor praktizierte. Wie aber die Kritik an rassischer und kolonialer Diskriminierung zu der skizzierten teilweise ähnlichen Sicht kolonialer Opfer geführt hatte, so waren sich Senghors Lyrik der vierziger und fünfziger Jahre und Ousmanes Prosa bis *L'Harmattan* nicht völlig unähnlich in den Vorstellungen von einem kulturell besonders produktiven und sozial harmonischen Afrika, insofern es nicht vom klassischen Kolonialismus wesentlich berührt ist (Senghor) oder sich von ihm gerade befreit und die Unabhängigkeit errungen hat (Ousmane). Fayes Vorstellung, Afrikaner würden in fünfzig Jahren das leisten, wozu Franzosen dreihundert benötigt hatten, ist symptomatisch. Gewiß, Ousmane schildert im Gegensatz zur romantischen Négritude sozialökonomische Rückständigkeit. Er deutet soziale Differenzierungen an. Die hohe moslemische Geistlichkeit und die afrikanischen Vertreter im französischen Parlament erscheinen als Kollaborateure des Kolonialismus, sind vom Volk ausgeschlossen, stehen ihm gegenüber. Innerhalb des Volkes gibt es konfliktträchtige Spannungen, weltanschauliche Unterschiede, gegenseitige Verletzungen. Bakayoko, die „Seele des Streiks", ist im persönlichen Umgang rauh, verletzend, unsensibel. Er weist Mitstreiter oder künftige Mitstreiter – wie das Mädchen N'Deye Touti, das ihm aus Bewunderung seiner Persönlichkeit einen Heiratsantrag macht – rücksichtslos ab. Verhaltensweisen werden nackt, ganz unromantisch vorgestellt. Dem weißen Gesundheitsdirektor und einem afrikanischen Beamten bietet sich im Afrikanerviertel von Dakar folgendes Bild: „‚Sie sind einfach Wilde,' sagte der Beamte. ‚Guter Gott! Schauen Sie sich die Frau dort an! Schauen Sie, was sie macht – vor aller Augen! Wilde! Wir sollten sie verhaften und ihr eine Geldstrafe aufbrummen, als Exempel für die anderen.' ‚Und womit würde sie die Geldstrafe bezahlen?' N'Deye Toutis Augen waren der Geste des Beamten gefolgt. Nicht weiter als zehn Meter von ihr entfernt hockte eine Frau am Boden, den Rock um die Hinterbacken hochgezogen. Dieser Mangel an Schamgefühl vor weißen Männern schien wie eine weitere Wunde für den Stolz des Mädchens ..."[300]

Das schöne, würdevolle Afrika der Négritude enthüllt sich in solchen Szenen als verstiegenes Wunschbild. Aber auch *Stromauf nach Santhiaba, Les bouts de bois de Dieu* und *L'Harmattan* idealisieren partiell gegenwärtige revolutionäre Möglichkeiten, bestehende relative Einträchtigkeit und reale Errungenschaften auf dem Wege zur Meisterung sozialer Probleme. Die Romanschlüsse zwingen den Leser zur Assoziation bereits wesentlich gesicherter antiimperialistischer und sozialer Umwälzungen. Die bäuerliche Genossenschaft, Symbol einer neuen Entwicklungsetappe, scheint im Entstehen. Auch der bisher abseits stehende Gomis, Traditionalist und privilegierter Händler, setzt sich für sie ein. Fayes Wirksamkeit wird im Schlußabsatz nicht unähnlich dem schwärmerischen Gestus von Senghors Lyrik beschrieben:

„Oumar Faye war tot und ruhte in der Erde. Aber die verbrecherischen Hände, die ihn niederschlugen, hatten ihr Werk umsonst vollbracht. Nicht das Grab war nun seine Wohnstätte, sondern das Herz aller Männer und Frauen. Am Abend saß er mit ihnen am Feuer, und am Tag war er bei ihnen auf den Feldern. Weinte ein Kind, so erzählte ihm die Mutter die Geschichte des jungen Mannes, der mit der Erde zu reden verstand. Und unter dem Baum des großen Palavers ehrte man sein Andenken. Oumar war nicht mehr, aber im Lied seines Volkes lebte er weiter.

Beim Säen ging er als erster voran, in der Regenzeit faßte er sich mit den anderen in Geduld, und bei der Ernte schritt er mit den Jungen über die weiten, fruchtbaren Felder."[301]

Die Schilderung der Situation nach dem Streik bedeutet Sieg der Massen auf der ganzen Linie, bis zum Abzug der brutalsten Kolonialisten und zur brüderlichen Einträchtigkeit mit den schwarzen Soldaten, die bisher gegen die Eisenbahner eingesetzt waren. Als Senghor 1956 in seiner *Elegie à Aynina Fall* das Wirken des senegalesischen Gewerkschaftlers besang, zeichnete er unproblematisiert ähnliche Bilder von der heroischen Persönlichkeit des Mannes und seines Wirkens für die afrikanische Einheit. Dieser erschien als Symbol fester, unproblematischer Einheit, ein „Felsen ohne Riß der afrikanischen Völker"[302].

Die Darstellung proletarischer Solidarität, wachsenden Klassenbewußtseins, konsequenten antikolonialen Wirkens, auch marxistischer Kräfte, war für die fünfziger und beginnenden sechziger Jahre alles andere als romantische Projektion einer fernen Zukunft. Der Streik 1947/48, die relative Stärke der jungen Arbeiterklasse und der Gewerkschaftsbewegung nach dem zweiten Weltkrieg, die antikoloniale Solidarität der Massen, die Gründung der PAI 1957 belegen den Realismus, mit dem Ousmane westafrikanische Wirklichkeit erfaßte. Die revolutionäre Reife afrikanischer Gewerkschaftler äußerte sich gerade 1960, als die entscheidende Gruppe afrikanischer Staaten die politische Unabhängigkeit zu erringen im Begriff war. „Die Arbeiterklasse fordert eine grundlegende Veränderung", schrieb Anfang 1960 Sao Amadou Lamine, Sekretär der Regionalverwaltung der Union Généräl des Travailleurs d'Afrique, mit Bezug auf den Senegal, „sie fordert, daß die ausbeuterischen Kolonialherren fortgejagt werden. Unter dieser Änderung versteht die Arbeiterklasse die vollständige Beseitigung der Ausbeutung und Unterdrückung, weil dies die Grundlagen aller Übel sind. Die Veränderung müßte sich also ausdrücken in der Veränderung der gegenwärtigen Produktionsbeziehungen in der Entwicklung auf staatlichem Gebiet und auf dem Gebiet der nationalen Industrie ..."[303]* Die idealisierende Tendenz bei Ousmane erwächst aus der problemarmen Darstellung des konkreten Sieges, der historisch spezifischen Einträchtigkeit der Massen und ihrer unmittelbaren Perspektiven. Die realistisch gesehene relative Einheitlichkeit der Bewegung gegen den klassischen Kolonialismus, der konkrete Sieg über ihn, das relative Wachsen proletarisch-revolutionären Potentials und sich historisch abzeichnende soziale Umwälzungen können voreilig, zu einfach als absolute Größen, als schon weitgehend vollzogene Revolution im Interessen der Massen gedeutet werden.

Solche Deutungsansätze entsprangen bei Ousmane nicht einer schwärmerischen Grundhaltung, waren nicht einfach subjektiv-willkürliche Entwürfe über jede Realität hinaus. Sie spiegelten die weitgehend einheitliche Front gegen rassistische Diskriminierung, zur Verteidigung und Aufwertung afrikanischer Kulturen, gegen die kolonialistische Assimilations- und Ausbeutungspolitik in den fünfziger Jahren. Die partiellen Ähnlichkeiten zwischen Ousmane und Senghor, die langfristig und im Wesen auf ideologisch, ästhetisch, gesellschaftsstrategisch entgegengesetzten Positionen standen und stehen, erwuchsen aus diesen objektiven Gegebenheiten. Idealisierungen afrikanischer Kultur und sozialer Wirklichkeit konnten, wir sahen das bei Senghor, wichtige mobilisierende Faktoren der antikolonialen Bewegung sein. 1958 sprach Ousmane in dieser Hinsicht berechtigt, gedrängt von der historischen Situation und mit der richtigen, progressiven antikolonialen Zielstellung, von den „freundschaftlichen Klassen“ im Senegal.[304]*

So prägten Vorstellungen eines rasch kommenden „goldenen afrikanischen Zeitalters“ ideologisch verschiedenartige Haltungen. Es wäre aber falsch, Ousmanes „Entwurf in die Zukunft“, wie ich seine Darstellung eines schnellen, sich gegenwärtig schon klar abzeichnenden Sieges antikapitalistischer Kräfte, besonders in *Les bouts de bois Dieu,* nennen möchte, mit Konzeptionen wie der Négritude oder des Afrikanischen Humanismus (Kaunda) gleichzusetzen. Die Idealisierungen sind durch die unmittelbar bevorstehende oder errungene Unabhängigkeit vom klassischen Kolonialismus bedingtes zeitweiliges Moment eines langfristig gesehenen realistischen Perspektivbewußtseins, das sich auf geschichtsmaterialistischen Einsichten in die Umwälzungsprozesse der Epoche gründet.

Die geschichtlichen Möglichkeiten der Massen konnten wahrscheinlich gerade in dieser Phase so zentral, unmittelbar und mit der Perspektive historischen Erfolges realistisch thematisiert werden. Nach 1960, in der Unabhängigkeit, hatten sich die historische Situation, die Erfahrungen der Schriftsteller und die Möglichkeiten künstlerischer Sensibilisierung für die neue Realität erheblich verändert. Ousmane hat die angekündigten Bände, die zusammen mit *L'Harmattan* die antikolonialen Prozesse 1958 beschreiben sollten, nicht mehr veröffentlicht. Seine Prosa und die Mehrzahl seiner Filme haben nach 1964 wesentlich andere Themen.

Funktionen und Strukturen moderner Literatur in der Unabhängigkeit

Literatur der Ernüchterung und eines neuen revolutionären Ansatzes

1965, als die entscheidende Mehrheit der Länder des subsaharischen Afrikas fünf Jahre unabhängig war, stellte Sembène Ousmane seiner Erzählung *Vehi Ciosane ou Blanche Genèse,* die die trostlose Unproduktivität traditionellen Dorflebens schildert, folgende Sätze voran:

„Während der Jahre habe ich oft mit euch, meine afrikanischen Gefährten, diskutiert. Eure Gedanken haben mich niemals überzeugt. In einem Punkt habt ihr jedoch übereingestimmt: Ich darf diese Geschichte nicht schreiben. Ihr argumentiert, sie würde Uns, der Schwarzen Rasse, Schande bringen. Schlimmer noch, die Verleumder der Negro-Afrikanischen Zivilisation würden sich daran festklammern und ... sie benutzen, um uns mit Schande zu bedecken.

Um nicht pedantisch zu sein, will ich eure Haltungen zu diesem Problem nicht analysieren. Aber wann werden wir aufhören, unsere Handlungen in bezug auf des anderen Mannes Farbe anzuerkennen und zu billigen anstatt in bezug auf unsere Humanität? Rassische Solidarität gibt es sicherlich, aber sie ist subjektiv und hat die regierenden Dynastien des modernen schwarzen Afrika nicht daran gehindert, zu morden, Menschen ohne Gerichtsverfahren einzusperren und andere aus politischen Motiven ins Gefängnis zu werfen ...

Die Schwäche des afrikanischen Menschen, die wir unser Afrikanertum, unsere Négritude nennen und die, anstatt die Unterwerfung der Natur durch die Wissenschaft zu fördern, Unterdrückung aufrechterhält und Käuflichkeit, Vetternwirtschaft, Intrigen hervorbringt, diese Schwäche ist der größte Defekt unserer Zeit."[305]

1967, auf einem Treffen afrikanischer Schriftsteller in Schweden, bemerkte der Nigerianer Wole Soyinka, daß man sich jetzt im „Stadium der Desillusion" befinde, da die Situation in Afrika sich in nichts von der in der übrigen Welt unterscheide und man den „Zusammenbruch der Humanität überhaupt" (the very collapse) erlebe.[306]

Die europäischen Übungen im Völkermord würden jetzt in Afrika wiederholt. Die Afrikaner, „deren Humanität die Dichter vor dem Beweis gefeiert" hätten, wären jetzt durch dieses Dilemma gezwungen, auch ihr Verständnis zur Außenwelt zu überdenken. „Der Mythos irrationaler Vornehmheit, eines rassischen Wesens, das die Erlösung von der weißen Verworfenheit bringen müsse, hat sich erschöpft. Tatsächlich hat es niemals existiert, denn das war nicht das Problem, sondern nur seine Tarnung. Und es ist wichtig geworden, das festzustellen, denn die alte Tarnung hat neue Aspekte bekommen. Die Bewegung, die mit dem Kriegsschrei kulturellen Separatismus begann, modifizierte sich selbst, indem sie die historische Bedingtheit der Revolte anerkannte. Ich meine hier natürlich die Négritude. Sie hat kürzlich eine Nachfolge gefunden in dem Anspruch, die Brücke zu sein, die Welt zu erlösen durch eine Hochzeit von Abstraktionen." Die These von der Versöhnung der Kulturen sei nur ein Versuch, die inneren afrikanischen Probleme zu umgehen, die „Verzweiflung und Angst, die über den Kontinent" sich verbreiten. „Wenn der Schriftsteller in seiner eigenen Gesellschaft nicht länger als Gewissen wirken kann, muß er erkennen, daß er die Wahl hat, sich selbst total zu verneinen oder sich auf die Position eines Chronisten und eines post-mortem Chirurgen zurückzuziehen. Es kann aber keine Ablenkung mehr mit universalen Angelegenheiten geben, deren Balsam auf abstrakte Wunden getan wird, nicht aber in die weit geöffneten Geschwüre schwarzer Inhumanität."[307]

Und 1969 betonte Taban lo Liyong aus Uganda, als es auf dem Ersten Allafrikanischen Kulturfestival zu heftigen Auseinandersetzungen über Négritude, soziale und kulturelle Befreiung gekommen war, in bezug auf Césaire und Senghor: „Rückständigkeit der Vergangenheit sollte nicht in eine Philosophie gegossen werden, wenn sich die Bedingungen rapide verändern. Es sei denn, man hält den Status quo aufrecht ... Die Négritude anzunehmen heißt den Geist zu fesseln, an alte Rhythmen, Religionen und Aberglauben gebunden zu sein ..."[308]

Von unterschiedlichen Standpunkten aus und unterschiedlich akzentuiert äußern sich hier starke Kritik an der Mystik der Négritude und ähnlicher illusionärer Konzeptionen (Afrikanische Persönlichkeit) und tiefe Ernüchterung über die Befreiung vom „klassischen" Kolonialismus. Die politische Unabhängigkeit hatte nicht die Erwartung eines raschen „goldenen Zeitalters" eingelöst, und sie konnte das nicht. Jetzt, da man nicht mehr ausschließlich auf die Abwehr offener politischer Unterdrückung konzentriert war, wurde das ganze Ausmaß sozialökonomischer Rückständigkeit, der kolonialen Deformationen und des ungeheuer langwierigen Prozesses, moderne Produktivkräfte zu entwickeln, voll spürbar und bewußt. Die politische Unabhängigkeit ist eine wesentliche, historisch entscheidende Errungenschaft der antikolonialen Revolution, zugleich aber nur ein Schritt, Abhängigkeit und Rückständigkeit zu überwinden. Er leitet einen langen, widerspruchsreichen Prozeß gesellschaftlicher Umwälzungen unter oft neuen, indirekten Abhängigkeiten (Neokolonialismus) ein. Die inneren Bedingungen sind komplizierter geworden – die gemeinsame antikoloniale Front ist jäh aufgebrochen. Die Unabhängigkeit wurde zunächst in den meisten Ländern zum Sieg bürgerlicher und kleinbürgerlicher Kräfte, vor allem der bürokratischen Bourgeoisie und der bürgerlich geprägten Intelligenz. Auf Grund der Bildungsprivilegien und der nicht zuletzt dadurch bedingten politisch-ökonomischen Machtstellung vor der Unabhängigkeit besetzten sie schnell die wichtigsten politischen und wirtschaftlichen Positionen der neuen Staaten. Sie schufen, vielfach im geheimen oder offenen Bündnis mit internationalem Kapital oder den alten Kolonialmächten neue Regimes der Unterdrückung und Ausbeutung, in denen, wie Ngugi wa Thiong'o 1968 bemerkte, die Bauern und Arbeiter wieder die Arbeitstiere sind, jetzt aber für „schwarze weiße Leute"[309]. Verschränkt mit neokolonialer Abhängigkeit und dem Kampf dagegen, begann jetzt der Antagonismus zwischen bürgerlichen Kräften und diktatorischen Regimes auf der einen und den Arbeitern, Bauernmassen und antikapitalistisch eingestellter Intelligenz auf der anderen Seite, die Entwicklung zu beherrschen.

Auch in nichtkapitalistisch orientierten Ländern ist dieser Antagonismus historisch noch nicht überwunden. Immer wieder bilden sich bürgerliche Ansätze aus. Ende der sechziger Jahre, nach fast zehnjähriger Entwicklung, rief Sékou Touré die Träger der Revolution, Arbeiter, Bauern, Intellektuelle, die Frauen, die „Klasse der Revolution" dazu auf, die „sich bildende bürgerliche Klasse" im „Innern der Nation" zu vernichten, die „der Arm des Imperialismus gegen das guineische Volk" ist.[310*] Die antikoloniale Revolution, die nationale Befreiung ist noch nicht zu Ende geführt, während sich zugleich historisch das Problem der antikapitalistischen Revolution, der sozialen Befreiung stellt.[311]

Die politische Unabhängigkeit veränderte jäh die Situation für die Kunst, indem sie an Grundstrukturen sozialer Antagonismen, von

Ausbeutung und Unterdrückung vielfach nichts Wesentliches änderte. Daraus resultieren eine tiefe Desillusionierung und zugleich die Notwendigkeit, Grundfragen der Gesellschaft, der Geschichte und der Rolle der Künste neu und gründlich zu durchdenken. Das zwingt realistisch und revolutionär gerichtete Literatur zu einem schwierigen Neuansatz – der wichtigste literarische Prozeß in den unabhängigen Ländern der sechziger und siebziger Jahre.

Die Befreiung vom „klassischen" Kolonialismus ändert jedoch auch entscheidend die historische Situation. Sie ist die Grundvoraussetzung,[312] Abhängigkeit und Rückständigkeit zu überwinden. Die nationalstaatliche Selbständigkeit, die nationale Wirtschaft und vor allem ein selbständiges Kulturleben ermöglichen eine anwachsende Alphabetisierung und die materielle und kulturpolitische Unterstützung der Künste. Allein durch den Umstand, daß mehr Menschen lesen und schreiben können, entsteht eine potentiell größere Leserschaft. Häufiger werden seit den sechziger Jahren afrikanische Verlage gegründet und erweitert. Zahlreiche kulturelle Zeitschriften entstehen, in denen Literatur veröffentlicht und diskutiert wird. Europäische Verlage haben, die Bedeutung afrikanischer Literaturen erkennend, Zweigstellen in wichtigen Ländern (Nigeria, Kenia, Sambia) eingerichtet. Moderne afrikanische Literatur wird in den meisten Ländern zur Pflichtlektüre in Schulen und Hochschulen. Die literarische Produktion ist sprunghaft angewachsen und heute schon kaum mehr übersehbar. Die Verkaufszahlen von Büchern – und damit die tatsächliche Leserzahl – in vielen afrikanischen Staaten haben sich beträchtlich erhöht. 1964 wurden allein in Nigeria 20 000 Exemplare von Chinua Achebes Roman *Things fall apart* (dt. *Okonkwo oder Das Alte stürzt*) abgesetzt. Ähnlich gestaltete sich der Verkauf von Achebes zweitem Roman *No longer at-ease.*[313] Die Leser waren und sind – nicht nur in Nigeria – vor allem Schüler, Studenten und Absolventen von Ober- und Hochschulen. Von Ebrahim Husseins 1969 erschienenen swahilisprachigen Stück *Kinjeketile* waren 1975 bereits über 10 000 Exemplare verkauft, fast ausschließlich in Tansania und Kenia, wo das Drama Pflichtlektüre in Schulen geworden ist.[314*]

Die veränderten materiellen und kulturpolitischen Möglichkeiten führten nicht nur zur quantitativ reichen, sondern auch zu einer qualitativ vielfältigen Entwicklung der Literatur, in der sich deutlich die sozialen Differenzierungen und somit unterschiedliche, ja gegensätzliche weltanschauliche, gesellschaftsstrategische und ästhetische Positionen spiegeln und bewegen. Die Unterschiede, die sich zwischen der Lyrik Senghors und der Prosa Ousmanes in den fünfziger Jahren abzeichneten, wurden auf dem zweiten Kongreß schwarzer Schriftsteller und Künstler 1959 in Rom – in den Auseinandersetzungen zwischen Touré und Fanon einerseits und den Négritude-Anhängern andererseits – schon offen reflektiert. Seit Beginn der sechziger Jahre äußern sie sich durch erkennbare verschiedenartige Kunstrichtungen, die über die Ländergrenzen hinweggehen, und in der publizistischen Diskussion über Funktionen und Strukturen afrikanischer Kunst, die mitunter sehr heftig geführt wird. Durch staatliche Kulturpolitik unterstützt (Senegal), in afrikanischen Zeitschriften, wie in *Abbia* (Kamerun), gefördert und theoretisch untermauert durch die weitergeführten Konzeptionen der Afrikanischen Persönlichkeit (z. B. durch den Nigerianer Sofola) und der Négritude Senghors[315*], gibt es eine quantitativ bedeutende Lyrik, Epik und vor allem Dramatik, die afrikanische vorkoloniale Geschichte, traditionelle Kultur und Übergänge von traditionellen Verhältnissen zu modernen bürgerlich-kleinbürgerlichen als wesentlich harmonische Erscheinungen, romantisch verklärt oder zumindest unkritisch vorstellt. Die Bilder eines harmonischen Afrika, in denen die Gemeinsamkeit der Hautfarbe, die vorkoloniale Vergangenheit, eine mystische Brüderlichkeit und ewige afrikanische Wesenszüge als Wirklichkeit erscheinen, können unter den veränderten Bedingungen sehr schnell von den wirklichen historischen Problemen ablenken und, den Schöpfern oft unbewußt, für einen konservativen Nationalismus wirken. Dieser Nationalismus oder Appell an die „Kameraderie der Haut“[316], wie ihn Ngugi 1966 bezeichnete, verdeckt Herrschaftsmechanismen der neuen Bourgeoisie und diktatorischer Regimes. Er verschleiert soziale Antagonismen und tatsächliche Abhängigkeiten vom Neokolonialismus. Auf dem Ersten Allafrikanischen Kulturfestival 1969 in Algier wurde deshalb die Négritude als politische Mystifikation, als weltanschauliche und praktisch-politische Lähmung der afrikanischen Völker angegriffen.[317] Sékou Touré sah 1971 einen Zusammenhang zwischen Négritude und dem direkten Dienst für den Kapitalismus. Sein Gedicht *De la négritude à la servitude,* mit dem er u. a. die Polemik gegen Senghor führte, spricht von dessen „Undankbarkeit gegenüber den Kämpfern der nationalen Bewegung (nationalisme) / Um besser dem Kapitalismus zu dienen“[318*].

Nichtsdestoweniger sind die afrikanische Geschichte, die kulturelle Tradition und die Gleichheit der Afrikaner in ihrer Erfahrung rassischer Diskriminierung nach wie vor wesentliche Bezugspunkte auch der Literatur, die sich kritisch oder revolutionär zu neokolonialer Abhängigkeit und Rückständigkeit verhält. Das wird schon durch den weiterwirkenden Einfluß eines kulturellen Neokolonialismus erzwungen. Die Poeme, die Okot p'Bitek zwischen 1966 und 1971 veröffentlichte, sind Belege dafür. Er stellte demonstrativ Strukturelemente der mündlichen Dichtung in moderner, englisch geschriebener Literatur aus. Die Poeme haben die Anredeform, den in die Struktur jeweils eingebauten Ansatz zum Dialog des Künstlers mit dem Publikum, der der traditionellen Lyrik und Epik gemeinsam ist. Die Lawino in *Song of Lawino* (dt. *Lawinos Lied*), die Gefangenen im *Song of Prisoner* und die Prostituierte Malaya im *Song of Malaya* erscheinen einerseits als fiktive Figuren innerhalb einer künstlerischen Darstellung, verkehren andererseits aber mit dem angenommenen Publikum, stellen sich gleichsam als Erzähler oder Dichter dar. Sie bedeuten als Fiktionen Wirklichkeit und kommentieren diese zugleich. Sie bewegen sich als Schöpfer des Poems – ein Strukturmerkmal der mündlich vermittelten Dichtung. In Gleichnissen und Metaphern wiederholen sich die Bildhaftigkeit traditioneller Poesie und deren Verwurzelung in der agrarischen Kultur vorkapitalistischer Gesellschaften, hier der Acoli aus dem nördlichen Uganda.[319*] Die „Klage" der jungen Frau Lawino, wie p'Bitek das Werk bezeichnete, macht die traditionelle Lebensweise und Werte ihrer Familie, einer privilegierten Häuptlingsfamilie, zum Maßstab von Verhaltensweisen des gegenwärtigen Uganda. Sie richtet sich gegen lächerliche, entwürdigende Nachahmung europäischer Sitten und Moden. Die Tradition wird gegenüber neuen kulturellen Erscheinungen so aufgewertet, daß *Lawinos Lied* als späte Négritude-Dichtung im Sinne eines konservativen, nationalistischen Traditionalismus gedeutet werden kann.[320*]

Mit der Tradition wird aber der historische konservative Aspekt von Entwicklungen nach der Unabhängigkeit kritisiert – die modern gebildete Elite, die, wie der Mann Lawinos, bürgerliche Haltungen der ehemaligen Kolonialmacht angenommen hat, inhumane zwischenmenschliche Beziehungen fördert und die individuelle Entfaltung der bäuerlichen Lawino hemmt. Absolvent der Makerere-Universität von Uganda, behandelt er die Analphabetin Lawino wie ein wertloses Ding. Sein Verhältnis zu ihr entspricht dem wirklichen Verhalten bürgerlicher Kräfte zu den bäuerlichen, analphabetischen Massen in der Unabhängigkeit. Für viele linke und marxistisch orientierte Intellektuelle war das Poem das erste bedeutende Zeugnis ostafrikanischer

Literatur gegen die neokoloniale kulturelle Überfremdung und gegen das eigene Bürgertum, das sich zu etablieren begann.[321]

Diese Kritik setzte p'Bitek mit den folgenden Poemen fort. *Song of Prisoner* und *Song of Malaya* äußern rebellisch Bitterkeit über soziale Ungleichheit, über Gewalttätigkeit der neuen Regimes und zugleich demonstrative Solidarität mit pauperisierten Gruppen, mit den vom Establishment Verachteten (der Prostituierten Malaya) und mit denen, die es bekämpfen. *Song of Prisoner,* Lumumba gewidmet, hebt den Gefangenen hervor, der einen schwarzen Unterdrücker aus politischen Motiven ermordete, einen der „Haifische von Uhuru (Unabhängigkeit)", die „ihre eigenen Kinder verschlingen": „Er war ein Verräter / Ein Diktator / Ein Mörder / Ein Rassist / Ein Tribalist ... / Er war korrupt / Ein Reaktionär / Ein Revisionist / Ein fetter schwarzer Kapitalist ..." Die uniformierten Brüder, die Gefängniswächter, sollen ihn nicht schlagen, sondern beglückwünschen; denn der Getötete war „ein Spion / Ein schmutziger Hund / Ausländischer Mächte / Eine Puppe tanzend / Nach den Liedern / Imperialistischer Herren. / Seine steinerne Grausamkeit / Bedeckte das Land / Wie die schwarze Dunkelheit / der Nacht ..."[322]

Wie die Struktur der Dichtung von Senghor und Césaire für die afrikanische Intelligenz der deißiger und vierziger Jahre, so wirkte die Form – die Techniken und die Metaphorik – der Poeme p'Biteks für die Intelligenz und das kulturelle Leben Ostafrikas, insbesondere Ugandas und Kenias, in der zweiten Hälfte der sechziger Jahre befreiend. Im Unterschied zu Westafrika hatten hier konventionelle bürgerliche Kunstkonzeptionen Europas noch nach der Unabhängigkeit weitgehend vorgeherrscht. Vor allem britische Kritiker, Lehrer, Dozenten, Regisseure bestimmten ästhetische Maßstäbe. Sie waren führend im Bildungswesen, im Theaterleben und in der Kunstkritik tätig. Zahlreiche Theatertruppen gingen von Modellen britischen Theaters aus, die Dramaturgie des „gutgemachten Stücks" und abstrakte, angeblich ewige Kunstwerte und -normen nachahmend. Für die „hohe", kulturell bedeutsame Literatur war das Schreiben in den vorgegebenen Genres europäischer, vor allem britischer Literatur von der Renaissance bis zum 19. Jahrhundert absolute Norm. Die mündliche Dichtung, die orale Tradition Afrikas, stand außerhalb ernsthafter Kunst. p'Bitek hatte bereits 1956 eine frühe, sehr kurze Fassung eines Poems über Lawino und ihren Mann in Acoli geschrieben. Diese Fassung *(Lawino koko Ocol)* konnte er aber nicht veröffentlichen. Erst 1966 war es möglich, die englische Version des erweiterten und wesentlich überarbeiteten Poems herauszubringen. Innerhalb dieser kolonial-bürgerlich bestimmten kulturellen Situation mußte *Song of Lawino,* das demonstrativ die orale Tradition aufgriff und gegen vorgegebene Genres gerichtet war,[323]* umstürzlerisch wirken. Ngugi wa Thiong'o hat diese befreiende Wirksamkeit 1969 so charakterisiert: „Die Bedeutung von *Song of Lawino* im literarischen Bewußtsein Ostafrikas liegt nicht nur in diesem erbarmungslosen Bloßstellen der Hohlheit und des Fehlens von Originalität einer kolonialen Mittelklasse, sondern auch in seiner Form. Der Autor machte Anleihen beim Lied der oralen Tradition. Das afrikanische Lied erhält seine Wirkungen durch eine Häufung von Details, Äußerungen und Bildern und in der Variation des Tons und der Haltung, die der Dichter-Rezitator dem Objekt des Preisens gegenüber einnimmt. Lawino verwendet alle diese Taktiken in ihrer Abwertung Ocols. *Song of Lawino* ist das Poem, das neue Gebiete und neue Richtungen in der ostafrikanischen Dichtung vorgezeichnet hat (mapped out)."[324] Das betont souveräne Umgehen mit dargestellten Vorgängen, das Durchbrechen von Fiktion (Illusion) mit direkter Anrede des Publikums, das montageartige Zusammensetzen der Vorgänge, das freie Springen von dargestelltem Vorgang zum Kommentar der dargestellten Figur bzw. des Autors über solche Vorgänge selbst – diese strukturellen Züge bedeuteten ein freies, kritisches Verhalten zu literarischen Erscheinungen überhaupt. Das Modell hatte die montageartige, jeweils nur im Prozeß bestehende oder, genauer, sich bewegende mündliche Dichtung geliefert. Vorgegebene normative Muster „großer Literatur" wurden so doppelt umgestoßen. Die Struktur des Poems erschien, auch relativ unabhängig von ihren Inhalten, von den bezeichneten Sachverhalten und ihren Bedeutungen, als symbolischer Akt beginnender Befreiung von kolonialen Modellen überhaupt und von kulturellen Auffassungen eines sich herausbildenden Bürgertums, das historisch schon konservativ ist. Die gestalterischen Verfahren waren hier, wie Mukařovský für künstlerische Zeichengestalten verallgemeinert hatte, „Träger von Bedeutung und außerästhetischen Werten, und so Komponenten von Inhalt"[325]. Wie Senghors Lyrik in den vierziger Jahren machten p'Biteks Poeme in den sechziger Jahren deutlich, was Juri Lotman generell für die „Semantik der poetische Rede" behauptete, daß nämlich „die Spezifik der Überschneidung des Sinns, eines Systems semantischer Zusammen- und Gegenüberstellungen von der Konstruktion der Ausdrucksebene" abhänge.[326]

Song of Lawino gab mit den Anstoß für die radikale Umwertung literarischen Denkens und literarischer Praxis zumindest in Uganda und Kenia. Die Haltung der mündlichen Dichtung zur Wirklichkeit und zu sich selber, das Prozeßhafte ihrer Produktion und ihrer Existenz spielten dabei eine große Rolle. Die Forderung, die orale Tradition zu einem zentralen Anliegen von Lehre und Forschung im Hochschulbereich zu machen, wurde 1968 von Taban lo Liyong und Ngugi wa Thiong'o nachdrücklich erhoben. In ihrem Vorschlag für die Veränderung der Kunstwissenschaften in Ostafrika hieß es, daß das Studium „der oralen Tradition an der Universität" dazu führen könne, neue Methoden zu finden, „die es dem Studenten ermöglichen, sich mit Kunstformen vertraut zu machen, die in ihrer Art und ihrer historischen Entwicklung von westlichen literarischen Formen verschieden sind. Spontaneität und Freiheit der Kommunikation, die der mündlichen Übertragung innewohnen wie das Offensein für Klänge, Ansichten, Rhythmen, Töne im Leben und im Milieu (environment), sind Beispiele traditioneller Elemente, die der Student benutzen kann. Noch spezifischer – seine Vertrautheit mit mündlicher Literatur könnte neue Strukturen und Techniken anregen. Sie könnte Geisteshaltungen fördern, die durch die Bereitschaft zum Experiment mit neuen Formen charakterisiert sind. So könnten ‚verfestigte' (fixed) literarische Muster überwunden werden und – was damit verbunden ist – die einmal gesetzte (preconceived) Rangeinstufung von Kunstformen."[327]

Der Ruf, Literatur und Gesellschaft von lähmenden Zwängen, Normen und Abhängigkeiten zu befreien, und die literarische Praxis solcher Befreiung haben sehr unterschiedliche, teilweise gegensätzliche weltanschauliche Inhalte und Motive. Die Differenzierung der Gesellschaft und der Intelligenz künstlerisch äußernd, deuten sie die historische Situation oder, genauer, die Bewegung ihrer sozialen Kräfte unterschiedlich, und sie zielen auf verschiedene Wirkungen der Kunst wie Lösungen der historischen Problematik. Taban lo Liyong geht von dem Zusammenbruch aller bisherigen Wertsysteme und dem Chaos aus, in dem sich Afrika wie die übrige Welt gegenwärtig befänden. Programmatisch für größere Teile der jüngeren desillusionierten Intelligenz, die zur Überwindung von Abhängigkeit und Rückständigkeit ungeduldig drängt, und zugleich sehr betont für sich allein sprechend, sieht er Literatur als ein Feld, auf dem das bedrohte, von Zwängen betroffene und durch Illusionen gelähmte Individuum sich frei entfalten kann. Das Bruchstückhafte der Welt radikal zeigend, solle Kunst ihr Publikum zwingen, über das jeweils eigene Zusammensetzen bzw. Deuten der Bruchstücke das Bild einer neuen Welt zu entwerfen und sich an deren Realisierung in Afrika zu machen. Engagiert in der Demonstration der Wirklichkeit – eben als chaotischer – und im Bemühen, die Abhängigkeit und Rückständigkeit der afrikanischen Welt zu überwinden, ist hier Literatur zugleich individualistisch ganz auf sich gestellt. Harlekin wird zum Modell – sowohl seine kritische Haltung zu allen Institutionen und sozialen Kräften, seine radikale Ungebundenheit, als auch die Vielgestaltigkeit seiner Erscheinungen, das unergründbare Wesen, das sich hinter seinen vielen Rollen versteckt, die jeweils nur immer ein Bruchstück seiner Existenz vorstellen. Liyong sieht sich in einer Reihe mit jenen europäischen Avantgardisten, die die Kunst der klassischen Einheiten, das aristotelische Strukturmodell, aufsprengten, um für eine Welt, die nicht mehr oder noch nicht wieder als Ganzes erfaßbar ist, deren alte Wertsysteme zerbrochen sind oder sich als Illusionen erwiesen, adäquate künstlerische Strukturen durchzusetzen – die phantastische Montage von Bruchstücken, die surreale Collage, die verfremdende Anordnung von Bildern, die den Leser auffordern, sein „eigenes Requiem"[328] zu komponieren.

„In einer Welt, die kulturell ein Chaos ist", schrieb er 1971 zu einem schmalen Band surreal montierter Erzählungen, „in der die alte Kette des Seins gebrochen ist und das Rad des Schicksals sich noch dreht, ohne uns die Chance zu geben zu erraten, wohin die Nadel schließlich zeigen wird . . ., in einer Welt, die in erster Linie zerbrochen ist, was haben wir da über Einheiten, über Aristoteles zu reden? Die Natur und die Kultur sind kaputt. Die Kunst, die sie spiegelt, kann nur korrekt die kaputten Bilder registrieren . . .

Was wir legitim schreiben können, sind Fragmente, Sätze, Wörter. Niemals einen Artikel. Keine Erzählung. Keine Tragödie. Wenn wir einen Artikel, eine Erzählung, eine Tragödie, ein Gedicht schreiben wollen, können wir nur Collagen machen . . . Größere Arbeiten? Sammelt mehr *Canterbury tales*, mehr *Dekamerons*, mehr *Geschichten Tausendundeiner Nacht*, mehr Geschichten à la Poe, mehr pikareske Erzählungen, alles Erzählungen, die auf Partikularem beruhen. Nichts Allgemeines, Vollständiges oder Ganzes. Die Art der Darstellung? Kubistisch. Picasso, Leger, Miro, Braque, Mondrian wußten auf ihre Weise, wie zerstückelt wir sind. Wie asymmetrisch unser Leben ist. Nehmen Sie die . . . asymmetrische Sensibilität und Darstellung des Menschen (des modernen Menschen) bei Picasso in seinem *Guernica* als einen aufschlußreichen Fall.

Was wir legitim schreiben können, sind Fragmente ... Wer Epen oder der Epen Kind, den Roman, schreiben will, mag das tun und Buße an die verlorene Welt ableisten, arme Négritudisten der Literatur."[329]

Wir aber, so stellt sich Liyong als Vertreter einer anderen Haltung vor, seien engagiert, „die Welt neu zu ordnen, und wir sollten Literatur des Engagements produzieren. Und Literatur des Engagements ist voller Beobachtungen, scharfer Beobachtungen; voller Provokationen, beunruhigender Provokationen; voller Angriffe, zustechender Angriffe; voller Revolutionen, weitreichender Revolutionen in Aktionen und Gedanken." Der Leser solle geistig wach gemacht werden, um praktisch wirken zu können. „Unsere Weltanschauung ist kaputt und unvollständig. Sie kann nicht als ‚ganz' gespiegelt werden, weil sie nicht ganz ist. Überhaupt hat niemand einen ‚ganzen' Spiegel in gutem Zustand behalten. Um die Menschen für die Fragmentarisierung unserer Welt wach zu machen, müssen wir sie darstellen, wie sie ist." Möglicherweise werden sie, die Afrikaner, Gides Philosophie der Bastarde erfüllen, die keinen Respekt vor Personen und Kulturen haben, die wahre Barbaren sind: „Die Goten, die den Untergang des Römischen Reiches brachten. Rohe Spanier, die indianische Zivilisation zerstörten. Wahre christliche Missionare, die hölzerne Götter von Afrikanern verbrannten. Freche Afrikaner, die es wagen, Aristoteles, Plato, Jesus, Mohammed, Rousseau, Hume, Sartre, Konfuzius, Buddha etc. anzugreifen. Die Entweihung der Altäre."[330]

Gingen Senghor und Césaire während der dreißiger und vierziger Jahre gemeinsam mit Rimbaud und den Surrealisten gegen die besondere Entfremdung der Farbigen und Kolonialisierten in der bürgerlichen Welt und entwarfen sie – teilweise im Gestus europäischer Avantgarde – ein neues Wertsystem, so erinnert Liyong an den Sturz aller Wertsysteme, den rebellischen Amoralismus und die entsprechende relativierende simultaneistische Ästhetik des Dadaismus. Die Ernüchterung größerer Teile der jungen afrikanischen Intelligenz in der Unabhängigkeit, der – scheinbare – Verlust an sicheren Maßstäben, die radikale Suche, Abhängigkeit und Rückständigkeit historisch kurzfristig zu überwinden, und die damit verbundene Annahme eines scheinbar praktikablen Revolutionarismus sind vergleichbar, wenn natürlich auch nicht gleich, der Situation, in der sich Dadaisten während und kurz nach dem ersten Weltkrieg und nach den revolutionären Umwälzungen von 1917 befanden. Wie damals die Werte überkommener bürgerlicher Kultur Europas als grotesker Gegensatz zur bürgerlichen Wirklichkeit enthüllt und in den dadaistischen Montagen als Illusionen verhöhnt wurden, so verwirft Liyong seit Ende der 60er Jahre Werte und Mythen der antikolonialen Bewegung und deren Künste (Négritude, Afrikanische Persönlichkeit). Ähnlich relativiert und kritisiert er aber auch gegenwärtige Versuche, kulturelle Eigenständigkeit über afrikanische Nationalsprachen und die Pflege des Erbes zu erlangen, Versuche, über nichtkapitalistische Genossenschaften (Ujamaa-Dörfer) Rückständigkeit aufzuheben. Ähnlich schlägt er Lösungen vor, die amoralisch blindes Tun in den Vordergrund rücken, Lösungen, die Bezugspunkte und Modelle bei Nietzsche und Marx, bei General Motors und der revolutionären Haltung plebejischer Massen oft gleichzeitig und ineinander verschränkt suchen.[331*] *The Ballad of Self-Reliance on Cowrie Shells,* die afrikazentristische Strategien, das Selbstvertrauen in die eigene Vergangenheit und die in ihr wurzelnden Möglichkeiten provokatorisch erschüttern soll, stellt u. a. folgendes nacheinander: „Für die Welt, in der wir leben / Brauchen wir einheimische Millionäre / Eher als Dichter ... Für diese Welt, in der wir leben / Brauchen wir mehr Geld / und das ist alles ... / Für diese Welt, in der wie leben / Brauchen wir mehr Europäer als Einheimische / Für diese Welt, in der wir leben / Brauchen wir mehr Juden als Araber ... / Selbst wenn die Hippies nackt gehen / Ist General Motors immer noch der Stützpfeiler der Nation; / und fördert unsere Kulturen / mehr, als wir es selber können ... / Für diese Welt, in der wir leben / Kann uns Ujamaa nicht weiter bringen, als die Araber sind ... / Bis und wenn wir nicht die Bombe in unserer Hand halten / Und den Markt mit unseren Waren überschwemmen / Mögt ihr euch die Lunge ausschreien / Und die zahnlose Bulldogge / Wird euch für immer ficken ..."[332*]

Erscheint hier Kunst als eine ideologisch schillernde, wesentlich von der Intelligenz getragene Tätigkeit, die soziale und ästhetische Haltungen des Kolonialismus und eines neuen afrikanischen Bürgertums in der Art dadaistischen und surrealistischen Avantgardismus umstoßen will und so realen Fortschritt Afrikas zu „provozieren" sucht, soll sie in einer anderen Richtung ideologisch eindeutige Aktion sein, mit der sich bäuerliche und proletarische Massen und die Intelligenz von lähmender Tradition und Neokolonialismus revolutionär befreien und antiimperialistisches Bewußtsein auszubilden beginnen. Ngugi, der 1968 zusammen mit Liyong das Konzept der Literatur als einer geistig befreienden Tätigkeit entwarf, hatte diese Funktion im Auge. Die Rolle des Schriftstellers, betonte er 1968 in einem Interview, sei es, „das Bewußtsein des Volkes zu heben". In einer sozialistischen Umgebung sei das um so zwingender, weil „eine sozialistische Gesellschaft mit einem hohen Maß von Bewußtsein erbaut werden muß", während „unter kapitalistischen Umständen der Schriftsteller das Bewußtsein des Volkes in der Weise heben sollte, daß die Umwälzung dieser Umstände möglich ist".[333] In nichtkapitalistisch orientierten Gesellschaften und den revolutionären Befreiungsbewegungen Moçambiques und Angolas ist während der sechziger und siebziger Jahre solche Kunst am direktesten, einfachsten und wohl massenwirksamsten versucht worden. Lyrik und Dramatik sind Instrumente oder „Plakate" geistiger, ästhetischer Befeiung von bürgerlichen und kolonialen Einflüssen. Mit neuen Inhalten und Techniken an die Funktionalität plebejisch-bäuerlicher vorkolonialer Kunst anknüpfend, ist sie zu einer modernen politisch-publizistischen oder Agitprop-Literatur geworden. Ihre Strukturen erinnern an die proletarisch-revolutionäre Avantgarde der zwanziger Jahre in Europa, ohne diese zu kopieren oder sie überhaupt zu kennen. In Guinea und in Tansania hat vor allem die Jugend (Oberschüler, Studenten, Arbeiter, Bauern, Angehörige der nationalen Dienste), gefördert von den revolutionär-demokratischen Parteien und Jugendorganisationen, auch von Gewerkschaften, ein relativ massenwirksames politisches Theater entwickelt. Kurze agitpropartige Szenen, Stücke und szenische Montagen verschiedener Vorgänge und sozialer Haltungen greifen kleinbürgerliches und bürgerliches Verhalten an (Individualismus, egozentrisches Gewinnstreben, Korruption, verschwenderische Konsumtion). Dagegen wird Verhalten gesetzt, das gesellschaftlich positiv, revolutionär im Sinne sozialistischer Orientierung gewertet ist (Hingabe an die Arbeit für die Gesellschaft, für den Staat, für bäuerliche Genossenschaften, militante Haltungen gegen den Imperialismus, Bewußtheit über geschichtliche Voraussetzungen, die zu den neuen sozialen Bewegungen führten, Solidarität mit internationalen revolutionären Bewegungen, besonders der Dritten Welt). Die Geschichten werden knapp, ohne psychologische Vertiefungen, sprunghaft dargestellt. Soziales Verhalten und soziale Typen sind einfach-plakativ umrissen. Dem Publikum gegenüber wird offen didaktisch „gesprochen". Formen werden demonstrativ dem Ziel politischer Mobilisierung unterworfen. Sie sind teilweise bewußt Normen oder Idealen der „hohen Kunst" entgegengesetzt, die aus der europäischen Tradition nach Afrika hineinwirkten – dem klassischen Ideal des in sich geschlossenen oder harmonisch abgeschlossenen Kunstwerkes, den aristotelischen Einheiten, der Entfaltung reicher fiktiver Charaktere.[334*]

Mukotani Rugyendo, der aus Uganda stammt, aber in Tansania studierte und lebt, hat mit dem Stück *The Contest* ein solches Experiment vorgestellt. Wie in den „heroischen Rezitationen" der oralen Tradition kämpfen zwei „Helden" in einem Wettbeweb um die Gunst des Mädchens Maendeleo. Maendeleo ist eine Symbolfigur. Sie steht für Afrika, genauer den Fortschritt (Maendeleo ist das Swahili-Wort für Fortschritt). Die zwei Helden bieten zwei unterschiedliche Strategien an. Der erste besingt einen kapitalistischen Weg, auf dem „Ladenbesitzer fetter werden und ihre Läden größer", auf dem „mehr Meister des Wissens von Übersee", also Europa oder Amerika, kommen, „um die Angelegenheiten zu regeln", also Abhängigkeit festzuschreiben.[335] Dagegen setzt der zweite Held das nichtkapitalistische Programm Tansanias, das auf eine eigenständige Entwicklung, auf die Selbsthilfe und auf genossenschaftlich organisierter Bauernschaft aufbaut: „Entwickelt Farmen und Pflanzungen, die nicht nur einigen Wenigen erlauben, auf Kosten der Vielen fett zu werden." Volkskomitees in den Dörfern sollten das „Aufbewahren und den Verkauf der Ernten, / Und die Verteilung der Früchte der Arbeit eines jeden einzelnen" in die Hand nehmen.[336] Die Bewohner des fiktiven Dorfes wählen den zweiten Helden, legen seine Hand in die von Maendeleo. An traditionelle darstellende Künste bzw. an eine Form der mündlichen Dichtung anknüpfend, hat Rugyendo zugleich andere internationale Modelle revolutionären Theaters im Auge, die sich von verfestigten, undynamisch gewordenen künstlerischen Strukturen zu befreien suchen, die sich mit der Entwicklung des Kapitalismus in Europa gebildet haben. „Modernes chinesisches, vietnamesisches und nordkoreanisches revolutionäres Theater hat etwas besonders Reiches und Befreiendes, etwas, was für den Aufbau des Sozialismus in diesen Gesellschaften unabdingbar ist. Das resultiert hauptsächlich aus der Haltung der Kulturarbeiter, die sehr unternehmensfreudig die Realitäten ihrer für neue Gesellschaften kämpfenden Völker mit den lebendigen Seiten ihres langen kulturellen Erbes zusammengebracht haben. Afrikanisches Theater gerät in die Gefahr, ein Instrument der Versklavung und weiteren Entfremdung anstatt Befreiung zu werden, wenn nicht einfallsreiche Experimente gemacht werden, befreiende Kunst zu entwickeln, um den ökonomischen und politischen Kampf zu unterstützen."[337*]

In der politischen Lyrik Tansanias, der swahilisprachigen wie englischsprachigen, stehen nebeneinander oder verschränken sich auf ähnliche Weise Elemente traditioneller Literatur, revolutionärer Ziele und Ansätze zu radikal neuen Ausdrucksformen. Das 1967 veröffentlichte Gedicht *Tusi kaza tondokeni – Turudi shamba kulima* (dt. *Wir haben keine Arbeit – Laßt uns aufs Feld zurückkehren*) unterstützte die auf die Landwirtschaft gerichtete revolutionäre Politik auf Sansibar und in ganz Tansania nach der Arusha-Deklaration so: „Ackern ist eine Arbeit, die Ruhm einbringt / – Das sage ich euch, meine Brüder / Es ist eine Arbeit, die die Not überwindet / – Und die den Hunger bekämpft / Es ist eine Arbeit, die Sattheit schafft / – Und Glück in der Welt hervorbringt / Weil wir keine Arbeit haben, laßt uns aufbrechen / – Und auf das Feld zum Ackern zurückkehren. / Laßt uns den Eigensinn aufgeben / – Und unseren Wohnsitz in das Dorf verlegen . . .“[338] Das Gedicht *The Call,* 1973 bei den Weltfestspielen in Berlin vorgetragen, äußert revolutionäre Militanz gegen die „‚Freie Welt‘-Ideologie“, gegen „Beine, tonschwer unter vielen unbezahlten Darlehen“, gegen „Darlehen-Fallstricke“, die „unsere Schreie nach Freiheit erstickten“, Militanz, die jede vorgegebene Form umstürzt und sich in gewaltsamer Sprache vermittelt: „Vernichtet jeden Gegen-Fortschritt / Trampelt Großmacht-Spießertum nieder / Verbrennt und löst den Dollar auf (dissolve) / Beißt / Schießt / Trefft / Krallt / Schneidet / Sterbt um zu leben! (Die to live!)“[339]

Die politische Lyrik und Dramatik mobilisieren nicht nur ideologisch. Sie sind auch spielerisch-produktive Tätigkeit und Genuß an ästhetischer Produktion. Modernes politisches dichterisches Schaffen und dessen Rezeption besetzen – wie bei der oralen Tradition – verschiedenste Lebensbereiche künstlerisch. Politische und ästhetische Aktivitäten verschränken sich. Die guineische Gesellschaft ist von dramatisch-politischer und lyrisch-politischer Tätigkeit gleichsam durchdrungen. An periodisch stattfindenden Wettbewerben (Drama, Chor) mit großen nationalen Abschlußfestivals in der Hauptstadt Conakry nehmen wohl jeweils Zehntausende teil. So ist das Einander-Durchdringen von Kunst und Leben ein wichtiges Kennzeichen revolutionärer Praxis. Nicht nur die Gedichte Sékou Tourés zeugen davon. In der Frelimo-Bewegung Moçambiques ist für die siebziger Jahre Ähnliches zu beobachten. Marcelino dos Santos, einer ihrer politischen Führer, der 1975 Planungs- und Wirtschaftsminister der unabhängigen Regierung wurde, äußert sich als führender Politiker oder umgekehrt als einer der zahlreichen Dichter des Landes poetisch über zentrale Probleme der Revolution. Das Gedicht *To Point A Moral to A Comrade,* in dem er u. a. mit Studenten diskutiert, die Schwierigkeiten mit der Unterordnung ihrer persönlichen Interessen unter den Befreiungskampf haben, ist zugleich ein politisches „Merkblatt" (pamphlet), einige seiner Teile lauten so:

„Weiter zu studieren oder nicht / ist weder eures noch mein Problem, / es ist das unsrige. / Ein Krankenhaus für das Volk, / eine Schule für das Volk . . ./ In unserem Land ist es nicht möglich / ohne den Boden der Revolution zu graben. / Reis zu erwarten / ohne ihn zu säen / ist nicht die Geschichte des Menschen. / Der zweite Schritt kommt nach dem ersten / wir leben heute / nicht gestern, noch morgen / und unser aller Mission / ist / VERWIRKLICHT DAS PROGRAMM DER FRELIMO / BRINGT DIE UNABHÄNGIGKEIT ZUM ABSCHLUSS / UND BEENDET DIE AUSBEUTUNG DES MENSCHEN DURCH DEN MENSCHEN . . . / Heute / müssen wir bestellen das / shamba (Feld) der Revolution, / eine harte Zukunft / des Schweißes, der Mühen, des Bluts / mit Augenblicken von Entmutigung, / von Verzweiflung / aber immer zurückkehrend auf die Straße / HEUTE / müssen wir bestellen / das shamba (Feld) der Revolution, / eine harte Zukunft im Busch . . . / stolpernd, fallend / und wieder hochkommend / lernend, und uns selbst formend / von der Erfahrung der Menschen / an Schmerzen und Siegen / und die ersten Früchte sammelnd / hart und noch trokken / ABER SCHON FRÜCHTE, GENOSSEN . . ."[340]

Politisch-publizistische, agitpropartige Kunst ist ihrem Wesen nach plakathaft. So reflektieren diese Lyrik und diese Dramatik nur im groben Raster die realen komplizierten Mechnismen antikapitalistischer Entwicklung, die widerspruchsvoll-konfliktreichen Beziehungen zwischen den sozialen Kräften, die schwierigen Probleme für den einzelnen. Ein Bewußtsein der Härte der Opfer, der Langwierigkeit der Prozesse, von dos Santos angedeutet, ist kaum typisch. Probleme lösen sich leicht, und das Ende dargestellter Geschichten und Vorgänge ist – wie in Rugyendos *The Contest* – der siegreiche, strahlende Fortschritt.[341] Die guineische Dramatik ist offen normiert. Sie preßt reiche Wirklichkeit in ein enges Schema. Drei soziale Typen werden vorgestellt – die revolutionäre Hauptfigur, die revolutionären Nebenfiguren, die negativen reaktionären Gestalten. Es gibt genaue Anweisungen, wie sie zu gestalten sind. Ausgehend vom Zehnten Kulturfestival in Conakry, das 1975 stattfand, hieß es in einem Aufsatz zu den revolutionären Nebenfiguren: „Sie sind bescheiden und mutig, solidarisch untereinander, fleißig in der Arbeit, zurückhaltend, besonnen und einsichtsvoll (sages) ... Jeder muß sich selbst bestimmen (définir) können und dem Reaktionär nicht einen Fußbreit weichen. Sie müssen den Klassenfeind vom sich verirrenden Verbündeten unterscheiden können, um konsequent zu handeln."[342] Neue Mythen vom leicht herzustellenden Bündnis zwischen Arbeitern, Bauern und Intelligenz und vom schnellen Sieg über Neokolonialismus und Bourgeoisie können so entstehen und sich verfestigen. Agitprop-Kunst, auf die revolutionäre Bewältigung von Wirklichkeit angelegt, kann den Blick für Realitäten verdecken, in revolutions-idealistischer Geste verbleiben. Entscheidend ist aber, daß sich in dieser künstlerischen Praxis das für die gegenwärtige Phase so notwendige elementare revolutionäre Bewußtsein ausbilden kann und entsprechend Haltungen mobilisiert werden. Diese antiimperialistische politisch-publizistische Literatur – wie das ihr ähnliche Theater – ist wahrscheinlich die kunstgeschichtlich potentiell bedeutendste des subsaharischen Afrika seit den sechziger Jahren, da sich hier über die zunächst nur begrenzte Intelligenzschicht (fremdsprachiges Lesepublikum) hinaus revolutionär gerichtete ästhetische Tätigkeit auch für proletarisierte Gruppen entfaltet und eigene afrikanische Beiträge für die internationale auf Massenwirksamkeit zielende antikapitalistische Avantgarde der gegenwärtigen Epoche geleistet werden.

In welchem Maße sich nun Standpunkte besonders der Intelligenz in der Literatur der Unabhängigkeit niederschlagen, wie vor allem die Intelligenz die komplizierten Übergangsgesellschaften in ihrer Kompliziertheit künstlerisch zu bewältigen sucht, auf sie durch Literatur unterschiedlich reagiert, soll am Beispiel der Nigerianer Chinua Achebe und Wole Soyinka, des Ghanesen Ayi Kwei Armah und des Kenianers Ngugi wa Thiong'o diskutiert werden.

Literarische Diagnose der Unabhängigkeit: Chinua Achebes „A Man of the People"

Unmittelbar nachdem ein entscheidender Teil der afrikanischen Länder 1960 die politische Unabhängigkeit erlangt hatte, erschienen in Nigeria kurz hintereinander drei Romane, die ein wesentlich anderes Afrika als die antikoloniale Literatur bis zu Beginn der sechziger Jahre vermittelten. Als Portugal seine afrikanischen Kolonien scheinbar noch fest und für lange an die Metropole gebunden hielt, als andere Länder wie Kenia (1963) und Sambia (Oktober 1964) gerade unabhängig wurden, zeichneten Gabriel Okoras *The Voice* (dt. *Die Stimme*)[343], Wole Soyinkas *The Interpreters* (1965) und Chinua Achebes *A Man of the People* (Januar 1966 erschienen) ein zerrissenes, repressives und unabhängiges Afrika, das seinerseits schon unproduktiver Versteinerung oder katastrophalen Krisen zustrebt. Die humane Solidarität, in der sich zuvor fast alle sozialen Schichten befanden, erschien reduziert auf die notvolle, weitgehend ohnmächtige Gemeinschaft moralisch intakt gebliebener einzelner. Die authentische afrikanische Kultur und Persönlichkeit, die eben noch außerordentlich antikoloniale Impulse ausgelöst hatten, waren plötzlich zum ideologischen Schleier und mobilisierenden Faktor korrupter Politik, hemmungsloser Selbstsucht und Ausbeutung von Afrikanern durch Afrikaner geworden. Das Bewußtsein einer sinnvoll geordneten, durchschaubaren Welt mit glänzender Perspektive, das sich in „klassisch"-übersichtlichen Erzählstrukturen äußerte, war dem Zweifel an der Durchschaubarkeit und an humaner Zukunft der Verhältnisse gewichen, einem Zweifel, der sich in unsicheren, Wirklichkeit mühsam ertastenden Erzählerhaltungen niederschlug.

A Man of the People war im Vergleich zu anderen literarischen Leistungen vor und nach 1966 die wohl bemerkenswerteste Erscheinung. Den jähen Umbruch nach der Unabhängigkeit markierend, ist das Werk zugleich stark verwurzelt mit dem „antikolonialen Realismus" der fünfziger Jahre. Es ist der vierte Roman des Epikers, der seit 1958 – seit seinem Erstling *Things Fall Apart* (dt. *Okonkwo oder Das Alte stürzt*) – sehr schnell einer der bekanntesten Schriftsteller Afrikas wurde durch die Demonstration bedeutender traditioneller Kultur als Gegenentwurf gegen den Kolonialismus.

A Man of the People ist die fiktive Erzählung des jungen Lehrers Odili über seine Haltung zu einem unabhängigen Staat, der unschwer als Nigeria zu erkennen ist, über den Kulturminister Nanga und über die soziale, politische und moralische Zersetzung des Staates. Am Anfang des Buches begegnen sich Odili und Nanga. Der Minister hat einen seiner „publicity"-fördernden öffentlichen Auftritte in der Oberschule, an der Odili unterrichtet. Handlungsort ist beider Heimatkreis. Nanga hat hier seine „Leute", seine Großfamilie, seinen Clan. Hier wird er von seinem „Volk" gewählt (man of the people). Nangas Geschichte und damit Hauptzüge der objektiven gesellschaftlichen Situation sind in der subjektiven Färbung des Erzählenden aufgerissen. Odili hatte Nanga, als dieser während der Kolonialzeit sein Lehrer war, gemocht. Er war ein Mann mit Grundsätzen:

„Nicht das, was ich habe, sondern das, was ich tue, ist mein Königreich,“[344] stand 1948 unter seinem Schulporträt. Dann aber fährt Odili fort: „Nanga muß bald danach in die Politik gegangen sein und einen Sitz im Parlament gewonnen haben. (In jenen Tagen war es leicht – bevor wir den Preis in bar kannten.) Ich las von ihm einige Jahre später in den Zeitungen und war sogar so etwas wie stolz auf ihn. Zu dieser Zeit kam ich gerade auf die Universität und war sehr aktiv in der Studentenorganisation der People's Organization Party. Dann passierte 1960 etwas Schändliches in der Partei, und ich wurde vollkommen desillusioniert.“[345]*
So von Nanga erzählend, kommt Odili zur jüngsten Vergangenheit und Gegenwart des Landes. Die afrikanische Regierung ist korrupt, nur auf Sicherung ihrer Privilegien und auf individuelle Bereicherung der Politiker bedacht. Ein für Odili entscheidender Vorfall: Man versucht eine durch den Weltmarkt aufgezwungene wirtschaftliche Krise nicht nach einem für die Gesamtgesellschaft vernünftigen Plan des fachlich gebildeten Finanzministers zu lösen, sondern durch demagogische Appelle an das Volk und durch den inflationären Druck von 15 Millionen Pfund. Die herrschenden Politiker möchten nicht einen wichtigen Teil ihrer Wählerschaft, die Kaffeefarmer, irritieren; diese hätten sich im Interesse der Nation zeitweilig einschränken müssen. Der Finanzminister wird daher – im Namen ureigener afrikanischer Interessen und Werte – als ein dem afrikanischen Volk entfremdeter Intellektueller verschrien. Über Presse, Parlament und durch Versammlungen fanatisiert man die Masse, die den Minister körperlich schwer mißhandelt. Die Zeitungen, Odili hat eine aufbewahrt, schreiben: „Wie ein Zahnarzt einen stinkenden Zahn herauszieht, sollten wir jetzt und für alle Zeit alle jene dekadenten Kreaturen aus unserem Staatskörper herausziehen, die in der Lehrbuch-Ökonomie beschlagen sind und das Gehabe des weißen Mannes und seine Sprechweise nachäffen. Wir sind stolz, Afrikaner zu sein. Unsere wahrhaften Führer sind nicht die, die berauscht sind von ihren Oxford-, Cambridge- oder Havard-Diplom (degrees), sondern die die die Sprache des Volkes sprechen. Weg mit der schädlichen und teuren Universitätsbildung, die einen Afrikaner nur von seiner reichen und alten Kultur entfremdet und ihn über sein Volk stellt . . .“[346]
In einer entscheidenden Parlamentssitzung beginnt Nanga, bis dahin unbeachteter Hinterbänkler, seinen steilen Aufstieg durch einen lautstarken Aufruf zum Mord an den akademisch Gebildeten: „Sie verdienen gehängt zu werden!“[347]

Mann des Volkes (man of the people), Politik des Volkes bedeuten hier Manipulation traditioneller Verhaltensweisen der Massen für die eigene Bereicherung. Durch die Wahl seines Dorfes bzw. seiner Klientenschaft, vor allem durch seine Ernennung zum Minister, wird er, politischen Einfluß nutzend, schnell zu einem bedeutenden Privatunternehmer, Besitzer von Mietshäusern, Interessent im Transportgeschäft. Das bürgerlich-parlamentarische System ist der politische Rahmen dafür. Wer sich ihm und den Machthabern seiner Partei in den Weg zu stellen sucht, wird entweder gekauft, bestochen oder verleumdet, auch physisch vernichtet – wie Odilis Freund Max, den Nangas Partei während der Wahlkampagne von gemieteten Handlangern totfahren läßt. Der vielleicht wichtigste Aspekt, auf den der Roman zielt, ist die Ideologie des Traditionalismus und Nationalismus, mit der die Verhältnisse verklärt und erklärt werden. Alles geschieht unter Berufung auf spezifische afrikanische Werte, auf die große kulturelle Tradition, in der sich Führer und Geführte solidarisch fühlten und einander halfen. So gibt sich Nanga als ein Mann des Volkes. In Wirklichkeit mißachtet er die humane Tradition und das Volk, treibt mit einer „gründerzeitlichen" Hemmungslosigkeit in der persönlichen Bereicherung den Gemeinschaft zersetzenden Individualismus voran. Er wird zum bourgeoisen Ausbeuter und Unterdrücker des Volkes. So interessiert ihn auch nicht die vergangene oder gegenwärtige afrikanische Kultur – er kennt nicht einmal den Namen des Vorsitzenden der nationalen Schriftstellervereinigung, einen Künstler mit internationalem Ruhm. Öffentlich gibt er sich national mit afrikanischer Kleidung, Pidgin-Sprache, volkstümlichen Sitten. Privat verkehrt er bevorzugt mit Engländern und Amerikanern, macht seine Geschäfte mit dem Geld ausländischer Firmen, wie auch seine Partei ihre Wahlmanöver vom internationalen Kapitalismus bezahlt bekommt. Der Neokolonialismus ist – in dieser individuellen Geschichte – bereits klassisch etabliert.

Solche Mechanismen tragen in sich den Keim zur völligen Zersetzung der Umbruchsgesellschaften, der gerade gebildeten Staaten. Mit der Ermordung von Odilis Freund, des Führers einer neuen demokratisch orientierten Partei, bricht ein allgemeines Chaos aus. Die politischen Banden machen sich selbständig, plündern und terrorisieren das Land auf eigene Rechnung. Die manipulativ wiedergewählte Regierung, in der auch Nanga sitzt, ist nicht mehr Herr der Lage. Das Militär übernimmt die Macht, um die völlige Auflösung des Staatswesens zu verhindern.

Ein Vorgang prägt wohl jede Rezeption der Erzählung entscheidend: Max hatte früher Gedichte geschrieben. Odili erinnert ihn daran. Der Freund kramt eines der Gedichte hervor, das er zu einem damals bekannten Highlife, einer der westafrikanischen Pop-Musikarten, verfaßt hatte.

„Er schrieb es während der trunkenmachenden Monate hoher Hoffnung bald nach der Unabhängigkeit. Jetzt sangen wir es wie einen Grabgesang. Und, glauben Sie mir, Tränen begannen meine Augen zu drücken, Tränen für die tote, junge Hoffnung." Odili meint, er könne das „tragische Gefühl" niemals schriftlich vermitteln, das er hatte, als Max das Gedicht sang „und die Fröhlichkeit und die hohe Erwartung vor sieben Jahren zurückbrachte, die jetzt mehr als sieben Lebensalter entfernt schien!

Ich werde zu ihr zurückkehren – viele Jahrhunderte bin ich herumgewandert –/ Und ich werde (will) mein Opfer zu Füßen meiner lieben Mutter bringen: / Ich werde (will) ihr Haus wieder aufbauen, die heiligen Orte, die sie vergewaltigt und geplündert haben . . .

Ich las immer wieder diesen letzten Vers. Arme schwarze Mutter! So lange wartete sie darauf, daß ihr junger Sohn älter werde und ihr helfe und sie entschädigen werde für die Jahre der Schande und der Mißachtung. Und der Sohn, auf den sie so viel Hoffnung gesetzt hat, entpuppt sich als ein Chief Nanga."[348]

Die Bedeutung dieser Desillusion kann man vielleicht nur ermessen, wenn man an Achebes frühere Werke denkt. Mit *Okonkwo oder Das Alte stürzt* und 1964 mit *Arrow of God* (dt. *Der Pfeil Gottes*) hatte er eine wesentlich andere Sicht afrikanischer Realität und ein anderes Bewußtsein von afrikanischer Perspektive vermittelt. Beide Romane stellten die noch relativ intakten vorkolonialen Ibo-Gesellschaften Südostnigerias als bedeutende authentische Kultur Afrikas vor. Ihre einfache Existenz widerlegte die kolonialistische These vom barbarischen Schwarzafrika. Im Unterschied zu der hierarchisch in Kasten gegliederten Klassengesellschaft, die Senghor darstellte und von der er seine Werte nahm, lebten die Ibo zu Beginn des 20. Jahrhunderts in Großfamilien, in denen noch Züge gentilgesellschaftlicher Gleichheit wirksam waren.[349*] Auf dieser Basis hatte sich ein reiches System sozialer und geistiger Beziehungen, eine eigenständige Kultur entwickelt. Achebe stellt ihre Arbeits- und Lebensweise, ihre Feste und religiös-magischen Riten und ihre geistige Kultur als eine bedeutende afrikanische Vergangenheit vor.[350*] Wesentlich ist die moralische Integrität, die Würde des traditionellen

Individuums, das an seinen Prinzipien bzw. denen der Gemeinschaft festhält – ein genaues Gegenbild zu den Nangas der Gegenwart. Das trägt jeweils zum Untergang der Hauptfiguren bei. Okonkwo wie der Priester Ezeulu können sich nicht den weißen christlichen Missionen und der vordringenden Kolonialmacht beugen, sich der kolonialen Situation anpassen. Okonkwo tötet den Diener des weißen Mannes, eine symbolische Aktion der Rache für erlittene Erniedrigung, und erhängt sich, ohne seine Prinzipien verraten zu haben. Ezeulu weigert sich, demütigende Anweisungen der Kolonialmacht anzunehmen und sich zum Häuptling über seine Gemeinschaft, die bisher keine etablierten Häuptlinge („Republikanismus") kennt, ernennen zu lassen. Das führt zur tragischen Kollision mit seinem Dorf.[351]

Die Ibo-Kultur prägt die Erzählweise. Achebe hat die aus den europäischen und amerikanischen Literaturen übernommene Gattung Roman künstlerisch subtiler als alle vorherigen englisch und französisch schreibenden Autoren des subsaharischen Afrika zu einem Medium afrikanischer ästhetischer Kommunikation gemacht durch erzählerische Techniken und Mittel, die unmittelbar aus spezifischen Denk- und Äußerungsweisen traditioneller Kulturen Afrikas, hier der Ibo, erwuchsen. Die häufigen Ibo-Wörter und Ibo-Satzteile, unübersetzt Bestandteil des englisch geschriebenen Romans, sind das auffälligste Mittel. Wichtiger ist die einfühlsame Schilderung von Gedanken, Gefühlen und Haltungen der Figuren im Rhythmus, in der Bilder- und Metaphernwelt traditioneller Ibo-Kultur. Der Zustand Ezeulus kurz vor seinem Wahnsinn wird so dargestellt: „Warum, fragte er sich immer wieder, warum hatte es Ulu gefallen, so mit ihm zu verfahren – ihn niederzuschlagen und dann mit Schmutz zu überhäufen? Was hatte er verbrochen? Hatte er nicht des Gottes Willen erforscht und ihm gehorcht? Warum hatte man je gehört, daß ein Kind sich an dem Stück Yam verbrannte, das ihm die eigene Mutter in die Hand gelegt hatte? Welcher Mann würde seinen Sohn mit einer Scherbe zur Nachbarhütte um Feuer schicken und dann eine Regenflut auf ihn niederstürzen lassen? Wer hat je einen Sohn auf die Palme geschickt, um die Nüsse zu pflücken, und dann eine Axt genommen und den Baum gefällt? Heute aber war eben dieses geschehen, vor aller Leute Augen."[352] Die Fülle der Bilder, die Metaphorik, typisch für die agrarische, religiös-magisch geprägte Kultur, sind auch typisch für die Dialoge, die Redeweisen der verschiedenen Ibo-Individuen. Die Priesterin tadelt das Fehlverhalten von Okonkwos Vater so: „Du hast nicht die Götter und nicht die Ahnen gekränkt; und wenn ein Mann in Frieden mit seinen Göttern und Ahnen lebt, so bestimmt die Stärke seiner Arme, ob seine Ernte gut oder schlecht ist. Von dir aber, Unoka, weiß der ganze Stamm, wie faul deine Sichel und wie schwach deine Hacke ist. Wenn deine Nachbarn ausziehen mit der Axt, um eine Lichtung in den Urwald zu schlagen, dann gehst du und pflanzt deine Yamwurzeln in schon genutzten Boden, den du nicht mehr zu roden brauchst."[353]

Vergangenheit wird hier in die Gegenwart übertragen durch die einfühlsame und auf die Einfühlung des Lesers drängende Darstellung ihrer besonderen Sinnlichkeit und Poesie. Traditionelle Bildhaftigkeit gibt den Figuren, auf die sie bezogen ist oder die sie im Dialog verwenden, historische Konkretheit[354*], und sie ist zugleich Zeichen hoher Kunstfertigkeit des zeitgenössischen Autors.

Besonders mit *Okonkwo oder Das Alte stürzt,* von dem bereits 1969 300000 Exemplare verkauft waren,[355] hat Achebe wohl tiefgreifender und umfassender als andere – auch als Senghor und die antikoloniale realistische Epik der fünfziger Jahre – das Selbstbewußtsein von Afrikanern, das Bewußtsein ihres kulturellen Potentials und ihrer bedeutenden Geschichte gestärkt und damit dem kolonialen Trauma entgegengewirkt. Bis 1965 sah Achebe die wichtigste Aufgabe des afrikanischen Schriftstellers darin, sich mit der Vergangenheit als Auseinandersetzung mit dem Kolonialismus zu befassen. In der künstlerischen Aneignung „unserer Kultur" sollte der ganze „koloniale Komplex" aufgelöst, überwunden werden.[356] „Für mich gibt es auf jeden Fall die klare Pflicht, eine Aussage zu machen", schrieb er 1964 in dem programmatischen Aufsatz *The Role of the Writer in a New Nation.* „Es ist meine Antwort an diejenigen, die sagen, ein Schriftsteller sollte über gegenwärtige Fragen schreiben – über die Politik von 1964, über das Leben in der Stadt, über den letzten Staatsstreich. Natürlich sind das alles legitime Themen, aber was mich betrifft, muß zuerst das fundamentale Thema erledigt werden. Ganz einfach gesagt ist dieses Thema so: Afrikanische Völker haben von Kultur nicht erst bei der Ankunft der Europäer gehört. Ihre Gesellschaften waren nicht geistlos, sondern hatten oft eine Philosophie von großer Tiefe, von hohem Wert und voller Schönheit. Sie besaßen eine Dichtkunst und vor allem Würde. Diese Würde haben viele Afrikaner während der Kolonialzeit beinahe verloren, und sie müssen sie wiedergewinnen. Das Schlimmste, was einem Volk passieren kann, ist der Verlust der Würde und der Selbstachtung. Des Schriftstellers Aufgabe ist es, bei ihrer Wiedergewinnung zu helfen. Er muß den Menschen in menschlicher Weise (human terms) zeigen, was sie verloren haben."[357]

Die jähe Veränderung der historischen Situation, die sich mit der politischen Unabhängigkeit notwendig ergab, erzwang aber ein Umdenken gerade bei jenen Künstlern, die mit dem Blick für Realitäten die schnelle und umfassende demokratische Gestaltung der neuen Gesellschaften zu bewirken suchten. Historisch brachen jetzt die latenten Antagonismen zwischen den objektiv oder subjektiv auf die Entfaltung bürgerlich-kapitalistischer Verhältnisse gerichteten Gruppen und den proletarischen, bäuerlichen Massen auf. In den neuen Gruppen der politischen Führung, der Beamtenschaft, der mittleren Warenproduzenten, der durch ihr Bildungsmonopol privilegierten Intelligenz entfalteten sich besonders jener spontane hemmungslose Individualismus und teilweise jene gesamtgesellschaftliche Interessen völlig außer acht lassende „gründerzeitliche" individuelle Bereicherungssucht, die Suret-Canale mit dem Blick auf Guinea als einen Wesenszug des Umbruchs von vorkapitalistischen Gesellschaften hervorgehoben hatte. Selbst in antikapitalistisch orientierten Ländern wie Guinea, der VR Kongo, Tansania muß immer wieder dagegen angekämpft werden.[358] In den Ländern, die sich nicht sozialistisch orientierten und die bis Anfang der siebziger Jahre die große Mehrheit waren, konnte sich diese Tendenz auf Grund der sich ausbildenden kapitalistisch-bürgerlichen Verhältnisse stürmisch entfalten. Die Verquickung von neuen individualistischen, im Wesen kapitalistischen Konkurrenz- und Herrschaftsleitbildern und den noch stark weiterwirkenden Verwurzelungen in Verhaltensweisen traditioneller Großfamilien, Clans und ethnischen Einheiten schuf ein sehr spezifisches Sich-Verschränken von politischer und wirtschaftlicher Macht und Privileg mit entsprechender Weltanschauung. Das Berufen auf die eigene afrikanische Geschichte, auf die eigenständige afrikanische Kultur, die besondere afrikanische Persönlichkeit und auf den gemeinsamen antikolonialen Kampf, bisher im wesentlichen eindeutige Leitbilder für die nationale Unabhängigkeit, werden ambivalent. Sie verlieren die eindeutige progressive geschichtliche Funktion. Sie dienen jetzt häufig als Schleier, mit dem neue bürgerliche und mitunter alte vorkapitalistische Ausbeutungs- und Herrschaftsverhältnisse traditionalistisch und nationalistisch verdeckt, die explosiv aufbrechenden sozialen Gegensätze ideologisch überbrückt, das Paktieren des einheimischen Kapitalismus oder der einheimischen bürokratischen Bourgeoisie mit dem Imperialismus verborgen werden sollen.

Daher die zentrale Rolle, die das Kulturelle – Nanga als Minister für Kultur! – in *A Man of the People* und anderen realistischen Werken seit den sechziger Jahren spielt.

In Nigeria, dem volksreichsten afrikanischen Land, entfalteten sich die neuen Gegensätze innerhalb der afrikanischen Gesellschaft außerordentlich rasch und explosiv. Eine unternehmerische Bourgeoisie, eine starke bürgerlich orientierte Bürokratie und eine teilweise damit verbundene und sich vermischende einflußreiche Schicht traditioneller Herrschaftsgruppen, besonders im Westen unter den Yoruba, hatten sich bereits seit dem Ende des 19. Jahrhunderts als mehr oder minder starker Faktor antikolonialer Bewegungen herausgebildet. Trotz einer relativ starken Lohnarbeiterschaft und einer relativ breiten Gewerkschaftsbewegung, die durch mächtige Streikaktionen zwischen 1945 und 1950 entscheidend zur nationalen Befreiung beitrugen, bestimmten bürgerliche und kleinbürgerliche Kräfte die politischen Parteien, die seit Anfang der fünfziger Jahre von den Briten erzwungenen Parlamente. Gestützt auf überkommene Loyalitäten und Verhaltensweisen ethnischer Einheiten und Großfamilien konnten diese Gruppen bereits vor der Unabhängigkeit ein beachtliches wirtschaftliches und politisches Machtpotential aufbauen. Nachdem sie 1960 die politische Macht von den Engländern übernommen hatten, vertiefte sich der Antagonismus zwischen ihnen und den bäuerlichen und proletarischen Schichten. „Die neuen Herrscher", analysierte 1967 der Nigerianer Arikpo, „ihre Verwandtschaften und Anhänger (kith and kin), erwiesen sich als noch fehlbarer als ihre fremden Vorgänger, da sie, wie die Massen, die sie an die Macht wählten, die Produkte eines sozialen Systems sind, das schwierig in ein europäisches individualistisches politisches und ökonomisches System paßt. In der traditionellen kleinen geschlossenen Gesellschaft ist jeder seines Bruders Hüter (keeper). Er hat die Pflicht, seinen Verwandten zu Hilfe zu kommen ... Von einer Person mit Reichtum (wealth) und hohem Status – und beides waren in der traditionellen nigerianischen Gesellschaft fast immer beisammen – wird erwartet, daß sie gegenüber ihren Verwandten, Freunden und Anhängern freigebig ist ... Nigerianische Minister erhielten das Erbe (legacy) von Macht, Status und Reichtum, das von den Briten zurückgelassen war. Deshalb erwarteten viele ihrer Mitpatrioten von ihnen, daß sie sich wie Männer von Wohlhabenheit, Macht und Status im traditionellen Sinn verhielten. Niemand schien sich dafür zu interessieren, woher der Reichtum kam, mit denen man solche Verpflichtungen erfüllte ...

1957 überstimmte in einer Region die Wählerschaft mit überwältigender Mehrheit den Versuch der Oppositionsparteien, zu verhindern, daß öffentliche Gelder der Region in die private, ohne Lizenz arbeitende Bank eines führenden Politikers investiert wurden. Seitdem erschien selbst der Kampf gegen das ‚spoils system' (die Einkünfte, die man aus den politischen Funktionen für sich bezieht – J. F.) immer mehr eine verlorene Sache, die nur noch in den Zeitungen am Leben gehalten wurde."[359] Politische Macht, die durch überkommene Verhaltensweisen und durch das von den Briten eingeführte bürgerlich-parlamentarische System gewonnen werden konnte, führte zu immer größer werdenden sozialen Unterschieden zwischen einer vorwiegend konsumtiv eingestellten Bourgeoisie und den Lohnarbeitern und Bauern: „Die Region Development Corporations, die Finance Corporations, die Agricultural Credit Banks und, erst neueren Datums, die Nigerian Industrial Development Banks ... waren alle mit öffentlichen Geldern gegründete Institutionen, um lang- und mittelfristige Gelder für den privaten Sektor der Ökonomie bereitzustellen ... Die häufigste Form der Investitionen war die für Mietshäuser, denn städtische Wohnungen warfen die höchsten Dividenden in der kürzest möglichen Zeit ab. Hausinvestitionen wurden allgemein den Investitionen in Produktionsunternehmen vorgezogen ... So wuchs schnell eine neue Klasse wohlhabender Hausbesitzer (Wohnungsvermieter) heran, die ihre Position ihren politischen Zugehörigkeiten (affiliations) und der öffentlichen Tasche verdankte ... Eine Politik, deren erklärtes Ziel die sehr lobenswerte Steigerung der privaten nigerianischen Beteiligung am nationalen Wirtschaftswachstum war, erzeugte so durch ungesunde soziale Kräfte unerwartete neue Spannungen ... Jede Kommission zur Gehaltsüberprüfung seit 1941 (und es gab deren sieben zwischen 1941 und 1964) führte zu einer Erhöhung der Gehälter und Löhne. Doch die relative Kluft zwischen den Reichen (einschließlich der Politiker, der Beamten und Direktoren) und den Beherrschten (der riesigen Bauernbevölkerung, den Arbeitern und den Lohnverdienern in unteren Positionen) schien kaum durch die progressive Verbesserung des Lohnsystems berührt zu sein."[360*]

Die weitgehend gemeinsame Front, die insbesondere zwischen 1945 und 1950 durch die gegenseitige Unterstützung streikender Arbeiter, der nigerianischen Presse und der bürgerlich-demokratischen politischen Bewegung unter Azikiwe, dem späteren ersten Präsidenten Nigerias, entscheidend den Kolonialismus erschütterte, eine solche

Front schien jetzt – um das Bild von Achebes fiktivem Erzähler Odili zu gebrauchen – „sieben Lebensalter" zurückzuliegen. Die bürgerlich-demokratischen Vorstellungen, mit denen Azikiwe und das antikoloniale Bürgertum und Kleinbürgertum vor der Unabhängigkeit auftreten,[361*] waren nicht realisierbar. Die Monopolisierung politischer Macht durch die Action Group – eine Partei vorwiegend der westlichen Region – während der Wahlen von 1965 löste schließlich die Explosion der angestauten Widersprüche aus. Der Wahlbetrug, die Bestechungen und physischen Verfolgungen der Oppositionskandidaten schlugen in ein allgemeines Chaos um. Banden, die ursprünglich von den Politikern gebildet waren, hatten sich selbständig gemacht und beherrschten die Städte und Kommunikationswege. Die Armee ergriff im Januar 1966 die Macht, neun Tage vor dem Erscheinen von *A Man of the People.*[362*]

Die hochfliegenden Hoffnungen auf ein Afrika, das nur von der kolonialen Herrschaft frei zu sein braucht, um sich zu rascher Blüte und einem Modell der Humanität und Demokratie zu entfalten, diese Hoffnungen und festen Erwartungen hatten sich nicht nur für Nigeria als Illusion erwiesen. In der Auseinandersetzung mit der Geschichte und dem klassischen Kolonialismus allein schien die Aufgabe, die Achebe 1964 formuliert hatte, nicht mehr erfüllbar zu sein. 1966 schrieb er: „Sollten wir uns an die alten Themen von Rassenungerechtigkeit – so bitter sie noch ist – halten, wenn neue Ungerechtigkeiten um uns herum schnell emporwuchsen? Ich denke nicht. Denn wie in den Tagen vor der Unabhängigkeit für Mabel Segun angemessen war, zu schreiben über des weißen Mannes ‚Bulldozer, die auf jungfräulichen Boden mit brutaler Gewalt trampeln', so ist es genauso dringlich für einen anderen Nigerianer, John Ekwere, eine Erwiderung anzufügen: Jetzt entweihen nicht mehr die bleichgesichtigen Fremden / Mit unreinen Füßen / Das Erbe unserer Väter / Jetzt terrorisieren (bulldoze) keine missionarisch wohlwollenden Despoten mehr eine unwillige Rasse / Keine ausländischen Falken / Räubern mehr fremde Hühner – / Sondern wir uns selber!"[363] Achebe verhält sich, durch Odili von Nanga erzählend, satirisch, distanziert-kritisch, teilweise mit leichter Ironie zu den neuen Ungerechtigkeiten. Odili macht die Werte deutlich, an denen die Wirklichkeit gemessen wird – die Würde des Individuums, die Gerechtigkeit für die Gemeinschaft, die Integrität, die moralische Sauberkeit des Afrikaners. Es sind die alten Werte Achebes, jetzt aber, vermittelt in der Erzählung Odilis, als Maßstäbe der modern gebildeten Intelligenz erkenntlich. Die satirisch-bloßstellende und die anklagende Haltung motivieren sich aus und orientieren sich an allgemeinen demokratischen Zielen, an den Interessen eines modernen nationalen Staates, in dem der einzelne Pflichten gegenüber der komplexen Gesellschaft, die aber solche auch ihm gegenüber hat. Maßstäbe der Kritik setzt auch die traditionelle Kultur. Odilis Vater, Vorsitzender der Nanga-Partei in seinem Dorf, erlaubt Max und Odili, die Wahlkampagne für ihre neue Praxis von seinem Gehöft aus zu eröffnen. Er geht von der Praxis gleichberechtigter unterschiedlicher Meinungen in der traditionellen Dorfgemeinschaft aus und nimmt die nur in der Phrase vorhandene bürgerliche Demokratie vom Standpunkt seines traditionellen Demokratismus ernst. Die Phrasenhaftigkeit wird enthüllt: Nangas Partei, ihre politischen Gangster, stellen ihn vor die Wahl, terrorisiert zu werden oder seine Erlaubnis zu widerrufen. Odili, die Ohnmacht der Dorfleute fürchtend, rät dem Vater zur zweiten Alternative. Der aber entgegnete: „Du magst recht haben. Aber unser Volk sagt, daß ein Mann von Würde sich niemals dazu bereit findet, das ungesagt zu machen, was er gestern sagte. Ich habe deine Freunde in meinem Haus empfangen, und ich werde das nicht zurücknehmen." Darauf Odili: „Ich dachte bei mir: Du gehörst nicht in diese Zeit, alter Mann."[364]

Traditionelle Haltungen und Werte sind noch vorhanden – aber nur als Restbestände, ohnmächtig in der neuen historischen Situation. Es herrschen andere Denk- und Äußerungsweisen vor, andere Bilder und Metaphorik. Odilis Erzählstil, seine saloppen, mitunter kaltschnäuzigen, ironischen, auch hochmütig-überlegenen Kommentare konfrontieren den Leser mit der kühl-distanzierten Verhaltensweise des modernen Intellektuellen und zugleich den sachlichen, gleichsam „versachlichten", distanzierten Beziehungen unter den neuen Verhältnissen. Auffällig ist das nigerianische Pidgin-Englisch. Es wird von den kaum gebildeten Handlangern und Dienern Nangas gesprochen, von Nanga selbst, wenn er volkstümlich sein will, von der Intelligenz, wenn sie brutal unschöne Sachverhalte benennt. Der Grundmechanismus des allgemeinen hemmungslosen Sich-Bereicherns wird in einen Pidgin-Satz gefaßt, den verschiedene Figuren variieren: „You chop, me self I chop, palaver finish."[365] Das kaum übersetzbare Pidgin könnte so wiedergegeben werden: „Du machst deinen Schnitt, ich mach meinen, genug gequatscht."

Der Funktionswandel einer traditionellen Metapher, genauer vielleicht der Verlust des Sachverhalts, auf den sie sich in der gegenwärtigen Realität beziehen kann, die unsichere Suche also nach einer neuen Bedeutung, umreißt das Ausmaß der historischen Veränderungen und demonstriert zugleich die unsichere Haltung der Intelligenz zu diesen. Der Händler Josiah hat die Mitbewohner seines Dorfes zu sehr übervorteilt. Ein Dorfbewohner charakterisiert das: „Josiah hat genug weggenommen, so daß der Eigentümer es bemerken kann."[366] In der traditionellen Dorfgemeinschaft ist das der größte Frevel – das Kollektiv, der Eigentümer, wurde ungebührlich behandelt, ein einzelner bereichert sich auf seine, also aller Kosten. Das Dorf boykottiert Josiah und ruiniert ihn damit. Ganz anders ist es auf der Ebene der komplexen Gesellschaft des neuen Staates. Der Eigentümer kann noch nicht als solcher erkannt werden, ist auch unendlich schwieriger für den einzelnen oder die kleine Gruppe auszumachen. Die komplizierten Beziehungen von Gesamtgesellschaft und verschiedenen Klassen, die sachlichen Verhältnisse, über die sich die einzelnen, die Gruppen und Klassen verbinden, sind ungleich schwerer zu durchschauen als die vorkapitalistischen einfachen Beziehungen, die wesentlich unmittelbar persönliche waren. Odili kommentiert den Satz, den sein Vater zur Erschießung des Mörders von Max sagte: „‚Koko hatte genug genommen, so daß der Eigentümer es sehen konnte', sagte mein Vater zu mir ... Die Worte meines Vaters trafen mich, denn es waren genau dieselben Worte, die die Dorfleute von Anata über Josiah, den verabscheuten Händler, gesagt hatten. Nur in ihrem Falle hatten die Worte Bedeutung. Der Besitzer war das Dorf, und das Dorf hatte eine Geisteshaltung (mind). Es konnte zum Frevel nein sagen ... Aber in den Angelegenheiten der Nation gab es keinen Besitzer, die Gesetze des Dorfes wurden machtlos. Max wurde nicht durch den kollektiven Willen des Volkes gerächt, sondern durch eine einsame (solitary) Frau, die ihn liebte."[367]

Trotz des Verschwindens des alten „Eigentümers", was die Realität auch für den modernen Intellektuellen schwer durchschaubar macht, trotz der Haltung der Desillusion, die in der Erzählung Odilis den Leser in ähnliche Frustation drängen kann, wird ein klares Bild sozialer Bewegungen gezeichnet. Die intellektuell distanzierte Haltung des fiktiven Erzählers läßt auch in der subjektiven Deutung die objektiven Vorgänge um Nanga erkennen. Die gleichsam einfache Bezeichnung von Sachverhalten, die Darstellung von Vorgängen in ihrer normalen wahrnehmbaren Gestalt macht dem Leser diese Realität „verfügbar". Ngugi wa Thiong'o, sich mit der Satire in Nigeria befassend, nannte die Geschichte des Nanga besonders typisch für das gegenwärtige Afrika. „Was bedeutet diese Unabhängigkeit", fragte er. „Für die Bauern und die städtischen Arbeiter ist es eine Periode allmählicher Desillusionierung. Die Unabhängigkeit hat ihnen ihr Land nicht zurückgegeben. Sie sind noch ohne Nahrung und Kleidung. Doch jetzt gibt es einen Unterschied. Vor der Unabhängigkeit waren die grundlegenden Realitäten scharf und sichtbar gezeichnet. Alle Konflikte waren auf zwei Pole zurückgeführt: Weiß war Wohlstand, Macht und Privileg; Schwarz war Armut, Arbeit und Sklaverei. ‚Entfernt den Weißen Mann', riefen die nationalen Führer, ‚und die Wurzel eurer Leiden ist verschwunden.' Verschwunden? Nicht ganz. Die Bauern und Arbeiter sind noch die Arbeitstiere, jetzt aber für ... ‚schwarze Weiße Leute'. Die nationalistische Elite wendet die immer vernehmbareren Forderungen nach Verbesserung der Lebensbedingungen durch Anheizen des Tribalismus ab ... Klassenbewußtsein, das die vertikalen Teilungen des Clans und Stammes übersteigt, würde die Arbeiter und Bauern erkennen lassen, daß sie alle in einer ähnlichen Notlage sind. Bis jetzt ist das aber durch nationalistische Gefühle verhindert worden. Nationalismus ist keine Ideologie. Allzuoft appelliert er irreführend an die Kameraderie der Haut ... Für die Elite jedoch ist die Unabhängigkeit ein Segen. Unter dem Banner der Afrikanisierung reißt sie die Stellen der Verwaltung an sich und drängt sich nach Plätzen in den leitenden Gremien aller ausländischen Unternehmen, die – wie Shell, I.C.I., Unilever, Union Minière, Anglo-Amerikanische Banken und Grubengesellschaften – in Wahrheit die Wirtschaft des Landes beherrschen."[368] *A Man of the People* habe mit der Nanga-Geschichte die Rolle und Verhaltensweisen der sich formenden Bourgeoisie, also wesentliche Realität des gegenwärtigen Afrika beschrieben.

Achebe zeichnete einige „grundlegende Realitäten" der Gegenwart ähnlich „scharf und wahrnehmbar" wie Ousmane und Beti Wirklichkeit vor der Unabhängigkeit. Sichtbarkeit, Klarheit, Schärfe meinen hier folgendes: Dinge, Verhältnisse und Figuren werden scheinbar objektiv dem Leser vermittelt, ohne daß sich der Autor wesentlich zwischen die bezeichneten Sachverhalte und die erzählte Welt „gedrängt" zu haben scheint, ohne daß er sie subjektiv verformt, gebrochen, „verfremdet" hat. Soziale Beziehungen, individuelle Haltungen und zugleich psychische Prozesse sind in einfach-wahrnehmbarer oder vorstellbarer Gestalt beschrieben. Solche „wirklichkeitsgetreue" oder, um Begriffe Brechts zu gebrauchen, „sensualistische" Gestaltungsweise strebt deshalb auch die „seelische Exposition der Personen"[369] an; sie ist um Einfühlung bemüht. Die einfühlsame Schilderung der Psyche, der Reaktionen und Gedanken wichtiger Figuren ist ein Aspekt der Vertrautheit der erzählten Welt, insbesondere des sie reflektierenden, in der Erzählung herausgehobenen Individuums. „Einfühlung", das Sich-Hineindenken in dieses Individuum, bewirkt die unreflektierte Annahme, die bedeutete Welt sei im einfühlsamen Akt bereits voll erfaßt. Koloniale Wirklichkeit und die sie umwälzenden Bewegungen erscheinen so trotz aller schmerzhaften Widersprüchlichkeit als sinnvoll geordnete und in diesem Sinn „handhabbare" Realität. Solche Erzählweise vermittelt eine wesentlich unproblematische Haltung zur Welt – einschließlich der sie darstellenden und in ihr wirkenden Kunst. Soziale Wirklichkeit und Kunst, deren sich der Künstler wie der potentielle Leser durch Einfühlung vor allem über die zu gestaltenden bzw. gestalteten Individuen direkt zu bemächtigen wähnt, erscheinen unkompliziert und so schnell vertraut. Wie sich die Dinge den Sinnen darbieten, scheinen sie zu sein; das „auf den ersten Blick" Wahrgenommene, die Erscheinungsweise, führt unvermittelt auf das Wesentliche. Sie braucht nicht „problematisiert", hinterfragt zu werden. Durch einfache Einfühlung in ihr ästhetisches Abbild sind die Dinge unmittelbar zu verstehen oder – genauer – scheinen einfach verstehbar.

Die klare Durchschaubarkeit der kolonialen Situation und das sichere Bewußtsein ihrer schnellen Umwälzung in den fünfziger Jahren konnten sich in dieser Schreibweise relativ adäquat vermitteln. Achebes Romane über die Vergangenheit erzählen von einer Welt, die aus den Fugen geht *(Things fall apart)*, von Individuen, die die tiefgreifenden Umbrüche nicht verstehen, denen sie Chaos sind – die Erzählweise aber ist wohlgeordnet, von „klassischer" Gelassenheit und Objektivität. Der Erzähler ist ein Wissender. Indem er Sachverhalte in ihrer wahrnehmbaren Gestalt einfach und einfühlsam beschreibt, stellt er sie gleichsam als tatsächliches Geschehen einer sinnvoll geordneten Welt vor seine Leser hin. Er rückt nicht zweiflerisch von den erzählten Konflikten und geistigen Wirren ab, entwirft keine idealen Gegenbilder, bringt nicht demonstrativ eigene Visionen ins Spiel, und er bricht die wahrnehmbare Erscheinung der Dinge und „normale" psychische Vorgänge seiner Figuren nicht durch eigenartige, verfremdete Bilder, Metaphern, Gleichnisse um. Der Ablauf der Geschehnisse wird weitgehend „linear" oder, genauer, im tatsächlichen Zeitverlauf beschrieben. Die Darstellungsstruktur, die Erzählerhaltung bedeuten so eine Welt, in der die „Unordnung“ geschichtlicher Umbrüche Moment, somit die „Ordnung“ eines übergreifenden „normalen“ Prozesses ist und durch Einfühlung einfach angenommen werden kann.[370]*

Achebes Romane erinnern an Erzählerhaltungen und an Strukturen der bürgerlichen realistischen Prosa des 19. Jahrhunderts in Europa und Amerika und deren Nachfahren. Ähnlichkeiten wären bis in die Behandlung des Individuums zu verfolgen. Wie im europäischen Roman des 19. Jahrhunderts erscheinen die Hauptfiguren bei Achebe als spezifische, komplizierte Individualitäten, in deren Gedanken- und Gefühlswelt der Autor genaue Einblicke gewährt, deren Verhalten und Psyche er „sensualistisch“-einfühlsam vorstellt. Zugleich entfalten sich in den individuellen Geschichten, zumindest in den zwei Romanen über die Vergangenheit, grundlegende Strukturen und Bewegungen der jeweiligen Gesellschaft, in der sich das Individuum bewegt. Die Geschichten von Okonkwo und Ezeulu weisen auf komplizierte Mechanismen des Umbruchs, den die Ibo-Gesellschaften unter dem Einfluß des Kolonialismus im ersten Drittel des 20. Jahrhunderts erfahren. Die zwei Werke könnten als Beispiele des klassischen Realismus gelten, den Lukács an der russischen und französischen Literatur des 19. Jahrhunderts zu beschreiben suchte.

Achebe kannte zumindest die englischsprachigen Vertreter dieser Erzählweise sehr genau, als er in den fünfziger Jahre zu schreiben begann. Anregungen sind so nicht auszuschließen.[371]* Entscheidend ist aber, daß seine Schreibweise aus der historischen Situation des subsaharischen Afrika entspringt. Sie vermittelt seine spezifische Haltung zur Realität und zur Rolle der Kunst im gegenwärtigen Afrika. Beides, philosophisches und ästhetisches Programm, ist orientiert an seinem Verständnis afrikanischer Tradition und an der humanistischen Perspektive, die er für Nigeria mitzugestalten sucht.

Er geht von der unbedingten Funktionalität der Kunst aus. Sie ist ihm nur bedeutend und behandelbar, insofern sie mit der Gesellschaft, in der sie produziert wird und wirkt, verschränkt ist, insofern sie auf die Interessen und Bedürfnisse dieser Gesellschaft sich richtet. Der Schriftsteller sei so Lehrer, wie er es 1965 in einem Aufsatz *The Novelist as Teacher* faßte. In europäischen und amerikanischen Gesellschaften sei der Schriftsteller Außenseiter. Er befinde sich in Rebellion gegen die Gesellschaft, und diese betraue ihn mit keiner Verantwortlichkeit. Dagegen leben „unser Schriftsteller und seine Gesellschaft" in einem Raum: „Ich wäre ganz zufrieden, wenn meine Romane (besonders die, die in der Vergangenheit spielen) meine Leser nicht mehr lehren, als daß ihre Vergangenheit – mit all ihren Unvollkommenheiten – keine lange Nacht der Wildheit war, aus der sie erst die Europäer ... befreiten. Vielleicht ist das, was ich schreibe, angewandte Kunst im Unterschied zur reinen (pure). Aber wen kümmert das? Kunst ist wichtig, aber die Erziehung, die ich meine, ist es auch."[372] 1972 nannte er diejenigen „Liebhaber von Mystik", die allein Kunst um der Kunst willen gelten lassen. Die mbari, religiös und zugleich sehr weltlich geprägte Feste der Ibo, seien Modell dafür, daß es keine Barrieren zwischen Produzenten und Konsumenten von Kultur zu geben braucht: „Die Kunst gehört allen, und sie ist eine ‚Funktion' der Gesellschaft. Wenn Senghor mit so klarer Überzeugung darauf besteht, daß jeder Mensch ein Dichter ist, so bezieht er sich, denke ich, auf diese ganzheitliche Praxis (holistic concern) unserer traditionellen Gesellschaften."[373] Funktionalität der Kunst, die Rolle des Künstlers als Lehrer meinen nicht, der jeweiligen Gesellschaft unkritisch zu dienen, ihre jeweiligen Vorstellungen mechanisch in Bilder zu setzen, Normen, Werte, Ideale zu lehren und Wunschbilder harmonischer, schöner Realität zu bestärken, also die Gesellschaft gegen ihre eigene Wirklichkeit zu belehren. Achebe geht von den realen Gegebenheiten und Möglichkeiten jeweiliger Gesellschaften aus, sehr nüchtern, derbirdisch. Funktionalität der Kunst bedeute so, Realität in ihrer ganzen Widersprüchlichkeit, ihren Schwierigkeiten wie ihren hoffnungsvollen Tendenzen zu verdeutlichen. Er selbst meint von sich, er sei ganz „down-to-earth"[374], ein Mann, der sich sehr nüchtern, irdisch, realistisch zu den Realitäten verhält und das in seiner Kunst vermittle. 1972 begann er einen Vortrag *Africa and her Writers* an der Havard-Universität: „Vor einiger Zeit, in einer sehr gereizten Stimmung, begann ich einen Vortrag mit diesen Worten: ‚Kunst um der Kunst willen ist gerade solch ein anderes Stück deodorisierter Hundescheiße.' Heute ... würde ich schon sehr geneigt sein, meine Sprache zu modifizieren, nicht aber meine Ansicht. Mit anderen Worten – ich bestehe darauf, daß Kunst im Dienste des Menschen steht und immer stand. Unsere Vorfahren schufen ihre Mythen und Legenden und erzählten ihre Geschichten für einen menschlichen Zweck (einschließlich – daran gibt es keinen Zweifel – der Erregung von Staunen und reinem Vergnügen) ... Ihre Künstler lebten und bewegten sich in der Gesellschaft, und sie schufen ihre Werke für das Wohl (good) dieser Gesellschaft." Dann beschrieb er, was dieses Wohl für ihn bedeute: „Unter W o h l verstehe ich nicht moralischen Auftrieb, Erhebung (uplift) – obwohl, warum nicht, das ein Teil davon wäre. Ich meine W o h l in dem Sinn, in dem Gott am Ende jeden Tages, an dem er die Welt zusammenbaute, darauf schaute, daß das, was er machte, wohl (good) war ... W o h l in diesem Sinn meint nicht hübsch, nicht unverbindlich niedlich (pretty)."[375] 1964 hatte er ausdrücklich eine romantisch-verklärende Behandlung von Wirklichkeit kritisiert. Camara Layes Erzählung *L'Enfant Noir* (1954), eines der bekanntesten Werke, in dem Afrika – ähnlich wie in der Lyrik Senghors – idyllisiert erschien, nannte er „ein bißchen zu süß". Er verstehe, daß Laye das Buch unter dem Druck von Einsamkeit und Heimweh in Frankreich geschrieben habe, aber sei doch der Ansicht, daß „jeder ernsthafte afrikanische Schriftsteller, der für die Vergangenheit eintrete, nicht nur der Anwalt Gottes sein, sondern auch Pflichten für den Teufel erfüllen müsse"[376]. Diese nüchterne Haltung zur Realität und ihrer künstlerischen Aneignung fußt auf seinem Verständnis für die Prozeßhaftigkeit, den objektiven, gleichsam gesetzmäßigen Verlauf und die grundlegende Widersprüchlichkeit von Geschichte. 1967 sagte er in einem Interview mit Robert Serumaga: „Hätte ich die Gesellschaft zu bestimmen (order), wäre ich sehr unglücklich darüber, wie die Dinge gelaufen sind. Aber nochmals, ich sehe die Dinge so, wie sie sind. Jede Gesellschaft muß heranwachsen, jede Gesellschaft muß ihre Lektion lernen, so verzweifle ich nicht. *A Man of the People* ist eine ziemlich ernste Anklage, wenn Sie wollen, gegen das Afrika nach der Unabhängigkeit. Aber ich gebe nicht auf, weil ich glaube, das ist eine notwendige Stufe in unserem Wachstum." Man müsse eine „lange Sicht" auf die Gesellschaft haben. Wie viele Menschen auch leiden oder getötet werden, „das Leben geht weiter". Wenn man nur einen „kurzen Blick" habe, sei die Situation voller Tragik. Auf „lange Sicht" gesehen, „enthält sie aber ein Element der Hoffnung".[377]

Diese Haltung zur Realität strukturiert die Romane. Der Leser wird einerseits durch „sensualistische", einfühlsame Schilderung in das fiktive Geschehen gleichsam hineingezogen, andererseits durch die Widersprüchlichkeit der dargestellten Vorgänge und Figuren dazu gedrängt, die behandelte Welt als objektiven widersprüchlichen Prozeß zu sehen, der auf „lange Sicht" immer wieder Ordnung herstellt oder diese ist. Die Welt muß vom einzelnen, vom jeweils historisch konkreten Leser, als objektiv Gegebenes und letztlich Geordnetes angenommen werden, auch wenn die augenblickliche Situation, die geschildert wird oder in der sich der Rezipient der Schilderung befindet, ungeordnet, katastrophal ist. Dialektisches Verständnis für die Lösbarkeit gegebener Widersprüche und die geschichtlich progressive Überwindbarkeit aktueller Probleme kann sich so über Erzählweise vermitteln, aber auch Vertröstung auf eine geschichtliche Perspektive, vor der die bedrängenden akuten Dissonanzen relativ unwichtig erscheinen und vor denen man sich so beruhigt in das illusionär tröstliche Bewußtsein eines letztlich die zeitweiligen Schwierigkeiten aufhebenden Prozesses verschließen kann. Die Vergangenheit, die Achebe seiner Gegenwart als große Tradition vorstellt, erscheint zugleich voller Spannungen, individueller Tragik und Widersprüche, an denen sie sich selbst „auflöste". Angestoßen und deformiert durch den Kolonialismus drängten die Ibo-Gemeinschaften im eigenen widersprüchlichen Entwicklungsprozeß zur Veränderung. Der Zwang zur Leistung, zur Erringung von Würde und Status, höchste Werte der Ibo, treibt Okonkwo dazu, jemanden zu töten, ein Opfer, das im Rahmen der ungeschriebenen Normen und Gesetze der Gemeinschaft sich vollzog, aber auch von ihr als inhuman gewertet wird. Man verbannt Okonkwo. Fixiert auf das starre Dogma der Würde kann er sich nicht – wie auch seine Gesellschaft es nicht vermag – der neuen historischen Situation anpassen und zerbricht so. Der Priester Ezeulu gibt seinen Sohn in die christliche Mission. Dort soll er „das Ohr" für ihn sein, wird aber von den Missionaren „umgedreht", ihr „Ohr" in Ezeulus Gemeinschaft, das zur Veränderung und damit der Auflösung der traditionellen Kultur beiträgt.[378*] In *A Man of the People* versucht Achebe, kritische Haltungen, den „langen Blick" auf die Geschichte dadurch zu vermitteln, daß er die subjektive, resignative und intellektuell kaltschnäuzige Sicht des fiktiven Erzählers durch dessen eigene Verhaltensweisen relativiert und die scheinbar tödlich erdrückende Macht der neuen Herrscher durch ironische, witzige Erzählung lächerlich macht und so ihre mögliche Überwindbarkeit andeutet. Odili wundert sich, daß sein Vater sich nicht dem Druck der Nanga-Partei beugt. Seine moderne Bildung, seine Arbeit als Oberschullehrer haben ihn den Massen entfremdet. Er versteht nicht mehr ihre komplizierten Haltungen – ein großes Problem für die mögliche Umsetzung seiner demokratischen Vorstellungen in Realität. Es ist offensichtlich kein „Mann des Volkes", auch nicht im positiven Sinn, in der Umkehrung zu Nanga. Der Korruption setzt er nicht viel mehr entgegen als einen moralischen Purismus, der sich zugleich ins Abstrakte und in den Rückzug auf das Private (sein Verhältnis zu der jungen Edna) verliert. Sein Bildungsprivileg ist immer ein Schlüssel zum Aufstieg in die Gruppe der Herrschenden. Er steht mit einem Bein ständig an der Schwelle des Mitmachens. Als er seine Geliebte Elsie mit dem chauffeurgesteuerten Cadillac des Nanga besucht, ruft diese entzückt: „You think say these people go go another heaven after this?" Odili antwortet: „My sister I no know-o. Any way we follow them chop small for dis world."[379]* Ob die „großen Leute" in einen anderen Himmel kommen, nachdem sie in dem irdischen sich befanden, bewegt ihn nicht. Auf jeden Fall sollten sie beide hier, in dieser Gegenwart, ihren „kleinen Schnitt" (chop small) machen. Andere Vorgänge, vor allem der Besuch Nangas und Odilis bei einem Minister, der Odili ein Stipendium nach England besorgen soll, sind witzig-leicht erzählt, fast wie Kabarettnummern. Der Minister kostet seinen Kaffee und wirft sich plötzlich zu Boden. Er windet sich wie in Krämpfen und schreit, er sei vergiftet. Über mehrere Seiten wird erzählt, wie Nanga in kopflose Panik fällt, das Haus in Aufregung ist, die Leibwache des Ministers den Koch herbeizerrt, der Minister schreit, man habe seinen Kaffe vergiftet. Der Koch erklärt das Problem. Er hatte ausnahmsweise den einheimisch produzierten OHMS-Kaffee aufgebrüht anstatt Nescafé, den der Minister gewöhnlich trinkt – jenen OHMS-Kaffee, den die Regierung lautstark den Massen propagiert als das nationale Getränk, daß jeder Patriot in der errungenen Unabhängigkeit trinken müssen. Tragisches steht so neben Komischem, sich jeweils relativierend. Vereinfachende Schlüsse auf die Realität können verhindert werden.

Allerdings: in *A Man of the People* erscheint die dialektische „lange Sicht" auf die Wirklichkeit gebrochen. Subjektive Meinung zu den Ereignissen drängt sich vor. Die Darstellung wesentlicher geschichtlicher Bewegung in der individuellen Geschichte ist nur noch teilweise gelungen. Der Lehrer, der die Sachverhalte erzählt und wertet, steht nicht mehr im Zentrum der Geschehnisse. Er beteiligt sich nur zeitweilig daran, ist insgesamt distanzierter Betrachter und zieht sich auf sich selbst, auf sein privates Glück und einen wirkungslosen Moralismus zurück. Sein individueller Blick auf die Dinge stellt Subjektives vor den objektiven Prozeß; das macht das Individuelle wichtiger als das Soziale. Bei aller Kritik, die der Leser Odili entgegenbringen kann, bleibt unvergeßlich, wie er von der „verächtlichen Menge"[380] erzählt. Sie erscheint als willenlos, einfacher Spielball der Herrschenden, ihre Interessen mit denen der korrupten Führer verschränkend. Humane, demokratische Alternativen beruhen auf dem einzelnen, auf seiner individuellen Anständigkeit, seiner moralisch sauberen Tat, die gepriesen wird: „Max wurde nicht durch den kollektiven Willen des Volkes gerächt, sondern durch eine einsame Frau, die ihn liebte."[381] Die Hoffnung auf Veränderung ist zusammengeschrumpft in der Hoffnung auf das einzelne Individuum. Revolutionäre, marxistisch orientierte Gruppen haben das Auseinanderfallen von Individuum und Gesellschaftsprozeß und den Rückzug auf das distanzierte Individuum bald kritisiert. 1967 nannte der Kenianer Grant Kamenju die Nanga-Geschichte eine ausgezeichnete Enthüllung „der gegenwärtigen Bourgeoisie und neokolonialen Politik des ganzen Kontinents" und bemängelte zugleich, daß Achebe nicht engagiert sei und seine Gesellschaft nicht umfassend darstelle.[382] Der Vorwurf, er sei nicht engagiert, ist allerdings ungenau. Achebe will sich durchaus mit seiner Kunst gesellschaftlich einsetzen – von einer kleinbürgerlich-humanistischen Position aus, die im Individuum, in seiner bürgerlich idealisierten Moral sowie in allgemeiner (wiederum bürgerlich gesehen) sozialer Gerechtigkeit und Demokratie ihre Maßstäbe hat. In der komplizierten Situation nach der Unabhängigkeit versperrte sich ihm weitgehend der Blick für historisch vorhandene soziale Gegenkräfte. Oder anders gesagt: Der bürgerlich verstandene „einzelne als einzelner" schien ihm die einzige Möglichkeit, schlechter gesellschaftlicher Realität zu widerstehen. Aus dieser Haltung hatte sich auch die Annahme des „psychologischen Realismus", der sensualistisch-einfühlsamen Erzählweise des 19. Jahrhunderts ergeben, die, von der Betonung des Individuums und dem bis zum letzten Drittel des 19. Jahrhunderts weitgehend ungebrochenen Bewußtsein einer geordneten, durch einfache Wahrnehmung (und Einfühlung) durchschaubaren Welt ausgehend, in „einfacher" Schilderung des Wahrnehmbaren (Sensualismus) und durch Einfühlung in „typische" Individuen komplexe und komplizierte Wirklichkeit in Kunst vermitteln soll. Die relativ klaren Mechanismen der Kolonialsituation konnten auf diese Weise von Achebe – und anderen, die einer ähnlichen Erzählweise gefolgt waren – noch relativ einfach und genau vermittelt werden. Die Wirklichkeit nach der Unabhängigkeit aber ließ und läßt sich damit ungleich schwieriger, wenn überhaupt, realistisch erfassen.

In der „Krise" von Achebes Epik scheint die geschichtliche Entwicklung von den fünfziger zu den sechziger Jahren auf. Das explosive Aufbrechen der Antagonismen, die Bedrohung von Demokratie und Humanität, die sich insbesondere mit der bewußt geförderten Kapitalisierung und durch die kolonial und neokolonial deformierte Entfaltung von moderner Warenproduktion und entsprechender Bedürfnisse ergaben, konnte nicht einfach mehr in der Haltung des „Weisen", der die „lange Sicht" hat, aber keine konkreten sozialen Alternativkräfte sieht,[383*] beschrieben werden. Die Kompliziertheit der neuen Verhältnisse, das jähe Auseinanderfallen von sachlichen Prozessen und individuellen Erwartungen[384*] drängte Achebe – entsprechend seiner Humanismus-Konzeption – zur Konzentration auf das Individuum, das seine Ideale bewahren kann, zumindest scheinbar. Das äußert sich in der tendenziell subjektivierten Haltung zur Realität bis zur Strukturierung des Romans durch einen fiktiven Erzähler, der „seine" – und nicht zuletzt Achebes – individuelle Sicht der Dinge in den Vordergrund rückt. Die „krisenhaften" Züge in Achebes Roman, krisenhaft im Hinblick auf sein bisheriges Werk und seine weltanschauliche und ästhetische Programmatik, deuten einen Umbruch in seinem Schaffen an. Bis in die siebziger Jahre hinein hat er keinen Roman mehr veröffentlicht. Die Divergenz von individuellem humanem Entwurf und objektivem sozialem Prozeß, von notwendiger kritischer Entlarvung „schlechter Realität" und der Vermittlung praktikabler Hoffnung führten zur unterschiedlichen Behandlung der Probleme in verschiedenen literarischen Genres. 1971 brachte er einige Erzählungen heraus, in denen er die kritische Enthüllung zugespitzt fortsetzte. Gleichzeitig veröffentlichte er erstmals einen Gedichtband *Beware Soul Brother,* in dem in verschiedenen Gedichten nebeneinander – insgesamt aber aufeinander bezogen – Kritik, Resignation und eine gleichsam nüchterne Haltung einzelner Individuen als humane Alternative vermittelt werden.[385*]

In der Erzählung *Vengeful Creditor* gibt ein kleines Mädchen dem ihm anvertrauten Baby rote Tinte zu trinken. Beide Kinder kommen aus entgegengesetzten Welten. Das Mädchen ist Tochter einer armen Dorfbewohnerin, Analphabetin, das Baby wohlbehüteter Sprößling einer Familie der neuen reichen bürokratischen Bourgeoisie, die hochmütig und militant klassenbewußt auf die Masse herabschaut. Ihre Kinder können die Schule besuchen, werden im Auto hingefahren – dem Mädchen sind die Wege zur modernen Bildung versperrt. Im Glauben, nur das Baby, um das es sich für Geld kümmern muß, sei das einzige Hindernis, gibt es ihm Tinte zu trinken, Symbol der begehrten Bildung und zugleich des anscheinend gewaltsamen Weges, durch den diese nur erreichbar ist. Das ist provokativ. Die tiefe

Kluft ist unübersehbar. „Was ist dieses Leben?" fragt die Mutter des Mädchens am Ende. „Gott, was ist nur los?"[386]

Getrennt von dieser Geschichte deuten Gedichte dann auf Möglichkeiten, die Fragen zu lösen – individuell, von Fall zu Fall, ohne auf die Umwälzung bestehender Verhältnisse zu zielen. Der Inhumanität kann widerstanden, vernünftige Beziehungen und Haltungen können durchgesetzt werden, wenn man nüchtern, Realitäten in Rechnung setzend, handelt. Die Vorfahren, die eigene religiöse Normen und Gebote unterlaufen, ihre eigenen materiellen Interessen verfolgen und vernünftige Humanität wahren, die so ihre Götter wie Kinder behandeln *(Those Gods are Children)*[387], sind ein Modell.

Die „Krise" in Achebes Schaffen verweist auf wesentliche Probleme jeder realistischen Literatur seit den sechziger Jahren. Auch mit einem anderen philosophischen und politischen Verständnis und anderen gesellschaftsstrategischen Zielstellungen läßt sich afrikanische Wirklichkeit – insbesondere aktuelles und in der Perspektive real mögliches Wirken historisch progressiver Kräfte und Tendenzen – über Kunst schwierig aufschließen. Sembène Ousmanes und Mongo Betis literarische Auseinandersetzung mit der Unabhängigkeit ist ähnlich verlaufen. Ousmane, der bis Anfang der sechziger Jahre gerade die antikapitalistischen Kräfte der antikolonialen Revolution vorstellte und so ein neues afrikanisches „goldenes Zeitalter" als Reich der revolutionären Arbeiter, Bauern und Intellektuellen zu bedeuten suchte, dokumentiert bäuerliche und halbproletarische Opfer kapitalistischer Entfaltung (*Le Mandat* und *Vehi Ciosane ou Blanche-Genèse,* beide 1965 veröffentlicht), und er skizziert Mechanismen dieser Entfaltung (*Xala,* 1973), die sich gegen ihre Hauptträger selbst kehren. Xala, sexuelle Impotenz, befällt den Kaufmann Abdou Kader in der Hochzeitsnacht mit seiner dritten Frau, in dem Moment, wo er glaubt, eine neue sichere Stufe sozialen Ansehens und geschäftlicher Leistungsfähigkeit erreicht zu haben. Im körperlichen Versagen äußert sich die Unproduktivität, die verkrüppelnde Entfremdung, die der ehemalige Lehrer und antikoloniale Gewerkschaftler jetzt erfahren muß. Die Möglichkeiten des Erwerbs, die die Unabhängigkeit bietet, will er zur demonstrativen Konsumtion von Reichtum nutzen, wie es gewohnte Praxis herrschender Schichten in vorkapitalistischen Klassengesellschaften war. Die prunkvolle Heirat einer dritten, kostspieligen Frau soll seine „Afrikanität" zur Schau stellen. Das kollidiert mit den neuen Verhältnissen, in denen seine Erwerbsmöglichkeiten wurzeln – er ruiniert sich finanziell. Er versucht dem Bankdirektor, seinem afrikanischen „Bruder", den Verlust eines Kredites zu erklären. Der Direktor entgegnet ihm: „Ist das ein Grund, geliehenes Geld zu verschwenden? Eine Bank hat ihre Regeln."[388] Zwänge der Kapitalsverwertung, sachliche Verhältnisse sind bestimmend, nicht mehr traditionelle persönliche Beziehungen.

Reale politisch handelnde oder gar organisierte Gegenkräfte, früher von Ousmane in den Vordergrund gerückt, sind nicht in Sicht. Zum Schluß bedrängen den ruinierten Kaufmann pauperisierte Stadtbewohner, darunter ein Mann, den Abdou Kader um sein Land betrogen hat. Das kann bedeuten, daß die „Niederen" die Macht ergreifen könnten, geht aber kaum über eine metaphorische Vertröstung auf eine unbestimmte Zukunft hinaus.[389*]

Mongo Beti veröffentlichte zwischen 1958 und 1974 kein künstlerisches Werk. Die Unabhängigkeit schien ihn stumm gemacht zu haben. In *Perpétue et L'Habitude du Malheur* (dt. *Perpétue und die Gewöhnung ans Unglück*), 1974 in Frankreich erschienen, beschrieb er dann, was er 1959 Lylian Kesteloot auf ihre Frage nach der Négritude zu Bedenken gegeben hatte: „Es wäre besser, das Problem als soziales denn als rassisches zu sehen. Im übrigen entwickelt sich die Situation, und es ist wahrscheinlich, daß es, wenn der koloniale Druck verschwindet, Versuche der Unterdrückung Schwarzer gegen Schwarze geben wird. Deshalb muß man die Lage im Kontext sozialer Unterdrückung sehen."[390] Kamerun als Modell nehmend, legt er die Herrschaftspraktiken eines neuen afrikanischen Diktators, der ihm ergebenen bürokratischen Bourgeoisie und kleiner Mitläufer bloß. Mittels einer Einheitspartei, die ihre Zellen bis in traditionelle Clangemeinschaften eindringen läßt, beutet das Regime durch Korruption und heimtückische Brutalität das Land aus, im Verein mit ehemaligen Kolonialisten und neokoloniale Bindungen eingehend. Soziale und individuelle produktive Ansätze einer unabhängigen demokratischen Entwicklung werden erstickt – dokumentiert im Schicksal der intelligenten, fähigen, modern gebildeten Perpétue, die von ihrer Familie an einen kleinen Beamten zur Heirat verkauft wurde und, in der Ehe gedemütigt und an der Entfaltung ihrer Fähigkeiten gehindert, zugrunde geht.

Beti beschreibt eine anscheinend verfestigte, unbewegliche Realität, die zur „Gewöhnung ans Unglück" zwingt. Bewegung entsteht durch die Fragen und Nachforschungen des Bruders, des Lehrers Essola, nach Wurzeln und Umständen von Perpétues Tod. Bewegung ist hier nicht Veränderung der Verhältnisse – die Nachforschungen enthüllen die unbewegliche Situation. Das Bewußtmachen ihrer Mechanismen und zerstörerischen Auswirkungen strukturiert die Darstellung. In dem Maße, wie sich Essola direkte und indirekte Umstände des Zugrundegehens seiner Schwester entfalten, gewinnt der Leser Einblicke in afrikanische neokolonialistische Wirklichkeit, schärft sich sein Verständnis notwendiger Umwälzungen, ohne daß Beti ihm realistische Wege dazu bedeuten kann. Eine reale Alternative gab es in der Vergangenheit – die revolutionäre Bewegung unter Führung von Ruben. Beti verweist hier gleichsam dokumentarisch auf die wirkliche geschichtliche Alternative Kameruns, die die bürgerlich orientierten Kräfte im Zusammenspiel mit der Kolonialmacht und neokolonialistischer Hilfe Ende der fünfziger, Anfang der sechziger Jahre zerschlugen.[391] Essola war aktiver Anhänger von Ruben. Jetzt begibt er sich in die Dienste des Regimes, das fähige Spezialisten braucht. Die Ziele einer demokratischen Revolution sind nicht aufgegeben, die gegenwärtigen Verhältnisse bieten dafür aber keinen praktischen Ansatzpunkt. Rebellische Haltung kann sich nur in der Gewalt gegen einzelne äußern. Essola tötet seinen Bruder. Der Mord ist Ersatzhandlung. Im unbedeutenden Teilnehmer am System der bedenkenlosen Bereicherung soll – ohnmächtig – das System getroffen werden; es verkehrt sich aber nur humaner rebellischer Ansatz in sein Gegenteil. Das Regime, das mit Mord seine Herrschaft sichert, geht großzügig darüber hinweg – solange es den Mörder braucht.

Beides, Verkehrung von Essolas humaner Haltung und die Reaktion des Regimes, sind wohl schärfste Kritik der Verhältnisse. Der Leser soll ihren sozialen und menschlichen Folgen geistig nicht ausweichen können. Kein Raum soll für Illusionen einer leichten Veränderung in der gegenwärtigen Situation oder eines Rückzuges in ein privates Glück und in eine Humanität der individuellen, persönlichen Welt gelassen werden. Ansatzpunkte für eine Alternative wären zu finden, wenn die vermittelten Sachverhalte in ihrer bedrängenden Ernsthaftigkeit nüchtern aufgenommen würden.

In der ernsthaft-spröden Erzählweise teilt sich diese Zielstellung mit. Es fehlen die witzige Ironie, die Leichtigkeit, mit denen Beti 1957 in *Mission terminée* den modern gebildeten Afrikaner, der sich von seiner afrikanischen Umwelt weitgehend entfremdet hat, und diese Welt, die mit unproduktiven, historisch überholten Traditionen belastet ist, gleichermaßen der Kritik überlieferte, und es fehlt die feine und zugleich durch die Naivität des fiktiven Erzählers hintergründig-beißende Komik, mit der Beti in *Le Pauvre Christ de Bomba* die ohnmächtige Macht des Kolonialismus beschrieb und so dessen geschichtliche Erledigung ästhetisch vorwegnahm.[392]* Jetzt geht seine Erzählung schwer, mitunter spröde-verkrampft einher. Sie neigt zu – künstlerisch „unbearbeiteter" – Darlegung von Sachverhalten, wie sie publizistischer Beschreibung eigen ist.[393]* Das kann die Wirksamkeit der kritischen Enthüllung abschwächen.

Es stellt sich – wie bei Achebe – die Frage, welche Möglichkeiten und Grenzen „einfache", chronikartige einfühlsame Erzählweise, die der im 19. Jahrhundert entwickelten bürgerlichen Prosa weitgehend folgt, für die Vermittlung realistischer Haltungen zur konkreten historischen Situation des subsaharischen Afrika seit den sechziger Jahren hat. Kunst, in der bezeichnete Welt in ihrer alltäglich wahrnehmbaren, somit vertrauten Gestalt erscheint, kann die Aufnahmebereitschaft des Lesers abstumpfen, ihn durch die „vertraute Erscheinung" des Dargestellten und der Darstellung Einsichten in und Sensibilität für ihre Kompliziertheit, ihre „Fremdheit" verbauen. Größere Teile der afrikanischen Intelligenz, der wichtigsten potentiellen Lesergruppe, nehmen heute einige Erscheinungsformen kapitalistischer Entwicklung, in der Literatur der sechziger Jahre „einfach" geschildert, oberflächlich als individuelle und soziale Defekte (menschliche Schwächen), ohne ihre konkreten historischen Wurzeln und Mechanismen und besonderen Strukturen, also ihre Historizität zu befragen. B. G. Mutisos 1971 auf einer Literaturkonferenz in Kenia vorgeschlagene Analyse ist ein Beleg. Die kritische Literatur von Gabriel Okara über Achebe bis Okot p'Bitek behandelnd, sieht er in den unabhängigen Ländern schwere Defekte, die durch ein nicht näher diskutiertes, gleichsam „normales", allgemein-menschliches Streben „nach schnellem Erwerb von Reichtum und Macht" und eine damit einhergehende „Annahme rassischer Minderwertigkeit" bewirkt werden.[394]

Die einfühlsame oder einfach-alltägliche Bezeichnung von Sachverhalten, die die Wirklichkeit als „normal" erscheinen läßt, können die vielfältigen Aspekte der neuen komplizierten Realität, die spezifischen Reaktionen, Sensibilitäten und Denkweisen der durch sie erschütterten Individuen nur bedingt erfassen. Die „klassisch"-realistische Gestaltung, die Achebe anstrebt, mußte in die „Krise" geraten – so wie sein kleinbürgerlicher Humanismus, der sich allein auf die anständige Haltung des einzelnen orientiert. Aber auch die chronikartige Beschreibung der Dinge kann wohl nur begrenzt Assoziationsvermögen, das „hinter die Dinge" oder, genauer, hinter ihre wahrnehmbar-vertraute Erscheinung gehen will, mobilisieren.

Sensibilisierung für eine schwierige Wirklichkeit: Ayi Kwei Armahs Prosa

Achebe, Ousmane, Beti reflektieren eine neue komplizierte Situation, in der gestern noch gehegte Erwartungen eines neuen „goldenen Zeitalters" zerschlagen sind. Ihre Erzählweise vermittelt aber kaum spezifische neuartige Wahrnehmungen, Assoziationen und emotionale Reaktionen, die zwangsläufig durch die veränderte Wirklichkeit entstehn. Das jähe „Anderssein der Welt" und der Lage des Individuums teilt sich nur bedingt in ihrer künstlerischen Sicht und Behandlung mit. Die gleichsam „normale" Zeichnung einer befremdenden, unheimlich bedrängenden Wirklichkeit läßt diese alltäglich erscheinen. Die Vertrautheit, die diese alltäglichen Bilder, mit einfachen Mitteln erzählt, herstellen, lädt zur Einfühlung in die von ihnen bedeutete Wirklichkeit ein; sie läßt es nicht unmöglich erscheinen, sich in ihr einzurichten. Wohl nicht zufällig passen sich der Revolutionär Essola und der kritische Intellektuelle Odili bei allen Vorbehalten in Gegebenheiten ein. Es stellt sich die Frage nach einer künstlerischen Behandlung, in der sich die veränderte, fremd gewordene Wirklichkeit, ihr entsprechende Subjektivität, Wahrnehmungsweisen und Vorstellungen auch ästhetisch äußern – nach Bildern, Metaphorik und Gleichnissen, nach einer Darstellungsstruktur, die die Fremdheit fremd, die das Anderssein als „anderes" vorstellt, die das betroffene Individuum ästhetisch „trifft". Was die Négritude-Dichtung der vierziger und fünfziger Jahre im Umkreis von Césaire und Senghor für die nationale Befreiung leisteten, indem sie eine scheinbar natürlich gegebene Einrichtung der Dinge, scheinbar „vertraute" Normen und absolute Werte des Rassismus und Kolonialismus dichterisch verkehrten und so erschütterten, wäre jetzt für die soziale Befreiung und die Entfaltung von individueller Produktivität durch künstlerische Verfremdungen einer anscheinend schon wieder unbeweglich gewordenen Wirklichkeit, durch die dichterische Demonstration von Subjektivität zu versuchen. Die nigerianische moderne Literatur hatte dazu bereits Anfang der sechziger Jahre angesetzt in Christopher Okigbos Lyrik, mit Werken wie J. P. Clarks Stück *The Raft* (dt. *Das Floß*),[395*] in Gabriel Okaras Lyrik und seinem Roman *The Voice* (dt. *Die Stimme*), mit dem Schaffen von Wole Soyinka. Ende der sechziger Jahre hatte sich – u. a. mit O. p'Bitek, Taban lo Liyong – diese Tendenz internationalisiert. Ayi Kwei Armahs Prosa ist wegen ihres künstlerischen Ranges und der um sie geführten Auseinandersetzung dabei von besonderem Interesse.

1968 kam sein erster Roman *The Beautyful Ones Are Not Yet Born* heraus. Er erlebte kurz hintereinander mehrere Auflagen, darunter in der *African Writers Series* des britischen Heinemann-Verlages, über die er sehr schnell in alle englischsprachigen Länder des unabhängigen Afrika gelangte. In wesentlichen Punkten ist er *A Man of the People* ähnlich. Die Hauptfigur, ohne Namen als „der Mann" vorgestellt, sucht in einer Umwelt, die von sozialer Unproduktivität, dem Verlust individueller Integrität und hemmungsloser persönlicher Bereicherungssucht beherrscht ist, sich von Korruption frei zu halten und seine Individualität nicht aufzugeben, genauer: nicht zu verkaufen. Das steht im Gegensatz zum Verhalten Koomsons, seines ehemaligen Schulgefährten und Kollegen bei der Eisenbahn. Koomson, vormals Dockarbeiter und Gewerkschaftler, ist jetzt Seine Exellenz der Minister, Mitglied der Präsidentenkommission, führende politische Persönlichkeit Ghanas und „Held der Sozialistischen Arbeit". In ihm vereinen sich Geld und Macht.[396] Er stellt verschwenderische Lebenshaltung aus. Seine Machtstellung ausnutzend, sucht er sich als privater Unternehmer zu etablieren, so den Reichtum zu mehren, entgegen den Verboten für führende Funktionäre, privatunternehmerisch tätig zu sein und dadurch kapitalistische Ansätze ständig zu reproduzieren. Die großen Erwartungen, die an die nationale Bewegung vor der Unabhängigkeit, besonders an Nkrumah, geknüpft waren, scheinen jetzt restlos enttäuscht. In der Partei und der Regierung, im ganzen Land herrschen Korruption, ökonomische Unproduktivität und sklavische Nachahmung westlicher Konsumtion. Der Roman schließt mit dem Putsch, der 1966 Nkrumah stürzte und sozialistisch orientierte Ansätze zerschlug. Für Armah schafft er aber keine neue gesellschaftliche Situation. Er hält nicht, wie Achebe die Machtübernahme durch das Militär sah, eine katastrophale Tendenz auf. Nur die Männer an der Spitze, d. h. in den besten Startlöchern für persönliche Bereicherung, wechseln. Die ungeheuerliche, alles durchdringende Korruption, die Nichtbeachtung gesellschaftlicher, nationaler Interessen, die soziale Not der Massen bleiben. Am Anfang wie am Schluß des Romans erlebt „der Mann" alltägliche Bestechung.

Die Realität, die Armah darstellt, ist so absolut starr, nicht nur in einer umgrenzten historischen Phase, sondern auf „lange Sicht" gesehen, da sie der übergreifenden Wirksamkeit kapitalistischer Mechanismen unterliegt, ohne daß Armah sie als solche genau bezeichnet. Diese Mechanismen konzentrieren und symbolisieren sich im Geld. Besitz oder Mangel an Geld machen Persönlichkeit oder lösen individuelle Identität auf; sie schaffen vielfältige Beziehungen des Individuums oder tiefe Verlassenheit, ermöglichen reichen Genuß oder belassen den einzelnen und seine Familie in freudloser, sinnentleerter Kargheit. Ein scheinbar unauflösbarer Widerspruch ergibt sich: Die Produktivität, die das Individuum für seine Existenzsicherung und seinen Erwerb entwickelt, ist unproduktiv für die Gesellschaft und bedroht die Existenz der anderen. Persönlichkeit, Genuß und Geborgenheit können nur durch egoistische Bereicherung auf Kosten der anderen erlangt werden. Das schafft immer wieder eine tiefe Kluft in der Gesellschaft. Im sechsten Kapitel des Romans wechselt die Erzählung plötzlich von der dritten zur ersten Person. Es ist nicht immer genau bestimmt, wann diese Ich-Erzählung Haltungen „des Mannes" äußert und wann Armah selbst sich direkt an den Leser wendet, um, von der Unabhängigkeit ausgehend, afrikanische Realität verallgemeinernd zu deuten: „Männer, die nichts von Politik verstehen, haben sich hitzig auf Ideologie gestürzt, im Gedanken an das Geld, das kommen wird. Der Beamte (civil servant), der den Sozialismus haßt, ist dabei und singt Hosianna. Dabei ist auch der Dichter, der der Macht dient und darauf wartet, seinen wachsenden Bauch mit Krumen zu füllen. Er wird ohne Zweifel herbeispringen und seine Zunge in neue Ärsche passen, wenn neue Männer hochkommen, um auf uns zu scheißen . . . Es gibt so keinen Unterschied. Überhaupt keinen Unterschied zwischen den weißen Männern und ihren Affen, den Rechtsanwälten und den Kaufleuten, und nun den Affen der Affen, unseren Parteimännern. Und wenn ihre Herrschaft vorbei ist, wird es niemals einen Unterschied geben. Alle neuen Männer werden wie die alten sein . . . Wer kann sie tadeln, wenn es in dieser Gesellschaft keinen Weg gibt zu erfahren, ob denn irgendetwas anderes möglich ist? Wenn es der einzige Weg war, auf dem sie von uns entfliehen, weit über uns hinaufsteigen konnten, zunächst mit uns wie mit Brüdern sprechend – wer sind die Narren? Es gab so viel Gutes an den zerstörten Leuten, als sie erwachten und sich wieder ganzmachen wollten. Es gab so viel Herzerfüllendes an den Freundschaften und den Hoffnungen der ersten Tage. So sollte es leicht sein zu sehen, daß es immer nur Leute gab, die niemanden als sich selber retten wollten, niemals wollten sie etwas anderes, weder in der Vergangenheit noch heute, und es wird niemals irgendeinen Retter geben, wenn nicht jeder sich selbst retten wird. Keine Retter. Nur die Hungrigen und die Satten (fed)."[397]

Armah zielt nicht auf den Sozialismus schlechthin. Er setzt sich auseinander mit Verkehrungen des antikapitalistischen Entwurfs, mit den für ihn unaufhebbaren Problemen, die durch die Wirksamkeit kapitalistischer Prozesse unvermeidlich auch in sozialistisch orientierten Umbruchsgesellschaften gegeben sind, besonders in ihren ersten historischen Beispielen wie Ghana Anfang der sechziger Jahre. Die komplizierten sozialen, politischen und ideologischen Prozesse einer antikapitalistischen Orientierung, die Dialektik von objektiven, historisch nicht kurzfristig zu beseitigenden Antagonismen und von ernsten subjektiven Fehlern der führenden revolutionärdemokratischen Kräfte, auch Nkrumahs,[398]* werden nicht angesprochen. Der Roman kann so nur eine begrenzte Sicht auf Realität vermitteln. Wir werden darauf noch zurückkommen. Das Wesentliche aber ist, daß er neokolonial deformierte, bürgerlich geprägte Unabhängigkeit als unausweichlich fatale Realität bedeutet, auf eine Weise, die es nicht erlaubt, in einer solchen Realität auf humane Kompromisse oder individuelle humane Lösungen zu setzen. Sie drängt sich durch die scharfe Zeichnung ihrer menschlichen und dinglichen Details, ihres Milieus und der sich zu ihnen verhaltenden Subjekte unausweichlich in die Sinne – riechbar, schmeckbar, ertastbar nahe. Überscharf wahrgenommen wirkt sie fremd, bedrohlich. Sie alarmiert. Das Individuum – in der Wirklichkeit und in der Kunst – kann sich ihr nicht entziehen. Die aufdringliche Sinnlichkeit des Erzählens erlaubt kein Ausruhen im unverbindlich-schönen ästhetischen Schein. In einer solchen entfremdeten Welt muß sich Individualität notvoll behaupten, fordernd-aggressiv, wie die Realität selbst ist. Der Erzähler hat allen Anschein von überlegenem, weisem Wissen und klassischer Objektivität fallengelassen. Subjektives projiziert sich immer wieder in die Zeichnung von objektiven Sachverhalten.

Das unmittelbar sinnliche Verhältnis eines Busschaffners zu einem Geldschein spiegelt grell die Abhängigkeit des Lohnarbeiters von sachlichen Zwängen in der Abhängigkeit von einem Ding, in dem diese Zwänge ihm fetischisiert erscheinen: „Der Cedi lag dort auf dem Sitz. Zwischen den Münzen sah er fremd aus, und für einen Augenblick dachte der Schaffner, es wäre lächerlich, daß das Papier so viel bedeutender sein sollte als das glänzende Metall. Im schwachen Licht, das im Bus herrschte, sah er sich ganz dicht die Zeichnungen auf der Note an. Dann drängte sich ihm ein schwacher, aber hartnäckiger Geruch auf, und er rollte den Cedi auf und roch ihn bewußt, tief. Er mußte ihn wieder riechen, stand aber jetzt auf und hielt sich fern von dem öffentlichen Leder des Bussitzes. Aber der Geruch war nicht sein Irrtum. Fasziniert atmete er ihn tief in seine Lungen ein. Es war ein äußerst unerwarteter Geruch für etwas, das so neu war – es war ein sehr alter Geruch, sehr stark, und er war so sehr faulig, daß der Gestank von sich selbst mit einer merkwürdigen, befriedigenden Freude kam."[399] Die freudlose, niederdrückende Lage der „Hungrigen", der Eisenbahner, „des Mannes" erscheint im Milieu ihrer Arbeit. „Der Mann" geht die Treppe hinauf, die zu seinem Büro führt:

„Er bewegte sich abwesend auf die linke Seite der Treppe und langte nach der Unterstützung des Geländers, aber sofort nach der Berührung schreckte seine Hand in einer instinktiven Geste des Sich-Zurückziehens fort. Das Gefühl des Geländers auf den Ballen seiner Fingerspitzen hatte etwas unangenehm Organisches an sich. Eine schwache Glühbirne hing über der ganzen Treppe, aufgehängt an irgendeinem dünnen, unsichtbaren Faden. In ihrem Licht war es kaum möglich, das Geländer zu sehen, und die Ansicht war wie die eines sehr langen Stückes kranker Haut. Das Geländer war ursprünglich einmal aus Holz, und zu dieser Zeit war es noch möglich, in den tiefsten Rissen zwischen den Schwellungen eines anderen Materials ein undeutliches Stück tief gealterten braunen Holzes zu sehen . . . Es wäre unmöglich auszurechnen, wieviel Politur auf wie vielen Lappen das Holz auf dem Treppengeländer gesehen hatte, aber es war da bestimmt genug Ronuk und Mansion verspritzt worden, um dem Raum seinen unauslöschlichen Gestank von fauligem Terpentin zu geben. Was da vor sich gegangen war und was jetzt vor sich ging und immer wieder vor sich gehen würde in all den kommenden Jahren, war eine Art Krieg, geführt im Schweigen langer Zeitalter, ein Kampf, in dem nur die scharfen, unheimlichen Augen und Ohren wahnsinniger Seher das betrügerische, leichte Atmen der Kämpfer entdecken würden.

Das Holz darunter würde gewinnen und gewinnen, bis ans Ende der Zeit. Ein Zweifel daran ist nicht möglich, nur der Schmerz einer Hoffnung, die immer wieder zur Enttäuschung verdammt ist. Es war so klar . . .

Neben dem Holz selbst gab es natürlich Menschen, so viele Hände und Finger, die dem Holz Hilfe bringen auf seinem Weg zur Fäulnis. Linkshändige Finger, die in ihrer unbekümmerten Reise von einem hastigen Wisch über den After (hasty anus) den ganzen Weg am Geländer hochgleiten, wenn ihre Besitzer ihre Rückkehr von der Toilette im Parterre zu den Büros nach oben machen. Rechtshändige Finger, die noch von der Nachtpisse tropfen und dem schalen Schweiß von fetten Schenkeln. Die schwieligen Hände von Boten, nachdem sie ihre verstopften Nasen geblasen haben und nach einer geeigneten Stelle suchen, wo man die gutverriebene Feuchtigkeit lassen kann. Nachmittagshände, die noch nicht ganz sauber geleckt sind von der Palmensuppe und den Überresten des k e n k e y. Das Holz würde immer gewinnen."[400]

Die Welt der Lohnarbeiter, „des Mannes" oder hier „des Menschen", die nicht sich auf Kosten der anderen bereichern wollen und können, ist häßlich, erschreckend arm, bedrohlich fremd. Die Erzählung hat wie die von ihr bedeutete Realität jede Vertrautheit verloren. Der Künstler beschreibt nicht mehr nur eine problematische Wirklichkeit – er erzählt „problematisch", indem er ihre Häßlichkeit und Bedrückung „in die Sinne springen läßt" und so ein Ausweichen in die Illusion sinnvoller Ordnung unmöglich zu machen sucht. Er sagt es mehrmals ganz offen in der Ich-Erzählung, in der gleichsam Armah selbst und seine Figur „der Mann" reflektieren, daß jede Verheißung sich in ihr Gegenteil kehre: „Ich werde nicht durch die Stimme hingerissen werden (entranced) . . . Ich werde nicht hingerissen werden, da ich die Zerstörung der Verheißung gesehen habe, die sie ausspricht."[401] Man kann kaum flüchten in die letztlich unrealistische Hoffnung auf eine individuell befriedigende Lösung oder in die vage Erwartung einer besseren Zukunft, wenn gleichzeitig die das Individuum auflösende Realität gerochen, geschmeckt, betastet wird: „Durch die Fenster kamen ihre Geräusche: alte Lieder, deren Wörter sich aus dem alten Lob auf Nkrumah in Beschimpfungen seiner Person verwandelt hatten. So wie der Lärm der Partei, als die ganze erste Verheißung aufgezehrt war und sie ein Ort geworden war, wo fette Männer Dinge fanden, mit denen sie sich noch etwas mehr aufblähen konnten. Der Lärm bewegte sich den Hügel hinauf, und die Männer, die ihrer Furcht gefolgt waren und loszogen, um den Lärm dicker zu machen, kamen nicht zurück zu ihrer Arbeit. Die Zeit hatte eine Stille, die Gedanken an des Mannes ganzes Leben weckten, mit Bildern und selbst mit Empfindungen (tastes), die die Sinne mit einer schmerzhaften Schärfe trafen und dann sofort verschwanden und die nur die Empfindung von etwas für immer Verlorengegangenem zurückließen, eine Einsamkeit, die nicht einmal der

Tod beenden könnte."[402] Nicht nur die Illusion wird zerstört, daß die gegenwärtige Welt eine alte vertraute ist, deren Unordnung sich wieder in gewohnte Ordnung wenden wird – eine Sensibilität stellt sich vor, die, aus der ungewohnten, neuartigen, fremden Realität entsprungen, dem Individuum ermöglichen soll, diese Realität auch scharf genug wahrzunehmen, und die, in künstlerischer Gestalt vorgezeichnet, menschliche Wahrnehmungsfähigkeiten bereichert und erweitert.

Gerade aber wegen dieser Züge stieß der Roman auf Kritik bei der afrikanischen Intelligenz. Armah demonstriere und ahme nach das „Syndrom der menschlichen Situation" (human condition syndrome) der europäischen Literatur, führte Achebe 1972 aus. Diese habe wohl guten Grund zur Verzweiflung, aber die Afrikaner könnten sich gegenwärtig keine Enttäuschung erlauben. Es sei ein gutgeschriebenes, aber krankes Buch: „Krank nicht an der Krankheit Ghanas, sondern an der Krankheit der Situation des Menschen (human condition)." Die Geschichte spiele nicht in Ghana, sondern in einem „modernen, existentialistischen Niemandsland". Der Held, namenlos, erinnere an existentialistische Literatur, an Sartre. Armah sei ein „entfremdeter Schriftsteller, ein moderner Schriftsteller mit allen entsprechenden Symptomen". Ghana sei nicht erkennbar, die „Aura kosmischen Leides und kosmischer Verzweiflung" fremd und unbrauchbar. Es gäbe einen enormen Abstand zwischen Armah und Ghana.[403]

Nun sind Ähnlichkeiten zur modernen europäischen und nordamerikanischen Literatur auffällig. Wichtige Strukturelemente ihrer Epik finden sich in *The Beautyful Ones Are Not Yet Born* wieder: die klare, grell-genaue Zeichnung von Details einer Realität, die, als Ganzes unklar, ungeordnet, befremdlich, sich einer klaren, übersichtlichen Darstellung zu entziehen scheint; die Konzentration auf das Subjektive, die Projektion betont subjektiver Sicht und Vorstellungen auf die Außenwelt, die subjektive Färbung geschilderter Dinge und Verhaltensweisen, die oft in expressive, phantastisch-hyperbolische Darstellungen umschlägt, und zugleich daneben eine fotografisch genaue, fast kühl-teilnahmslose Bezeichnung von Sachverhalten; die tastende Sprache, die Vorgänge der Psyche und der Außenwelt im Aneinanderfügen von „Bruchstücken", mitunter durch lange, sich nicht abschließende Sätze, zu erfassen sucht und oft gleichzeitig Vorgänge philosophisch deutet, von diesen Vorgängen in allgemeine Betrachtungen schweift; der plötzliche Wechsel von

Blickwinkel oder Darstellungstechniken – von der dritten zur ersten Person, von der Erzählung zur Vorstellung gleichsam dramatischer Dialoge; das sinnlich bedrängende, nackte Benennen von Dingen und Haltungen, das für die Kunst bis Ende des 19. Jahrhunderts in Europa tabuisiert war, ein Benennen, das sich ungeniert der „derben" Sprache der benannten Realitäten bedient und so ungewohnte, weil bisher ungesagte Bilder häßlicher, abstoßender, „niederer" Realität entwirft.[404*] Sartres Romane sind nur eines der vielfältigen Muster. Das schmerzhafte sinnliche Verhältnis des Individuums zur Außenwelt, das Sehen und Erfühlen ihrer Existenzen und zugleich die Problematik solcher Berührung, ihre genaue Schilderung und gleichzeitige subjektive Brechung in der weltanschaulichen Interpretation durch den fiktiven Tagebuchschreiber Roquentin prägen die Struktur von Sartres erstem Roman *Der Ekel*. „Ich hebe gern Kastanien, alte Fetzen, vor allem Papierstückchen auf", notiert Roquentin. „Ich empfinde es angenehm, sie aufzunehmen, meine Hand über ihnen zu schließen; es fehlte nicht viel, und ich würde sie, wie es Kinder tun, an den Mund führen."[405] Oder: „Ich stütze meine Hand auf das Sitzbänkchen, ziehe sie aber gleich wieder zurück: es existiert. Dieses Ding, auf dem ich sitze, auf das ich meine Hand stütze, nennt sich Sitzbänkchen ... Ich murmle vor mich hin, ein wenig wie eine Austreibungsformel: ‚Das ist ein Sitzbänkchen.' Aber das Wort bleibt auf meinen Lippen haften: es setzt sich nicht auf dieses Ding ... Dieser ungeheure, aufgeblähte, in die Luft sich reckende Bauch, dieser blutigrote, mit seinen Tausenden von toten Füßen, dieser Bauch, der in dem Wagen schwimmt, unter diesem grauen Himmel – er ist kein Sitzbänkchen. Es könnte ebensogut, zum Beispiel, ein toter Esel sein, der – den Bauch nach oben – auf einem großen grauen Fluß, einer Überschwemmung dahergesegelt kommt ... Die Dinge haben sich von ihren Namen gelöst. Sie sind da – grotesk, eigensinnig, riesig ... ich bin inmitten von namenlosen D i n g e n."[406]

Von solcher spezifischen Bedeutung der Dinge einmal abgesehen, drängt sich der Vergleich auf mit jener Szene, in der „der Mann" das Treppengeländer wahrnimmt. Aber man wird auch an die Erzählweise Faulkners erinnert, die immer wieder vom Schildern der Dinge von konkreten Verhaltensweisen, von der Außenwelt in deren Deutungen, zur subjektiven Brechung durch den Erzähler oder die fiktiven Ansichten der Figuren gelangt. Gewiß, Armah teilt sich nicht mit – wie Faulkner – in langen, Seiten überspannenden Reihen von Gedanken und Details, die grammatisch einen Satz organisieren, aber viele „Sätze" über sehr verschiedene Ausschnitte und Sichten von Realität sind, Sätze, die die Einheitlichkeit und die Brüche von Vorgängen, von Denken und Empfinden, von Realität und Reflexion über sie als Kontinuum und in ihrer Diskontinuität zugleich vermitteln. Der Ansatz dazu ist jedoch zu erkennen.[407*] Das nackte Benennen der „niederen" häßlichen Dinge und Vorgänge in „niederer" häßlicher Sprache, das Achebe am Beispiel der Treppengeländer-Szene besonders kritisiert, könnte auch aus Joyce' *Ulysses* übernommen worden sein.[408*]

Die Sachverhalte, die Armah bezeichnet, sind aber die Ghanas der sechziger Jahre.[409*] Er sucht die Problematik dieser bestimmten Realität zu fassen, nicht die irgendeines „existentialistischen Niemandslandes"; die sinnlich bedrängenden, brutalen Details sind dieser Realität entnommen, und eine ihr angemessene Sensibilität soll mobilisiert werden. Sein Roman darf also nicht nur hinsichtlich seiner Ähnlichkeit mit Werken europäischer und nordamerikanischer moderner Literatur gesehen werden. Das machte die ghanaische Schriftstellerin Christina Ama Ata Aidoo 1969 deutlich. Armah habe, schrieb sie, das Maß „der nackten schmutzigen Korruption des unabhängigen Ghana" so bloßgelegt, wie es keine wissenschaftliche Analyse bisher vermochte. „Der Mann", ein Eisenbahner Ghanas, sei nur in einer Hinsicht untypisch – im „Grad seines sensiblen Bewußtseins (awareness)". Das heiße nicht, Ghanas Arbeiter hätten kein Bewußtsein. Ihre antikolonialen Aktionen und ihr großer Streik von 1961 haben das Bewußtsein deutlich gezeigt. Aber Arbeiter Ghanas, die sich ihrer Lage bewußt sind und zugleich die Sensibilität „des Mannes" hätten, würden „in einem Land wie Ghana im Irrenhaus enden". Daß die Geschichte der Arbeiter Ghanas bzw. bei Armah sich nicht von der des Proletariats im größeren Teil der Welt unterscheidet, mache es „nicht im geringsten leichter, sie zu schlucken".[410]

Armahs zweiter Roman *Fragments* (1970) zeigte dann, wie ein Mann durch die Verhältnisse zum Irrsinn getrieben wird, allerdings nicht ein Proletarier, sondern ein Angehöriger der Intelligenz. Baako, die in den Irrsinn gleitende und gedrängte Hauptfigur, kommt vom Studium in den USA nach Ghana zurück, um für sein Land als Schriftsteller produktiv zu arbeiten. Das Land aber ist auf allen Ebenen der Öffentlichkeit, der gesellschaftlichen Arbeit, von Unproduktivität, Sterilität und Unbeweglichkeit bereits eingefahrener neuer Herrschaftsverhältnisse gelähmt. Konkurrenzjagd nach Konsum, der egoistische Erwerb der Dinge, die die entfaltete Warenproduktion

Westeuropas und Nordamerikas herstellt und mit denen sie in das Land hineinwirkt, herrschen vor. Das Besitzstreben der Individuen und der kleinen Gruppen, der Großfamilien, das unproduktive Sich-Festklammern an Stellen und zugleich das rücksichtslose egoistische Ausnutzen privilegierter Posten, auffälliger Konsum erscheinen als das Normale, als natürlich. Derjenige, der – wie Baako – der Gesellschaft produktiv dienen will, die Sterilität und die Herrschaft des Konsumverhaltens zu überwinden sucht, hier nicht mitmacht, ist dagegen das Fremde. Er enttäuscht seine Familie, die von ihm, dem neuen Mitglied der „gebildeten Elite" als herrschender Schicht, Zugang zu neuem Besitz erwartete, und er kollidiert mit den verschiedenen Institutionen und Vertretern der herrschenden Gruppen. Er selbst zerbricht an seiner Fremdheit, die Vereinsamung bedeutet, und an den schmerzvollen Erfahrungen jener fatalen Alternative, die bereits „der Mann" erlebte, entweder die Gesellschaft zu betrügen und seiner Familie den Traum vom Glück zu erfüllen oder im individuellen Dienst für eine sozial gerechte, gesellschaftlich produktive, vom Neokolonialismus unabhängige Ordnung in Vereinsamung zu geraten, da niemand diesen Dienst wünscht. So wird er von beiden – dem System und der Familie – dem Wahnsinn zugetrieben. Die Öffentlichkeit verfolgt ihn wie einen tollwütigen, kranken Hund – eine große Metapher, die Armah mit der ausführlichen Beschreibung, wie ein Hund auf einer Autostraße erschlagen wird, gleich zu Beginn des Romans beginnt.

Der Gegensatz zwischen ihm und dieser Welt des unproduktiven Erwerbs, der – bereits – versteinerten Verhältnisse und Verhaltensweisen, der konsumtiven Hingabe an die Dinge ist allgegenwärtig. Er kommt aus dem „Warenparadies" des Auslands zurück ohne eines der begehrten Dinge. Er hat nur eine Schreibmaschine, sein Arbeitsgerät, und eine Gitarre. Das setzt ihn scharf ab von dem bürokratischen Bourgeois Brempong im selben Flugzeug, der bei seinen Aufenthalten im Ausland für seine ganze Familie einkauft. Für ihn sind Fahrten nach England Ausflüge der Bereicherung und in das „wirkliche Leben".

Er ist der normale „große Mann", „Unser weißer Mann", wie ihn seine Familie und Anhänger begeistert am Flugplatz empfangen, „in einem ekstatischen, emotionalen Durcheinander".[411] Baako will einen Film drehen, der die grausame Geschichte der Versklavung Afrikas und den harten, komplizierten Befreiungskampf zeigt. Der Film soll Bewußtsein schärfen, Realitäten enthüllen – im Gegensatz zu der oberflächlich-lobenden, Widersprüche glättenden, idyllischen Kunst, die sonst im Land produziert wird. Die Geschichte, deren Kennzeichen die Gewaltsamkeit ist, soll das Publikum zu einer Rezeption zwingen, die jedwede Idyllisierung der Vergangenheit ausschließt. Das Exposé beginnt so: „Durch sich wiederholenden Gebrauch von Bild und Ton Eindruck der Idee von Gewalt, Unangenehmem, Stärke, des Unwiderstehlichen. Angriff auf den Betrachter, Einbruch (invading) in seine Augen, Bestürmen (assaulting) seiner Ohren."[412] Der Direktor des Fernsehens lehnt das Projekt ab. Man hätte eine „glorreiche Kultur" geerbt: „Sie sind zu abstrakt in ihrem Verhältnis zu unserer Arbeit", bedeutet er Baako. „Zum Beispiel, was Sie gerade sagten, hat nichts mit der Kultur unseres Volkes zu tun – all diese Sklaverei, das Überleben, der Brand."[413] Für solche Filme gebe es kein Material und keine Kameras. Alles sei bereits für die wichtigen nationalen Feiertage aufgeteilt, für deren Spiegelung im Fernsehen. Ein Kollege erklärt Baako, warum der Direktor bei jeder Sitzung sage, es sei kein Material vorhanden: „Du wirst sehen. Wir müssen dem Staatsoberhaupt folgen und nette Bilder von ihm und seiner Umgebung machen. Ist das nicht schwierig? Wir hatten einen Vortrag, bevor du kamst. Eine Nation wird geschaffen, indem man ihre großen Leute (big shots) glorifiziert. Jedenfalls ist das unser Job."[414]

Armah folgte der Erzählweise seines ersten Romans. Die Erzählung selbst reflektiert das – in dem Filmentwurf Baakos. Das Bild widersprüchlich-fataler Realität ist aber insgesamt breiter, konkreter und deshalb schärfer. Die Hauptfigur ist aus jener Anonymität herausgetreten, mit der die Geschichte eines einzelnen symbolhaft-expressionistisch als übergreifend typische bedeutet werden soll. Der Autor verzichtet ebenfalls auf die konventionelle Fabel, eine zentrale Handlung oder Geschichte, die, „Held" und „Gegenheld" (den Mann und Koomson) miteinander verkettend, in den persönlichen Beziehungen zweier oder dreier Figuren zugleich die wesentlichen Aspekte der verhandelten Gesellschaft enthüllt. Die gesellschaftliche Situation wird auch in Vorgängen vorgestellt, in denen die Hauptfigur gar nicht oder nur als Beobachter auftritt. Sie entfaltet sich in den Erfahrungen und in der Sicht mehrerer wichtiger Figuren. Baakos Großmutter, die afroamerikanische Ärztin Juana und Baako haben ihre jeweils eigenen Schicksale, die sich jedoch kreuzen – Juana wird die Geliebte Baakos – und vor allem sachlich aufeinander beziehen.[415*] Der Leser – mit den unterschiedlichen Realitätserfahrungen und -deutungen der fiktiven Subjekte konfrontiert – muß für sich immer wieder aus den vermittelten Wirklichkeitsausschnitten Zusammenhänge herstellen. So kann er die Brüche, das Fragmentarische der bedeuteten Welt in den Brüchen, in der Diskontinuität der Erzählung, in der künstlerischen Form erfahren.

Eine antikapitalistische Orientierung spielt für *Fragments* keine Rolle mehr. Der Roman bezieht sich auf ungehindertes Eindringen kapitalistischer Verhältnisse, wie es nach dem Putsch von 1966 in Ghana möglich wurde. Der Fracht-Mythos oder Fracht-Kult (Cargo-cult), den der schon von Krankheit gezeichnete Baako auszudeuten sucht, weist metaphorisch darauf hin. Der Mythos, in Melanesien, also einer ebenfalls neokolonialistisch beeinflußten Region, entstanden, spiegelt eine Gesellschaft, die in Abhängigkeit von Ländern mit hochindustrialisierter Warenproduktion existiert. Die fremden Erzeugnisse beherrschen Denken und Tun der Abhängigen, vermittelt über die Götter, d. h. die Privilegierten, die in die Welt der „schönen Dinge" reisen und diese als Fracht mitbringen. Es ist auch eine Reise von Toten – wie in den Totenritualen und -mythen der Vorfahren. Man geht als normaler Mensch fort und kommt als Gott wieder, doch verändert, „gestorben" – man verliert seine Integrität, sein menschliches Wesen, wird zum Gott oder erscheint als Geist. Der kommt aber mit Fracht, mit den begehrten Dingen zurück, und das ist entscheidend. Die Dinge werden aus einer anderen Welt geholt – hinter der das spätkapitalistische Europa und Nordamerika sich andeuten –, nicht selbst produziert. Daher die Abhängigkeit der Gesellschaft, die reine Mittlerfunktion der Götter – und daher die Unproduktivität, die Unbeweglichkeit des Systems. Der Gott oder Geist ist „ein Transmissionsriemen für Fracht. Nicht ein Macher, sondern ein Zwischenhändler (intermediary). Das Machen braucht zu lange Zeit, das Mitteln bringt schnelle Gewinne. Die Gewinnspanne ist schmaler, das ist wahr, aber mit dem vulgären (rockbottom) Realismus, der im System liegt, finden seine ihm Nahestehenden nichts Fremdes daran. Es ist das Leben ... Zu denken, selbst ein Macher zu sein, könnte eine schier unverzeihliche Sünde sein ... Am meisten beeindruckt in diesem System die felsenfeste (wall-like) Annahme der Teilung. Teilung der Arbeit, Macht, der Welten, alles. Nicht eingebaut im Schema diese Annahme. Eingebaut nur in der Interpretation, die die Leute dem System geben. Spart Gedanken, vermute ich."[416]

Fragments läßt deutlich hervortreten, worin strukturelle Ähnlichkeiten zwischen Armahs Romanen und moderner Literatur spätbürgerlicher Gesellschaften wurzeln: in der übergreifenden Versachlichung der menschlichen Beziehungen, im mächtigen Vordringen kapitalistischer Warenproduktion und der fetischisierten Herrschaft ihrer Produkte. Unmittelbare zwischenmenschliche Beziehungen vorkapitalistischer Kulturen werden aufgehoben oder deformiert. Das Individuum wird der bisherigen Gemeinschaft und zugleich der neuen Warenwelt entfremdet. Es scheint völlig auf sich selbst zurückgeworfen und so von völliger Auflösung bedroht, Grunderfahrungen vieler humanistischer Künstler seit dem Ende des 19. Jahrhunderts und besonders im spätbürgerlichen Europa. Sie äußern sich in der Fixierung auf das Existenzproblem des entfremdeten Individuums bei Sartre, in der Beobachtung von Bewußtseinsströmen, worin Individualität wie bei Joyce noch faßbar scheint, in dem Problematisieren von Wahrnehmung der Außenwelt und der Realität des wahrnehmenden Subjekts (Proust) – oder aber in der verzweifelten Einsamkeit des Individuums wie bei Armah. Im unabhängigen Afrika handelt es sich zwar um relativ frühe Anfänge dieser Entfremdung. Aber die sozialökonomische Rückständigkeit und vor allem die Abhängigkeit bürgerlicher Entwicklungen von der imperialistischen Welt machen Entfremdungserfahrungen besonders akut und schmerzhaft, da das Verhältnis von Produktion und Konsumtion, von sozialer Leistung und privatem Gewinn völlig verzerrt ist. Entfremdung wird nicht allein oder primär in Verhältnissen erfahren, die – kaum oder nicht durchschaubar – die eigene Gesellschaft schafft, sondern durch soziale Mechanismen und deren gleißende Produkte, die aus einer fremden Welt hereinwirken, die – importiert – die eigene Wirklichkeit deformierend überlagern. Das wiederum gibt den betroffenen Individuen die Möglichkeit, gesellschaftliche Ursachen, die sozialen Aspekte persönlicher Zwangslagen deutlicher zu sehen und eher in Rechnung zu stellen, als es Künstler innerhalb der spätbürgerlichen Gesellschaften vermögen. Die entscheidende Abhängigkeit und ihre deformierenden Wirkungen sind für die Intelligenz, deren Völker eine lange koloniale Geschichte erlebten und unmittelbar danach in neokoloniale Abhängigkeit gerieten, deutlich erkennbar. Die blinde Großmutter Baakos, und mit ihr der Erzähler, reflektiert am Schluß des Romans, ob nicht ein neuer Gott heute die Vernichtung ihres Volkes fortsetze, die ehemals ein alter Gott begann – damals, als die ersten Vorfahren „ihre Saat spalteten und die eine Hälfte gegen die andere Hälfte erhoben, als der eine Teil den anderen an hartäugige Käufer von jenseits des Horizonts verkauften". Die Anspielung auf den

Beginn der Kolonisation durch den Sklavenhandel und die sich dabei zugleich entfaltenden Spaltungen innerhalb afrikanischer Völker ist überdeutlich. So gehe es weiter, indem man „bricht, kauft, verkauft, Gewinne einstreicht, ausgibt, bis der letzte unserer Männer die letzte Frau an irgendeinen weißen Käufer verkauft und selbst wartet, zerstört zu werden durch diese große Hast, Dinge zu verbrauchen (consume), um deren Erschaffung wir uns nicht bemühen".[417]*

Aus dieser besonderen Geschichte ergibt sich auch eine spezifische Haltung des Künstlers, der von gegenwärtiger Entfremdung betroffen ist. Die Funktionalität des Künstlers in der Gesellschaft, die sich aus vorkapitalistischen Kulturen über die Rolle der Schriftsteller in der antikolonialen Bewegung fortsetzte, findet sich auch bei Armah wieder. Seine Kunst ist – wie die Achebes – auf seine Gesellschaft gerichtet. Die Darstellung einsamer und verzweifelter Individuen ist zugleich kritisches Durchleuchten einer gesellschaftlichen Situation. Sie soll diese klären und im Interesse der Ausgebeuteten und Entfremdeten überwinden helfen. Das von ihm vorgestellte Individuum, das in notvoller Einsamkeit auf sich selbst zurückgeworfen ist und dem die Welt als ein schier unlösbares Problem erscheint, bezieht sich auf soziale Aspekte und Ursachen seiner Lage; es versucht innerhalb seiner Möglichkeiten oder, genauer, seines sozialen Umfeldes für das sozial und moralisch als gut Erkannte zu wirken. Das unterscheidet Armahs Romane erheblich von den Werken des spätbürgerlichen Europa und Nordamerika, in denen das Individuum Entfremdung gleichsam für sich erlebt, in denen Wahrnehmung an sich problematisiert wird oder in denen Desillusionierung und Einsamkeit als Problem von Existenz überhaupt erscheint, über konkrete geschichtliche Situationen hinaus. An einigen Stellen von Sartres *Ekel* – um noch einmal auf den von Achebe angestellten Vergleich einzugehen – ist zu erkennen, daß Roqentins Haltung aus einem tiefen Abscheu vor der normalen bürgerlichen Welt gespeist wird, daß sein Rückzug auf sich selbst auch eine Kritik illusionärer oder vermeintlich illusionärer humanistischer Gegenentwürfe ist.[418] Insgesamt aber wird Entfremdung als Problem der Existenz überhaupt behandelt, ein Problem, das sich vorwiegend in der individuellen Begegnung mit Dingen und der Natur stellt. Als er die Vision hat, daß die Natur die Normalität der bürgerlichen Stadt Bouville ins Monströse verkehrt und wie Hunderte von Menschen in Einsamkeit untertauchen, schreibt er: „Ich werde mich an eine Wand lehnen und ihnen zurufen: ‚Was habt ihr mit eurer Wissenschaft gemacht? Was habt ihr mit eurem Humanismus gemacht? Wo bleibt eure Menschenwürde? Ich werde keine Furcht haben, jedenfalls nicht mehr als im Augenblick. Wird nicht auch das immer noch Existenz sein? Variationen auf die Existenz? Alle diese Augen, die langsam ein Gesicht auffressen, werden fraglos überflüssig sein, aber auch mehr als die ersten beiden. Die Existenz ist es, vor der ich Angst habe."[419]

„Der Mann" und Baako erleben Ekel und Einsamkeit in einer konkreten gesellschaftlichen Situation. Sie sind völlig desillusioniert, weil diese Situation soziale Gerechtigkeit und Produktivität unmöglich zu machen scheint. Solo, der fiktive Ich-Erzähler in Armahs drittem Roman *Why Are We So Blest?* (1972), stellt sich mit seinem ersten Satz schon als lebender Toter vor, in absoluter Verzweiflung und Hoffnungslosigkeit. Auf dem Weg in die – offensichtlich algerische – Stadt, wo er als Emigrant lebt, zeigt die Welt ihm ihr Gesicht: „Es ist nicht schön. Nachdem ich gezwungen war, es zu betrachten, wurde ich erst durch einen unwiderstehlichen Ekel (disgust I cannot help) und dann von Schuld überwältigt. Ich bin umgeben von dieser Häßlichkeit, eindringlich und erbarmungslos, und doch, das einzige, was ich ersehne, sind schöne Wahrheiten. Wenn ich so einen Tag lang gesehen habe, was vor sich geht, frage ich mich, ob irgend etwas existiert, was zur gleichen Zeit schön und wahr ist."[420] Armah ist hier völlig auf das entfremdete, vereinsamte Individuum fixiert. Der Roman ist zusammengesetzt aus den Beobachtungen des Solo und den Tagebuchnotizen eines Afrikaners und einer Amerikanerin, die Solo erhalten hat. Das Buch erscheint als Versuch, wie Solo bemerkt, „meine Stücke jenes Lebens (des Afrikaners – J. F.) zusammenzubringen, in der Hoffnung – zu verstehen? Auch diese Hoffnung ist tot in mir. Ich ordne die Stücke an, ordne sie um. Meine Ohnmacht simuliert Allmacht ... Mein Ziel ist die Kleinheit selbst: Zeit zu füllen. Leerheit zu überleben."[421] Diese Leerheit ist aber Folge eines gescheiterten Versuches, an der Revolution in Afrika, an der sozialen Befreiung, mitzuwirken, und sie zeigt sich ständig in der Konfrontation mit anderen ähnlichen Versuchen, wie immer diese auch skeptisch gewertet werden. Die Tagebuchnotizen des Afrikaners stellen einen anderen gescheiterten Ansatz vor, sich aus notvoller Einsamkeit durch Anschluß an revolutionäre Bewegungen gegen den portugiesischen Kolonialismus zu lösen. Armah thematisiert sogar die Unterschiede zum europäischen Künstler – in den Überlegungen des Erzählers Solo: „Warum nicht einfach das Schicksal eines Künstlers annehmen und, wie ein westlicher Seher, meine Augen gegenüber allem verschließen, Erleichterung in unsteter Schönheit finden und es zu meiner Berufung zu machen, sie auszumalen? Unmöglich. Der westliche Künstler ist gesegnet mit jenem Schwund der Sehkraft, die Schönheit in bewußt abgebrochenen Stücken einer Welt sehen kann, die an der Häßlichkeit der Unterdrückung krankt. Ich höre auch den Ruf dieser Kunst. Aber in der Welt meines Volkes muß noch der erste Schöpfungsakt, jene Veränderung (rearrangement) getan werden, ohne die alle Versuche der Schöpfung zum Fehlschlag verdammt sind (are doomed). Europa schleudert sich gegen uns – nicht um etwas zu schaffen, sondern uns zu zerstören, uns zu gebrauchen, um sich zu schaffen. Amerika, aus Europa erwachsen, vertieft nun diese Zerstörung. In der Welt meines Volkes würde die Revolution die einzige Kunst sein, Revolutionäre die einzigen Schöpfer."[422]

Armah ist offensichtlich nicht der Afrika entfremdete Schriftsteller, als den Achebe ihn sieht. Seine Kunst äußert eine neuakzentuierte Haltung jener humanistischen und demokratischen Intelligenz, die nach der Ernüchterung über die ersten Ergebnisse der antikolonialen Revolution keine Kräfte sieht, die in absehbarer Zukunft, zumindest nicht in der Gegenwart, die weiterbestehenden Abhängigkeiten, die „lange Kolonisation" und die tiefgreifenden Antagonismen, die „häßliche Wirklichkeit", der neuen Gesellschaften verändern könnten. Nachdem sich die Herrschaft von „Schwarzen über Schwarze" jäh etabliert hat, ist ihnen auch jeder Trost durch Mythen eines Goldenen Zeitalters, einer besonderen Harmonie und Brüderlichkeit verwehrt. Was ihnen notwendig erscheint, ist – in der Gegenwart – die brutal-illusionslose, absolut verfremdende Darstellung der erkannten „häßlichen Wirklichkeit", eine Darstellung, die „unerträglich ist wie die Wirklichkeit selbst und für diese sensibilisiert, die kein Ausweichen vor ihr erlaubt – der einzige Weg, neue Ansätze zu finden. *The Beautyful Ones Are Not Yet Born* treffe die Sinne mit einer Schärfe, die die Kehle zuschnüre, die unerträglich sei, schrieb 1969 der kenianische Schriftsteller Jonathan Kariara. Mit künstlerischer Arroganz versetze Armah „seinem Eigenen" einen erbarmungslosen Schlag. Aber angesichts der Wirklichkeit habe er die richtige Sprache für eine „ausgebrannte Sache" gefunden; daher die Arroganz, die besser sei als die „zimperliche Prosa so vieler afrikanischer Schriftsteller".[423] Armahs Ehrlichkeit gegenüber der Wirklichkeit, betonte Ch. A. Aidoo, seine Darstellungsweise in „ihrer totalen Agressivität" sei radikal verschieden von der milden Äußerung „in einem Roman von Achebe oder Ngugi, wie in der Tat diese sich wieder unterscheiden von den ziemlich leeren Deklamationen der Négritude Senghors".[424]

Armah hat nicht als erster oder einziger Brutalitäten einer von sozialen Antagonismen gequälten abhängigen Unabhängigkeit brutal beschrieben. Wole Soyinka hatte dazu seit 1965 mit Stücken wie *The Road* (dt. *Die Straße*) und *Kongi's Harvest* (1967) und dem Gedichtsband *Idanre* (1967) angesetzt. Wir werden darauf zurückkommen. 1968 veröffentlichte Yambo Ouologuem aus Mali einen Roman, der eine jahrhundertelange Kette grausamer, betrügerischer und ausbeuterischer Praktiken afrikanischer und kolonialer Herrscher phantastisch und brutal gerafft als Vorgeschichte zur Unabhängigkeit erzählte.[425]* Wenig später erschien Robert Serumagas *Return to the Shadows.* Seit 1966 mit dem Blick auf seine Heimat Uganda geschrieben, stellt der Roman das unabhängige Afrika als eine nahezu absurde Welt vor, in der undurchsichtig für den einzelnen militärische Umstürze geschehen, in der brutal Besitz geraubt wird, Menschen massakriert, Mütter vergewaltigt werden und Normalität, Gesundheit (sanity) bloß ein „Verrat der Werte" scheinen. Nicht wahnsinnig zu werden ist wie ein Wunder und eine besondere psychische Marter.[426]* Gewalttätigkeiten, Frustrationen in einer kaum mehr verstandenen Welt, jähe Schicksalsschläge, soziale Verelendung und aggressive, rebellische, blinde Auflehnung dagegen prägen nicht nur Themen und Gegenstände großer Teile der Literatur – sie werden auch zur Kritik solcher Realitäten nackt und aggressiv benannt, dem Publikum sinnlich schmerzhaft entgegengestellt.[427]*

Armah spielt für diese Bewegung eine besondere Rolle – nicht nur wegen seiner radikalen Deutung der Geschehnisse und der starken Bildhaftigkeit, des künstlerischen Ranges seiner ersten drei Romane. Er verbindet das „total aggressive" Benennen der Antagonismen mit dem experimentellen Ausbrechen überkommener „zimperlich" berichtender Erzählweise, und er bringt humanistisches Engagement in der afrikanischen Wirklichkeit, als afrikanischer Künstler, mit der fragmentarisierten Weltsicht und der fragmentarischen Darstellungsweise außerafrikanischer moderner Kunst zusammen, ohne sich wesentlich auf vorkoloniale Geschichte und Kultur Afrikas zu beziehen, ohne bedeutende Elemente dieser Kultur – wie etwa Soyinka den Mythos – zum Bezugspunkt für Stoffe, Wertungen oder Metaphorik zu nehmen. Daher die heftige Kritik Achebes, daher aber auch die Bedeutung, die er für die experimentelle, avantgardistische Literatur hat, die sich – ein Beispiel in Taban lo Liyong – seit Ende der sechziger Jahre zunehmend mit unterschiedlichen weltanschaulichen Motiven entfaltet und dabei umgreifend afrikanische Tradition (Liyong und die mündliche Dichtung) und zugleich außerafrikanische moderne Literatur verarbeitet. Der kenianische Lyriker Jared Angira hob 1971 neben Liyong und Soyinka, als „einen ständig experimentierenden Schriftsteller", besonders Armah hervor. Er verkörpere den „wahren Geist des Experimentalismus".[428] Angira, der seit 1969 Lyrik als „befreiende Tätigkeit", engagiert für soziale Veränderungen und gegen etabliert-versteinerte Kunsterwartungen und -normen zu schreiben suchte, betont die Notwendigkeit, die Literatur zu befreien, „um den Schriftsteller zu befähigen, den Leser zu befreien. Wovon befreien? Langeweile, Ausbeutung, Einsamkeit, Sadismus. Wie schafft man das? Indem man Sprache und Stil säubert, die konventionellen Regeln umbricht, die nur die Phantasie des Schriftstellers zu reglementieren suchen."[429] Experimentieren, modernes Schreiben wäre in Ostafrika aber zugleich engagiertes, und dieses könne nur auf einer wissenschaftlichen Basis geschehen. Es erfordere „dialektisches Denken mit Augen auf einen sozialen Wechsel, mit Augen auf eine realistischere Kommunikation gegenüber Abstraktionen. Und man entdeckt, daß es keine vorgeschriebene Form gibt (das ist das Wesen wissenschaftlichen Herangehens), und so beginnt man mit dem Experimentieren." Hier in Ostafrika aber sei es schwierig, „Dichtung von den Realitäten der Wirtschaft und Politik zu scheiden".[430] „Wenn wir die Gesellschaft durch unser Schreiben verändern sollen, müssen wir Schritt halten mit den enormen Veränderungen. Wir müssen aufhören, Opportunisten zu sein, die ihren ersten Erfolg nur ummünzen wollen. Wir müssen kämpferisch sein, jeden Tag mit den Problemen der Gesellschaft ringen. Unsere Sicht auf die gesellschaftlichen Probleme muß sich reflektieren in der Art unserer Reaktion. Um wissenschaftlich heranzugehen, müssen wir immer experimentieren, was heißt, jeden Tag Neues entwickeln."[431] Seinen Gedichtband *Juices* hatte er 1970 mit einer surrealistischen Montage eingeleitet, in der ein Arbeitsloser unvermittelt vor den Privilegierten auf rotem Teppich erscheint und Milton über Taban lo Liyong urteilt – im buchstäblichen Sinne ver-rückte Bilder einer fließenden, von Widersprüchen durchdrungenen Realität eines Dschungels. Der Schatten Karl Marx' gebe seinem „zitternden Selbst etwas Trost, denn wie kann ich vom Turm zu Babel sprechen, ohne die Gegenwart des Grundes zu dokumentieren, auf dem der Turm steht?"[432] Die Suche nach einer schönen afrikanischen Vergangenheit ist schiere Romantik. In den

Resten dieser Vergangenheit, der Rückständigkeit, enthüllt sich brutal bedrängende Wirklichkeit. In dem Gedicht *Masked* heißt es: „Ich klopfte an die Schilftür meiner Mutter / und es roch nach verbrannten Kuhdung und Ziegenurin / sie öffnete zögernd / und ließ mich auf der kavirondo-Matte sitzen / die staubig und trocken auf rauhem Boden lag. / Ich bat sie, die Fenster zu öffnen / Es gab KEINE / Ich schaute nach oben und sah Wespen und Spinnenweben / an dem schwarzen Dach / Ich ging raus, um die Wiese zu bewundern / und sie schlug die Schilftür hinter mir zu / und ich ging in meinem Lärm (pedestal din) / zu dem klingenden Ort (tingy locale), woher ich kam. / Hinten schwirrte der Ledertroubador (leather troubadour) / und schien die schwarze Überdachung (canopy) / während vorn ein gigantisches Rauchgebilde lag / und die einzige Verheißung kam / von dem weiten, graslosen, marineblauen Himmel."[433]

1971 bestätigte Kofi Awoonor, bisher vor allem als einer der modernen Lyriker Ghanas bekannt, die Bedeutung von Armahs literarischen Entwürfen. Sein erster Roman *This Earty, My Brother* ... soll eine Allegorie sein, und sie wurde von Achebe als solche für das unabhängige Afrika gedeutet.[434] Von Ghana ausgehend, versucht Awoonor, sich über die unmittelbare koloniale Vorgeschichte und die Gestalt der Unabhängigkeit bewußt zu werden. Ein Dante-Zitat aus dem Inferno-Teil der *Göttlichen Komödie* (erster Gesang), dem Buch vorangestellt, weist auf die historische Grundsituation: Man sei in der Mitte der Reise, in einem dunklen Wald, wo der gerade Weg verloren ist, in einem dichten, wilden Wald, der nicht viel weniger als der Tod ist. Der Versuch wird unternommen aus der Sicht jener Intelligenz, die den Idealen allgemeiner Gerechtigkeit, sozialer Sicherungen, Friedlichkeit und gesellschaftlicher Produktivität nachhängt und auf deren scheinbare Unvereinbarkeit mit der Realität der Unabhängigkeit stößt. Der Rechtsanwalt Amamu wird in den Wahnsinn getrieben; er wird wahnsinnig nach einer langen Reise durch Ghana, Großbritannien, die USA, durch den europäischen Kontinent und die Sowjetunion, einer Reise, die Suche ist, Kolonialismus und Unabhängigkeit zu bewältigen. Es ist eine komplizierte Geschichte – kompliziert, zerrissen wie die Wirklichkeit, in der sie geschieht – wie das Individuum, das sie durchlebt. Auf drei Ebenen, in drei Entwicklungsreihen, die ohne direkte Bezüge nacheinander oder ineinander montiert sind, wird sie erzählt. Es sind drei „Geschichten": die Entwicklung Amamus von der Geburt bis zur Unabhängigkeit des Landes, seine Erlebnisse in der Gegenwart (die unproduktive, bürgerlich-westlich orientierte Intelligenz und Bürokratie Ghanas auf der einen Seite, das Elend der städtischen Massen auf der anderen), die innere Welt, die Gedanken, Vorstellungen (Bewußtseinsstrom) der Hauptfigur in den verschiedenen Etappen seiner Suche. Zwischen die Kapitel zwölf und dreizehn, in denen erzählt wird, wie seine bürgerliche Frau ihn verläßt und sein Irrsinn ausbricht, werden unter anderem folgende Bewußtseinsfetzen geschoben:

„Wir haben viele schöne Orte in dem Land, zu denen viele Touristen, besonders Amerikaner, mit den richtigen Plakaten und anderem Material angelockt werden können.

Hinter jenen Abzugsgräben hocken die Leute und haben ihren Stuhlgang mit einem außerordentlich leichten Bewußtsein.

Die Kirchen und Kathedralen sind die solidesten Bauwerke in der Gegend – man kann denselben Eindruck in Bali haben. Sie sind aus Stein, während die Wohnhäuser des Volkes eine Sammlung roher Schlammhäuser sind, die gerade einen tropischen Regen aushalten. Danach brechen sie durch die aushöhlende Kraft des wolkenbruchartigen Regens zusammen. Die armen Teufel scheint das nicht zu beeindrucken. Wie sie in diesen Dingern leben können, ist unvorstellbar.

Unsere Traurigkeit selbst, gegründet auf dieser fernen Traurigkeit, die die Geschichte dieses Landes ist, widersetzt sich jedem Trost ...

Als ich ihnen erzählte, daß junge Afrikaner die Oberschule mit Latein und Griechisch verließen, dachten sie, es wäre eine der phantastischen afrikanischen Lügen. Alle Afrikaner sind geborene Lügner. Othello war ein Lügner.

Wir sind alle Schlafwandler, einige gehen ein bißchen schneller als andere. Wir werden in den Zeitungen aufschreien, wenn sie die Pharmaceutical Corporation an eine Gesellschaft von Illinois verkaufen. Inzwischen stirbt die Nation auf ihren Knien, stirbt in ihrem eigenen Stuhlgang.

Dann wird man von bürgerlicher Liebe, von internationalem Verstehen zu den harten Finanzleuten sprechen, die ihre Aktentaschen fest an sich klammern.

Und Freddie Thompson rief auf dem Asphalt: Ich werde ein zweites Mal in die Sklaverei verkauft! Bei den Göttern Afrikas, ich werde wieder verkauft. Und ihr Götter Afrikas, ich werde ein zweites Mal in die Sklaverei verkauft.

Armer Freddie. Sie retteten ihn, so daß er Arbeiter in einer italienischen Möbelfabrik werden konnte. Er ist ein sehr guter Zimmermann.

Christus war auch ein Zimmermann. Aber sie nagelten ihn an sein eigenes Kreuz, mit Nägeln und Hämmern aus seinem eigenen Werkzeugkasten."[435]

Kritik am harmonischen Mythos eines „Goldenen Zeitalters" und dessen schneller Wiederherstellung in der Unabhängigkeit, die versuchte Diagnose einer anscheinend zerbrochenen Realität sind kritisch-verfremdend, diskontinuierlich-fragmentarisch erzählt. Das verbindet Awoonor mit Armah. Es deuten sich aber auch Unterschiede an, nicht nur in dem deutlichen Bezug auf Joyce, Awoonors „bewußten literarischen Helden"[436], ein Bezug, der bei Armah so nicht gegeben ist. Sie verhalten sich verschieden zur historischen Situation, sie werten soziale Kräfte und mögliche Perspektiven anders. Differenzierungen innerhalb der Intelligenz deuten sich an. *This Earth, My Brother* ... artikuliert die distanzierte Sicht des Intellektuellen, der – bei allem Mitgefühl für die proletarisierten Massen wesentlich auf sich selbst gerichtet – vor praktischem Engagement zurückschreckt, der nur seiner sozial-liberalen Distanz traut, somit allein auf die, zumindest vorläufig, distanzierte Diagnose einer „ausgebrannten Sache" setzt. Eine vage Alternative oder Perspektive wird bedeutet, fast ein neu-alter Mythos – die plebejisch-bäuerlichen Wesenskräfte und die Weisheit Afrikas, die nicht völlig zerstört werden können. Awoonor entfaltet das in Amamus großer Liebe zur Meerjungfrau, zu der plebejischen Geliebten Adisa und seiner früh verstorbenen Jugendliebe. Alle drei vereinen sich für ihn und für den Leser zum Symbol solcher Weisheit und unzerstörbaren Kraft Afrikas.[437]* Armahs Schreibweise ist seit *The Beautyful Ones Are Not Yet Born* im Politischen genauer und direkt engagiert. Er will aus der Distanz heraus, die – vielleicht – sein erster Roman noch behauptet hat. Alternativkräfte, eine reale gesellschaftliche Perspektive kommen ins Blickfeld, wenn auch sehr kritisch, vorsichtig bewertet. Die radikale Revolution gegen alle Abhängigkeiten, die soziale Befreiung interessieren ihn brennend. Der Versuch, sich ihnen anzunähern, ist ein Hauptthema von *Why Are We So Blest,* und sie stehen im Zentrum seines vierten Romans *Two Thousand Seasons* (1973). Kritik, Vorsicht existieren nicht gegenüber der Orientierung auf eine radikale Umwälzung im Interesse der Massen. Sie gelten den praktischen Möglichkeiten und vor allem den bisherigen Ergebnissen der Revolution, die – Solo beobachtet es schmerzvoll – in dem nordafrikanischen Land immer noch nicht die für die plebejischen Revolutionäre erhoffte soziale Besserung brachte und die in der revolutionären Befreiungsbewegung gegen den portugiesischen Kolonialismus von alten oder neuen sozialen Spannungen belastet ist.[438]

Two Thousand Seasons, von jahrhundertelanger Versklavung afrikanischer Völker durch arabische und europäische Kolonialisten erzählend, rückt den militanten kollektiven Kampf gegen Unterdrükkung in den Vordergrund. Die künstlerische Darstellung der Befreiung als kollektiver Praxis hebt Armah ab von der Literatur, die allein das Dilemma der Unabhängigkeit diagnostiziert oder die – Taban lo Liyong – versucht, diesem Dilemma nur mit ideologisch schillernden Provokationen zu begegnen. Es scheint überraschend, daß sich gerade im Schaffen Armahs innerhalb weniger Jahre dieser neue Akzent zeigte. Er ergab sich aber nicht zufällig aus seiner radikalen Kritik der bürgerlich-neokolonialen Verhältnisse. Wenn ihre Antagonismen, wenn die jede soziale und individuelle Produktivität lähmende Abhängigkeit in dem Maße bewußt sind, wie Armah es deutlich macht, verbleiben wahrscheinlich nur zwei Haltungen – zynisches Sich-Abfinden mit dem Bestehenden oder die Suche nach radikalen Umwälzungen. Der kleinbürgerliche Rückzug auf die moralische Sauberkeit des einzelnen, wie ihn Achebe wohl bis in die siebziger Jahre verfolgte, ist – die Ernsthaftigkeit des kritischen Standpunktes vorausgesetzt – nicht mehr möglich. Wole Soyinka gab 1976, über Ideologie und soziale Entwürfe in moderner afrikanischer Prosa schreibend, zu bedenken, daß in Armahs erstem Roman, obwohl nicht ausdrücklich artikuliert, dennoch ein alternativer Gesellschaftsentwurf (social vision) enthalten sei, „vielleicht viel subtiler in seiner subversiven Wirksamkeit als in seinem späteren, ihn ausdrücklich darstellenden (explicit) Werk *Two Thousand Seasons*"[439].

Armahs radikale Loslösung vom engen Modell des sensualistischen, psychologischen Romans, gleichsam die ästhetische Befreiung von einer durch den Kolonialismus vermittelten ursprünglich bürgerlich ausgeprägte Form, ermöglichte, die Alternativvorstellung – die militante kollektive Aktion – in neuartiger Struktur zu vermitteln. *Two Thousand Seasons* ist eine Art fiktiver Chronik, deren Verfasser, der Autor Armah, durch das wie selbstverständliche Übergehen von Wir-Erzählung zur Erzählung über fiktive Figuren seine offene Parteinahme betont, seine Zugehörigkeit zu dem von ihm dargestellten Volk, das gegen fremde und eigene Unterdrücker (afrikanische Könige) kämpft, also auch durch die Erzähltechnik ausdrückt. Armah, der Autor, ist in die fiktive Handlung integriert. Er berichtet ausdrücklich von s e i n e m Volk.[440] So legt er als Erzähler seine gesellschaftliche Vision dar, die, wie er durch die Wir-Form unterstreicht, die seines Volkes sei. Der Roman könnte als ein Buch über gesellschaftsstrategische Fragen gelten, das – als ästhetisches Phänomen – in der Struktur einer fiktiven Chronik erscheint, eine für die moderne afrikanische Literatur neuartige Form.

Ziel der skizzierten kollektiven Praxis der Befreiung ist wohl eine egalitäre, von sozialer Spaltung und von Herrschaft des Menschen über den Menschen freie Gesellschaft. Das ließe sich aus den Ansichten des fiktiven Erzählers in *Why Are We So Blest* und aus Deutungen afrikanischer Geschichte durch geistige Führer der Versklavten in *Two Thousand Seasons*[441] assoziieren. Es ist nicht zufällig, daß Armah nach Tansania ging und hier 1971/72 seinen vierten Roman schrieb. Diese freie egalitäre Gesellschaft ist aber nur vage umrissen. Der Ansatz dazu – die militanten Aktionen ehemaliger Sklaven – ist eine literarische Konstruktion, die keinen tatsächlichen historischen Vorgängen entspricht. Mit Ausnahme gelegentlicher Äußerungen der geistigen Führer wie des alten Isanusi und der „jungfräulichen Mystikerin“ Adewa, bemerkte Soyinka, „bleibt der Weg eine unklare (hazy) und nicht definierte Ideologie“.[442] Der Hauptakzent in Armahs drittem und viertem Roman liegt auf der, wie ich es nennen möchte, Demonstration, daß schwarzafrikanische Identität, Selbstbesinnung auf die nur den Schwarzen eigenen Interessen und Verhaltensweisen und deren Verwirklichung in kollektiver Tat entscheidend seien als die historische Aufgabe und der Inhalt der Befreiung. Das Problem der Rasse wird geradezu beschwörend in den Mittelpunkt gerückt, wodurch die sozialökonomischen, die historisch-klassenmäßigen Aspekte antikolonialer und sozialer Befreiung in Afrika verdeckt werden. Der junge Afrikaner Modin, der sich der nationalen und sozialen Revolution anschließen will, wird in der Erzählung Armahs und in der Deutung des Solo Opfer der Weißen schlechthin, verkörpert vor allem durch seine weiße amerikanische Freundin. Er erscheint als „glücklicher schwarzer Mann“, der einem Raubtier verbunden ist – wie jeder Afrikaner, der eine weiße Geliebte hat.[443] Hauptsächlich dieses Verhältnis zerstört ihn. *Two Thousand Seasons* erzählt dann, wie die Weißen – eben als Weiße – und ihre schwarzen Kollaborateure (Häuptlinge, Könige, Handlanger) Afrikaner über Jahrhunderte zerstörten und wie diese sich auflehnten, immer, bis in die Gegenwart, gegen „die Dauer (permanence) dieser weißen Zerstörung“, gegen die „blutige Verwüstung durch die Weißen“, gegen „die weiße Macht des Todes“.[444]

Eines ist gewiß deutlich: Die soziale Befreiung, der Kampf gegen Abhängigkeit, gegen den jahrhundertelangen Kolonialismus und seine neuen Formen, ist für große Teile der Intelligenz und ihrer Literatur auch heute untrennbar verbunden mit dem Problem schwarzafrikanischer Identität, mit Vorstellungen über scheinbar wesenhafte Gegensätze zwischen Schwarz und Weiß, Afrikanern und Europäern. Die zentrale schmerzliche Erfahrung der „weißen Verwüstung“ (eben der kolonialistischen) durch bürgerliche Systeme und die Auflehnung gegen sie ist während der siebziger Jahre n o c h nicht bewältigt oder gar vergessen – wie die Abhängigkeit, die Folgen der „weißen Verwüstung“ noch nicht überwunden sind. Das muß aber nicht – wie wohl bei Armah – zu neuen idealistisch-ungenauen Einschätzungen führen, die, von den Verwüstungen durch Rassismus und Kolonialismus ausgehend, den Blick für ihre letztlich bestimmenden sozialökonomischen, klassenmäßigen Wurzeln und jene historische revolutionäre Bewegung verstellen, die über Kontinente und Hautfarben, über regional wie national spezifische Kulturen hinweg in unserer Epoche die ständig Kolonialismus bewirkenden Ausbeutungsverhältnisse revolutionär umzustürzen sucht und bereits vielfach umgestürzt hat. In welchem Maße dieser Fragenkomplex geschichtsmaterialistisch, von revolutionärdemokratischen und sozialistischen Positionen aus realistisch behandelt wird, zeigt sich – nach dem Beispiel Sembène Ousmanes – in der Literatur Ngugi wa Thiong'os.

Literatur als revolutionäre Haltung: Ngugi wa Thiong'o

Die Prosa und Dramatik, die Ngugi wa Thiong'o zwischen 1961 und 1968 schrieb, wiederholte wesentliche Seiten von Achebes Werk. Er bezeichnete Sachverhalte einfach-„wirklichkeitsgetreu“. Seine Figuren werden einfühlsam behandelt. Ihre Psyche schildernd, identifiziert er sich gleichsam mit ihnen und lädt den Leser zur Einfühlung ein, setzt aber mit der jeweiligen Identifikation zugleich eine „dialogische Struktur“, eine fiktive Welt, in der sehr unterschiedliche bis gegensätzliche Charaktere und soziale Kräfte handeln. Dieses Gegen- und zugleich Miteinander verschiedener Individuen, Denkweisen und sozialer Haltungen prägt zusammen mit dem genauen Bezug zu konkreten historischen Vorgängen die Gegenstände und Strukturen der Werke. In ihnen erscheinen: der Zusammenstoß der Afrikaner, hier der Kenianer, mit dem Kolonialismus; traditionelle Kultur im

Konflikt mit der christlichen Mission; sozialpolitische Differenzierungen und Kollisionen vor der Unabhängigkeit und die Problematik, daß die Früchte des antikolonialen Kampfes nur „auf eine Seite gelegt" werden,[445]* auf die einer neuen schwarzen Herrschaftsschicht; brutale Aktionen der afrikanischen Regierung gegen pauperisierte Slumbewohner Nairobis; das soziale Gefälle zwischen einer gebildeten Elite, die als Angestellte ausländischer Unternehmen relativ luxuriös leben, und den Bauern, die weiterhin in ökonomischer und analphabetischer Rückständigkeit verbleiben müssen.[446]

Ngugi bewunderte Achebes Romane.[447]* Mit ihm habe, sagte er 1969 in einem Interview, die „school of realism" in der afrikanischen Literatur begonnen, eine Schule des Realismus, die afrikanische Gesellschaft nicht schön und harmonisch darstellt, sondern als „Mischung von Schönheit und Häßlichkeit oder von Tugend und Laster".[448] Das ist ein Konzept, das Ngugi selbst vertritt. Die Unterschiede zu Achebe sind jedoch beträchtlich. In ähnlichen Erzählweisen äußern sich verschiedene soziale Erfahrungen und Orientierungen. Ngugis Interesse ist weitaus stärker als Achebes auf die Bauern und die proletarisierten Massen gerichtet. Seine Literatur entfaltet sich als revolutionäre Haltung. Sein erster Roman *Weep not Child* (dt. *Abschied von der Nacht)* behandelt die Jugend eines Bauernsohnes und den aktiven Kampf gegen den Kolonialismus. Der dritte Roman *A Grain of Wheat* (dt. *Preis der Wahrheit),* bis Mitte der siebziger Jahre wohl sein bedeutendstes Werk, dreht sich um die antikoloniale Revolution der fünfziger Jahre in Kenia. Die antikoloniale Haltung, die Probleme militanter bäuerlich-plebejischer Solidarität, der organisierte politische und militärische Kampf und seine Widersprüche bestimmen die Struktur. Die Erzählung geht aus von der Feier, die am Tag der Unabhängigkeit (Dezember 1963) von einer örtlichen Parteizelle bzw. von den Kämpfern veranstaltet wird, ein symbolischer Akt ihres Triumphes. Der revolutionäre Bauernführer Kihika, der durch Verrat in die Hände der Engländer fiel und erhängt wurde, spielt eine zentrale Rolle. Die Lebenden beziehen sich auf seine Haltung, auf seine Einsichten in Zusammenhänge zwischen Landarmut und Kolonialismus, in die Notwendigkeit kompromißlosen Kampfes, in den internationalen Prozeß nationaler Befreiungsbewegungen nach dem zweiten Weltkrieg (Unabhängigkeit in Indien). Die Suche nach dem Verräter ist ein wichtiges Moment der Handlung.

Ngugis Haltung spiegelt die Besonderheiten kolonialer Geschichte und der antikolonialen Revolution in Kenia wider. Seit Beginn des

20. Jahrhunderts hatte sich hier eine relativ starke Gruppe britischer Siedler festgesetzt und eine einflußreiche kapitalistische Landwirtschaft entwickelt. Wegen der wirtschaftlichen und strategischen Bedeutung des Landes versuchte der Kolonialismus, sich noch in den fünfziger Jahren mit brutalem Terror zu behaupten. Andererseits hatte sich nach dem ersten Weltkrieg bereits eine nationale Bewegung organisiert. Nicht zufällig schrieb ein Kenianer mit *Facing Mount Kenya* eines der einflußreichsten antikolonialen Bücher vor 1945. Das Kikuyu-Volk, das durch die Siedler am stärksten betroffen war (Landraub) und durch diese Konfrontation zugleich sich frühzeitig an moderner Bildung und der modernen Warenproduktion zu beteiligen suchte, stellte die Hauptmasse und wichtige Führer der antikolonialen Front. Kikuyu-Bauern und proletarische Gruppen der Hauptstadt Nairobi waren während der vierziger und fünfziger Jahre ihre entscheidenden Elemente. 1952 begannen die Bauern den Guerilla-Kampf (Mau-Mau-Krieg) inmitten der britischen Siedlungsgebiete, der den klassischen Kolonialismus schließlich zum Rückzug zwang.[449] Ngugi, 1938 in einer Bauernfamilie der Kikuyu geboren, war in einem Zentrum antikolonialer Aktivitäten aufgewachsen. Sein Bruder gehörte zu den Guerilla-Kämpfern.[450] Die Verbundenheit mit den Bauern und mit proletarischen Gruppen bestimmte von Anfang an seine Literatur, sein Gesellschaftsbild und seine Kultur- und Kunstauffassungen. 1962 faßte er den Riß zwischen einer Elite und der Masse als ein wesentliches Problem des künftigen unabhängigen Kenia auf. Die Gebildeten hätten nicht nur politische, sondern auch ökonomische Macht. Sie könnten leicht die Kultur monopolisieren. Eine Kultur der Wenigen an der Spitze wäre keine nationale Kultur. Es gäbe aber keine eindeutige Lösung für das Problem. Sich auf Julius Nyerere beziehend, der Anfang der sechziger Jahre Sozialismus idealistisch als Geisteshaltung (attitude of mind) definiert hatte und die traditionelle Dorfgemeinschaft (Ujamaa), den Gemeinschaftsaspekt traditioneller Kulturen, zum Bezugspunkt modernen Sozialismus zu machen suchte,[451] war die traditionelle Gemeinde 1962 für Ngugi noch ein Lösungsmodell. Sie diente dem Individuum, und das Individuum könnte in ihr seine Persönlichkeit entfalten: „In dieser Gemeinschaft gehört die Kultur allen. Denn die Reichen und die Armen, die Törichten und die Weisen sind alle frei, am nationalen Leben der Gemeinschaft in allen Bereichen teilzunehmen. Das meinen vielleicht einige, wenn sie vom Afrikanischen Sozialismus sprechen. Es wäre dann ein wertvolles Ideal. Ich schlage keine Lösung für ein

so weites Problem vor. Die Lösung liegt beim Volk von Kenia, wie ich sagte. Eines ist aber notwendig bei jedem Versuch, den Riß zu beseitigen. Die Menschen müssen jene Geisteshaltung (attitude of mind) haben, die sich nicht nur des Problems bewußt ist, sondern eine Lösung wünscht."[452]

Die Unabhängigkeit Kenias, die nähere Bekanntschaft mit dem Marxismus und mit revolutionären Theorien über die „Dritte Welt" (Fanon) veränderten diese Ansicht. Der Kolonialismus konnte während der fünfziger Jahre wichtige Gruppen und Führer in der nationalen Bewegung, darunter einflußreiche Gewerkschaftsführer wie Tom Mboya,[453]* dafür gewinnen, bestehende kapitalistische und kolonial deformierte Wirtschafts- und Sozialstrukturen Kenias beizubehalten. Sie orientierten das Land auf freies Unternehmertum in allen Bereichen. Das 1965 vorgelegte Strategieprogramm unterstrich den kapitalistischen Inhalt des „Afrikanischen Sozialismus", den die herrschende KANU-Partei und die Regierung als Ziel vorgaben.[454] Zusammen, oft in Personalunion mit der bürgerlich gerichteten politischen Führung und hohen Bürokratie, entwickelten sich rasch ein afrikanischer Kapitalismus und ein im Handel und Transportwesen aktives Kleinbürgertum. Man arbeitete offen mit dem internationalen Kapitalismus zusammen. Kenia wurde ein nahezu klassisches Beispiel neokolonialer Verhältnisse. Die Kluft zwischen den bäuerlichen und proletarischen Massen und repressiven und ausbeuterischen Herrschaftsschichten, einschließlich europäischer und nordamerikanischer Unternehmer und Manager, verringerte sich nicht, sondern vertiefte sich tendenziell.[455] *Preis der Wahrheit,* kurz nach der Unabhängigkeit geschrieben, stellt einen Aspekt der sich vertiefenden Kluft scharf heraus – das Ausnutzen politischer Macht für den Start ins Privatunternehmertum. Der Mau-Mau-Anhänger Gikonyo, der lange Jahre im britischen Konzentrationslager verbringen mußte, will das mit den weißen Siedlern ausgehandelte Programm, die Farmen durch Aufkauf zu afrikanisieren, ausnutzen. Zusammen mit anderen will er den Betrieb eines Briten kaufen, der nach England zurückgeht. Er wendet sich an den Parlamentarier seines Kreises um Hilfe für einen Kredit. Der Parlamentarier, der Beziehungen zu den kreditgebenden Stellen hat, benutzt das Programm, um die Farm für sich selbst zu kaufen. Muhoya, General R. genannt, berührt solche Erfahrungen, wenn er auf der Unabhängigkeitsfeier vom Krieg spricht, der noch andauert: „Du fragst, warum wir gekämpft haben, warum wir in den Wäldern mit den wilden Tieren gehaust haben? Du fragst, warum wir getötet und Blut vergossen haben? ... Der weiße Mann lebte auf unserem Land. Er aß, was wir pflanzten und kochten. Und selbst die Krumen vom Tisch warf er lieber seinen Hunden vor. Deshalb haben wir auch unsere schwarzen Brüder getötet. Weil sie in ihrem Innern Weiße waren. Und ich weiß, daß auch jetzt der Krieg noch nicht zu Ende ist. Heute bekommen wir die Unabhängigkeit. Morgen werden wir fragen: Wo ist der Boden? Wo ist die Nahrung? Wo sind die Schulen?"[456]

Einen antikolonialen Kämpfer, der den Namen R. annahm, einen Namen, der für Rußland steht, gab es in dem 1962 entstandenen Roman *Abschied von der Nacht* noch nicht. Während seiner Studien in Leeds von 1964 bis 1966 hatte die sozialistische Alternative für Ngugi Bedeutung erlangt. Revolutionäre Studentenkreise (Afrikaner, Briten), der marxistische Literaturwissenschaftler Arnold Kettle, die nähere Bekanntschaft mit sozialistischer Kunst, so mit dem 1914 erschienenen bedeutenden proletarisch-revolutionären Roman *The Ragged Trousered Philanthropists* von Robert Tressel[457]* und Fanons *Les damn'és de la terre* (dt. *Die Verdammten dieser Erde*), übten wichtige Einflüsse aus. Seine Auffassungen von der Gesellschaft, der Kultur und der Kunst wurden geschichtsmaterialistisch, revolutionär-antikapitalistisch akzentuiert. So weist er 1966 auf den Antagonismus hin, der nach der Unabhängigkeit zwischen den Bauern und Arbeitern auf der einen Seite und einer entstehenden schwarzen Bourgeoisie auf der anderen entstanden ist. „Klassenbewußtsein, das die Teilung in Clans und Stämme übersteigt, würde die Bauern und Arbeiter erkennen lassen, daß sie sich in einer gleichen Notlage befinden, daß sie aber bis jetzt durch nationalistische Gefühle gelähmt sind."[458] 1969, in einem Vortrag für eine UNESCO-Konferenz, betonte er, kulturellen Traditionalismus und Nationalismus kritisierend, daß eine lebendige Kultur niemals statisch sei. Der Kolonialismus habe die geschichtlich gewachsenen Kulturen Afrikas deformiert und – wie Prospero Calibans Welt – die materielle Basis afrikanischer Kulturen zerstört. Jetzt habe ein Wettrennen eingesetzt um die Lebensweise der früheren Eroberer, um deren Symbole wie das Mercedes-Benz-Auto, während man auf Parties von einer „mythischen Vergangenheit" singt. Man müsse die Situation klar erkennen: „Das heißt, wir müssen gründlich unsere sozialen und ökonomischen Strukturen untersuchen und prüfen, ob sie wirklich die Bedürfnisse der Massen bedienen und ihre Energien freisetzen. Wir müssen in der Tat unser politisches und ökonomisches Leben völlig afrikanisieren und sozialisieren. Wir müssen mit dem Kapitalismus brechen, dessen imperialistisches Stadium – das des Kolonialismus und Neokolonialismus – Afrika so viel Schaden zugefügt und unseren ganzen schöpferischen Geist verkrüppelt hat. Der Kapitalismus kann nur eine antihumane Kultur hervorbringen oder eine Kultur, die nur ein Ausdruck geteilter, gegeneinander kämpfender Interessen ist."[459] Die Arusha-Deklaration von 1967, mit der Tansania eine nichtkapitalistische Entwicklung einzuleiten suchte, ist für Ngugi ein Beispiel. Er zitiert die Stelle, an der Tansania als eine „Nation von Bauern und Arbeitern" charakterisiert und in der ausgesagt wird, daß man, um sozialistisch zu werden, „die bedeutenderen Produktionsmittel" zum Eigentum der Bauern mache und unter die Kontrolle einer „Partei der Bauern und Arbeiter" bringen müsse. So gebe Tansania den Bauern und Arbeitern die „materielle Basis, in der sie eine neue und moderne nationale Kultur aufbauen können".[460]* 1972 stellte er die „traurige Wahrheit" fest, daß die meisten afrikanischen Staaten kaum gebrochen hätten mit ihrem kolonialen Erbe, mit dem System, welches den Kontinent ausbeutet, welches von dieser Ausbeutung lebt, nur daß jetzt Schwarze die ererbten sozialen und ökonomischen Strukturen ausnutzen. Natürlich habe es einen Fortschritt gegeben – der Rückzug des klassischen Kolonialismus legte den schwarzen Völkern ihr Schicksal in ihre eigenen Hände: „Aber das Fehlen struktureller Umwälzungen unserer Gesellschaften bedeutet, daß unsere Wirtschaften und andere Institutionen wie in der Vergangenheit an den Westen gebunden bleiben. Wir werden schließlich nur Mittler zwischen westlichen Städten und afrikanischen Dörfern sein."[461]

Die Literatur müsse sich in dieser Wirklichkeit für revolutionäre Veränderungen engagieren, indem sie die wirklichen widersprüchlichen Verhältnisse und geschichtlichen Kräfte antikapitalistischer Befreiung ins Bewußtsein hebt. 1966 kritisierte er, daß Wole Soyinka zwar seine Gesellschaft umfassend darstelle, aber ein statisches Bild von ihr entwerfe, „denn er vermag nicht die Gegenwart in der historischen Perspektive des Konflikts und des Kampfes zu sehen". Das einfache Volk, Arbeiter und Bauern, bleiben in seinen Stücken passive Beobachter. Es sei aber nicht genug für einen afrikanischen Künstler, „die Gesellschaft von fern zu betrachten und ihre Schwächen zu beleuchten. Er muß versuchen, darüber hinauszugehen, die Quellen, die Ursachen und die Tendenzen eines revolutionären Kampfes herausfinden, der schon die traditionelle Machtstruktur, die die kolonialistischen Nationen aufgebaut hatten, zerstört hat. Und

Afrika ist nicht allein. In der ganzen Welt, von Amerika über Afrika und den Nahen Osten bis an die fernen Ränder Asiens fordert die ausgebeutete Mehrheit das ihr Gehörende. Der Künstler steht nicht außerhalb der Schlacht. Indem er sich in ihre Quellen vertieft, kann er moralische Richtung und Perspektive (vision) einem Kampf geben, der, obwohl er zeitweilig Rückschläge erleidet, sich fortsetzt und das Gesicht des zwanzigsten Jahrhunderts verändert."[462] Literatur, so faßte er bis 1972 immer wieder zusammen, stärke das Bewußtsein der Leser für die gesellschaftlichen Realitäten. Sie sei „natürlich vor allem damit beschäftigt, wie sich politische und ökonomische Ordnungen (arrangement) auf den Geist und die Werte auswirken, die menschliche Beziehungen bestimmen"[463*].

Preis der Wahrheit ist Ngugis erster bedeutender Ansatz zu einer solchen Literatur. Er macht bewußt, daß Bauern und proletarisierte Schichten die Unabhängigkeit revolutionär erzwangen und damit neue historische Gegensätze freilegten. Die antikoloniale Revolution erscheint nicht nur wie in *Abschied von der Nacht* durch die einfühlsam dargestellten Erfahrungen eines Jungen. Sie entfaltet sich in den Geschichten derer, die sie trugen oder die sie unmittelbar-hart betraf, die Akteure der Prozesse waren und sind – Mau-Mau-Kämpfer, deren Helfer, Sympathisierende, weiße Vertreter des Kolonialismus und ihre schwarzen Verbündeten, potentielle oder bereits tatsächliche neue soziale Gegner der Kämpfer in den Wäldern. Der epochale historische Prozeß, dessen Teil die Entkolonialisierung ist, rückt ins Gesichtsfeld. Auf die Oktoberrevolution, auf „Rußland", wird mehrmals angespielt. Ngugi bedeutet die außerordentlichen Schwierigkeiten, die innere Widersprüchlichkeit und damit die umgreifende Wirklichkeit der Revolution – die für den einzelnen oft tragischen Aspekte, die Gewalttätigkeit der Kolonialisten, ihrer schwarzen Handlanger und der Mau-Mau-Guerillakämpfer, die menschlichen Verwüstungen, die beide Seiten berühren, Unterdrücker und sich auflehnende Unterdrückte. Das bäuerliche und proletarische Potential wird nicht agitatorisch idealisiert, die Wirklichkeit nicht auf Schönheit, Größe und leichte Sieghaftigkeit der Unterdrückten verkürzt. Kihika, Symbolfigur der bäuerlichen Kämpfer, ist tief christlich geprägt. Der militärische Führer Kihika, der umsichtige Stratege, zittert vor Angst, als er auf den Kolonialbeamten trifft, den er erschießen wird. Der Mann Gatu, der mit seinen Erzählungen über die Sowjetunion, über jene Analphabeten, die dort ihre Geschicke in ihre eigenen Hände genommen hätten und heute eine Weltmacht geschaffen haben, die im Konzentrationslager zermürbten Männer aufzurichten sucht, begeht Selbstmord. Mugo, eine Hauptfigur, verrät Kihika – aus Angst vor den Weißen und weil er sich durch die Belohnung das Ende seiner Einsamkeit und Besserung seiner elenden sozialen Lage erhofft. Später aber tritt er gegen den kolonialen Terror auf und kommt ins Konzentrationslager. Als General R. auf der Unabhängigkeitsfeier über den Krieg spricht, drängt sich ihm das Bild auf, wie er und andere einen schwarzen Geistlichen, Gegner der Mau-Mau, hinrichteten. In einem „inneren Monolog", sich in seine Figur „einfühlend", beschreibt Ngugi die Ängste und Zweifel, mit denen General R. sein Leben bestehen muß: „Jetzt stand in allen Einzelheiten jene Szene vor ihm auf, wie sie das Haus des Priesters umzingelten und ihn in Stücke hauten. Jackson hatte keine Furcht gezeigt. Er kniete nieder und betete für seine Feinde, während die p a n g a s ihn zerhackten. Diese Tat hatte dem General fast die Kraft geraubt. Er rief seinen Leuten zu, jeder soll seinen p a n g a in den Leib des Mannes schlagen, damit die Schuld auf alle verteilt sei. Warum erschien sein Gesicht plötzlich vor ihm? Du mußtest sterben, redete er das Gesicht an, aber die Worte drangen ihm nicht aus der Kehle. Er packte das Mikrophon fester, um sich zu fangen. Plötzlich wurde ihm bewußt, daß die Menge aufgehört hatte zu singen und ihn beobachtete. Da geriet General R. in Panik, Worte strömten hervor, und es war, als plädierte er auf nichtschuldig vor einem überfüllten Gerichtshof. Jackson, sein Ankläger, stand vorn, mit blutigem Gesicht. Obwohl jeder das Gesicht sah, oder war es nur in seiner Einbildung? fragte sich General R. in seinem blinden Schrecken."[464]

In der erzählerischen Identifikation mit Gedanken, Gefühlen und Haltungen verschiedener Figuren, Kämpfer wie Verräter, Schwarzer wie Weißer, bedeutet Ngugi, die fiktiven Gestalten dem Leser gleichsam aufdrängend, zugleich die Unterschiede, die Widersprüche, die gegensätzlichen Seiten des Prozesses. Die Einfühlung muß „springen", sich auf jeweils andere Gegenstände, auch gegensätzliche, richten. Kritisches Sehen der geschilderten Vorgänge wird ermöglicht. Die Struktur des Romans macht das Sich-Verlieren an eine Situation, an ein Schicksal, eine Haltung schwierig. Sie ist betont kompliziert, erlaubt so dem Leser kaum, sich mit der jeweils in ihr bedeuteten Wirklichkeit leicht zu „arrangieren" und die ästhetische Fiktion gedankenlos hinzunehmen (zu „genießen"). Erzählerische Verfahren konnotieren als solche Kompliziertheit, Widersprüchlichkeit des Erzählten. Dialoge, Gedankengänge der Figuren, Vorgänge werden oft plötzlich abgebrochen und an anderen Stellen des Romans weiterverfolgt. Die vordergündige Handlung, der „plot", dreht sich um den Versuch, Mugo als Leiter der örtlichen Parteizelle und vor allem als Redner auf der Feier zu gewinnen. Sie erstreckt sich lediglich über zwei Tage und verbleibt im Ort, in dem die Feier stattfindet. Das ist aber nur der Rahmen. Die Erzählung schweift in andere Räume und andere Zeitebenen – in die verschiedenen Phasen des bisherigen Lebens der Figuren, ins Konzentrationslager, nach Nairobi. Vorgänge oder individuelle Geschichten werden nicht übersichtlich in einzelnen abgeschlossenen Abschnitten oder Kapiteln vorgestellt, sondern montiert, an verschiedenen Stellen des Romans und in verschiedenen Phasen der fiktiven Zeit beschrieben. Die einfühlsame Schreibweise fügt so Figuren und Geschichten diskontinuierlich zusammen. Gikonyo kommt am Vorabend der Feier zu Mugo, um von Problemen mit seiner Frau Mumbi zu erzählen und sich aus seiner Einsamkeit mitzuteilen. Die Mitteilung erfolgt erst fünfundzwanzig Seiten später, nachdem Ngugi von Mumbi und anderen Episoden der Vergangenheit erzählt hat. Später schreit Mugo vor Mumbi heraus, daß er Kihika erwürgt habe, aber erst am nächsten Tag, über vierzig Seiten später, wird der Verrat geschildert. Der Leser wird der punktuellen Identifikation mit den Figuren immer wieder entrissen. Erst indem er die verschiedenen Aspekte und Bruchstücke assoziiert, erschließt sich ihm der logische Handlungsablauf.[465*]

Sein revolutionäres Kunstprogramm in der Unabhängigkeit umzusetzen ist offenbar schwieriger, als Ngugi in der Kritik an Soyinka noch zu verstehen gab. Zwischen 1967 und 1975 veröffentlichte er wenig – hauptsächlich Bearbeitungen früher geschriebener Werke.[466*] Ähnlich wie Achebe und Ousmane konnte er in der neuen historischen Situation nicht einfach weiterschreiben. Als er 1971 von Literaturvorlesungen in den USA zurückkehrte, erlebte er folgendes: „Ich blickte in die traurigen und verwirrten Gesichter der Menschen und besuchte die Stätten, wo sie ihre Erinnerungen an den vergangenen Tag und ihre Hoffnungen und Befürchtungen für den kommenden in Alkohol ertränkten. In Limuru verkehrte ich in verschiedenen Bars, trank, sang, tanzte und bemühte mich, nichts zu sehen und mich an nichts zu erinnern."[467] Der Krieg, den er 1966 in *Preis der Wahrheit* andeutete, ging nicht unmittelbar weiter. Die Perspektive – die soziale Befreiung der Massen – war noch nicht Gegenwart. Neokoloniale Verhältnisse, eine afrikanische Bourgeoisie im Verein mit der sich ständig vergrößernden Schicht kleiner Warenproduzenten und Händler sowie einer bürgerlich orientierten Bürokratie hatten relativ starke Positionen in Kenia ausgebaut, trotz der sich vertiefenden schmerzhaften Antagonismen. Das Regime konnte soziale Unzufriedenheit, Widerstand, die Suche nach revolutionären Alternativen weitgehend neutralisieren oder unwirksam machen. Grundlagen und Mittel dafür waren: der beachtliche wirtschaftliche Aufschwung, der zumindest zeitweilig durch einen starken Zufluß internationalen Kapitals spürbar wurde; die Afrikanisierung großer Teile des Handels, des Transportwesens und des Wohnungsgeschäfts, die bisher weitgehend von der großen Gruppe der Inder beherrscht worden war und in das nun Afrikaner drängen konnten; die Erweiterung des Beamtenapparates, die die Arbeitslosigkeit zumindest bis Anfang der siebziger Jahre für die wichtige Schicht der Ober- und Hochschulgebildeten wenig spürbar machte; der einflußreiche kulturelle Traditionalismus bzw. Nationalismus, die Rhetorik des „Afrikanischen Sozialismus", einer besonderen afrikanischen Politik und Kultur, hinter der sich die neokoloniale Lösung verbirgt; die repressive Politik gegen jede sich organisierende Opposition.[468*]

Nicht sosehr die „Gegenwart in der historischen Perspektive des Konflikts und des Kampfes" (Kritik an Soyinka), sondern überhaupt erst einmal die gegenwärtige reale Lage des Schriftstellers, die Wirkung der neuen Gegenwart auf ihn mußten überprüft werden. Noch einmal waren Zusammenhänge zwischen der Vergangenheit und der Gegenwart zu erkunden, in einer Literatur, die in „immer wiederkehrenden Stimmungen" von „Hoffnungslosigkeit und Zweifeln" entstehen mußte.[469] 1975 betonte Ngugi: „Tatsächlich stellt meine schriftstellerische Arbeit den Versuch dar, mich und meinen Platz in der Gesellschaft im historischen Zusammenhang zu verstehen." Mit Hilfe seiner Feder versuche er, sich auf die Kämpfe der fünfziger Jahre beziehend, „den Sinn dieser Vorgänge und Verhaltensweisen zu begreifen"[470].

Ngugi kann sich nur zögernd, tastend über die neue Wirklichkeit künstlerisch verständigen, zunächst in den Bearbeitungen seiner Stücke, dann in drei neuen Erzählungen – *Minutes of Glory* (*Minuten des Triumphs*), *Wedding at the Cross* (*Heirat unterm Kreuz*), *A Mercedes Funeral* (*Ein Mercedes-Begräbnis*). Überraschende Vorfälle, spontane individuelle Ausbrüche enthüllen die Problematik „verborgener Schicksale".[471*] Ein Barmädchen stiehlt einem flüchtigen Liebhaber ein paar hundert Schilling und verändert sich plötzlich: Das bisher unbeachtete, unscheinbare Mädchen wird für einen Tag eine begehrenswerte Frau, von Anträgen der neureichen Kundschaft ihres Lokals überhäuft. Eine Frau, die zu Beginn des zweiten Weltkriegs einen Lohnarbeiter gegen den Willen ihrer wohlhabenden christlichen Eltern heiratete, versagt in den sechziger Jahren diesem Mann, der jetzt selber reicher Unternehmer und Christ geworden ist, das Jawort bei einer späten christlichen Trauung. Der Türsteher eines Bierlokals, der in seiner armen Jugend vergeblich Bildung erstrebte, der in der Unabhängigkeit seinen Traum zu verwirklichen gedachte und einmal im Mercedes fahren wollte, erhält nach seinem Tod einen Sarg, der einem Mercedes 600, Statussymbol der neuen Bourgeoisie, nachgebildet ist, gespendet von einem Unternehmer und Parlamentskandidaten, der einen solchen Mercedes tatsächlich fährt. Verschüttetes schöpferisches individuelles Potential, verkrüppelt und niedergehalten durch neue harte bürgerliche Konkurrenz, explodiert plötzlich, verzweifelt sich der eigenen Möglichkeiten beraubend, selbstzerstörerisch. Oder es geht – wie bei dem Türhüter – unter im Alkohol, von denen noch ausgenutzt, die es im Wettbewerb ungleicher Chancen nicht zur Entfaltung kommen ließen – das „Mercedes-Begräbnis" soll Wahlstimmen und so Macht, Verbindungen, Geld sichern.

Diese Erzählungen brachten 1975 aber nicht mehr wesentlich neue Erfahrungen und Einsichten in die ostafrikanische Literatur ein. Schon 1969 hatte Leonhard Kibera geschildert, wie sich frustierte Menschlichkeit, die während des Kolonialismus und in der Unabhängigkeit gleichermaßen unterdrückt wurde, plötzlich gewaltsam entlädt. Ein alter Hausangestellter, den seine neue schwarze Herrin schlägt, versucht das Spinnengewebe (*The Spider's Web*), in dem er sich gefangen fühlt, durch einen Amoklauf gegen seine Herrschaft zu zerreißen.[472] 1972 stellte John Ruganda dar, daß die Lasten *(The Burdens)* materiellen Elends und enttäuschter Verheißungen in verzweifelt kalkulierenden Mord umschlagen. Eine Frau tötet ihren Mann in der Hoffnung, für ihre Kinder die kleine Chance zu erhalten, den lähmenden Kreislauf von mangelnder Bildung, Unterernährung, Slum-Dasein und lebenslanger Verurteilung zur Unterprivilegierung zu durchbrechen.[473] Die arbeitslose Jugend, um die sich in Kenia niemand kümmert, die mit Ratten und Hunden in den Abfalltonnen der gleißenden, pulsierenden Stadt Nairobi um Überleben wühlt, stürzt sich blind in Kriminalität. Das Gefängnis ist, so erzählte 1973 Meja Mwangi, der einzige Ort, an dem sie ein Dach über dem Kopf und sicheres Essen hat. Das Gefängnis als Geborgenheit – oder auch ein schneller Tod, das „Kill me quick", wie es in dem Gedicht heißt, das Mwangi seinem Roman *Kill Me Quick* voranstellt.[474*]

Eine wirkliche Perspektive für das schöpferische Potential des Volkes erscheint in der Vergangenheit, in der antikolonialen Revolution der fünfziger Jahre, durch ästhetische Tätigkeit in die Gegenwart geholt wie in dem Stück *The Trial of Dedan Kimathi*, das Ngugi und Micere Mugo 1976 herausbrachten. Dedan Kimathi war der bedeutendste Führer der Mau-Mau-Kämpfer, wichtigste Symbolfigur des militanten Antikolonialismus und nationaler Held Kenias. 1957 war er nach kurzem Prozeß von den Engländern gehängt worden. Das Stück sollte eine empfindliche Lücke im nationalen Kulturleben schließen helfen. „War dieser heroische bewaffnete Kampf der Bauern gegen die britischen Okkupationstruppen in unserer Literatur angemessen behandelt worden?" fragten die Autoren in einem Vorwort. „Warum war die kenianische Literatur im ganzen so unterwürfig und stellte kaum dar, daß das Volk, die Massen fähig sind, Geschichte zu machen und zu verändern? Nehmen Sie die Helden und Heldinnen unserer Geschichte . . . Warum sangen unsere phantasiereichen Künstler ihnen und ihren epischen Widerstandsleistungen keine Preisgesänge?"[475]

Das Urteil scheint nur bedingt zuzutreffen. Erst 1973 und 1974 hatte Kenneth Watene Stücke über den Mau-Mau-Kampf veröffentlicht, darunter *Dedan Kimathi.* Mit gestelzter Sprache, pathetisch-melodramatisch und in konventioneller Spieler-Gegenspieler-Dramaturgie zeichnen sie einen allgemeinen Freiheitsdrang, die Notwendigkeit und die Konflikte und Opfer eines entschlossenen, besessen-militanten Nationalismus. Watenes Kimathi mordet einen unschuldigen, treuen Helfer – aus eifrigem Argwohn vor Verrat.[476*]

Ngugi und Mugo stellen ebenfalls Konflikte der Afrikaner untereinander und Schwächen Kimathis aus. Es gibt aber wesentliche Unterschiede, die ihr Urteil genauer erklären. Ihr Kimathi kämpft nicht für einen undifferenzierten Nationalismus, sondern für die revolutionäre antikapitalistische Befreiung. Er ist Symbolfigur der Massen, die den Kolonialismus und neokoloniale Lösungen überwinden. „Wir sind entweder auf der Seite des Volkes oder auf der Seite des Imperialismus", schreiben sie im Vorwort. „Die afrikanische Literatur und afrikanische Schriftsteller kämpfen entweder mit dem Volk oder helfen dem Imperialismus und den Klassenfeinden des Volkes. Wir glauben, daß ein gutes Theater solches ist, das auf der Seite des

Volkes steht, das, ohne Fehler und Schwächen zu verbergen, dem Volk Mut gibt und es zu höheren Vorsätzen in seinem Kampf für totale Befreiung drängt. So galt es, die Massen wahrhaft darzustellen (symbolisiert durch Kimathi) in der einzig historisch richtigen Perspektive: positiv, heroisch und als die wahren Macher der Geschichte."[477] Kimathis Prozeß ist nicht historisch „rekonstruiert", sondern lediglich Anlaß, geschichtlich wesentliche Vorgänge und soziale Verhaltensweisen in einer demonstrativ „zurechtgemachten" theatralischen Situation vorzuführen – die Kollision zwischen Afrikanern und Kolonialisten, zwischen Kimathi und den Massen auf der einen Seite und der neuen schwarzen Bourgeoisie und dem internationalen Kapital auf der anderen, sowie die Standhaftigkeit Kimathis, trotz Folter und verlockender Versprechungen, falls er sich der neokolonialen Lösung anschlösse. Die Gegenwart ist unmißverständlich angesprochen. „Gerechtigkeit wird geschaffen / durch einen revolutionären Kampf / gegen alle Kräfte des Imperialismus", mahnt Kimathi. „Unser Kampf muß deshalb weitergehen."[478] Einigkeit, Disziplin, Wahrheit seien die entscheidenden Waffen gegen die „Rechtsanwälte, Lügner, Bankiers, Besitzer von Eigentum".[479*]

The Trial of Dedan Kimathi ist ein Beispiel der revolutionären Dramatik, die seit den sechziger Jahren zunächst in Tansania versucht wurde. Antiimperialistische Haltungen und Einsichten sollen unmittelbar, offen didaktisch vermittelt werden. Kimathi wendet sich mehr – oft in rhythmisch-beschwörender Rede – an Leser oder Zuschauer als an seine fiktiven Widersacher. Die Struktur ist völlig „offen". Man geht beliebig mit Zeit und Raum um. Pantomime bringt die vierhundertjährige Geschichte afrikanischer Sklaven in Amerika und unter dem Kolonialismus in das Geschehen der Jahre 1956/57 ein. Die Identitäten der fiktiven Figuren und die Grenzen zwischen dargestelltem Geschehen und direkter Ansprache des Publikums sind fließend. Musik, ein Hauptelement traditioneller darstellender Kunst des subsaharischen Afrikas, spielt eine wichtige Rolle. Swahilisprachige Lieder stehen am Anfang und am Ende. Sie reißen historische Zusammenhänge auf und sind mobilisierend auf das Publikum gerichtet. Die Verurteilung Kimathis geht über in einen „donnernden Freiheitsgesang" des Volkes. Sein Werk wird fortgesetzt, neue Kämpfer treten auf. Die Schlußzeilen lauten: „Wir werden bis zum Ende kämpfen / Beginnen wir den Kampf, und wir werden siegen / Die Hacken hoch, hoch die Messer / Befreien wir uns, bauen wir das Neue."[480*]

Obwohl reale geschichtliche Zusammenhänge angedeutet, verschiedene soziale Kräfte und Kollisionen genau umrissen werden, erscheint Wirklichkeit hier idealistisch verkürzt und teilweise romantisch verklärt. Die konstruiert wirkende Darstellung einer militanten Frau, Gegenstück zu Kimathi, drängt sich mit gestelztem Pathos und in vereinfachend didaktischem Gestus in den Vordergrund. Sie lehrt, daß man kämpfen muß, daß das Volk sich einig sein müsse. Die Frau findet gelehrige Schüler in einem Mädchen und einem Jungen. Am Anfang der Handlungen feindselig gegeneinander, von der harten Konkurrenz arbeitsloser Jugend der Großstadt geprägt, sind sie am Schluß, nachdem die Polizisten, die Kolonialisten ins Theaterdunkel verschwunden sind, Zentrum des singenden Volkes. Die revolutionäre Alternative erscheint so nicht nur als reales Element gemachter Geschichte. Ästhetische Tätigkeit soll sie als unmittelbar gegenwärtig vorstellen. Auf der Bühne wird romantisch überhöht soziale Befreiung dargestellt, zur wirklichen revolutionären Mobilisierung des Publikums. Es ist aber nur ästhetisch bedeutete oder behauptete Aktion, aus möglicher Zukunft fiktiv in die Gegenwart hereingeholt. Konnte Ngugi 1975 die unproduktive Wirklichkeit genau beschreiben, Leser für gegenwärtige Realitäten und reale Möglichkeiten über pointiertes Erzählen sensibilisieren, vermag er die Perspektive sozialer Umwälzungen, die geschichtlich realen Möglichkeiten, Produktivität in der sozialen Revolution zu entfalten, zumindest vorerst nur als ästhetisches Wunschbild erlebbar zu machen, in agitprop-artiger Vereinfachung wirklicher Prozesse.

Wesentlich anders verhält es sich mit Ngugis viertem Roman *Petals of Blood,* 1970 bis 1975 geschrieben. Von der Geschichte und Gegenwart Kenias handelnd, ist er ein Versuch, in künstlerischer Tätigkeit „den Sinn dieser Vorgänge und Verhaltensweisen zu begreifen". Das Erzählen ist Erkunden, mühevolles Erinnern, schwierige Selbstverständigung und mühseliges Suchen nach Sinn im sozialen und individuellen Geschehen, schmerzhaftes Zusammensehen und Zusammendenken von Vergangenheit und Gegenwart, von bedrängender unmittelbarer Wirklichkeit und künftigen Möglichkeiten der Befreiung. Das Erkunden, die Mühe des Durchschauen-Wollens prägen die Struktur; Suchen ist der Erzählgestus. Die Polizei ermittelt eine Brandstiftung in einem angesehenen Bordell der aufblühenden Stadt Ilmorog, bei dem vermutlich drei bedeutende Persönlichkeiten mit Vorsatz getötet worden sind – zwei führende Vertreter des Bildungswesens und ein „führender Industrieller", alle drei auch selbständige Unternehmer und zugleich, wie die Zeitungen berichten, „die afrikanischen Direktoren der international berühmten Theng'eta Brauereien“[481], international, weil Eigentum ausländischer Unternehmen. Man verhaftet und verhört vier Personen, die – mit den Umgekommenen bekannt – der Tat verdächtigt werden. Das Kriminalistische ist jedoch nur der Rahmen, in dem ein anderes Suchen beginnt, das stockende Sich-Erinnern der vier Verdächtigen, die Befragung der Vergangenheit. In den Erinnerungen der fiktiven Figuren, ausgelöst durch die polizeiliche Untersuchung, deuten sich soziale, politische, kulturelle Mechanismen und Strukturen an. Die freiheitliche Tradition Kenias, die bis ins 19. Jahrhundert zurückgedacht wird, der Mau-Mau-Kampf sind in eine Unabhängigkeit umgeschlagen, deren Inhalt „ökonomische Prosperität“[482] unter kapitalistisch-neokolonialen Vorzeichen ist, mit tiefen sozialen Gegensätzen und einem erbarmungslosen Konkurrenzkampf. Es ist die Prosperität des „führenden Industriellen“ Kimeria, der früher mit den Kolonialisten zusammengearbeitet und Mau-Mau-Kämpfer verraten hat. Oder die des Oberschuldirektors, Farmbesitzers und Geschäftsmannes Chui, der einst gegen die kolonialistische Bildung rebelliert hatte und zusammen mit dem der Brandstiftung Verdächtigen Munira von der Schule gewiesen worden war, so zur Symbolfigur patriotischer Oberschüler wurde. Heute maßregelt er brutal andere Schüler, die – wie der Verdächtige Karega – gegen undemokratische, immer noch kolonial beeinflußte Ausbildung protestieren. Die Pflege oder genauer: die behauptete Pflege der authentischen afrikanischen Kultur, ein kultureller Nationalismus, soll Unzufriedenheit über die Verhältnisse ersticken, die neokoloniale Praxis und die tatsächlichen sozialen Risse ideologisch verschleiern. Das kollektive „Teetrinken“ ist eine ihrer Aktionen, Umschreibung für rituelles Eidschwören, das seit Ende der sechziger Jahre wieder aufgenommen wurde. Anknüpfend an eine vorkoloniale Tradition und an eine Praxis der Mau-Mau-Bewegung, versucht die führende Gruppe um Kenyatta verschiedene soziale Schichten durch traditionalistische Riten, durch den Appell an ethnische Zugehörigkeiten (Tribalismus) an sich zu binden.[483]

Die Suche, das Erfassen der Situation, das Sich-selbst-Verstehen sind unendlich mühselig. Der Fortgang der Erzählung ist diskontinuierlicher als in *Preis der Wahrheit*. Er-Erzählung geht oft jäh über in Ich-Darstellung, in die Konfessionen des Lehrers Munira bzw. in seinen Bericht für die Polizei. Erinnerungen, Erklärungen von Vorgängen, Vorgänge selbst müssen mühevoll zusammengesetzt werden –

aus Erinnerungsfetzen, aus Tagebuchnotizen, Aufzeichnungen. Handlungsmotive. Beziehungen zwischen einzelnen Figuren klären sich erst allmählich, in Bruchstücken auf. Das Raum- und Zeitkontinuum, in dem sich die Geschichten der vier Verdächtigen und ihr Verhältnis zu den Getöteten bewegten, ist völlig aufgesprengt. Auf den ersten Seiten ist der „Fall", die Brandstiftung, gesetzt; seine Vorgeschichte beginnt übergangslos mit dem zweiten Kapitel: „Aber das war alles zwölf Jahre später, als Godfrey Munira, eine dünne Staubwolke hinter ihm, erstmals ein Metallpferd durch Ilmorog ritt, zu der Tür eines moosbewachsenen zweiräumigen Hauses, in etwas, was einmal ein Schulhof war."[484] Erste Begegnungen zwischen Munira, dem Händler Abdulla und dem Serviermädchen Wanja werden geschildert. Zu Beginn des dritten Kapitels wird dann deutlich, was die ganze Erzählung eigentlich ist: ein Bericht, den Munira für die Polizei schreibt und der gleichzeitig sein Versuch ist, sich über sein Leben und über die historische Situation klar zu werden.

Die diskontinuierliche Darstellung, die „montierende" Erzählweise bedeutet nicht nur das Komplizierte, die Zerrissenheit des Dargestellten, der angesprochenen geschichtlichen Wirklichkeit. Es ist für den einzelnen, für die fiktiven Figuren, unendlich mühselig, Zusammenhänge, Sinn in den Ereignissen und in ihrem eigenen Leben zu ermitteln, die Dinge richtig zu sehen und sich überhaupt zu artikulieren. Munira soll der Polizei die Wahrheit berichten: „Aber er fand, obwohl alles noch ganz lebendig in seinem Gedächtnis war, daß sich die Nacht, als Wanja das erstemal von sich erzählte, mit all den Andeutungen von unerklärlichem Untergang (doom) und von Gewalt, der genauen Formulierung in Worten entzog."[485] Denken und Haltungen sind belastet und verbogen durch die Gewalt, durch Einsamkeit, Verzweiflung, durch die tiefe Enttäuschung großer Erwartungen, durch eine fremde, schier undurchdringliche, „surreale" Welt. Sich an ein Bierlokal erinnernd, schreibt Munira, „und ich fühlte, daß wir vielleicht alle in einer surrealen Welt verstrickt waren"[486]. Bevor Wanja ein Stück ihrer Vergangenheit enthüllt, heißt es: „Obwohl sie es für sich zu verbergen suchte, wußte sie, daß diese Szenen unauslöschlich eingebettet waren in ihren tiefsten Erinnerungen an Schmerz und Verlust, vergangene Siege und Niederlagen, momentane Eroberungen und Erniedrigungen, an Entschlüsse zu einem neuen Beginnen, das jeweils nur ein falscher Start ins Nichts war."[487] Munira erinnert sich an die Gefährlichkeit selbst der Sprache: „Ich war immer stark beeindruckt durch die rasierklingenscharfe Spannung an den Enden unserer Worte. Gewalt des Denkens, Gewalt des Sehens, Gewalt der Erinnerung. Ich kann das jetzt sehen."[488] Er zitiert Sätze, die der junge Karega, einer der vier Verdächtigen, einmal in ein Buch geschrieben hatte: „Die Leute, die ich kannte, die Leute, die ich neue Welten schöpfen sah, sind vage Bilder in meinem Gedächtnis. Und die Saat, die wir zusammen pflanzten mit so viel Glauben, Hoffnung, Blut und Tränen – wo ist sie nun? Ich frage mich: Wo ist die neue Kraft, was ist die neue Kraft, die die Saat sprießen und blühen macht?" Munira kommentiert: „Ich dachte dann, daß das Verzweiflung war, und ich pflegte mich zu fragen: Konnte es diese Verzweiflung sein, so schmerzhaft in einem, der so jung war, die ihn zu mir trieb für – ja, für was? ... Was immer es gewesen sein mag, was ihn nach Ilmorog trieb, zu mir, zu Abdulla, zu Wanja, zu diesem Rätsel – Wahrheit und Schönheit, welche Illusionen!"[489]

Dürre, Hungersnot, verdorrte Saaten, unkultivierte Gärten kennzeichnen die Lage des dörflichen Ilmorog, sind aber auch wiederkehrende Metaphern für das unabhängige Kenia und die Situation seiner Menschen. Plötzlich verwandeln sie sich in Pracht und Überfluß. Die Saat geht auf – aber es ist ein Überfluß, der die Bauern verschlingt, eine gleißende Pracht, an der die Massen nicht teilhaben können. Die „surreale Welt" verkehrt Wünsche und Handlungen in unerwartete, unheimliche Realität. Nachdem eine Abordnung des verhungernden Ilmorog den zuständigen Parlamentarier in Nairobi um Hilfe gebeten hat, beginnt der Umschwung. Man investiert in Ilmorog, das an einer neuen strategisch wichtigen Straße liegt. Neu-Ilmorog, eine kapitalisierte neokoloniale Stadt der Bars, Unternehmen und Supermarktes schießt empor. Es beginnt der harte Konkurrenzkampf, der moderne Dschungel, den Armah schon grell beleuchtet hatte – entweder frißt man, oder man wird gefressen. Wanja hat die Wahl, ein menschlich anständiges, aber elendes Prostituiertendasein zu führen oder – brutal gegen alle und sich selbst – zur Bordellbesitzerin, in die Schicht der Reichen, aufzusteigen. „Du frißt oder wirst gefressen", sagt sie ihren alten Freunden. „Und nun kann ich überall hingehen, selbst in ihre teuersten Klubs ... Ich mußte hart sein ... Es ist der einzige Weg ... Schaut euch Abdulla an, kleingekriegt zu einem Früchteverkäufer. Apfelsinen, Schafspelze ... Nein, ich werde niemals in die Herde der Opfer zurückkehren ..."[490]

Petals of Blood steht in einer Reihe mit Achebes *A Man of the Poeple,* mit p'Biteks *Song of Lawino* und, wie Ngugi andeutete, besonders mit Armahs *The Beautyful Ones Are Not Yet Born*, mit Büchern „kritischer Selbsteinschätzung" und „der Verzweiflung" an einer Welt, in der es nur zwei „Stämme" gibt – die „Besitzenden" und die „Besitzlosen", eine Dschungelwelt, deren „verdrehte Werte" der Schriftsteller enthüllen müsse.[491] *Petals of Blood* ist aber, um bei Vergleichen zu bleiben, näher p'Biteks *Song of Prisoner* und Armahs *Why Are We So Blest?* und *Two Thousand Seasons*, insofern sie alle nach Alternativen zum oder Aktionen gegen den Dschungel suchen. Munira hat am Ende eines langen Weges den Brand gelegt. Er wollte die Welt von den Bösewichtern reinigen, streitet für die wahre Welt Christi, für eine reine Moral. Selbst terrorisiert, bricht er – religiösem Wahn verfallen – in individuellen Terror aus. Wanja aber hatte in jener Brandnacht Kimeria schon erstochen. Der Mord an dem „führenden Industriellen" soll ihre Erniedrigungen rächen und die Profiteure von Neu-Ilmorog insgesamt treffen. Er wird so doppelt getötet: erstochen und verbrannt. Das Buch ist also nicht nur Suche nach Sinnhaftigkeit, nach Verstehen, sondern auch Suche nach Alternativen, nach Veränderung, nach Aktion. Religiöser Fanatismus und individueller Terror können nicht erlösen, obwohl sie Zeichen der Spannungen und bedrohliche Anzeichen für die Erschütterung des Systems sind. Einer realen geschichtlichen Alternative ist Karega, der vierte der ehemaligen Freunde, auf der Spur. Er hat als einziger von ihnen nichts mit dem Mord zu tun. Er ist einen anderen Weg gegangen, von der idealistischen Identifikation mit den freiheitlichen Traditionen, mit den Führern der antikolonialen Bewegung Kenias bis zur Orientierung an den antiimperialistischen und sozialen Revolutionen, die gegenwärtig in den ehemaligen portugiesischen Kolonien stattfinden. Ngugi bezieht sich auf sie. Der letzte Teil des Romans übernimmt ihre Losung: Wieder ... La Lutta Continua! Karega ist auf diesem Weg nicht allein. Der junge Joseph, den Abdulla aufgezogen hat, führt den Kampf des jungen Munira und des jungen Karega gegen das konservative Schulsystem, gegen Chui, fort – mit dem Bezug auf diese Revolutionen: „Ich habe eine Menge über Mau-Mau gelesen ... Ich habe eine Menge darüber gelesen, was die Arbeiter und Bauern anderer Länder in der Geschichte getan haben. Ich habe über die Volksrevolutionen in China, Kuba, Vietnam, Kambodscha, Laos, Angola, Moçambique gelesen ... O ja, und die Werke Lenins und Maos ..."[492]

Solche Akzente unterscheiden Ngugi von Armah. Armah ist auf einen Gegensatz Schwarz-Weiß fixiert. Revolution geht für ihn, für seine Figuren, im Kampf gegen die „weiße Verwüstung" auf. Der junge Modin aus *Why Are We So Blest* kommentiert das Interesse, das ein Afroamerikaner am Marxismus hat, folgendermaßen: „Gefangen in dem weißen Netz des Denkens (minds), suchte er nach einer Pause für seinen Geist und fand die weißeste der Philosophien – den Marxismus. Welche äußerste Einsamkeit. Zu glauben, daß der Marxismus seine geheime Entdeckung war!"[493] Ngugi denkt die Gegensätze sozial, klassenmäßig, weltweit. Seine Figuren verstehen Imperialismus und soziale Revolution als internationale soziale Probleme, nicht primär als solche der Hautfarbe. Karega geht zu den Arbeitern. Er wird Gewerkschaftsführer, der nicht mehr – in der Tradition Tom Mboyas – die Gewerkschaften in das neokoloniale System zu integrieren sucht, sondern den Gegensatz der Arbeiter zu diesem herausarbeitet. Zu Beginn des Buches findet ein Streik der Brauereiarbeiter statt. Am Schluß deutet sich ein Streik aller Arbeiter Ilmorogs an. Karega hat im Gefängnis eine Vision vom Charakter und der Zukunft des Antagonismus: „Imperialismus – Kapitalismus – Grundbesitzer – Erdwürmer ... Diese Parasiten würden immer das Blutopfer der arbeitenden Massen fordern. Diese wenigen, die das Land prostituierten und es Fremden zur Ausbeutung übergaben, würden des Volkes Blut trinken und dabei heuchlerische Gebete der Ergebenheit an die Einheitlichkeit der Haut und des Nationalismus sagen ... Das System und seine Götter und seine Engel mußten bewußt, ständig und entschlossen bekämpft werden durch alle arbeitenden Menschen. Seit Koitalel über Kang'ethe zu Kimathi waren es die Bauern, unterstützt von Arbeitern, kleinen Händlern und Landbesitzern, die den Pfad geebnet hatten. Morgen würden es die Arbeiter und Bauern sein, die den Kampf führen und die Macht ergreifen und das System umstürzen mit all seinen raubgierigen blutdürstigen Göttern und gnomischen Engeln ..."[494]*

Ngugis geschichtsmaterialistische, marxistisch beeinflußte Sicht ist andererseits – und hier gibt es wieder Beziehungen zu Armah – geprägt von der „schwarzen Dimension". Die Schwarzen haben, wie Ngugi 1971 in einem Brief an Ime Ikiddeh bemerkte, „doppelt unter Kolonialismus und Kapitalismus gelitten", als „Teil aller arbeitenden Massen und dann als Schwarze".[495] Es gäbe eine gemeinsame „schwarze Erfahrung"[496], die die Schwarzen in aller Welt umfaßt. Grundlage dafür sind die Unterdrückung und Ausbeutung, die Dutzende Millionen Sklaven und Abkömmlinge von Sklaven in Amerika und die Schwarzen in Afrika gleichermaßen erlebten und erleben, die gleichen oder ähnlichen traumatischen Erfahrungen der Abhängigkeit und der Verteuflung ihrer originären Kulturen. Daher müsse nach Banden „aller unserer Brüder, die über die Welt verstreut sind" gesucht werden. So könne eine „sozialistische Black Power" entstehen.[497] Das erinnert an die Pantomimen von *The Trial of Dedan Kimathi*, die die gemeinsame Geschichte von Afrikanern und Afroamerikanern ausstellen. Sie sollen das Verständnis für die spezifische Situation der Schwarzen schärfen. Die besondere afrikanische Kultur spielt deshalb für Ngugi – als kenianische – eine wesentliche Rolle. Sein zweiter Roman *The River Between* (dt. *Der Fluß dazwischen*) thematisierte die Kollision zwischen „heidnischen" Kikuyu-Traditionen – der Verbundenheit in Altersgruppen, den Initiationsriten – und dem aus Europa eingedrungenen Christentum. Das Theng'eta-Getränk, das in *Petals of Blood* eine auffällige Stellung hat, stammt aus vorkolonialer Zeit. Man trank es zu verschiedenen Festen und Ritualen, und es wurde „von den Kolonialisten geächtet"[498]. Es wird – im dörflichen Ilmorog – nach der Ernte und zum Beschneidungsritus für die Jungen getrunken, bei einem Fest, das auch traditionelle Dichtung entfaltet. Ngugi sieht aber vorkoloniale Kultur heute realistisch: „Es war sehr schön. Aber zum Schluß des Abends fühlte sich Karega sehr traurig. Es war, als ob man einen Rest von Schönheit wahrnahm, die plötzlich aufgetaucht war, oder als ob man einer einsamen Melodie lauschte, die sich, für eine Zeit, aus einer sterbenden Welt verirrt hat."[499] Er nimmt die Veränderungen an, die neuen Erscheinungsformen zeitgenössischer Kultur der afrikanischen Massen. Pop-Musik aus Musikboxen, Pop-Lieder, die als Abkömmlinge traditioneller Dichtung Haltungen der Massen reflektieren, werden zu erzählerischen Mitteln. Sie spielen für einzelne Figuren und Vorgänge eine wichtige Rolle. Im Zitat bedeuten sie metaphorisch Stimmungen und soziale Situationen.

Ngugi verhält sich – um auf unseren Ausgangspunkt zurückzukommen – zur „schwarzen Dimension" realistisch. Sie erscheint als Spezifik konkreter geschichtlicher, klassenmäßig bestimmter Strukturen und Mechanismen. Die Arbeiter, die für Karega spontan auf die Straße gehen, begreifen sich als Arbeiter. Sie rufen gleichzeitig: „Weg mit der fremden Herrschaft, die verwaltet wird durch kolonialisierte Schwarzhäute!" und „Lang lebe der Kampf der Arbeiter!".[500] Die geschichtliche sozialistische Alternative wird aber genausowenig wie die „schwarzen Dimensionen" idealisiert, die Zukunft nicht romantisch-heroisch in die Gegenwart geholt. Die historischen Bezugspunkte – Angola, Moçambique, Vietnam – sind deutlich, die sozialistischen Ziele, in der Vision Karegas, umrissen. Beides aber sind erst Momente einer übergreifenden komplizierten Situation, in der die soziale Befreiung gerade ansetzt. Erst wenige erreichen – nach mühseligen Wegen – geschichtsmaterialistische Klarheit, können eine revolutionäre Alternative denken und an einer antikapitalistischen Umwälzung bewußt arbeiten. Die revolutionären Momente sind gestalterisch nur skizziert. Sie werden – nicht unähnlich dem Stück *The Trial of Dedan Kimathi* – publizistisch-direkt, agitatorisch bezeichnet. Das entspricht offensichtlich den realen gegenwärtigen Möglichkeiten und den tatsächlichen Denk- und Äußerungsweisen revolutionärer Kräfte in Ostafrika. Das Suchen nach Erklärungen, nach Verstehen der Geschichte und jeweils individueller Erfahrungen bestimmt noch die Gegenwart. Das Finden von Einsichten und praktikablen Lösungen, wirksame revolutionäre Haltungen sind erst im Ansatz vorhanden – aber doch vorhanden. In diesem Realismus liegt das revolutionäre Potential des Romans. Es wird deutlich: Die agitatorische Literatur, die revolutionäre Kräfte bereits als gegenwärtige Sieger der Geschichte romantisch vorstellt und revolutionäre Haltungen unmittelbar mobilisieren soll, kann nur ein Aspekt eines weitaus komplizierteren künstlerischen Prozesses sein. *The Trial of Dedan Kimathi* – wie die agitpropartige Dramatik Tansanias und Guineas – erscheint als Ansatz und als Moment eines tiefer greifenden Realismus.

Petals of Blood macht deutlich, daß die moderne afrikanische Literatur bereits eine philosophisch und ästhetisch bedeutsame Richtung revolutionärer und sozialistischer Literatur hervorgebracht hat. Ngugi betont seine Zugehörigkeit zu ihr. Der junge Joseph besitzt die englische Übersetzung von Sembène Ousmanes *Les bouts de bois de dieux*[501] – für ihn ein Modell afrikanischer Kunst, das Ngugi mit einer der Prosa Ousmanes gegenüber geschärften Sicht für die sehr schwierigen, verschlungenen Umwälzungsprozesse weiterentwickelt. Er ist aber nicht nur an der revolutionären Umfunktionierung überkommener Romanstrukturen wesentlich beteiligt – er experimentiert auch mit neuen Kommunikationsformen für die auf Mobilisierung revolutionärer Haltungen zielende Literatur. Mit Micere Mugo gemeinsam verfaßte er erstmals einen Theatertext in Kikuyu – *Ngaahika Ndenda.* Das Stück stellt – Rezensionen zufolge – Gegensätze zwischen armen Bauern auf der einen und reichen Farmen und den Banken auf der anderen Seite dar. Ngugi führte es auf mit bäuerlichen

Laien, die vorher noch nie Theater gespielt hatten. Diese Aufführungen waren der unmittelbare Anlaß für seine Verhaftung Ende 1977. Ein ostafrikanischer Artikel berichtet darüber folgendes: „Wie es ein Beobachter, Karagu Gitau, sah, ‚wurde das Publikum am Ende des Stückes für die Position gewonnen, daß die Gesellschaft deutlich ungerecht ist. Es bleibt anscheinend eine zentrale Frage, wie die Gesellschaft ein System aufrechterhalten kann, das die Mehrheit derer verletzt, die sie tragen.' Das Stück setzt sich klar mit der etablierten Politik auseinander. Es lief vor vollen Häusern im Oktober (in einem kleinen Kulturzentrum nahe Nairobi – J. F.), aber im darauffolgenden Monat zogen die Behörden ihre Genehmigung zurück, weil sie fühlten, daß es zu provokativ war und zugleich ein Versuch, Haß zwischen den Leuten des Gebiets zu erregen. Am letzten Tag des Jahres 1977 kamen zwölf Polizisten zu Ngugi, und nachdem sie mehr als hundert Bücher aus seiner Bibliothek herausgesucht hatten, nahmen sie ihn zum Verhör mit."[502]

Dialektik, Mythos und Suche nach Alternativen: Wole Soyinka

Für Wole Soyinka, 1934 geboren, sind zentrale Probleme seiner Generation – traumatische Erfahrungen des Rassismus, die koloniale Herrschaft, neokoloniale Wirksamkeit – zwar voll bewußt, aber künstlerisch nicht entscheidend. Sein Werk beschäftigt sich vor allem mit der inneren Lage unabhängiger afrikanischer Gesellschaften. Neben der alles durchdringenden, lähmenden Korruption, der zur Unproduktivität gezwungenen Individualität, neben der scharfen sozialen Gegensätzlichkeit, die seit Beginn der sechziger Jahre immer wieder künstlerisch vorgestellt werden, hebt Soyinka seit 1966/67, seit den Massakern an den Ibo im Norden Nigerias und dem sich anschließenden Bürgerkrieg um Biafra, besonders die buchstäblich mörderischen Aspekte dieser Situation hervor. Von dieser Sicht aus erscheinen ihm afrikanische Vergangenheit und Gegenwart während der sechziger Jahre als eine Variante barbarischer menschlicher Existenz schlechthin. 1962 sprach er in einem Interview mit Lewis Nkosi vom „allgemeinen Kannibalismus menschlicher Wesen". Die demütigendsten Entdeckungen, die ein Afrikaner machen könne, sei gerade die Tatsache, „daß er die Gier und das allgemeine Übel der, wie man sagt, europäischen Welt in den Gesichtern seiner eigenen persönlichen und intimen Gefährten interpretieren kann".[503] Er wurde so einer der schärfsten afrikanischen Kritiker der Négritude und jeder Idealisierung afrikanischer kultureller Traditionen und Geschichte. Eines seiner ersten Stücke, *A Dance of the Forests* (dt. *Tanz der Wälder*), zum Tag der Unabhängigkeit Nigerias 1960 erstaufgeführt, thematisierte das. Es unterhöhlt jedes Bewußtsein eines besonderen Humanismus afrikanischer Kulturen. Vorstellungen eines möglichen oder gewesenen „goldenen Zeitalters" Afrikas stellt es als „falsches Bewußtsein" dar, die Geschichte Westafrikas bis in die Unabhängigkeit hinein als eine Kette menschlicher Unterdrückung, brutaler Herrschaft.[504]

Andererseits ist Soyinkas Kunst undenkbar ohne die kulturelle Tradition. Lebensweise, Feste und Rituale, die Vorstellungswelt, die Mythologie und Religion, bildhafte Denkfiguren der vorkapitalistischen Yoruba-Gesellschaften, die in der Gegenwart teilweise weiterwirken, sind nicht nur Stoffreservoir. Sie prägen Strukturen seiner Dramatik, erscheinen in den Bildern und Metaphern seiner Lyrik und den Symbolen seiner Epik. In der Entfaltung traditioneller Mythen und Rituale äußert sich Soyinka zur Gegenwart. Das Glorifizieren der Vergangenheit, der kulturelle Traditionalismus werden kritisiert durch Kommunikationsweisen und Denkfiguren der geschichtlich vergangenen Kultur. Der Yoruba-Gott Ogun, „Soyinkas Lieblingsgott", sei, wie E. D. Jones verständnislos bemerkt, „ein rätselhaftes Symbol in Soyinkas Kunst wie in seiner kritischen Tätigkeit (criticism)".[505] Ogun ist aber als Element seiner Weltanschauung und Symbol seiner Werke von hinlänglicher Eindeutigkeit. Er gibt keine „Rätsel" auf, wie zu zeigen sein wird.

Das Stück *Tanz der Wälder,* das sich illusionslos-satirisch zur Vergangenheit und ihrer Romantisierung verhält, entfaltet die Sinnlichkeit, den ästhetischen Reichtum überkommener Yoruba-Feste mit ihren Maskenvorführungen, Tanz, Musik, Rollendarstellungen. Bei einer kritisch-rationalen Grundhaltung ist es höchst phantastisch, von scheinbar verwirrender, un-sinniger Irrationalität. Götter, Geister und Menschen, Lebende und Tote verkehren miteinander, Vergangenheit und Gegenwart gehen ineinander über. Die Gestalten wechseln ihre Identitäten, oder genauer: Im Wechsel der Masken und Zeitebenen enthüllen sie ihr Wesen, das sich in den verschiedenen Phasen historisch verschiedenartig und dennoch über den Wechsel der Geschichte und Realitätsebenen (Götter, Menschen) archetypisch gleich äußert. Das Zusammengehen von Menschen und phantastischen Wesen, von Ahnen und Lebenden als wirkende Realität, also ein Element mythischen Zeit- und Wirklichkeitsbewußtseins, bedeutet im künstlerischen Prozeß Aspekte vergangener und gegenwärtiger Realität. Es macht Widersprüche zwischen sozialem Verhalten und Denken rational einsichtig, und es entlarvt Traditionalismus und nationalistische Romantik als „falsches Bewußtsein", als zeitgenössische Mythen. Solche Bedeutungen werden aber – wie in anderen wichtigen Werken Soyinkas – kaum oder gar nicht deutlich, wenn nicht elementare Kenntnisse traditioneller Yoruba-Kultur beim Leser vorhanden sind. Soyinka kommentiert daher einzelne Werke selbst. Seine Einführungen, Erläuterungen, Übersetzungen von yorubasprachigen Stellen müssen als Teile der Werke genommen werden. Sie erleichtern oder ermöglichen erst die produktive Rezeption.

Man könnte meinen, die Auseinandersetzung mit der Gegenwart zwinge den Autor automatisch, Vergangenheit zu integrieren. Die Gegenwart bewegt sich unter dem Einfluß sozialer und kultureller Traditionen, indem sie diese umbricht. *Tanz der Wälder* muß natürlich, wie immer seine Gestalt hätte aussehen können, die Geschichte, das kulturell Überkommene benennen. Ihre romantische Glorifizierung kann nur als solche entlarvt werden, wenn die wirkliche Geschichte, die wirklichen Verhältnisse vorkapitalistischer Gesellschaften und ihrer Vorstellungen demonstriert werden. Das erklärt aber nicht hinreichend, warum Soyinka in so großem Umfang Elemente der traditionellen Kultur, insbesondere ihrer Mythologie, ihrer Religion und ihrer festlichen und rituellen Praxis integriert. Allein die auffällige christliche Symbolik in seinen Werken und die, wenn auch bisher einmalige, Beschäftigung mit dem antiken Mythos *(The Bacchae of Euripides)* weisen auf mehr. Soyinka knüpft bewußt an wesentliche Ausdrucks- und Kommunikationsweisen der vorkapitalistischen Kulturen an. Er bringt die Sinnlichkeit ihrer Feste, ihrer Rituale und ihrer Künste in die moderne Kunst ein. Diese Sinnlichkeit bewegte sich sowohl in der genauen Beobachtung von Natur und menschlichem Verhalten wie in der Entfaltung aller jeweils historisch möglichen sinnlichen Äußerungsweisen. Am Beispiel der mündlichen Dichtung waren beide Züge zu erkennen. Die traditionellen Yoruba-Feste sind besonders durch sinnlich reiche und mannigfaltige Kommunikationsformen charakterisiert. Das noch gegenwärtig stattfindende Fest zu Ehren des Donnergottes Shango beschreibt Ola Balogun so: „In der Version der Stadt Ede beginnt das sich über eine Woche erstreckende Fest mit einer farbenprächtigen Prozession des örtlichen Führers, des T i m i , und seines Häuptlingsgefolges zu Pferd.

Sie werden begleitet von fast allen Stadtbewohnern in festlicher Aufmachung und von Musikern, Preisliedsängern und Trommlern. Die fröhliche Prozession geht tanzend und singend zu einem Punkt nahe des Oshun-Flusses. Dort sitzt der T i m i , um die Ehrung ... hoher Priester und anderer Anhänger der Donnergottheit entgegenzunehmen ... Die Priester werden von Trommlern begleitet ... und von Frauen, die zu Ehren der gefürchteten Donnergottheit Preislieder singen ... Während der nächsten sechs Tage geht das Fest mit Darbietungen von magischer Kraft und Tänzen derjenigen weiter, von denen man meint, Shango sei in sie ‚gefahren'. Dieser Teil des Festes kann als halbrituelles Theater, als halbrituelle Unterhaltung beschrieben werden. Derjenige, der von Shango besessen wird, verhält sich als eine archetypische Manifestation des Gottes und führt verschiedene magische Taten und Tänze vor ..." Der Besessene zeige sein Können, „indem er Rauch und Feuer aus seinem Mund bläst, seine Zunge mit einer Eisenspitze durchbohrt usw. und zur Musik der b a t a-Trommeln tanzt, während eine Gruppe weiblicher Verehrer der Donnergottheit Preislieder singt".[506]

Solche Tradition hat bis heute kommunikative, besonders ästhetische Erwartungen, Bedürfnisse und Verhalten bestimmt, vor allem in den darstellenden Künsten. Am Beispiel der revolutionären Dramaturgie Tansanias ist das sichtbar geworden. Das moderne yorubasprachige Theater Nigerias, das sich in den vierziger Jahren herausbildete, ist wesentlich tänzerisch und musikalisch strukturiert.[507] Soyinkas Dramatik nimmt diesen Ansatz auf, indem sie zugleich gegenwärtige europäische Versuche einer neuen theatralischen Sinnlichkeit durch das Entfalten körperlich-gestischer und anderer nicht-verbaler Ausdrucks- und Kommunikationsformen bewußt verarbeitet John Arden, Beckett, Brecht). Während seines Studiums in Leeds und seiner Dramaturgentätigkeit am Royal Court Theatre in London hatte er sie genau kennengelernt. Besonders Brecht wurde ihm wichtiges Muster eines freien, souveränen Realisierens theatralischer sinnlicher Möglichkeiten. Der Titel *Tanz der Wälder* ist in diesem Sinne buchstäblich zu nehmen. Wesentliche Vorgänge sollen sich tänzerisch-pantomimisch vermitteln. Figuren drücken sich an wichtigen Stellen durch Tanz aus.[508*]

Aber nicht nur Äußerungsweisen – auch Weltanschauungsansätze vorkapitalistischer Kulturen sind für Soyinka wesentlich, insofern sie die Spannung, die Gegensätzlichkeit, die ständige Widersprüchlichkeit von Aufbau und Zerstörung, die jeweilige Veränderung von

Natur, menschlicher Gesellschaft und individueller Existenz reflektieren. Mythos und Religion der Yoruba haben – wie die anderer früher agrarischer Klassengesellschaften – die Zyklen der agrarischen Produktion, das existentielle Problem von Geburt und Tod, die allgemeine Widersprüchlichkeit und Veränderlichkeit von Natur und Menschenwelt phantastisch gefaßt. Die so gedachten Kämpfe und Bewegungen, die Veränderungen und zyklischen Wiederholungen wurden praktisch in Ritualen nachvollzogen. Oder genauer – sie „geschahen" in dem Verhalten der Priester, der Maskendarsteller, der von den mythischen Wesen Besessenen während des Rituals, das das phantastisch Gedachte, die mythische Welt, als wirklich vorhandene, wirklich geschehene praktiziert. Mythos und Rituale liefern Soyinka bereits in Bilder gesetzte, versinnlichte, poetische Elemente seiner eigenen Weltanschauung. Ihre Gehalte bedeuten die Welt des Menschen als widersprüchliche, bewegte; in ihnen symbolisiert sich die Widersprüchlichkeit und Komplexität von Leben, die Gegensätze und zugleich die Einheit, das Zyklische von Geburt und Sterben, von Zerstörung und Neubeginn, von Leben und Tod. Vorgänge, Figuren und Weltanschauung von Mythen können so, zumindest teilweise, Gegenstand, Figuren, Strukturen und Bedeutungen seiner Werke werden oder bestimmen. *Tanz der Wälder* zeigt die grundsätzliche Widersprüchlichkeit, die gleichsam ewigen Spannungen und Konflikte der Gesellschaft in den Kämpfen der mythisch-göttlichen Wesen Ogun und Eshuoro. Ogun verkörpert hier vor allem das Schöpferische, Eshuoro das Prinzip des Zerstörerischen. Ogun ist aber in sich selbst Sinnbild und Praktiker gegensätzlicher Kräfte. Deren Einheit in jeweiliger Erscheinung oder in jeweiligen Prozessen kann so symbolisiert werden. Ogun ist „Gott des Eisens und der Metallurgie", bemerkt Soyinka zu dem Poem *Idanre,* „Erforscher, Handwerker, Gott des Krieges, Wächter der Straße, das Schöpferische Wesen. Seine Saison sind Ernte und die Regen."[509] In welchem Maße ihn die verschiedenen Yoruba-Gesellschaften so dialektisch auffaßten, kann ich nicht genau ausmachen.[510]* Für Soyinka ist die Dialektik aber gegeben. Ogun wurde ihm daher der wichtigste Gott, übergreifendes Symbol des Zyklischen und der Verschlungenheit der Gegensätze. In *Idanre* heißt es: „. . . seine Finger / Zogen streitende Elemente zu einer Vereinigung des Seins (to a union of being)". Ogun bedeutet „Saat-Zeit und Ernte", „Kern und Elektronen"; sein Weg ist ein „Mobius-Orbit" (Mobius' orbit).[511] Diesen Mobius-Orbit oder dieses Mobius-Band erklärt Soyinka als einen „mathe-magischen Ring, der unendlich ist, indem er sich selbst reproduziert (infinite in self-recreation) in unabhängige, aber verbundene Ringe, daher das freieste denkbare (für mich) Symbol menschlicher und göttlicher (Yoruba, Olympischer) Verhältnisse. Ein Symbol des Optimismus also, da es die Illusion eines ‚Knicks (kink)' im Kreis und eine mögliche zentrifugale Flucht vom ewigen Zyklus vom Schicksal (karmas) gibt, das die böse Geschichte des Menschen geworden ist. Nur eine Illusion, aber eine poetische, denn das Mobius-Band ist eine sehr einfache Figur ästhetischer und wissenschaftlicher Wahrheiten und Widersprüche. In diesem Sinne ist es besonders Oguns Symbol und eine Evolution von der schwanzverschlingenden Schlange, die manchmal um seinen Hals hängt und das Verhängnis der Wiederholung (doom of repetition) symbolisiert."[512] Ende der sechziger Jahre schrieb Soyinka, Ogun sei die Verkörperung des Willens, „und der Wille ist die paradoxe Wahrheit von zerstörerischer und schöpferischer Wirksamkeit im handelnden Menschen". Die sich so ergebende Sensibilität sei die Sensibilität des Künstlers, und er sei „ein tiefer Künstler nur in dem Maße, in dem er dieses Prinzip von Zerstörung und Neu-Schöpfung" begreife und ausdrücke.[513] Ogun habe – um ihn mit griechisch-antiken Denkfiguren gleichzusetzen – ein „Dionysisch-Apollinisch-Prometheisches Wesen"[514].

Soyinkas künstlerisches Werk bedeutet, auch ohne die Symbolik der Mythen zu bemühen, die Zusammengehörigkeit von Gegensätzen, die sich ständig setzende Widersprüchlichkeit individueller und sozialer Erscheinungen, von Leben und Tod. Das ist ihr Strukturprinzip. Das Verhältnis zwischen dem Häuptling Baroka und dem Lehrer Lakunle in dem bereits 1958 entstandenen Stück *The Lion and the Jewel* (dt. *Der Löwe und die Perle*) wie ihre jeweiligen individuellen Charaktere setzten ein frühes Beispiel. Baroka ist eine sinnlich reiche, genußfähige, intelligente Persönlichkeit, sehr sensibel für Verhaltensweisen und Bedürfnisse „seines" Dorfes. Trotz seines Alters ist er attraktiv, verführerisch für die junge schöne Sidi. Sozial vertritt er die Reaktion, partiarchalische Herrschaftsverhältnisse. Um sie zu sichern, hatte er offensichtlich selbstsüchtig den Fortschritt, den Bau einer Eisenbahnlinie dicht an seiner Siedlung, verhindert. Sie könnte neue Kommunikationsmöglichkeiten eröffnen, den Blick „seiner" Leute über die traditionellen Gegebenheiten hinauslenken, sie unbotmäßig machen und seine Herrschaft untergraben.[515] Lakunle bringt ein Stück des historischen Fortschritts, die Alphabetisierung, Vorstellungen neuer sozialer Organisationsformen (gewerkschaftlicher Zusammenschluß), nimmt aber die historisch erreichte Sinnlichkeit, den Reichtum an Sensibilität und Schöpferkraft zurück. Er ist ein wenig intelligenter junger Mann, unproduktiv puritanisch-viktorianischem Verhalten verhaftet, ganz unsensibel für die historisch gewachsene Kultur seines Volkes, daher wenig erfolgreich für den Fortschritt. Baroka gewinnt die schöne Sidi, nicht er, trotz angestrengten Werbens.

In dem 1965 erschienenen Stück *The Road* (dt. *Die Straße*) sucht der „Professor" nach einem tieferen Verständnis des Lebens und damit auch des Todes,[516] nach dem Wort, das die Klärung enthalten und – vielleicht – bringen soll. Die Suche weist über die soziale und moralische Umwelt hinaus, über den Kannibalismus, die Verwüstung der Straße, die Symbol und zugleich eine handfeste Realität des modernen Konkurrenzlebens, des Straßenverkehrs, ist. Der Professor hebt sich in seiner Suche deutlich ab von den bedenkenlosen Gangstern, den kommerziellen Nutznießern des Verkehrs, und denjenigen, die sich blind an Raub und Übervorteilung „auf der Straße" aus schierem Existenzzwang beteiligen. Zugleich lebt er aber vom „Kannibalismus". Er verkauft die Autoteile, die seine Leute bei Unfällen rauben. Über die erbarmungslose Straße hinaus suchend, ist er ihr verhaftet, ein aktives Element der Straße.

Die Straße stellt Zustände des Agemo dar. Agemo bedeutet in der traditionellen Yoruba-Terminologie eine Übergangsphase vom Leben zum Tod. Es ist, wie Soyinka bemerkte, „ein religiöser Kult der Auflösung des Fleisches"[517], kann aber auch für eine Übergangssituation überhaupt stehen. Übergangsphasen sind hier jeweilige Drehpunkte der Veränderungen in Natur, Gesellschaft und individueller Existenz. Der Übergang oder Umschlag von einer Phase oder Qualität in eine andere, oft entgegengesetzte ist Aspekt ihrer Zusammengehörigkeit – Leben und Tod, Säen und Ernten, Jugend und Alter. Solche Zusammenhänge spielten für Praxis und Denken traditioneller Kulturen Afrikas – wie anderer vorkapitalistischer Gesellschaften – eine außerordentliche Rolle. Wesentliche Vorgänge bzw. Veränderungen im individuellen Leben und in der Produktion (Ackerbau) wurden als Geburt und Sterben, Vergehen und Auferstehung, als Wechsel von Existensweise und zugleich Beibehalten von Identität gedacht und rituell behandelt (Initiationsriten, Fruchtbarkeitsmagie und Erntefeste, Totenrituale und Ahnenkulte).[518] Murano, der Diener des Professors, durchläuft eine Agemo-Phase. Vor Beginn der Handlung wurde er bereits getötet – auf der Straße, als Maskendarsteller des

Gottes Ogun durch einen Verkehrsunfall. Während der Handlung befindet er sich schon nicht mehr unter den Lebenden, aber noch nicht im Reich der Toten. Am Schluß fällt er – unter einer Egungun-Maske – in Nichts zusammen. Aber nicht nur die Murano-Geschichte, auch die allgemeine Situation „der Straße“ und des Professors Suche nach dem Wort, dem Wesen des Todes, können als Agemo, als Übergangsphase, gedeutet werden. Die erbarmungslose Konkurrenz, der Kannibalismus, mit dem die lumpenproletarischen, kleinbürgerlichen und bürgerlichen Schichten Nigerias zu leben gezwungen sind und die das ständig Zeitebenen und Identitäten umbrechende Rollenspiel vorstellt, treiben – um in der Metaphorik zu bleiben – der „Auflösung des Fleisches“ entgegen, der Vernichtung (Selbst-Zerstörung). Andererseits könnte das Finden des Wortes, das Begreifen des Todes und damit des Lebens, Erlösung bringen. Es wäre symbolisch der Schritt zu einem anderen besseren Sein.

In Figuren des traditionellen mythisch bestimmten Denkens der Welt und einer entsprechenden ritualen Praxis vermittelt Soyinka sein Verständnis von einer komplizierten, widersprüchlich und zyklisch verlaufenden Geschichte, von bedrohter individueller Existenz und dissonant-katastrophaler Gesellschaft in der Gegenwart. Ogun, Agemo, die biologisch-agrarischen Zyklen von Leben und Tod, von Säen und Ernten erscheinen nicht nur als poetische Symbole und Metaphern, die einzelne Bestandteile einer weit umfassenderen, wesentlich andersgearteten Weltsicht bedeuten; sie prägen auch Themen, Gegenstände von Werkstrukturen. Die Veränderungen von Säen und Ernten, von Anfang und Erfüllung spielen dabei eine besondere Rolle. *Idanre,* das Wesen und Wirken Oguns als Entwicklung von Welt deutend, gliedert sich in Abschnitte, die den Zyklus von chaotischem Zustand bis zur Ernte markieren: Überschwemmung (deluge; ... und danach; Pilgerfahrt; Der Beginn; Die Schlacht; Abschlußhymne (recessional); Ernte. 1965 deutete Soyinka ein unfähiges diktatorisches Regime als erste Frucht, also als Ernte des unabhängig gewordenen Afrika in dem Stück *The Harvest.*[519]* Sein zweiter Roman *Season of Anomy* (dt. *Zeit der Gesetzlosigkeit*) behandelte 1973 die nigerianische Unabhängigkeit der sechziger Jahre als Zyklus von Säen und Ernten. Die Geschehnisse sind in fünf Teile gegliedert: Saat; Knospen; Fühler; Ernte; Sporen. Die zu gleicher Zeit vorgelegte Fassung des Dionysos-Mythos *The Bacchae of Euripides* verkettet Zusammenhänge und Gegensätze sozialer Kräfte mit mythischen Vorgängen und dem agrarischen Kreislauf. „Kein anderes seiner Stücke", bemerkte Soyinka zu seiner Adaption, „und nur wenige der vorhandenen griechischen Dramen sind so ganz und gar durchdrungen vom Bild und vom Wesen der menschlichen Reise (human passage) in Konflikt und Lösung: Leben selbst und Tod; Mutterleib und Zerstörer; Ordnung und Chaos (unvollkommenes Wesen); Ekstase und Friedlichkeit (serenity); Hybris und Demut . . ."[520]

Haben sich auf dieser Ebene weltanschaulich allgemeiner Metaphorik und künstlerischen Strukturierens für Soyinkas Schaffen bis heute übergreifende typische Züge herausgebildet, so gibt es auf der Ebene konkreter Inhalte, spezifischer Bedeutungen der Metaphorik und der Struktur des Zyklischen zwischen den sechziger und den siebziger Jahren einen bemerkenswerten Sprung. Dieser Einschnitt ist aufschlußreich für Veränderungen in der afrikanischen Literatur der Unabhängigkeit. Um ihn zu kennzeichnen, ist ein Rückblick auf Werke der sechziger Jahre notwendig. Das von Syoinka in ihnen grundsätzlich widersprüchlich-dissonant gedeutete Leben schloß die Möglichkeit von Veränderungen, von Bewegung, von Anderssein ein. Seit *Tanz der Wälder* thematisieren die meisten seiner Stücke und seiner Romane[521]* gerade Versuche, soziale individuelle Gegebenheiten, gleichsam gesetzte Realitäten, zu überwinden oder zumindest sich ihnen zu entziehen. Soyinkas Aussagen von 1967, daß sich in Afrika gegenwärtig der für die Menschheit typische und unvermeidliche Zusammenbruch von Menschlichkeit wiederhole,[522] meinte nicht, die Welt oder genauer das Verhalten des Individuums wären metaphysisch unbeweglich, jedem Eingriff verschlossen, restlos determiniert. Der Krieger am Hofe des mittelalterlichen afrikanischen Königs Kharibu, der sich einem sinnlosen Einsatz seiner Soldaten widersetzt und so für seine humane Tat zugrunde geht, fordert als Toter Mann die Gegenwart im *Tanz der Wälder* wieder heraus. Das ungeborene Kind, mit dem seine damals schwangere Frau als Tote Frau zum „Tanz der Wälder" kommt, drängt auf Geburt, ein Zeichen fordernder Menschlichkeit in einer inhuman beherrschten Welt. Das Halbkind, das der Gott des Bösen bedrängt, ist eine weitere Herausforderung, Symbol möglichen Andersseins. Der Künstler Demoke – eine Schlüsselfigur des Stückes – verteidigt das Halbkind.[523] Er will – im Bunde mit seinem Gott Ogun – die von seiner Gesellschaft und ihre Göttern gesetzten Normen, damit Unproduktivität, übersteigen – bis hin zur Selbstzerstörung und zum Opfer anderer. Er schnitzt sein Werk, das Totem, nach eigenen, nicht nach von den anderen gesetzten, überkommenen Vorstellungen. Der Ratssprecher Adenebi, der für die genormte Realität und ihre Ideologisierung steht, ist von Demokes Schöpfung sehr enttäuscht: „Halten Sie das Wahrzeichen nicht auch für ziemlich heidnisch? Meines Erachtens wäre etwas, was mit unserem Fortschritt stärker Schritt hält, angebracht gewesen."[524]

Während der sechziger Jahre erscheinen solche Gegenkräfte bei Soyinka auf individuelles Verhalten, auf die Möglichkeiten einzelner bezogen oder sogar fixiert. Der einzelne als einzelner, vornehmlich der Intellektuelle, zielt wesentlich allein, für sich oder für eine kleine Gruppe auf Anderssein, auf sinnerfülltes Leben, auf Verstehen von Leben und Tod, auf Produktivität als Alternativen zur „kannibalische Alltäglichkeit". Die Kollision zwischen vorherrschenden sozialen Normen, die für den einzelnen völliges Unterwerfen fordern und somit inhuman wirken, und das Anderssein, das Pochen auf besondere Existenz eines Individuums bestimmen sein erstes Hörspiel *Camwood on the Leaves* (1960 in Nigeria gesendet) und das Anfang der sechziger Jahre entstandene Drama *The Strong Breed.*[525] Sein erster Roman *The Interpreters* enthüllte 1965 die Verbürgerlichung und damit Unproduktivität nigerianischer Intelligenz als übergreifendes charakteristisches Merkmal der Unabhängigkeit. Zugleich stellte er aber eine kleine Intelligenzgruppe in den Vordergrund, die für sich – und jeder als einzelner – diesem Prozeß zu widerstehen sucht.[526] *Die Straße* ist in dieser Hinsicht vielleicht am bezeichnendsten. Die Suche des Professors nach dem Wort, sein Umgang mit dem Tod und so mit einem möglichen Sinn von Leben übersteigen radikal die Alltäglichkeit der „Straße", den Kannibalismus der kleinbürgerlichen und lumpenproletarischen Wettbewerbssituation. Seine Haltung ist ein Gegenentwurf – aber nicht in dem Sinne, daß sie unmittelbar auf Veränderung zielt, sondern insofern, als sie im individuellen Fall eine Alternative vorstellt, allein durch ihr Vorhandensein. Der Professor hebt sich demonstrativ von den anderen ab; er sucht nur für sich selbst. Das Anderssein des einzelnen fordert die anderen aber heraus. Er erscheint den anderen verrückt, nicht unbegründet, da er tatsächlich vorherrschenden Normen und Werten ihres Handelns ent-rückt ist. Er verhält sich hochmütig ihnen gegenüber, als ihr Führer, ohne sich ihnen verständlich zu machen. Das heißt nicht, er sei mit ihnen nicht unauflöslich verbunden. Er lebt von der Straße, vom kommerziellen und politischen Gangstertum. Der Realist Soyinka übersieht keinesfalls solche materiellen Bedingtheiten. Der Professor ist in diesem Sinne keine idealistische Heils- oder Sinnsucherfigur. Auffällig aber ist der Individualismus, die fast ausschließliche Bezogenheit auf sich selber, mit der er nach Sinn und damit auch nach Erlösung für alle die Gestrandeten, die Unterprivilegierten, sucht. Seine Suche ist auf sich selbst, auf seine Beziehung zu den Toten, zum Wort, zu dem stummen Murano, Träger des Geheimnisses, fixiert. Zu den Fahrern und kleinen Gangstern, zu seiner Umwelt, sagte er am Schluß des Stücks, er habe heute keine neuen Funde, weil es der Tag seines Irrens gewesen sei: „Ich zog, wie gewohnt, über meine Lieblingsstraßen, hatte aber nicht den Mut, die Worte aufzulesen, wo sie lagen, herrenlos, mißachtet ... Wahrscheinlich wollte ich euch um Entschuldigung bitten, weil ich Pakte mit Worten beanspruche, die im Umkreis meiner Hütte wachsen. Es ist meine Aufgabe, den Gefallenen und Gestrandeten Gesellschaft zu leisten, und dieses Wort erhob sich stolz aus dornigen Büschen. Wir müssen alle zusammenhalten." Zugleich heißt es in Soyinkas Regieanmerkung, er „scheucht sie mit einer Handbewegung zurück". Sie sollen die Hymne anstimmen: „Ganz gleich, welche, aber am besten den Lobgesang, um mein Selbstvertrauen wiederherzustellen. Doch stört mich nicht länger. Ich möchte jetzt arbeiten."[527] Etwas später, als der stumme Murano erscheint, hebt er noch einmal sein besonderes, individuelles Verhältnis zum Wissen und die Kluft zu den anderen hervor. Murano sei verbunden mit dem Sinn, kann aber nichts enthüllen, weil er stumm ist: „Ein Warten in Geduld und Vertrauen, denn er ist nicht wie ihr. Eure Gesichter sind ebenfalls leer, aber ihr habt keinen Anteil an dem Geheimnis des W o r t e s ."[528] Der Professor möchte – so kann die Suche nach dem Wort und dem Verstehen von Tod und Leben gedeutet werden – die kannibalische Alltäglichkeit der Straße und damit die Not der kleinbürgerlichen und lumpenproletarischen Gruppen, der „Gefallenen und Gestrandeten", überwinden. Er tut das aber n i c h t m i t i h n e n . Nur in den Geschäften der Straße ist er ihnen verbunden. Was diese übersteigt, wohl humane Erlösung bedeuten kann, m a c h t e r a l l e i n , ein besonderer Märtyrer, der sich gleichsam hochmütig-vereinzelt für die anderen opfert, in seinem individuellen Tun bereits die Lösung allgemeiner Fragen sehend.[529*] Seine Suche steht so neben dem Geschehen der Straße, das genau und ausführlich bezeichnet wird. Sie kann kaum Bedeutungen entfalten in bezug auf diese sozialen Sachverhalte, auf jeden Fall nicht für die Figuren des Textes. Den Lastwagenfahrern und politischen Gangstern bleibt der Professor mystisch-dunkel, ein Verrückter.

Theoretisch hat Soyinka während der sechziger Jahre den einzelnen als gleichsam alleinigen Maßstab historischer Prozesse deutlich herausgestellt. 1966 ging er in seiner Rede auf dem Ersten Weltfestival der Negerkunst im Senegal vom Individuum aus, um das Theater Afrikas als Beispiel für die direkte Auseinandersetzung der Kunst mit gegenwärtiger Realität hervorzuheben. Die sozialpolitischen Vorgänge, die 1966 zur Übernahme der Macht durch das Militär in Nigeria führten, begriff er vor allem unter dem Gesichtspunkt des Individuums: „Das besondere Merkmal der vorangegangenen Epoche war vor allem die Drohung eines Angriffs auf das Individuum . . ."[530] So erklärt sich, daß er 1967 das antikapitalistisch orientierte Regime Nkrumahs und die konservative, mit dem südafrikanischen Apartheidstaat engverbundene Herrschaft Bandas in Malawi auf eine Stufe stellte. Bei beiden sah er nur die Einschränkungen der Bewegungsfreiheit des Schriftstellers als Individuum.[531]

Seit Beginn der siebziger Jahre äußert sich in Soyinkas Werken ein neuer Akzent. Die Schlüsselrolle spielt – bis jetzt – der 1973 erschienene Roman *Season of Anomy* (dt. *Zeit der Gesetzlosigkeit*).[532*] Der einzelne bewegt sich hier auch als Teil größerer sozialer Kräfte. Individuelle Verhaltensweisen erscheinen deutlich als Folgen und Antworten auf scharf umrissene sozialpolitische Verhältnisse. Die Hauptfigur Ofeyi, Werbefachmann, Intellektueller, Verfasser von Pop-Werbeliedern, die zugleich ideologische, systemzersetzende Wirksamkeit haben, handelt auch in bezug auf eine breite Bewegung. Ihr Ausgangspunkt ist – zunächst – Aiyéró, ein fiktives, romanhaftes Gemeinwesen, das im gegenwärtigen tropischen Afrika aber Existenzmöglichkeiten haben konnte und tatsächlich hatte als eine gleichsam urkommunistische Kultur, die von den modernen Umwälzungsprozessen noch wenig berührt wurde. Auf der anderen Seite steht moderne kapitalistische Wirklichkeit, die von einem einheimischen Monopol, dem Kartell, im Bündnis mit dem Militär und internationalem Kapital beherrscht wird. Der Roman erzählt – und das ist sein allgemeiner sozialer Rahmen – vom Zusammenstoß des Kartells und seines Regimes mit den von ihm Beherrschten und Ausgebeuteten. Die *Saat*, wie der erste Teil bezeichnet ist, hat mehrfache Bedeutung: die Saat der Ausbeutung und lähmenden Verkrüppelung, die das System bewirkt, und die Saat des Beispiels von Aiyéró und internationaler antikapitalistischer Gesellschaftsauffassungen, die sich in organisierter Bewegung durchzusetzen suchen. Bevor Ofeyi den Vertreter Aiyérós, Vater Ahime, darum bittet, ihm die im ganzen Land verstreuten

Männer des Gemeinwesens für den Umsturz zur Verfügung zu stellen, geht es um die Gewalt, die dabei wesentlich werden könnte. Ofeyi bejaht „jetzt das Recht auf Gewalt":

„‚Wie dem auch sei, eine neue Idee kann heutzutage nicht mehr verbreitet werden, ohne daß man die Notwendigkeit akzeptiert, den jungen Schößling zu beschützen, wenn es sein muß, sogar mit Gewalt.'

‚Komm,' drängte Ahime, ‚nun erzähl mir mal genau, was du von uns willst.'

Ofeyi schüttelte den Kopf. ‚Ich möchte, daß du damit beginnst. Daß du die Notwendigkeit anerkennst, bei der Verfolgung eines gemeinsamen Anliegens auch Kräfte zu bemühen, die ... na, sagen wir, die in der Wahl ihrer Mittel nicht immer ganz friedlich zu Werke gehen. Auch wenn damit das Risiko verbunden ist, daß diese Kräfte außer Kontrolle geraten können und das noch schwache Bauwerk gefährden ...'

Ahime unterbrach ihn. ‚Das hängt alles mit deiner Reise zusammen, nicht wahr? Steht in neuen Büchern, die du gelesen, betrifft neue Gesellschaftsformen, die du studiert hast?'

‚Nein, es hat mehr mit einer neuen Art Mensch zu tun, dem ich begegnet bin.' Und er fuhr fort, seine Begegnung mit dem Zahnarzt zu schildern und die Gedanken dieses Mannes zu beschreiben.

Ahime hörte geduldig zu und erklärte schließlich: ‚Du sprichst davon, eine neue Idee zu säen. Doch du hast gewiß auch schon das alte Sprichwort gehört: Wer Wind sät, wird Sturm ernten?'

‚Der Sturm ist vom Kartell gesät worden, Vater Ahime. Wenn wir nicht den Orkan, der daraus entstand, gegen sie selbst wenden, sind wir verloren.'"[533]

Die Saat geht schrecklich auf. Was die Revolution betrifft, verkehren sich – zunächst – Absichten ins Gegenteil. Das Kartell schlägt schnell und brutal zu. Entscheidend ist der von ihm angestiftete Massenmord an den „Fremden" in einem Teil des Landes, in Crossriver. Ausgehend von der Vernichtung sich organisierender Arbeiter des Shage-Dammbaus, zielt er darauf, jede Opposition auszulöschen und zugleich die soziale Stoßrichtung und die sozialen Nutznießer zu verschleiern. Die Massaker erscheinen als spontane religiös-ethnische Massenbewegung der Moslims des Nordens gegen Leute, die ihre gewachsene Lebensweise und Religion angeblich zersetzen. Soyinka schreibt von einem fiktiven Land Ilosa, aber Umrisse der jüngsten Geschichte Nigerias sind unverkennbar: das Zusammengehen von

Militär und Bourgeoisie in der zweiten Hälfte der sechziger Jahre und Anfang der siebziger Jahre; die Massaker unter den ostnigerianischen Ibo im Norden des Landes, die 1966/67 wahrscheinlich dreißigtausend Menschen das Leben kosteten und den Anstoß zum Bürgerkrieg um Biafra gaben; die kapitalistische Tendenz des Militärregimes, die sich nach der Ausschaltung der linken Offiziere seit 1966 abzeichnete und bei der, zumindest in den frühen Machtkämpfen, die feudalen und bourgeoisen Kräfte des unter dem Kolonialismus wenig entwickelten Nordens eine führende Rolle spielten.[534]

Es wäre aber zu eng, in *Zeit der Gesetzlosigkeit* vorrangig einen Roman des nigerianischen Bürgerkrieges zu sehen. Er behandelt übergreifende gesellschaftsstrategische und weltanschauliche Fragen des 20. Jahrhunderts, indem er von konkreten sozialen Verhältnissen und den darauf reagierenden individuellen Haltungen erzählt. Die zwei für die Epoche entscheidenden Möglichkeiten des Zusammenlebens werden bedeutet: eine Gesellschaft, die auf Gemeinbesitz beruht, wo die, die säen, auch ernten, eine Kultur, die Güte, Freundlichkeit aller und so Produktivität des einzelnen ermöglicht und als wirksame Werte setzt, verkörpert im traditionellen Aiyéró, den Visionen und organisatorischen Anstrengungen Ofeyis, und dagegen gesetzt eine kapitalistisch durchdrungene Realität unter Herrschaft des Kartells, die Ausbeutung, Massenmord und Unproduktivität des Individuums bewirkt. Obwohl ganz auf Afrika, genauer Nigeria gerichtet, obwohl das Modell humanen, sozialistisch orientierten Zusammenlebens zunächst an einer traditionellen afrikanischen Kultur vorgestellt wird, übersteigt die Erzählung den lokalen Bereich. Sie verweigert jedes Romantisieren vorkapitalistischer Strukturen, verweist – nicht zuletzt durch die Verlegung der Vorgänge nach Europa (Transitaufenthalt Ofeyis) und die große Rolle, die die Asiatin Taiila und ihr Bruder spielen – auf Alternativen, die sich für die Epoche international herausgebildet haben. Dialoge der Figuren machen das überdeutlich. Ofeyi ist nach Aiyéró gekommen, um – wie er betont – Menschen zu Auffassungen zu bekehren, die er „aus der Welt der Europäer" mitgebracht habe. „‚Nein,' unterbrach ihn Ahime, ‚es war sehr nützlich für uns, daß du hierhergekommen bist, erfüllt von deiner Mission. Es war gut zu wissen, daß unser Weg in allen Zeiten der Traum der Menschheit war, auch weit entfernter Völker, Völker, die sich in ihrem Aussehen unterscheiden wie die Kakaobohne und die Knolle der Yamwurzel. Die anders essen, anders trinken, andere Götter verehren, Völker ohne gemeinsame Vorfahren, und doch . . .'"[535]

In den ersten vier Kapiteln sind die historischen Alternativen bereits deutlich umrissen. Es geht nicht hauptsächlich darum, das vom Kartell beherrschte und gleichsam symbolisierte System bloßzustellen. Seine Unvereinbarkeit mit sozialer Gerechtigkeit und sinnerfülltem, produktivem Leben des Individuums entfaltet sich schnell in den Dialogen, Erzählerschilderungen und den Assoziationen der Hauptfigur Ofeyi. Die Erzählung schreitet fort in der Demonstration der Gewalttätigkeit, mit der das System das Land durchsetzt hat, und der tastenden gedanklichen und praktischen Schritte, mit denen Ofeyi seine Position zu ihnen und damit in der epochalen gesellschaftlichen Auseinandersetzung findet. Auf seiner Seite ist es ein schwieriger Prozeß des Erfahrens und Denkens von Alternativen, den der Leser mitvollziehen muß. Im Mittelpunkt steht das zögernde Erkennen, daß Gewalt, gewaltsamer Umsturz der menschenzerstörerischen Verhältnisse, auch Gewalt gegen einzelne bis zur terroristischen Aktion, notwendig ist oder werden kann. Schilderungen von Gewalttätigkeiten, Angriffe der Ausgebeuteten auf Handlanger des Kartells und die Massaker des Regimes, sind zwischen den „inneren Monolog" Ofeyis und seinen Dialog mit dem Zahnarzt, dem Vertreter militanter, terroristischer Aktionen zum Sturz der Reaktion, gesetzt. Erste Nachrichten und persönliche Erfahrungen des Gegenschlags durch das Kartell überdenkt Ofeyi in Aiyéró. Erlebnisse, Reflexionen über die Lage und mögliche Haltungen verweben sich. Das Durchdenken, der „innere Monolog", wird, oft unmerklich, vom Erzähler aus dem geschilderten unmittelbaren Erlebnis der Natur von Aiyéró heraus entwickelt. Erst jetzt, im sechsten Kapitel, wird der bereits im zweiten genannte Zahnarzt vorgestellt, an einer Stelle, wo sich Ofeyi – ähnlich wie in dem europäischen Transitraum, in dem er den Zahnarzt erstmalig traf – zu einer Entscheidung gezwungen sieht. Beide Räume und Ereignisse, das Zusammentreffen im Transitraum und Ofeyis Bootsfahrt durch das verborgene Wasser, die versteckte Zufluchtspassage von Aiyéró, sind Zeichen einer Übergangssituation, einer Passage (Transit), in der sich Ofeyi befindet.

„Er rudert träge dahin, durch die Bodenbretter drang etwas Wasser, als er den Bug weglenkte von dem sich weitenden Durchlaß in der dichten Hülle des Dschungels. Die Stille ließ seine Unrast noch wachsen. In Windungen tauchten die Berichte aus Crossriver wieder auf, würgten ihn, umgaben ihn mit dem lähmenden Wissen um die Vergeblichkeit alles Denkens und Tuns. Beides schien nur dazu bestimmt, stets zum Ausgangspunkt zurückzukehren. Die Widerlegung des Wandels barg Momente der Verzweiflung in sich. Hinter dem Boot schien sich sogar der See zu verschwören und Keime der Lähmung zu gebären, die Narbe des Durchlasses zu schließen, die Herausforderung des Dahintreibenden wegzuwischen und sogar dieses schlichte Ritual des Wandels durch einen Zustand der Unveränderlichkeit zu ersetzen. Alles Schwindel, murmelte Ofeyi. Die Kräfte der Erneuerung wurden eifersüchtig im See bewahrt, verborgen zwar, doch erreichbar. Sie warteten nur auf den rechtmäßigen Herausforderer. Sie warteten nur auf das präzise Krümmen des Fingers am Abzug, um zu ihrer Bestimmung zu erwachen und sich in wilden, bergeversetzenden, heftigen Fluten zu ergießen ...

Wie eine riesige, bösartige Kröte hockte der Außenbordmotor auf dem Heck des Bootes, eine weitere Herausforderung an den natürlichen Pulsschlag des Ortes, groß und häßlich in seiner verhaltenen Kraft. Er rief bei Ofeyi Ablehnung hervor und drängte ihn unwillkürlich dazu, sich für den eleganteren Antrieb durch das Ruder zu entscheiden und dessen beinahe heilige Vereinigung mit den natürlichen Gegebenheiten von Ort und Zeit. Auch Ahime war wie dieses Ruder. Er erzeugte Bewegung in sich selbst und in seiner Umgebung, ohne eine Spur von Druck, ohne das vorherige Gleichgewicht zu stören. Er hatte ihn von der ersten unwillkürlichen, unbesonnenen Reaktion zurückgehalten. Was willst du eigentlich verändern? Wenn die Männer aus Aiyéró tot sind, was kannst du da noch tun? Wenn sie in Gefahr sind, wie kannst du ihnen beistehen? ... Doch jemand, eine Gruppe Verzweifelter, hatte ihr Schicksal und das der anderen vorherbestimmt. Und er ... nein, das war eine Gefahr, der er sich trotz der schrecklichen Dinge, die ihm durch den Kopf gingen, nicht aussetzen würde. Kein Bedauern, keine Reue, keine den Willen schwächenden Selbstanklagen. Es sei denn ...

Der Zahnarzt! Es sei denn, der Zahnarzt behielte recht, trotz allem. Der Zahnarzt mit seiner unerschütterlichen Logik, daß es notwendig ist, den Zahn zu ziehen, bevor die Infektion da ist. Und der Zahnarzt hatte seine, Ofeyis, Führungsrolle akzeptiert und die letzte Verantwortung ihm übertragen. Welche andere Alternative hätte wohl den Prozeß der Masseninfizierung verhindert . . ."[536]
Nachdem Ofeyi gesehen hat, wie die Arbeiter des Shage-Dammbaus hingemetzelt worden sind und wie man einen „Fremden" im Norden bestialisch umbringt, führt er den Zahnarzt in die Familie Batoki ein, jetzt aktiver Helfer, um Batoki, einen der Bosse des Kartells, zu liquidieren. Der Erzähler leitet nicht dazu über; die Entscheidung

wird nicht direkt beschrieben. Die Erfahrungen Ofeyis werden geschildert und daran (zehntes Kapitel) plötzlich die Einführung in die Familie angeschlossen. Das letzte Drittel zeigt aktiven Widerstand gegen das Regime und seine Massaker. Der mögliche Umsturz der Verhältnisse bleibt in der Erzählung offen. Sie verhandelt Haltungen, Denkweisen, Wege, mit denen und auf denen man zur Veränderung kommen könnte, einschließlich solcher Umstände bzw. Weltanschauungen und Verhaltensweisen, die das unmöglich machen.

Die Polarisierung der Klassenkräfte in Afrika während der sechziger Jahre, das starke Anwachsen der antiimperialistischen Bewegungen, der sich verbreiternde Übergang der nationalen Befreiungsbestrebungen in Kämpfe um sozialen Fortschritt und die antikapitalistische Revolution, Prozesse, die auch unmittelbar nach Nigeria hineinwirken,[537]* gaben wohl den Anstoß für Soyinkas neuakzentuierte Sicht geschichtlicher Alternativen und von Zusammenhängen zwischen Individuum und Masse, zwischen individuellem Verhalten und Organisation. Seine aktive demokratische Grundhaltung und seine persönlichen Erfahrungen mit nigerianischen konservativen Kräften drängten auf eine positive Verarbeitung der allgemeinen revolutionären Tendenzen, linker und marxistischer Auffassungen.[538]* 1973 umriß er so, sein Bild Afrikas und gesellschaftlicher Prozesse im allgemeinen gegenüber den sechziger Jahren neu fassend, eine sozialistische Lösung als einzige vernünftige, humanistische Alternative, ohne sich dabei auf ein Zusammengehen mit Marxisten-Leninisten festzulegen. Er glaube, sagte er in einem Interview, daß das, was unter dem breiten Schirm „der sozialistischen Ideologie, einer weltlichen sozialistischen Ideologie" gehe, das „logische Prinzip gemeinschaftlicher (communal) Organisation und wahrer menschlicher Gleichheit" sei. Das schließe für ihn ein „Beseitigung der Politik der Reichtumsakkumulation auf Kosten irgendeines Sektors der Gesellschaft; Beseitigung der bloßen Möglichkeit der Tyrannisierung einer Gesellschaftsklasse durch eine andere; die Beseitigung von Klassenunterschied innerhalb der Gesellschaft, wobei Klasse eine Kategorie von Privileg oder Höherstellung oder Vorteil einschließt. Als der andere logische Prozeß kann angenommen werden: Staatseigentum am gesamten Grund und Boden und den Produktionsmitteln; gleiche Bildung, Chancen usw. usw. Diese Ziele sind untrennbar Kern der Auffassung, die als Zweck des Menschen die Humanität (humanity) ansieht. Eine meiner Definitionen von Humanität ist ein Zustand des Seins, in dem die Herabsetzung (diminution) des

Seins anderer eine Herabsetzung und ein Angriff auf mein eigenes Sein ist." Das Interview schloß er mit dem Verweis auf die „starken Massenbewegungen", die im gegenwärtigen Afrika soziale Veränderungen gegenüber den „korrupten elitären Strukturen" im Interesse der Massen bewirken könnten.[539]

Zeit der Gesetzlichkeit äußert das gleiche enge Verhältnis Soyinkas zu vorkapitalistischen traditionellen Kulturen, das wesentlich seine in Kunst vermittelte Weltsicht der sechziger Jahre prägte. Allein die allgemeine Strukturierung nach dem agrarischen Zyklus und das wichtige Symbol der Saat verweisen darauf. Die immer wiederkehrende, im Zyklischen unzerstörbare Fruchtbarkeit der Natur, der Erde, damit der agrarischen Produktivität, Natur und Erde als Grundbedingung und Modell produktiven Lebens überhaupt scheinen sogar intensiver entfaltet als in vorangegangenen Werken.[540]* Moderne Produktion (Erdbagger beim Dammbau), soziale Unterdrükkung und Widerstand dagegen, humanisierende Kräfte überhaupt werden in Bildern der Natur beschrieben.[541] Der Außenbordmotor, der als riesige Kröte vorgestellt wird, ist symptomatisch. Die traditionelle Aiyéró-Kultur und sozialistisches Zusammenleben, die auf gemeinsamem Eigentum und gemeinsamen Erträgen beruhen, werden in einem der ersten Dialoge Ahimes und Ofeyis mit der Erde verglichen.[542] Der Erzähler stellt den Leuten in den Städten, die geduckt, kompromißbereit die Herrschaft des Regimes hinnehmen, den Landarbeiter gegenüber, der sich wehrt: „Selbst wenn die Räuber, die natürlich immer frecher wurden, als Erinnerung an ihren Besuch tiefe Wunden in ihrem Fleisch zurückließen, taten sie noch so, als seien sie nur auf Glasscherben ausgerutscht. Der Landarbeiter dagegen kannte solche Demut nicht. Auch wenn ihn eine überlegene Macht dazu zwang, den Mund zu halten, sprachen seine weit offenen Augen klar und deutlich: Ich werde mich stets an dieses Ereignis erinnern. Erdverbunden im engsten Sinne, vermochte er nicht, sich ein Dasein vorzustellen, das aus Selbstverleugnung bestand."[543] Revolutionäres modernes Potential wird so gerade in seiner jeweiligen Verbundenheit mit der Erde, als der Quelle und dem künstlerischen Symbol letztlich unzerstörbarer Schöpferkraft, gedeutet.

Der Erde ähnlich erscheint menschliche individuelle Sinnlichkeit, die – Grund und Bestandteil des Fruchtbaren, Lebendigen – Spontaneität einschließt. Solche Sinnlichkeit hat übergreifende gesellschaftliche produktive Bedeutung. Die sich ganz mit sinnlicher Spontaneität bewegende Sängerin Iriyise entwickelt solche Zusammenhänge. Ofeyi denkt an sie als an die Verkörperung von „Erde und Ideal"[544]*. Sie aus den Händen des Regimes zu befreien, ist für Ofeyi ein unabdingbarer praktischer und zugleich symbolischer Akt revolutionären Handelns, da seine Handlungen „eins waren mit dem, was sie verkörperte"[545].

Zusammenhänge und Gegensätze zwischen Spontaneität, Sinnlichkeit, Individualität, Organisiertheit und sozialen Umwälzungen, zwischen der natürlichen und der menschlichen, gesellschaftlichen wie individuellen Produktivität behandelt im Zusammenhang mit der Neudeutung eines tradierten Mythos das ebenfalls 1973 erschienene Stück *The Bacchae of Euripides.* Der Handlungsrahmen von Euripides' Tragödie ist beibehalten: Der Einbruch des Dionysos in Theben vollzieht sich über die Begegnungen zwischen Teiresias, Kadmos, dem Gefolge des Gottes und ihm selbst, über die Auseinandersetzungen zwischen Dionysos und Pentheus, über Pentheus' Verlockung zum Fest und seine grausame Tötung durch die Anhänger des Gottes.[546] Soyinka hat aber, die Vorkommnisse neu deutend, ein ganz ihm eigenes, neues Stück geschaffen.

Zwei Merkmale sind in unserem Zusammenhang wichtig. Die Sklaven, auf deren Arbeit in den Minen das aristokratische Pentheus-Regime ruht, spielen eine Hauptrolle. Bei Euripides treten sie überhaupt nicht in Erscheinung. Die Ankunft des Gottes verbindet sich mit sozialem Widerstand, ja – so kann gelesen werden – mit sozialem Umsturz. Dionysos wird als ein Gott verehrt – und er bewegt sich so –, der im Gegensatz zu den weltanschaulichen, moralischen und ideologischen Grundsätzen des Regimes steht. Er wird zum Sprengstoff des Klassenantagonismus, zum Bezugspunkt, zur religiös-kultischen Kraft und zum Symbol sozialer und zugleich individueller Befreiung. Sobald er auftaucht, beugen sich Sklaven nicht mehr einfach der Pentheus-Ordnung. Er ist der Gott der Ausgebeuteten. Sie haben ihn gewollt. Nachdem er das Gefängnis des Pentheus aufgesprengt hat, fragt ihn der Alte Sklave verwundert: „Du bist frei?" Dionysos antwortet: „Du (ihr) wolltet meine Freiheit. Ich konnte nicht widerstehen."[547]*

Dionysos ist nicht nur religiöses Instrument der Beherrschten. Er ist Symbol und – im Rahmen mythischer Vorstellung – wirkliche Kraft einer Weltauffassung, die dem System und der Weltanschauung, den Lebensprinzipien des Pentheus entgegensteht und ihnen zugleich überlegen ist. Er verkörpert den widersprüchlichen Reichtum und die Dynamik des Lebens schlechthin. Er entfesselt Spontaneität,

Sinnlichkeit, entschlossene Härte im Verfolgen seiner Sache und steht zugleich für Güte, Liebe, Toleranz und Ausgleich der Kräfte, die reiche Dialektik des Lebens anstrebend und so volle menschliche Produktivität freisetzend. Er ist und verkörpert (symbolisiert) das Natürliche, die Erde, damit das Leben gegen Versteinerungen, gegen Unbeweglichkeit, Tod, den Kennzeichen des von strengem Klassenantagonismus bestimmten Systems, der brutalen Macht- und Privilegiensicherung des Pentheus und seiner Weltanschauung, die auf einseitige, rigorose Ordnung, auf absolute Disziplinierung und Unterwerfung der Individuen, damit auf unfruchtbare Askese und Verkrüppelung menschlicher Möglichkeiten gerichtet sind. Das mechanische Verabsolutieren von Macht, Sicherheitsdenken, der Ordnungs- und Disziplinierungswahn des Pentheus, die keine Spielräume für Selbstdisziplin, Selbsterprobung des Individuums und damit für individuelle wie soziale Produktivität lassen, bewirken letztlich Sterben. Sie sind Tod, tödlich für Pentheus und das von ihm geführte System. Sie zerbrechen, da sie blind sind gegenüber dem, wofür Dionysos steht. Pentheus geht zugrunde, da er nicht die Möglichkeiten der vom Gott verkörperten Lebenskräfte erkennt. In dem Streitgespräch zwischen Pentheus und Dionysos vor des Königs verhängnisvollem Besuch des Kultes heißt es: Pentheus: Wenn Du jemals Verantwortung getragen hast für / Gesetz und Ordnung (law and order) irgendwo, könntest du wert sein / der Aufmerksamkeit. Da das nicht der Fall ist / Sei weniger leichtfertig mit deinem Rat. / Dionysos: Und doch biete ich vernünftigen Rat an. / Opfere diesem Gott. Es ist vergeblich / Gegen solche Kraft zu wüten und zu stoßen.[548]

Pentheus hält ihn für einen Scharlatan: „Vielleicht ein Spion, ein Agent / Der Unterwanderung (subversion) für eine fremde Macht. Sicherlich / Ein Heruntergekommener, ganz und gar verachtenswert. Dich fürchten? / Schlag dir solche Anmaßung aus dem Sinn. Dionysos: Aber du fürchtest mich. Du fürchtest, meine Anwesenheit hier / könne dich freisetzen. Pentheus: Mich? Wer ist der Gefangene – du oder ich? Dionysos: Du, Pentheus, weil du ein Mann der Ketten bist. Du liebst Ketten. Hast du einen Satz heute geäußert, der nicht versetzt war mit Ketten (hyphenated by chains)? Du atmest Ketten, sprichst Ketten, ißt Ketten, träumst Ketten, denkst Ketten. Deine Welt ist gebunden in Fesseln. Selbst wenn du ruhst, bist du eine Kuh, die wiederkäut, aber für dich ist es geschmolzenes Eisen, das aus dem Schmelzofen deines sogenannten königlichen Willens kommt."[549]

Soziale Fragen, Wurzeln und Möglichkeiten revolutionärer Umbrüche erscheinen so als Aspekte übergreifender Lebensprozesse, der ständigen Tendenz zur Bewegung, zur Veränderung, die zugleich auf Ausgleich, Zusammengehörigkeit widerstreitender Elemente hinwirkt. Gegenüber Pentheus formuliert das der Sklavenführer folgendermaßen: „Ich bin Augenzeuge / Des Festes der Rache der Freude. Oh / Ich hörte, wie die Erde sich drehte beim Tritt / Tanzender Bacchanten und mein Herz / Hüpfte. Beim Klang von Flöten sind / Ganze Galaxien in meine gewölbten Hände gefallen / Ich habe die Sterne getrunken . . ." Die Regieanmerkung besagt, daß Pentheus' Gesicht Entsetzen und Unglauben zeige, wenn er erkennt, was das bedeutet. Dann fährt der Sklavenführer fort: „Und mich der Kraft des Lebens überlassen, der Gott in mir / Der fruchtbaren Flut, die die Erde jagt (courses) und mich / Das Bündnis von Blut und Wein, das Band von Äther und Fleisch, Erde, und den Atem in mir. / Und das ist, was wir an diesem Tag feiern / Unsere Füße im Tanz sind die Füße von Menschen / Die Trauben pressen, Korn lesen, unsere Freude / Ist die große Freude der Vereinigung mit Mutter Erde / Und des Endes der Trennung zwischen den Menschen."[550]

In der Entfaltung aller spielerischen und technischen Möglichkeiten modernen Theaters erscheinen Grundzüge der traditionellen ästhetisch besetzten Feste: Tänze, Maskengebrauch, artistische Tricks (komplizierte technische Vorgänge), Pantomime, Musik. Vom Regisseur fordert der Autor ausdrücklich: „Diese Version der *Bakchen* ist als ein gemeinschaftliches Fest (communal feast), eine stürmische (tumultuous) Feier des Lebens entworfen worden. Sie muß als solche aufgeführt werden. Alle von Inszenierungsnotwendigkeiten diktierten Striche im Text dürfen n i c h t die wesentliche Dimension eines Natur-Festes berühren."[551*] Das als Kunst zu verwirklichende Fest ist nicht idyllisch gedacht. Der Text verschleiert nicht die wirklichen Dissonanzen, Härten, Brüche der Existenz. Die Opfer sozialer Bewegung und – übergreifend – der Natur, menschlichen Seins somit, sind im Fest, als „lärmendes oder stürmisches" Fest, grausam-gegenwärtig. Wie Pentheus zerstückelt wird und welche Wirkung das auf seine nähere Umgebung hat, wird relativ ausführlich vorgestellt. Aus jeder Öffnung seines abgerissenen Hauptes, heißt eine der letzten Regieanmerkungen, spritzen rote Strahlen, offensichtlich Blut. Aber zugleich Wein. Teiresias kostet es. Seine letzten Worte, die zugleich die letzten des Stückes sind, lauten: „Nein. Es ist Wein." Des Sklavenführers weltanschauliche Deutung des Dionysos-Einbruchs hat sich im Vorgang künstlerisch versinnlicht. Blut und Wein sind zwei entgegengesetzte und zugleich zusammengehörende Seiten des Lebens.

Der Rückgriff auf die europäische Dionysos-Geschichte zeigt, daß Soyinka nicht nur eigene nationale Mythen aneignet, insofern sie eine für moderne Kunst Afrikas wichtige kulturelle Tradition sind. Das dem Mythos analoge Modellieren von Welt birgt für realistische Kunst vielleicht erst heute voll zu erfassende Möglichkeiten. Das „mythisch" strukturierte Modell ist in sich sinnlich. Es „existiert" und vermittelt sich in Bildern, in sinnlicher Vorstellung von Figuren, Dingen und deren sinnlichen Beziehungen. Mythen bieten so nicht nur eine Stoff- und Motivquelle – sie prägen vor oder sind bereits mit ihrer Struktur künstlerisches Modellieren, künstlerisches Aneignen von Welt. Sie sind in ihrer Erscheinungsweise, ihrer Struktur der Struktur von Kunst ähnlich. Marx' Bemerkung über den Zusammenhang von Mythologie und Kunst führt zum Verständnis dieser Tatsache: „Die griechische Kunst setzt die griechische Mythologie voraus, d. h. die Natur und die gesellschaftlichen Formen selbst schon in einer bewußt künstlerischen Weise verarbeitet durch die Volksphantasie. Das ist ihr Material. Nicht jede beliebige Mythologie, d. h. nicht jede beliebige unbewußte künstlerische Verarbeitung der Natur (hier darunter alles Gegenständliche, also die Gesellschaft eingeschlossen)."[552*] Mythenverarbeitende Literatur kann durch ihre Form in betontem Maße die Sinnlichkeit der verhandelten Sachverhalte (der Welt, des Umgehens mit der Welt) unterstreichen. Strukturelemente vermitteln entsprechende Informationen. Sie können weltanschauliche Bedeutungen entfalten. Auch in anderer Hinsicht: Die Phantastik des Mythos, Erscheinungsform seiner Verkehrungen oder „unscharfen" Deutungen der Zusammenhänge in Natur und Gesellschaft, ist zugleich Äußerung des schöpferischen Intellekts, der Phantasiekraft, des reichen Vorstellungsvermögens seines kollektiven und – künstlerisch gesehen – seines individuellen Schöpfers. In den für moderne Rationalität, für wissenschaftliches Denken unerwarteten, phantastischen, „verkehrten" Verknüpfungen verschiedener Ebenen, Dinge und Erscheinungen der objektiven Wirklichkeit, in diesem geistigen Hervorbringen enormer Fiktionen entfaltet sich spezifische menschliche Produktivität. Sie ist sehr subjektiv. Ihre Produkte bedeuten die Welt nicht nur subjektiv, auch die Form des Bedeutens hat diese deutlich wahrnehmbare Eigenschaft. Die im Text fixierte Phantastik oder „positive" schöpferische Phantasie vermittelt sich in der Kommunikation. Sie gerät hier gleichsam in Bewegung – Rezipienten werden zu ähnlichen Leistungen ihres Vorstellungsvermögens gedrängt. Man muß sich einlassen auf schöpferisches Assoziieren, auf Phantasie, auf – so gesehen – aktives, subjektives Verhalten. Kommunikation findet sonst kaum statt. Neben der Sinnlichkeit von Leben und künstlerischer Kommunikation, die sich in der dem Mythos strukturell ähnlichen und auch in mythenverarbeitender Kunst vermitteln kann, hat die Erfahrung produktiver Möglichkeiten von Phantasie und subjektiver Haltungen wichtige weltanschauliche, „inhaltliche" Aspekte. Wiederum kann so ein Strukturelement des Mythos philosophisch bedeutsame Erfahrung entfalten. Soyinka hat das thematisiert. Sein Pentheus geht nicht zuletzt zugrunde, weil er seine enge, undialektische Rationalität, die Phantasie, Subjektivität (das Individuum) „in Ketten" legt, nicht aufbrechen kann. Er ist nicht in der Lage, Zufälle, Überraschungen, Spontaneität, damit Wirken der Phantasie in Rechnung zu stellen und sich entsprechend zu verhalten.

Schließlich kann man von weltanschaulichen Aspekten in Mythen vorkapitalistischer agrarischer Kulturen auf Elemente modernen dialektischen Weltverständnisses schließen. Soyinka hat das angedeutet. Auf die Gedichte des Kongolesen U Tam'si eingehend, schrieb er 1975 in dem Vorwort zu seiner Anthologie afrikanischer Lyrik: „Indem ich ein Wort benutze, das in eines meiner neueren Gedichte kommt – ‚animistisch' –, habe ich versuchsweise eine spezielle Kategorie für diese intensive, quasimystische Poesie geschaffen. Das Durchdringen von Objekt, Gedanken und Geist ist jedoch nicht eine Besonderheit des afrikanischen Bewußtseins. Aber das, was solche Gedichte in diesem Band von den Surrealisten – um ein Beispiel zu nennen – trennt, ist ihr Vermeiden des Mallarméschen Extrems, der westlichen Vorliebe, die dem Ausdruck der symbolisch-mythischen Welt der kreativen Vorstellungskraft (creative imagination) eine autogenetische Existenz gibt, die willkürlich von anderen Realitäten abgeschnitten ist. Die Gedichte, die unter dem Titel ‚Animistische Phasen' gruppiert sind, stellen eine poetische Sensibilität dar, die . . . eine ‚spontane Landschaft der Disparitäten' schafft. Das Animistische projiziert nicht nur die materielle Welt, sondern auch die Bagatellen einzelner Vorfälle durch die zyklischen Begriffe von Tod und Wiedergeburt, Licht und Dunkelheit, Wachstum und Sterilität, Vergänglichkeit und Ewigkeit . . . Wenn wir die allgemeine Bedeutung, die dem Wort ‚Aberglauben' beigelegt wird, beiseite lassen, wenn wir die Gesetze seiner Formulierung als zu denselben Gesetzen gehörend verstehen, die es Menschen ermöglichen, Vorfall und Sache (incident and matter) sogar mit kosmischem Potential zu füllen, wird das animistische Verstehen (animistic perception) deutlich genug."[553] In solchen animistisch oder mythisch strukturierten Vorstellungssystemen spiegeln sich auch soziale Spannungen und Bewegungen, Tendenzen zur Veränderung, Haltungen, die normwidrig sind, auf Umbruch und soziale Sprengung zielen. Der Dionysos-Mythos – zumindest in der Sicht Soyinkas – und viele Mythen oder mythische Figuren gehören dazu, wie sie, das ist im zweiten Kapitel dieses Buches angedeutet, die afrikanische mündliche Dichtung überliefert hat.

Mit Soyinkas Werk gibt moderne afrikanische Literatur – nach und neben der lateinamerikanischen Prosa –[554] ein Beispiel, daß und wie Elemente vorkapitalistischer Kulturen, insbesondere auch der Mythos nicht nur im banalen Sinn Stoff- und Motivquelle für heutige realistische Kunst sein können. Die Kommunikation über künstlerisch verarbeiteten Mythos, in der Erzählweise, in den skizzierten Denkfiguren des Mythos, darf nicht nur als Besonderheit von Regionen der „Dritten Welt" gesehen werden, in denen vorkapitalistische Kulturen, damit mythisches Verhalten zur Welt, noch lebendig oder gerade erst aufgehobene Vergangenheit sind. Sie ist z. B. durchaus nicht selbstverständlich für moderne afrikanische Literatur. Das Schaffen Sembène Ousmanes, Achebes, A. K. Armahs und Ngugis unterscheidet sich von dem Soyinkas in bezug auf Mythos oder – genauer – „mythisches Strukturieren" und mythische Denkfiguren wesentlich.

Das Zusammengehen von realistischer Literatur und „mythischer Erzählweise" in Afrika wirft – wie in Lateinamerika – neues Licht auf Funktions- und Struktureigenarten und entsprechende Möglichkeiten von Kunst überhaupt. In welcher Richtung die hier nur skizzierten Merkmale für die dialektisch-materialistische Theorie verwertet werden könnten, soll eine Überlegung Juri Lotmans andeuten. Davon ausgehend, daß Kunst jeweils ein räumlich endlich begrenztes Modell von unendlicher Welt ist, jedenfalls in der Tendenz, schrieb er: „Demnach sind im Sujet (oder, weiter gefaßt: in jedem Erzählen) zwei Aspekte zu unterscheiden. Den einen von ihnen, bei dem der Text das ganze Universum modelliert, kann man den der Mythologie nennen, den zweiten, der irgendeine Episode der Wirklichkeit abbildet, den der Fabel. Es ist zu erwähnen, daß künstlerische Texte möglich sind, die nur nach dem mythologischen Prinzip mit der Wirklichkeit in Beziehung stehen. Das sind Texte, die alles nicht vermittels einzelner Episoden, sondern in Form reiner Wesenheiten abbilden, wie z. B. die Mythen. Künstlerische Texte jedoch, die nur nach dem Fabelprinzip aufgebaut sind, sind offensichtlich nicht möglich. Nicht als Modelle eines Objektes würden sie aufgefaßt, sondern als dieses Objekt selbst. Sogar wo die ‚Literatur des Faktums', die Chronik des Dziga Vertov oder des ‚cinéma vérité' danach streben, die Kunst durch Stücke der Realität zu ersetzen, schaffen sie unausweichlich Modelle von universalem Charakter, mythologisieren sie die Wirklichkeit, und sei es auch nur durch das Faktum der Montage oder aber der Nichteinbeziehung bestimmter Seiten des Objektes in den Blickwinkel der Filmkamera."[555]

Lotmans Bezeichnung „mythologisieren" meint alle möglichen künstlerischen Modelle, deren Strukturen und Zeichengestalten Erscheinungsweisen, Relationen, Strukturen von Sachverhalten anders reflektieren und bedeuten, als diese in Wirklichkeit, außerhalb des künstlerischen Modells, gegeben sind. Modelle dieser Art, die einen Bezug zu historisch tradierten Mythen haben, deren Elemente verarbeiten, sind dabei nur eine Möglichkeit. Künstlerische Kommunikationsformen in Gesellschaften, in denen der Mythos als eine bestimmende Aneignungsweise historisch längst überwunden ist, entfalten dagegen mannigfaltige Modelle, die ohne jeden Bezug zu konkreten Mythen jeweils analog mythischem Modellieren strukturiert sind. Die Dramatik Majakowskis, die phantastische Spielwelten konstruiert, oder Stücke wie Brechts *Der gute Mensch von Sezuan*, in denen Götter und Menschen ähnlich wie in Mythen miteinander verkehren, wären – in sich sehr unterschiedlich – Beispiele dafür. Weltanschaulich-funktional zielt diese Dramatik gerade darauf, mythisches Bewußtsein zu „verfremden", als „falsches Bewußtsein" aufzuheben – in „mythologisierender" Struktur, um Lotmans Begriff zu gebrauchen. Diese Ähnlichkeiten und zugleich Differenzen, ja Gegensätze auf den verschiedenen Ebenen künstlerischen Produzierens erklären sich aus der von Marx angedeuteten Analogie mythischer und künstlerischer Aneignungsweise oder – vorsichtiger ausgedrückt – aus der analogen Struktur mythischen und künstlerischen Deutens von Welt. Das Einbeziehen von Elementen geschichtlich überlieferter Mythen ist nur eine Variante. Sie realisiert sich besonders in Gesellschaften, in denen – wie im subsaharischen Afrika – mythisch-rituelles Verhalten wirksam ist oder bis vor kurzem noch vorherrschend war. Realistische Kunst kann hier „Inhalte", illusionäres Weltverständnis „verfremden", Mythos als „falsches Bewußtsein" progressiv auflösen helfen und zugleich, seine Sehweisen, Kommunikationsformen und Denkfiguren benutzend, das Potential von Sinnlichkeit und kreativer Phantasie entfalten, das im „mythischen" – also einem „künstlerischen" (dem künstlerischen analogen) – Herangehen an Wirklichkeit enthalten ist. Soyinka hat mit einigen seiner wesentlichsten Werke dafür Beispiele geschaffen, nicht nur für die moderne Literatur der Entwicklungsländer Afrikas, sondern auch für realistische Kunst in anderen Regionen und Gesellschaften.

Allerdings – und das ist eine wichtige Besonderheit, die in der bisherigen Analyse des Potentials seiner Literatur bewußt nicht diskutiert wurde – will Soyinka nicht mythische oder, wie er sie skizzenhaft auch bezeichnete, animistische Aspekte gesellschaftlichen Lebens verdrängen und sie n u r als Strukturelemente von Kunst aufheben. Sie haben seiner Auffassung nach für jede Gesellschaft eine große Bedeutung. Spätestens seit der zweiten Hälfte der sechziger Jahre, seit seinem Aufsatz *The Fourth Stage*, ist deutlich, daß er die „mythische Dimension", wie ich es nennen möchte, für die Auseinandersetzung des Menschen mit der Natur und mit seiner gesellschaftlichen Existenz, insbesondere in afrikanischen Gesellschaften, als unverzichtbar, als ein wichtiges Instrument ansieht.

1975 betonte er im Vorwort zu seiner Sammlung von Aufsätzen *Myth, Literature and the African World*, größtenteils 1973/74 geschrieben, der Mensch existiere „in einer umfassenden Welt von Mythos, Geschichte und Sitten (mores)"[556]. Soyinka verliert sich nicht im Irrationalen. Er nimmt die im Mythos vorgestellten fiktiven Existenzen nicht für außerhalb mythischen Denkens wirklich existierende. Er erklärt sie insofern materialistisch, als er davon ausgeht, daß sie – wie alle mythischen Entwürfe – fiktive Existenzen individuellen oder gesellschaftlichen Bewußtseins sind, gedankliche Projektionen. Gottheiten und somit jeweilige Aspekte von Mythen seien – so deutet er mit Bezug auf Yoruba-Mythologie und mit dem Blick auf antike griechische Götter – „Abstraktionen von Begriffen oder Erfahrungen, die vom Menschen stammen (manemanating) und die das menschliche Medium voraussetzen". Mythen und Rituale werden von den jeweiligen Gesellschaften geschaffen, um ihr Leben zu bewältigen. Sie sind – so ließe sich Soyinka deuten – in diesem Sinn funktionale Gebilde, geistige Instrumente, um sich in der Realität bewegen und diese verstehen zu können: „Die Strafen, die Gesellschaften von ihren Gottheiten als Entschädigung (reparation) für reale oder symbolische

Verletzungen fordern, sind ein Index dafür, in welchem Maße die Prinzipien natürlicher Wiedergutmachung (restitution) sozialer Disharmonie gleichsam die moralische Struktur dieser Gesellschaft bestimmen (govern) und ihre sozialen Gesetze beeinflussen – eine natürliche Wiedergutmachung, da die Beziehung zwischen Mensch und Gott (Verkörperung der Natur und kosmischer Prinzipien) nur als eine natürlich bedingte gesehen werden kann. Diese Beziehung repräsentiert die Deduktionen und Applikationen kosmischen und natürlichen Ordnens . . ."[557] Ogun ist nicht nur bedeutsam als Symbol oder metaphorische Gestalt in Soyinkas Kunst, sondern, wie er in einem 1974 gegebenen Interview bemerkte, „die Symbolfigur meiner Gesellschaft". Er repräsentiere „diese Dualität des Menschen; den kreativen, zerstörerischen Aspekt".[558] Ist er sich auf der einen Seite der fiktiven Natur des Mythos bewußt, glaubt er andererseits, nicht auf die Rolle, die Funktion der in diesem Sinne „symbolischen Existenzen" für die Gesellschaft verzichten zu können, als ein Instrument, in dem sich Gesellschaften gleichsam anschauen, über sich und die Natur bewußt werden, mit dem sie ihre weltlichen, natürlichen, anders bezeichnet: materiellen, praktischen Angelegenheiten regeln.

Näherte sich Soyinka mit seiner Konzeption einer egalitären Gesellschaft – vermittelt in einem Werk wie *Zeit der Gesetzlosigkeit* – der revolutionären Bewegung, so macht das Beharren auf der „mythischen Dimension" deutlich, wie er sich aber auch von marxistisch orientierten Kräften, die sich literarisch von Sembène Ousmane bis Ngugi äußern, unterscheidet. Er betont diese politisch und weltanschaulich besondere, individuelle Position, die ausdrücklich keiner bestimmten Linie oder Organisation verpflichtet sein soll. „Wie Sie sehr gut wissen", bemerkte er 1974 im Interview mit J. Agetua, „vermeide ich das sehr einfache ideologische Programm."[559] Antikapitalistisch eingestellt und für eine Umwälzung mit sozialistischen Zügen eintretend, grenzt er sich andererseits vom Marxismus ab. Von der Kritik rein rhetorischer Bekenntnisse zum Marxismus ausgehend, drückt er wesentliche Distanz gegenüber dem Marxismus aus, vor allem in der Frage des Einordnens in die revolutionäre organisierte Bewegung und in der Annahme ihrer Ideologie. Es werde ihm schwierig, „die Frage der Gewalt zu verteidigen, weil ich nicht in die Falle jener gehen möchte, die ich berufsmäßige Verkünder (professional mouthers), Papageien der Ideologie nenne. Ich glaube an die Werte einer egalitären Gesellschaft, und das, denke ich, ist der Kern (sums it up)."[560] Die „mythische Dimension" seiner Weltanschauung, die andererseits dialektische und materialistische Aspekte hat, könnte so Versuch sein, die politisch-gesellschaftsstrategisch betont individuelle – wenn nicht individualistische – Haltung theoretisch zu legitimieren. Sie wäre „Philosophie eines dritten Weges", jenseits von bürgerlich-kleinbürgerlicher Apologie oder unreflektierter Hinnahme kapitalistischer und idealistischer Tendenzen und dem Anschluß an die revolutionäre antikapitalistische Bewegung und den Marxismus, analog der „Dritten Kraft", die er und andere als politisch-soziale Alternative sehr vagen Charakters für eine nichtkapitalistische Veränderung Nigerias 1966/67 ins Auge gefaßt hatten.[561]

Das Gegeneinander und Miteinander von verschiedenen Realitäten und Fiktionen in Natur und Gesellschaft, mit dem sein animistisch geprägtes Weltbild rechnet,[562] wäre demnach die übergreifende Wirklichkeit oder der allgemeine Maßstab, vor denen jeweils konkrete sozialpolitische Gegebenheiten relativiert erscheinen, als partikuläre, verhältnismäßig zweitrangige Phänomene an Gewicht verlören und dem Betrachter Soyinka die weltanschauliche Legitimation gäben, sich auf seine besondere individuelle Haltung zurückzuziehen – in diesem Falle als Verweis auf das übergreifende mythisch besetzte Weltgeschehen. Dennoch geht damit einher das Bewußtsein notwendiger praktischer sozialer und politischer Umwälzung, besonders in Afrika, die jeweils konkrete Äußerungen des übergreifend widersprüchlichen, auf kreative Veränderung drängenden Weltgeschehens sind und so praktisch vollzogen werden müssen. Daher auch Soyinkas zwar nicht beständiges, organisatorisch nicht festes und ideologisch zurückhaltendes, aber doch immer wieder bedeutsames Zusammengehen mit revolutionären Kräften. Das kann im Rahmen seines „mythisch" versetzten Weltverständnisses um so leichter und folgerichtiger geschehen, als er gerade das Rebellische, Umstürzlerische, das Kreativ-Prometheische betont, die gleichsam revolutionär-vorwärtstreibende Rolle Oguns, des Hauptsymbols der „mythischen Dimension". 1974 bemerkte J. Agetua, daß in Soyinkas Werken philosophischer Pessimismus und eine bestimmte Zuversicht, nicht Optimismus, koexistieren. Darauf Soyinka: „Ein anderes Wort für – wie von gewissen Kritikern gebraucht – Ambivalenz. Ich ziehe es vor, das Wort Realität der Natur zu gebrauchen. Sie wissen natürlich, wie ich von der Symbol-Figur meiner Gesellschaft fasziniert bin – von Ogun. Er repräsentiert diese Dualität des Menschen; den kreativen, den zerstörerischen Aspekt. Ich glaube, daß das die Realität der Gesellschaft, die Realität des Menschen ist . . . Ich kann die Revolution nicht sentimentalisch behandeln. Ich erkenne die Tatsache, daß sie sehr oft Verlust bedeutet. Zugleich aber bekräftige ich, daß es notwendig ist, die Konfrontation anzunehmen, die die Gesellschaft hervorbringt . . . Ich denke, man sollte nicht versprechen, was es nicht gibt. Nur eines kann garantiert werden – und das ist die Annahme der Herausforderung des Lebens, der Gesellschaft, so wie es die Natur tut. Diejenigen, die eine eindimensionale Erklärung von mir als Schriftsteller verlangen, suchen eine billige Optimismusspritze für ihr Nervensystem. Ich meine, daß wir alle das negative Potential von Handlungen annehmen und dann darüber hinausgehen müssen. Darum gebrauche ich Ogun als ein repräsentatives Symbol, denn er repräsentiert die prometheische Realität unserer Existenz."[563]

Die „Ambivalenz" seines künstlerischen Werkes betont – auch in dieser Eigenart – das Einmalig-Individuelle, um nicht zu sagen Individualistische. *Zeit der Gesetzlosigkeit* stellt das intellektuelle Individuum, Ofeyi, als Maßstab und Hauptorganisator möglicher sozialer Umwälzung in den Mittelpunkt, nicht aber gesellschaftliche Kräfte und Organisationen, die letztlich Träger realgeschichtlicher sozialer Befreiung sind. Das Buch unterscheidet sich von den künstlerischen Ansätzen, die die entscheidenden Elemente sozialistischer Alternative genau bedeuten – die Arbeiterklasse, die armen Bauern, die revolutionäre sozial-politische Organisiertheit. *Petals of Blood* – um nur das bedeutendste Beispiel zu nennen – geht in dieser Hinsicht über *Zeit der Gesetzlichkeit* hinaus. Mit dem zwei Jahre nach diesem Roman veröffentlichten *Death and the King's Horseman* scheint sich Soyinka völlig von der Auseinandersetzung mit den Antagonismen der Gegenwart entfernt zu haben. Einem historischen Vorfall der vierziger Jahre folgend, stellt das Stück dar, wie Elesin seinem Yoruba-König freiwillig in den Tod folgt. Elesin setzt eine traditionelle Haltung bzw. Institution fort. Soyinka ging es wohl nicht primär darum, traditionelle Kultur als Modell für die Gegenwart einfach vorzustellen. Eher soll die Freiheit des einzelnen, das Recht besonderer Haltungen, die ein sinnlich reiches Individuum hat, gegenüber fremd bleibenden Normzwängen behauptet werden, vor allem aber die fließenden Grenzen, die zwischen Leben und Tod bestehen, der veränderliche Charakter der Existenzen. Das Stück sei „metaphysisch", schrieb der Autor, die Konfrontation, die es zeige, sei enthalten „in dem menschlichen Instrument, das Elesin ist, und im Universum des Denkens der Yoruba – der Welt der Lebenden, Toten und der Ungeborenen und der numinösen Passage, die alles verbindet: des Übergangs (transition)".[564] Soyinka wurde aus diesem Grunde scharf von marxistisch orientierten Kritikern in Nigeria angegriffen, sein Stück in eine Reihe gestellt mit Dramen und Inszenierungen, die unkritisch, gleichsam traditionalistisch mythisch-religiöses Bewußtsein, alte Normen und vorkapitalistische Kultur als metaphysisch gleichbleibende afrikanische Eigenart und somit Verbindlichkeit für die Gegenwart vermitteln und die so, wie der Schriftsteller und Literaturwissenschaftler Femi Osofisan im Frühjahr 1978 schneidend bemerkte, eine „Neue Exotik" fördern. Die Werke dieser „Neuen Exotik" sähen die Vergangenheit nicht kritisch; ihre Annahme von Sehweisen und Weltsicht früher Stammesgesellschaften verdecke die wirklichen historischen Widersprüche. Er beachte die technischen Leistungen des Stückes mit Hochachtung, betrachte aber „seinen Inhalt als reaktionär"[565]. Dieses Urteil geht zumindest an Syinkas Absichten vorbei, weist aber auf das idealistische Potential, das in Soyinkas Konzept liegt. Dieses Potential kann sich gerade in einer historischen Situation aktualisieren, in der – wie im gegenwärtigen Nigeria – der kulturelle Traditionalismus bzw. Nationalismus, die „Neue Exotik", ein Hauptinstrument ist, soziale Antagonismen zu verschleiern, historisch progressiven Haltungen entgegenzuwirken. Zwei Jahre später dagegen – Zeichen der Ambivalenz, der „Besonderheit" – zielt Soyinkas nächstes Stück *Opera Wonyosi* nach Gay/Brecht gerade auf prinzipielle Kritik, auf das Bewußtmachen dieser Antagonismen und zerreißt satirisch die Legitimation jeglicher „Neuer Exotik". Der Song der Jenny, hier wohl in Anspielung auf die geschichtlichen (17. Jahrhundert) und aktuellen Vertreter einer egalitären Gesellschaft Jenny Leveller genannt, ist gegen den Herren „in deiner goldenen Villa" gerichtet, der sich vor der Masse verantworten muß und dem sie, das Aschenbrödel, dann die „letzte Zigarre angezündet haben wird".[566] Die gleichsam plebejische Kritik ist für Soyinka von besonderer Bedeutung – nicht zufällig druckte er den Song „Jenny Leveller" im Programmheft zu seiner Inszenierung des Stückes Ende 1977 im University of Ife Theatre ab. Die heftige Reaktion konservativer Kräfte, die u. a. Aufführungen im National Theatre Lagos unterbanden, verdeutlichte 1978 die kritische progressive Funktionalität des Werkes – ganz entgegengesetzt zu der Aufnahme von *Death and the King's Horseman.*

Soyinkas Schaffen vermittelt, bisher, im ganzen wie in einzelnen Werken die Haltung jener afrikanischen Intelligenz, die – als geschichtlich bedeutende Kraft – in sich widersprüchlich, eben „ambivalent“ ist, zwischen kleinbürgerlich-liberalen Idealen und revolutionärdemokratischen, auch sozialistisch ausgerichteten Neigungen und Einsichten schwankt, noch rastlos-unentschieden im Prozeß der Verarbeitung unterschiedlicher oder gegensätzlicher Phänomene und Bewegungen sich „offen“ hält. In dieser Hinsicht ist er der wohl charakteristischste Schriftsteller von Rang für die komplizierten afrikanischen Übergangsgesellschaften der sechziger und siebziger Jahre. Vertieft in die „mythische Dimension“, in Denkfiguren historisch vergangener Kultur, setzt er zugleich borniert-idealistischen, konservativen Haltungen (Senghor) gerade rebellisch-umstürzlerische, vorwärtsdrängend-kreative Elemente in der tradierten Kultur wie in der Gegenwart entgegen. Das Bewußtsein von internationalen gesellschaftlichen und künstlerischen Prozessen, die die besondere Rassen-Problematik, spezifische Kulturen und soziale Situationen überspannen, führt ihn – der Lernprozeß seiner Figur Ofeyi und die bedeutenden Adaptionen europäischer Kunst (Euripides, Gay/Brecht) sind Belege – über Armahs gleichsam „afrikazentristische“ sozial-revolutionäre Lösungsversuche in der Kunst hinaus, in bedeutendem Maße an die internationale revolutionäre Literatur der Epoche heran. Der Unterschied jedoch zu dem sozialistisch ausgerichteten Realismus, von Sembène Ousmane und Ngugi repräsentiert, bleibt sichtbar. Was spezifische künstlerische Strukturen und kommunikative Beziehungen betrifft, hat Soyinka aber das im subsaharischen Afrika wohl interessanteste Modell einer auf Veränderung drängenden, so potentiell revolutionären Kunst entworfen. In seinen Montagen von mythisch geprägter Metaphorik und Symbolik und einfacher Bezeichnung normal gegebener Sachverhalte, in dem verfremdenden ständigen Wechsel von Identitäten, Raum- und Zeitebenen durch Rollenspiel dramatischer Figuren, durch seine subjektiv-fremdartigen, Denkarbeit fordernden Bilder und durch das jede „klassische“ Reinheit und Geschlossenheit auflösende diskontinuierlich-dissonante Zusammenstellen unterschiedlicher Techniken und Mittel werden die von ihm erkannte schwierige Widersprüchlichkeit, Veränderbarkeit und ständige Veränderung der Welt und eine kreative, auf Veränderung ausgehende Haltung zu ihr in ästhetischer Struktur vermittelt. Der Rezipient ist – vom Potential her – zum aktiven, kreativen dialektischen Wahrnehmen und Durchdenken der heterogenen Elemente, so zur produktiven Stellungnahme herausgefordert. Als J. Agetua 1974 bemerkte, daß viele Kritiker den literarischen Wert von *The Man Died* wegen der uneinheitlichen Form sehr niedrig ansetzen, hob Soyinka gerade diesen Aspekt als positiv, als bewußtes Prinzip hervor: „Das Nebeneinanderstellen (juxta-position) von dem, was Sie schöne Passagen nennen, mit einfach bewußt brutalen Sprachen (languages) war ein bewußtes Mittel." Ein Buch sollte, wenn notwendig, eine „Handgranate sein, die man unter einer stagnierenden Weltsicht explodieren läßt. Und so sind jene Kritiker nicht an diese spezielle Form gewöhnt. Ich würde annehmen, daß in fünf oder zehn Jahren, mit der Realität afrikanischer Politik und dem Wachsen der Sensibilität derer, die tatsächlich an der Umgestaltung der Gesellschaft teilhaben, diese Art von Stil . . . normal (commonplace) wird . . . Ich glaube, man kann eine doppelte (dual) Leserschaft erhalten. Diejenigen, die nur die gefilterten Passagen einer unerträglichen Erfahrung lesen möchten, einer Erfahrung, die ästhetisch destilliert ist, werden gezwungen, ob sie wollen oder nicht, plötzlich und ganz hart auf diese sehr brutale Erzählweise (narrative) zu stoßen. Ich glaube, das wird ihre ganze Betrachtungsweise des Menschen und der Gesellschaft erschüttern . . . So bin ich sehr befriedigt über die Schockreaktion, denn es war tatsächlich meine Absicht, neuartige heftige Reaktionen, Gefühle der Enttäuschung, der Bestürzung zu erzeugen. Das wird einen therapeutischen Effekt haben und ihre Art zu denken und wahrzunehmen völlig revolutionieren und damit auch ihre Teilnahme an Programmen, die für die Gesellschaft ins Auge gefaßt werden."[567] Die Ähnlichkeiten dieser Ästhetik – nicht die Identität – mit der linken und revolutionären Avantgarde in Europa seit 1917 (z. B. Majakowski, Brecht) ist wohl unübersehbar, so auch die übergreifenden Gemeinsamkeiten antibürgerlicher Literaturen der Epoche, übergreifend bei aller jeweiligen Spezifik, einer Spezifik, die im Falle Soyinkas ein mythisch geprägtes Weltverständnis mit einschließt. Das umfaßt die Haltung in Afrika, die auf „eingreifendem" Umgang mit Kunst gründet, die das Produzieren über das Produkt stellt, die Brüche, Sprünge und Spannungen zwischen Realitätssinn und schweifender Phantasie sinnlich vermittelt und so jene vom Ideal des harmonisch-abgeschlossenen Werkes, von cartesianischer Rationalität und mechanischen Raum-, Zeit- und Kausalitätsvorstellungen geprägte Literatur Europas seit der Renaissance als historischen Spezialfall erkennen läßt. Eine Theorie deutet sich an, die solche Kunst – und damit die hier skizzierte afrikanische – als Hauptlinie der Epoche und Zukunft faßt, nicht nur als Avantgarde oder exotische Randerscheinung.

Anmerkungen

Abkürzungen

AAL	Asien. Afrika. Lateinamerika. Zeitschrift des Zentralen Rates für Asien-, Afrika- und Lateinamerikawissenschaften in der DDR. Berlin.
AWS	African Writers Series der Heinemann Educational Books; Bücher, die dort erscheinen, werden wie folgt bibliographisch genannt: Autor, Titel, AWS Erscheinungsnummer (Erscheinungsjahr), Seitenangabe.
PA	Présence Africaine. Culturel review of the negro world; Revue Culturelle Du Monde Noir. Paris.
PB	Penguin Books. Harmondsworth, Baltimore, Ringwood. (Reihenbezeichnung).

Die Übersetzungen aus dem Englischen, Französischen und Russischen, sofern sie nicht bereits veröffentlicht oder im Manuskript vorliegen, wurden von mir als Rohübersetzungen angefertigt; sie erheben nicht den Anspruch, die literarische Qualität der künstlerischen bzw. publizistischen Originaltexte wiederzugeben.

1 W. Schundejew: Umrisse eines neuen Weges. In: Probleme des Friedens und des Sozialismus (1974) 3, S. 396.
2 Vgl. J. Suret-Canale: La République Guinée. Paris 1970, S. 9.
3 W. Schundejew: Umrisse eines neuen Weges. In: Probleme des Friedens und des Sozialismus (1974) 3, S. 397.
4 Vgl. H. D. Seibel: Industriearbeit und Kulturwandel in Nigeria. Köln-Opladen 1968, S. 400–401.
5 J. A. Sofola: African Culture and the African Personality. What makes an African Person African. Ibadan 1973, S. XIV–XV.
6 Ebenda, S. 67.
7 East African Standard (Nairobi) v. 6. 8. 1969.
8 The Nationalist (Dar es Salaam) v. 9. 8. 1969.
9 Ebenda, 31. 1. 1969.
10 The Arusha Declaration. Dar es Salaam 1967, S. 3.
11 The Nationalist (Dar es Salaam) v. 17. 7. 1969.
12 I. G. Shivji: Class Struggles in Tanzania. London 1976, S. 142.

13 Zaire und Sambia zählen z. B. zu den bedeutendsten Kupferproduzenten der Welt, Nigeria zu den bedeutendsten erdölproduzierenden Ländern.

14 Vgl. Afrika. Gegenwärtige soziale Prozesse und Strukturen. Hg. v. K. Ernst u. L. D. Jabločkov. Berlin 1976, S. 5C u. S. 68.

15 Vgl. A. Seidmann: Ökonomische Integration und multinationale Konzerne. In: AAL (1974) 6, S. 920.

16 Vgl. Zur Soziologie der Dekolonialisierung in Afrika. Hg. v. G. Grohs u. B. Tibi. Frankfurt a. M. 1973, S. 160. – Vgl. für alle weiteren Angaben das umfangreiche Zahlenmaterial, das Reinhard Grienig veröffentlichte: Kennziffern zum Entwicklungsniveau der Länder Asiens, Afrikas und Lateinamerikas. In: AAL (1977) 1, 2 u. 3.

17 Vgl. u. a. Razvivajuščijesja strany. Zakonnomernosti, tendencii, perspektivy. Moskva 1974, S. 211–225 u. S. 257–262; Asien und Afrika im revolutionären Weltprozeß. Teil 2. Berlin 1973, S. 85–111; A. Sobolev: Das Proletariat der befreiten Länder und der soziale Fortschritt. In: AAL (1976) 2, S. 191–199.

18 Vgl. J. Suret-Canale: Schwarzafrika. Bd. 2. Berlin 1969, S. 528–529; S. Amin: Neo-Colonialism in West-Africa. PB 1973, S. 98–116.

19 Besonders deutlich ist das in der Elfenbeinküste. Vgl. S. Amin: Neo-Colonialism in West-Afrika. PB 1973, S. 61–64.

20 Vgl. Afrika. Gegenwärtige soziale Prozesse und Strukturen. Hg. v. K. Ernst u. L. D. Jabločkov. Berlin 1976, S. 70–71.

21 Vgl. E. Dümmer/E. Langer: Die zunehmende Bedeutung der Arbeiterklasse und ihrer marxistisch-leninistischen Parteien im antiimperialistischen Kampf der Völker Asiens, Afrikas und Lateinamerikas. In: Asien, Afrika, Lateinamerika. Berlin 1971, S. 25.

22 Vgl. u. a. Socialism in Tanzania. Bd. 1. Hg. L. Cliffe u. J. S. Saul. Dar es Salaam 1972, S. 48–50; K. Vorlaufer: Dar es Salaam. Bevölkerung und Raum einer afrikanischen Großstadt unter dem Einfluß von Urbanisierungs- und Mobilitätsprozessen. Hamburg 1973, S. 93–95; Klassen und Klassenkampf in den Entwicklungsländern. Hg. vom Inst. f. Weltwirtschaft und internationale Beziehungen an der Akademie der Wissenschaften der UdSSR. Bd. 1: Die Klassenstrukturen. Berlin 1969, S. 57–61.

23 Vgl. Afrika. Gegenwärtige soziale Prozesse und Strukturen. Hg. v. K. Ernst u. L. D. Jabločkov. Berlin 1976, S. 78–80.

24 Vgl. u. a. H. D. Seibel: Industriearbeit und Kulturwandel in Nigeria. Köln-Opladen 1968, Kap. XII.

25 Vgl. ebenda, S. 83–101.

26 Vgl. ebenda, S. 182–186 u. S. 244–259.

27 Vgl. I. G. Shivji: Class Struggles in Tanzania. London 1976, S. 145.

28 Vgl. Klassen und Klassenkampf in den Entwicklungsländern. Hg. v. Inst. f. Weltwirtschaft und internationale Beziehungen an der Akademie der Wissenschaften der UdSSR. Bd. 1: Die Klassenstrukturen. Berlin 1969, S. 215.

29 Vgl. die Diskussion der Erscheinung und des Begriffs „nichtkapitalistischer

Entwicklungsweg" bei R. A. Uljanowski: Der Sozialismus und die befreiten Länder. Berlin 1973, S. 352–361.

30 Vgl. ebenda, S. 399–400.

31 Vgl. ebenda, S. 330–331 u. S. 440–444.

32 J.-P. Gombe: Aktivierung der Revolution. In: Probleme des Friedens und des Sozialismus (1976) 5, S. 650–651. – Zum Problem der Demokratisierung in den revolutionären Prozessen und der revolutionären kleinbürgerlichen Intelligenz vgl. R. A. Uljanowski: Der Sozialismus und die befreiten Länder. Berlin 1973, S. 378–398.

33 Vgl. dazu D. Mühlberg: Zur Diskussion des Kulturbegriffs. In: Weimarer Beiträge (1976) 1, S. 5–32; E. Broszinsky-Schwabe/J. Fiebach: Das Beispiel Schwarzafrika (1). In: Weimarer Beiträge 22 (1976) 10, S. 75–76.

34 Vgl. J. L. Schmidt: Entwicklungsländer. Berlin 1974, S. 246–271; O. Arikpo: The Development of Modern Nigeria. PB 1967, S. 117; Tradition und nichtkapitalistischer Entwicklungsweg in Afrika. Hg. v. I. Sellnow/H. Mardek. Berlin 1971, S. 107–138 u. S. 179–212.

35 Vgl. J. Suret-Canale/J. C. Nouchet: La faim dans le monde. Paris 1975, S. 44.

36 Vgl. Education in Africa: Research and Action. Hg. R. Jolly. Nairobi 1969, S. 44 u. S. 48–49.

37 O. Arikpo: The Development of Modern Nigeria. PB 1967, S. 117–118; vgl. P. C. Lloyd: Africa in Social Change. PB 1967, S. 196–203.

38 Vgl. P. C. Lloyd: Africa in Social Change. PB 1967, S. 111–112; J. Suret-Canale: La République Guinée. Paris 1970, S. 391.

39 Vgl. A. A. Dieng: L'accumulation du capital et la répartition des revenus au Senegal. In: PA (1975) 93; K.-H. Horn: Weltbeschäftigungsprogramm der Ilo. In: AAL (1976) 4, S. 536.

40 Vgl. Education in Africa: Research and Action. Hg. R. Jolly. Nairobi 1969, S. 57. – Vergleicht man die Zahlen, die P. C. Lloyd für die sechziger Jahre angibt, so verdienten Hochschulabsolventen in Nigeria durchschnittlich 30 000 Schilling im Jahr, während Handwerker, Arbeiter, Grundschullehrer kaum mehr als 5 0C0 bis 6 000 Schilling im Jahr bekamen, allerdings bereits als Höchsteinkommen. (P. C. Lloyd: Africa in Social Change. PB 1967, S. 121 u. 187) – Den ungewöhnlich hohen Anteil an Staatsausgaben, den die privilegierte bürokratische oder administrative Bourgeoisie hat, belegte in neuester Zeit G. Chaliand mit Statistiken (G. Chaliand: Mythes Révolutionnaires du Tiers Monde. Paris 1976, S. 53–57).

41 J. Suret-Canale: La République Guinée. Paris 1970, S. 193–194.

42 Vgl. Tradition und nichtkapitalistischer Entwicklungsweg in Afrika. Hg. v. J. Sellnow/H. Mardek: Berlin 1971, S. 55–88.

43 Vgl. sowjetische Arbeiten zur geistigen, psychologischen Entkolonialisierung: V. N. Vavilov u. a.: Problemy kul'turnogo stroitel'stva v nezavisimych stranach Afriki. Moskva 1971, S. 5–6 u. S. 23–25; B. S. Erasov: Tropičeskaja Afrika: ideologija i problemy kul'tury. Moskva 1972, S. 68–83.

44 Vgl. J. Suret-Canale: Schwarzafrika. Bd. 2. Berlin 1969, S. 497–498.

45 Vgl. Autorenkollektiv unter Leitung v. L. Rathmann: Grundfragen des antiimperialistischen Kampfes der Völker Asiens, Afrikas und Lateinamerikas in der Gegenwart. Teil 1. Berlin 1974, S. 402.

46 Vgl. die Beobachtungen von Frantz Fanon, u. a. F. Fanon: Black Skin White Masks. London 1968, S. 12–16.

47 Vgl. J. Suret-Canale: Schwarzafrika. Teil 2. Berlin 1969, S. 483–497.

48 Zit. nach: G. Warner: Education coloniale et genèse du théatre néo-africain d' expression française. In: PA (1976) 97, S. 98. – Zur britischen Bildungspolitik in afrikanischen Kolonien, die unterschiedlich akzentuiert war, aber im Kern der Niederhaltung und Beherrschung der Kolonialisierten diente und ihre geistige, bildungsmäßige Bindung an die Metropole zum Ziel hatte, vgl. G. N. Brown: British Educational Policy in West and Central Africa: In: The Journal of Modern African Studies. Cambridge. 2 (1964) 3. – Vgl. zur kolonialen Bildungspolitik und ihren verheerenden geistigen, psychologischen Folgen (Identitätskrisen usw.) für die kolonialisierten gebildeten Gruppen A. Moumouni: L'éducation en Afrique. Paris 1967, S. 50–134; Erziehung und Politik in Nigeria. Hg. v. H. N. Weiler. Freiburg/Breisgau 1964, S. 85–170.

49 Zit. nach: O. Taiwo: An Introduction to West African Literature. Nelson 1967, S. 50.

50 Ein verhältnismäßig frühes literarisches Zeugnis der Manipulation und zugleich Verinnerlichung von britischen Werten und britischer bürgerlicher Lebensweise ist die 1915 bereits einmal aufgeführte Komödie *The Blinkards* von Kobina Sekyi. Sekyi stellte diesen Prozeß vom Standpunkt der traditionellen privilegierten Führungsgruppen der Fanti in Ghana dar, vertrat also eine historisch konservative Haltung. In seinem Gedicht *The Sojourner* schilderte er die „Anglisierung" folgendermaßen: „A product of the low school embroidered by the high, / Upbrought and trained by similar products, here am I ... / I speak English to soften my harsher native tongue, / It matters not if often I speak the Fanti wrong ... / For I despise the native that wears the native dress / The badge that marks the bushman, who never will progress ... / I reckon high the power of Gobernors and such; / But our own Kings and Chiefs – why they do not matter much! / And so jou see how loyal a Britisher I've grown ... / I soon shall go to England ... / And there I'll try my hardest to learn the English life, / And I will try to marry a real English wife!" (Zit. nach: K. Sekyi: The Blinkards. AWS 136 [1974] S. 12–13).

51 Ch. Achebe: The Novelist as Teacher. Zit. nach African Writers on African Writing. Hg. v. G. D. Killam. London 1975, S. 3.

52 P. Nazareth: X. Hörspielmanuskript der University of Dar es Salaam. Das Hörspiel wurde 1965 vom BBC African Service gesendet. Vgl. Sh. Cordeaux: The BBC African Sercive's Involvement in African Theatre. In: Research in African Literatures. Austin. 1 (1970) 2.

53 J. Ngugi / Taban lo Liyong: On the Abolition of the English Department. In: Ngugi wa Thiong'o: Homecoming. London-Ibadan-Nairobi 1972, S. 146.

54 Einen entscheidenden Zusammenstoß in dieser Frage gab es im Februar 1969 auf der Konferenz der Kunst- und Sprachwissenschaftler der damaligen University of East Africa mit ihren Colleges in Uganda, Kenia und Tansania. Hier bildeten die afrikanischen Dozenten zusammen mit einigen wenigen europäischen und nordamerikanischen eine gemeinsame Front vor allem gegen konservative britische Dozenten, die sich den von Ngugi und Liyong angestrebten Veränderungen entgegensetzten. Seit dieser Konferenz, die mit einer Resolution im Sinne Ngugis und Liyongs ihren Höhepunkt fand, war konzeptionell der Weg für die wesentliche Berücksichtigung der afrikanischen Realität und ihrer Literaturen geebnet.

55 Vgl. u. a. R. Weimann: Shakespeare und die Tradition des Volkstheaters. Berlin 1975, S. 267–275 u. S. 290–295.

56 Vgl. P. S. Vieyra: Le Cinéma et l'Afrique. PA 1969, S. 48 u. S. 184.

57 Vgl. W. A. Hachten: Muffled Drums. The News Media in Africa. Ames, Iowa 1971, S. 151–152.

58 Vgl. Broadcasting in Africa. Hg. v. S. W. Head. Philadelphia 1974, S. 80 bis 86.

59 Vgl. ebenda, S. 3 u. S. 9; vgl. auch F. Knipping: Warum neue internationale Informationsordnung? Zum kommunikationspolitischen Konzept der Bewegung nichtpaktgebundener Staaten. In: AAL (1978) 1, S. 5–9.

60 Vgl. J. Adedeji: In Nigeria, an experiment in self-development. In: International Theatre Informations. Paris (1974) Autumn, S. 26.

61 Vgl. H. Loth: Geschichte Afrikas. Teil 2: 1884–1945. Berlin 1976, S. 5 bis 40.

62 Vgl. H. Loth: Griff nach Ostafrika. Berlin 1968, S. 48–104; J. Iliffe: Tanganyika under German Rule. Cambridge 1969, S. 174–200. – In beiden Büchern sind Angaben über die deutsche Kolonialpolitik, ihre sozialen und kulturellen Auswirkungen bis tief ins Innere des Landes enthalten; Beni werden nicht erwähnt.

63 Vgl. T. O. Ranger: Dance and Society in Eastern Africa 1890–1970. The Beni Ngoma. London-Ibadan-Nairobi-Lusaka 1975, S. 14.

64 Zit. nach: ebenda, S. 37.

65 Ebenda, S. 31–32.

66 Vgl. Th. Büttner: Geschichte Afrikas. Teil 1. Berlin 1976, S. 146–156; B. Davidson: The Growth of African Civilisation. East and Central Africa to the late Nineteenth Century. Nairobi 1967, S. 95–168; Zamani. A Survey of East African History. Hg. v. B. A. Ogot u. J. A. Kieran. Nairobi 1968; G. S. P. Freeman-Grenville: The French at Kilwa Island. Oxford 1965.

67 Zit. nach: T. O. Ranger: Dance and Society in Eastern Africa 1890–1970. London-Ibadan-Nairobi-Lusaka 1975, S. 29–30.

68 Vgl. H. Kindy: Life and Politics in Mombasa. Nairobi 1972, S. 72–74. –

In welchem Maße die dichterische Beschäftigung mit den verschiedensten Ereignissen, auch sehr alltäglichen, eine offensichtlich lange Tradition der Swahili-Kulturen war, wird sichtbar an den Beispielen, die angeführt sind bei C. Meinhof: Die Dichtung der Afrikaner. Berlin 1911, S. 165–176; C. Velten: Prosa und Poesie der Suaheli. Berlin 1907, S. 367–384 u. S. 442.

69 C. Velten: Sitten und Gebräuche der Suaheli. Göttingen 1903, S. 147.

70 Ebenda, S. 148.

71 Ebenda, S. 166.

72 Ebenda, S. 171.

73 Vgl. Fotos, die Weule um die Jahrhundertwende in Tansania gemacht hat: K. Weule: Wissenschaftliche Ergebnisse meiner ethnographischen Forschungsreise in den Südosten Deutsch-Ostafrikas. Berlin 1908, Tafel 40 u. 41.

74 Vgl. T. O. Ranger: Dance and Society in Eastern Africa 1890–1970. London-Ibadan-Nairobi-Lusaka 1975, S. 121. – J. K. Nyerere zählte 1962 Mganda offensichtlich zu den spezifischen afrikanischen Tänzen (J. K. Nyerere: Freedom and Unity. Dar es Salaam 1967, S. 186).

75 Die Übernahme „fremder" afrikanischer und außerafrikanischer kultureller Elemente in eigenständig gewachsene kulturelle Tätigkeiten, die sich u. a. dadurch als spezifische, eigenständige Tätigkeiten veränderten, sind schon bei den von Velten beschriebenen Swahili-Tänzen zu beobachten wie auch anderswo. Vgl. für das erste Drittel des 20. Jahrhunderts G. W. Hartwig: The Historical and Social Role of Kerebe Music. In: Tanzania Notes and Records. Dar es Salaam (1969) 70, S. 41–54. – Für die dreißiger und vierziger Jahre vgl. die Beobachtungen von B. Malinowski: The Dynamics of Cultural Change. An Inquiry into Race Relations in Africa. New Haven 1949, S. 9–26.

76 T. O. Ranger: Dance and Society in Eastern Africa 1890–1970. London-Ibadan-Nairobi-Lusaka 1975, S. 164–166.

77 Zit. nach ebenda, S. 140.

78 Vgl. Onitsha Market Literature. Hg. v. E. N. Obiechina. AWS 109 (1972), S. 10; Innenseite des Rückenumschlags von Th. Iguh: The Last Days of Lumumba. Onitsha o. J.

79 Vgl. P. C. Lloyd: Social Change in Africa. PB 1967, S. 121.

80 Vgl. K. W. J. Post: Nigerian Pamphleteers and the Congo. In: The Journal of Modern African Studies. Cambridge. 2 (1964) 3, S. 411.

81 Vg. Onitsha Market Literature. Hg. v. E. N. Obiechina. AWS 109 (1972), S. 10.

82 Vgl. zu den verschiedenen Angaben: ebenda, S. 5–12; R. Böttcher: Onitsha-Marktliteratur. In: Afrika und Übersee 57 (1974) 3, S. 211–212.

83 Vgl. Ch. Achebe: Morning Yet on Creation Day. London 1975, S. 92.

84 J. Nnadozie: Beware of Harlots and Many Friends. Onitsha o. J. [etwa 1970; hintere Umschlagseite – außen].

85 Onitsha Market Literature. Hg. v. E. N. Obiechina. AWS 109 (1972), S. 130.

86 Vgl. ebenda, S. 122.

87 Vgl. ebenda, S. 5–6.

88 Vgl. ebenda, S. 73.

89 Ebenda, S. 119.

90 J. Nnadozie: Beware of Harlots and Many Friends. Onitsha o. J. [etwa 1970], S. 22–23.

91 Onitsha Market Literature. Hg. v. E. N. Obiechina. AWS 109 (1972), S. 140. – In welchem Maße Action-Filme bzw. Western, Abenteuer- und Kriminalfilme das afrikanische Filmwesen beherrschen, machen Angaben über schwarzafrikanische Länder, die ehemals von Frankreich kolonialisiert waren, deutlich. Diese Angaben treffen im großen und ganzen auch für die anderen bürgerlich orientierten Staaten zumindest bis Mitte der siebziger Jahre zu. In Dakar wurden vom 27. Juni bis 11. Juli 1971 in den von den afrikanischen Massen besuchten Kinos von 53 vorgeführten Filmen 5 arabische Abenteuerfilme, 27 amerikanische Filme (10 Western, 9 Abenteuerfilme, 3 Spionagefilme) und 9 französische Filme (3 Abenteuerfilme, 3 Komödien, 2 Western, 1 utopischer Film) gezeigt, in Abidjan vom 22. Mai bis 3. Juni 1971 für ein ähnliches Publikum in zwei Kinos 52 Filme, von denen allein 30 aus Amerika kamen, darunter 25 Western. Daneben zeigte man 8 englische, 7 italienische, 3 französische Filme (Angaben bei: P. Pommier: Cinéma et Dévelopment en Afrique Noire Francophone. Paris 1974, S. 47–54. Vgl. Film und Fernsehen [1977] 10, S. 42–44).

92 Vgl. Onitsha Market Literature. Hg. v. E. N. Obiechina. AWS 109 (1972), S. 22.

93 Vgl. ebenda, S. 52–53.

94 Vgl. ebenda, S. 58.

95 Vgl. K. W. J. Post: Nigerian Pamphleteers and the Congo. In: Journal of Modern African Studies 2 (1964), S. 405 u. S. 411.

96 Vgl. das Kapitel: Zur Tradition der mündlichen Dichtung oder „oralen Literatur" in diesem Band. Vgl. auch die modernisierte Darstellungsweise traditioneller Erzählungen bzw. darstellender Kunst in: E. N. Hussein: Jogoo Kijijini. Ngao ya Jadi. Nairobi 1976, S. 13, S. 23–24, S. 33 u. S. 38–39.

97 Vgl. A. J. Shelton: Some Problems of Inter-Communication. In: The Journal of Modern African Studies. Cambridge. 2 (1964) 3, S. 398–400.

98 Vgl. Onitsha Market Literature. Hg. v. E. N. Obiechina. AWS 109 (1972), S. 86 u. S. 111–113.

99 J. Nnadozie: Beware of Harlots and Many Friends. Onitsha o. J. [etwa 1970], S. 47.

100 Ebenda, S. 46.

101 Vgl. A. A. Roscoe: Mother is Gold. A Study in West African Literature. Cambridge 1971, S. 147, S. 149 u. S. 153.

102 Onitsha Market Literature. Hg. v. E. N. Obiechina. AWS 109 (1972), S. 17 – Hier bestehen auch wesentliche Unterschiede gegenüber Haltungen des protestantischen, puritanisch beeinflußten Bürgertums zur „weltlichen Kunst", zum Genuß an ästhetischen Tätigkeiten, wie sie insbesondere in England bis zur Mitte des 18. Jahrhunderts bestimmend waren und auch die mit den Onitsha-Heften vergleichbare Traktatliteratur weitgehend prägten. Vgl. zu den englischen Prozessen H. Schöffler: Protestantismus und Literatur. Leipzig 1922, S. 1–20, S. 145–180 u. S. 188–203.

103 Onitsha Market Literature. Hg. v. E. N. Obiechina. AWS 109 (1972), S. 113.

104 Ebenda, S. 111.

105 J. Nnadozie: Beware of Harlots and Many Friends. Onitsha o. J. [etwa 1970], S. 21 – Auf den „privaten Charakter", das neuartige bürgerlich-individualistische Wesen der Onitsha-Literatur, die sich als neue Produktions- und Kommunikationsweise von der überkommenen mündlichen, sich in unmittelbarer Kommunikation der Gruppe realisierenden Dichtung oder Literatur Schwarzafrikas absetzt, hat Roscoe schon hingewiesen: „Das Onitsha-Phänomen ist vor allem wegen des direkten Bandes zwischen Schriftsteller und Publikum bedeutsam. Durch das völlige Fehlen eines Bezugs zur Außenwelt macht dieses Band es zur ersten völlig ‚privaten' und absolut populären englischsprachigen Literatur in Westafrika. Afrikaner schreiben hier nur füreinander. Autoren wenden sich an ein Lesepublikum, das gerade aus einer ländlichen Tradition gekommen ist, die vom gesprochenen Wort beherrscht wird." (A. A. Roscoe: Mother is Gold. Cambridge 1971, S. 153).

106 Th. Iguh: The Last Days of Lumumba. Onitsha o. J., S. 51 u. S. 57.

107 Onitsha Market Literature. Hg. v. E. N. Obiechina. AWS 109 (1972), S. 163.

108 Zu Ähnlichkeiten von Entstehungsbedingungen, Funktionen, Inhalten, Strukturen und Vermittlungsweisen vgl. u. a. Stichwort Trivialliteratur in: Literatur II. Das Fischer Lexikon. Hg. v. W.-H. Fiedrich u. W. Killy. Frankfurt a. M. 1965; M. Greiner: Die Entstehung der modernen Unterhaltungsliteratur. Reinbek b. Hamburg 1964, S. 15–21 u. S. 27–28; A. Klein: Die Krise des Unterhaltungsromans im 19. Jahrhundert. Bonn 1969, S. 40–50 u. S. 139–142; R. Schenda: Volk ohne Buch. Studien zur Sozialgeschichte der populären Lesestoffe 1770–1910. Frankfurt a. M. 1970, S. 44–50, S. 160–173, S. 269–270, S. 349–356 u. S. 484–486; Das Triviale in Literatur, Musik und Bildender Kunst. Hg. v. H. de la Motte-Haber. Frankfurt a. M. 1972, S. 64–73, S. 266–268 u. S. 281–283; F. Rahill: The World of Melodrama. Pennsylvania 1967, S. XIII–XVIII.

109 Th. Iguh: The Last Days of Lumumba. Onitsha o. J., S. 13–18.

110 Andere Ansätze von „Trivialliteratur", die engstens zusammenhängt mit dem Eindringen von kapitalistisch-bürgerlichen Mechanismen und Werten (Individualismus, Privatisierung) in die Urbanisierungsprozesse Afrikas,

lassen sich in Ghana, Sambia und Kenia beobachten. Vgl. Romane wie W. K. Ansah: The Denizens of the Street. Tema 1971; G. Phiri: Victims of Fate. Lusaka 1974. – Für Dramatik solcher Art vgl. G. P. Kasoma: The Long Arms of the Law. In: The Jewel of Africa. Lusaka 1 (1968) 1, 2 u. 3; V. E. Musinga: The Tragedy of Mr. No-Balance. In: African Plays for Playing. Hg. v. M. Etherton. AWS 179 (1976) Teil 2, S. 71 bis 107. (Letzteres ist ein Stück aus Kamerun.) – Die unterschiedlichen Eigenarten dieser Literatur machen allerdings deutlich, wie sehr der Begriff „Trivialliteratur" ein Behelfsbegriff ist, um Besonderheiten literarischer Abbildung herauszuarbeiten, Besonderheiten, die in diesem Falle im Unterschied zu jener Literatur bestehen, die sich kritisch, realistisch und weitgehend ohne stereotype Vorstellungen und Strukturelemente mit afrikanischer Realität auseinandersetzt.

111 F. N. Agblemagnon: Sociologie des Sociétés Orales d'Afrique Noire. Les Ewae du Sud-Togo. Paris 1969, S. 20–21. – Abgesehen von der relativ reich erhaltenen und bekannten geschriebenen Swahili-Literatur gab es seit Jahrhunderten in Westafrika Literaturen in arabischer Schrift. Sie wurden aber nur von einer winzigen Gruppe getragen und hatten so keinen Einfluß auf das künstlerische Leben. Vgl. E. N. Obiechina: Growth of Written Literature in English-Speaking West Africa. In: The Conch. Austin 1 (1969) 2; R. Finnegan: Oral Literature in Africa. Oxford 1970, S. 50 bis 52. – Zum Vorhandensein besonderer Schriften vgl. H. Jensen: Die Schrift in der Vergangenheit und Gegenwart. Berlin 1958, S. 203–205.

112 Zu den verschiedenen Versuchen, die mündliche Dichtung nach Gattungen einzuteilen, vgl. nur R. Finnegan: Oral Literature in Africa. Oxford 1970, S. 76–80, und A. Babalola: The Role of Nigerian Languages and Literature in Fostering National Cultural Identity. In: PA (1975) 94. – Zu den Unterschieden zwischen „hoher" und „niederer", esoterischer sakraler und höfischer und allgemein öffentlicher, weltlicher Dichtung vgl. M. J. u. F. S. Herskovitz: Dahomean Narrative. Evanston 1958, S. 15 bis 18; I. Gassel: Poésie Dynastique du Rwanda Traditionnel. In: African Arts – Arts d'afrique. Los Angeles 1 (1968) 4, S. 93–95.

113 J. L. Mbele: Soundiata: The Epic As An Ideological Weapon. [Vervielfältigtes Manuskript] Ibadan 1977, S. 6. – Im Lichte ideologisch-klassenmäßig bestimmter und somit differenzierter Literatur, die in den vorkapitalistischen Klassengesellschaften für unterschiedliche Klassen und Kasten gemacht bzw. von ihnen getragen wurde, ist es letztlich auch nicht präzis, unterschiedslos die traditionelle Dichtung als eine „kollektive Erfahrung" zu fassen, „die von einem Individuum in einer Gruppe begonnen" werde und „an der sich die übrigen beteiligen". Diese Ansicht vertritt neben anderen S. O. Mezu: Poetry and Revolution in Modern Africa. In: African Writers on African Writing. Hg. v. G. D. Killam. London 1975, S. 95.

114 S. Johnson: The History of the Yoruba. London 1927, S. 3 u. S. 125.

115 Vgl. E. Dammann / T. E. Tirronen: Ndonga-Anthologie. Berlin (West) 1975, S. 101–147.

116 M. J. u. F. S. Herskovitz: Dahomean Narrative. Evanston 1958, S. 316, S. 351, S. 372 u. S. 448.

117 Ebenda, S. 176; vgl. S. 43–45.

118 Ebenda, S. 323.

119 Ebenda, S. 324.

120 Vgl. ebenda, S. 32–33. – E. Belinga hat ebenfalls auf Dichtungen verwiesen, in denen Verstöße gegen gesetzte Ordnungen, gegen Tabus, herrschende Normen und Werte gestaltet werden. Sie seien Ausdruck eines Kampfes gegen die Gewöhnlichkeit, Ausdruck einer Lust am Nichtorganisierten, Ausdruck des Individuellen, das sich gesetzter Ordnung entgegenstelle. (Vgl. M. S. E. Belinga: Découverte des Chantefables. Paris 1970, S. 40–42 u. S. 111–119).

121 D. T. Niane: Soundjata. Leipzig 1975. – Es wird nicht ganz deutlich, wie Niane das Epos aufgezeichnet hat. Wahrscheinlich hat er verschiedene Varianten berücksichtigt, das Epos des D. M. Kouyaté jedoch als Grundlage genommen.

122 Vgl. Monzon and the King of Kore. Übers. v. Amadou Hampaté-Ba. In: PA (1966) 58, S. 95–124. – Die geschilderten Vorgänge beziehen sich auf geschichtliche Ereignisse zwischen 1787 und 1827. Monzon und sein Sohn waren Könige von Segu, das ca. 200 km von Bamako entfernt lag. (Vgl. L. Kesteloot: The West African Epics. Ebenda, S. 199.)

123 The Ozidi Saga. Hg. v. J. P. Clark. Ibadan 1977.

124 Vgl. D. Duerden: African Art and Literature: The Invisible Present. London 1977, S. 123–152. – Er stellt die sehr interessante These auf, daß viele afrikanische Völker, genauer die Bantu-Völker, möglichst eine schnell vergängliche, nicht fixierte Kunst schufen. Das sei ein Ausdruck für das ständige Arbeiten gegen die Versteinerung, Erstarrung von Verhältnissen bzw. gegen das Sich-Absondern, das Sich-über-die-Gemeinschaft-Erheben despotischer Herrscher (König, Häuptling). Ständig habe man versucht, einen Ausgleich zwischen den auf Änderung drängenden Kräften – insbesondere jungen Individuen, die sich außerhalb starrer Ordnungen definieren wollten – und den gesetzten sozialen und geistigen Ordnungen zu schaffen. Satire, karnevalistische Freiheiten waren ein wesentliches Mittel.

125 Zit. nach: R. Finnegan: Oral Literature in Africa. Oxford 1970, S. 274.

126 D. T. Niane: Soundjata. Leipzig 1975, S. 9. – Zur Rolle der Griots vgl. D. T. Niane: Récherche sur l'empire du Mali au Moyen Age. République de Guinée 1962, S. 5–6. – Zur Rolle des Künstlerindividuums und zum Bewußtsein der kreativen individuellen Leistung in vorkapitalistischen Gesellschaften besonders auch Afrikas vgl. The Artist in Tribal Society. Hg. v. M. W. Smith. London 1961, S. 95–119; Tradition and Creativity in Tribal Art. Hg. v. D. P. Biebuyck. Berkeley-Los Angeles 1969, S. 10 bis 20 u. S. 98–111. – Hier wird jeweils auch betont, daß es ein ausge-

sprochenes ästhetisches Interesse an den Künsten gebe, diese Vergnügen und Genuß bereiten. Vgl. auch B. Davidson: The Africans. An Entry to Cultural History. London usw. 1969, S. 160–167.

127 H. Scheub: The Technique of the Expansible Image in Xhosa Ntsomi-Performances. In: Research in African Literatures. Austin 1 (1970) 2, S. 119.

128 Vgl. A. B. Lord: The Singer of Tales. Cambridge (Massachusetts) 1960, S. 14–102.

129 Ebenda, S. 13.

130 Vgl. J. Berry: Spoken Art in West Africa. London 1961, S. 19.

131 H. Scheub: The Technique of the Expansible Image in Xhosa Ntsomi-Performances. In: Research in African Literatures. Austin 1 (1970) 2, S. 125.

132 Vgl. ebenda, S. 126–128; R. Finnegan: Oral Literature in Africa. London 1970, S. 379–381. – E. Sutherland versuchte, eine der ghanaischen Formen solcher Wechselbeziehungen zwischen Erzählern und Zuhörern in einem modernen Stück zu verarbeiten. Dabei erwähnte sie, daß in der traditionellen Form bei besonders interessanten Geschichten bzw. hinreißenden (entrancing) Vorgängen Zuhörer den Erzähler auffordern, er solle sie „weiter foppen" (Keep hoaxing me!), und der Erzähler dann antwortet, er werde fortfahren. (E. T. Sutherland: The Marriage of Anansewa. A Storytelling Drama. London 1975, Vorwort.)

133 Vgl. R. F. Thompson: African Art in Motion. Icon and Art. Los Angeles-Berkeley-London 1974, S. XII, S. 2–3, S. 117, S. 219–225 u. S. 251–275.

134 Es ist interessant, daß Lord Veränderung und Stabilität („change and stability") als die zwei Elemente des traditionellen Prozesses sieht, die es zu begreifen gelte, ausgehend von der epischen mündlichen Dichtung. (A. Lord: The Singer of Tales. Cambridge [Massachusetts]1960, S. 102.) – Vgl. Überlegungen von D. Duerden: African Art and Literature. The Invisible Present. London 1977, S. 8–9, S. 21–32, S. 57–65 u. S. 146.

135 K. Marx: Grundrisse der Kritik der politischen Ökonomie. Berlin 1953, S. 388. – Vgl. B. Holas: La Pensée Africaine. Paris 1972, S. 244–245; G. Chaliand: Mythes Révolutionnaires du Tiers Monde. Paris 1976, S. 24 bis 26.

136 E. N. Obiechina: Transition from oral to literary tradition. In: PA (1967) 63, S. 155.

137 O. p'Bitek: The Horn of my Love. AWS 147 (1974), S. 143.

138 Ebenda, S. 155.

139 Ebenda, S. 127. – Vgl. Beobachtungen, die Bowra an Gedichten bzw. Liedern von Pygmäen machte: C. M. Bowra: Poesie der Frühzeit. München 1967, S. 106, S. 120–121 u. S. 154.

140 A. Babalola: Ìjálá. In: U. Beier: Introduction to African Literature. London 1967, S. 14 u. S. 16.

141 D. T. Niane: Soundjata. Leipzig 1975, S. 39.

142 Vgl. ebenda, S. 115.

143 Ebenda, S. 45.

144 Ebenda, S. 60.

145 Vgl. die Schilderung der Schlacht mit Soumaoro und des Sieges über seine Stadt: Ebenda, S. 94–102. – In welchem Umfang ein afrikanisches Epos in der Art Homerischer oder mittelalterlicher Epen Verbreitung fand, war in der Forschung strittig. 1911 schon hatte Meinhof auf die Voraussetzungen und Ansätze afrikanischer Epen mit Bezug auf das antike Epos und seine kulturellen Produktions- und Kommunikationsbedingungen verwiesen (Vgl. C. Meinhof: Die Dichtung der Afrikaner. Berlin 1911, S. 61 bis 82). – R. Finnegan sah dagegen das Epos im Sinne eines „relativ langen erzählenden Poems" („relatively long narrative poem") nur wirklich in der geschriebenen, arabisch beeinflußten Swahili-Literatur gegeben, eventuell noch in mündlicher Dichtung im Kongo-Gebiet, in Gabun und in Kamerun, gibt allerdings zu, daß noch zu wenig erforscht sei und so die Frage nicht abschließend beantwortet werden könne. (R. Finnegan: Oral Literature in Africa. London 1970, S. 108–110.) – Mit der Publikation einer ganzen Reihe von epischen Gesängen über das Königreich von Segou im 18. und 19. Jahrhundert machte L. Kesteloot 1972 aber deutlich, daß es zumindest in Westafrika epische mündliche Dichtung gab oder gibt, die der Homerischen und der des europäischen Mittelalters vergleichbar ist. Wie diese hat sie eine beträchtliche Länge (10 000 Verse) und schaffe Helden und unvergeßliche Situationen. Sie ist episodisch strukturiert und spiegelt Verhältnisse einer militärischen Oligarchie wider. (Vgl. Da Monzou de Segou. Epopée bambara. Hg. v. L. Kesteloot. Bd. 1. Paris 1972, S. 8–25.) – J. P. Clarks Dokumentation der Ozidi-Saga, die bereits 1963/64 entstand, aber erst 1977 veröffentlicht werden konnte, belegt wohl endgültig, daß in den durch soziale Differenzierung geprägten Gesellschaften des subsaharischen Afrika wie in vorkapitalistischen Klassengesellschaften anderer Kontinente Epen entstanden waren und eine wichtige ideologisch-ästhetische Rolle spielten. (Vgl. dazu J. L. Mbele: Soundiata: The Epic As An Ideological Weapon. [Vervielfältigtes Manuskript] Ibadan 1977, S. 1–3.)

146 S. A. Babalola: The Content and Form of Yoruba Ìjálá. Oxford 1966, S. 327–329; vgl. Beobachtungen bei C. M. Bowra: Poesie der Frühzeit. München 1967, S. 218–220.

147 Zit. nach: Nigerian Perspectives. Hg. v. Th. Hodgkin. London 1960, S. 326–327.

148 G. G. Daah: The Uses and Abuses of Oral Literature. [Vervielfältigtes Manuskript] Ibadan 1977, S. 11–12. – Vgl. das Stück von K. Omotoso: The Curse. Ibadan 1976, S. 1–4. – Hier wird satirisch ausgestellt, wie die nigerianische Bourgeoisie Preissänger für sich apologetisch arbeiten läßt.

149 O. p'Bitek: The Horn of my Love. AWS 147 (1974), S. 12.

150 Ebenda, S. 13.

151 Zit. nach: E. Dammann/T. Tirronen: Ndonga-Anthologie. Berlin (West) 1975, S. 234.

152 Zit. nach: R. Finnegan: Oral Literature in Africa. London 1970, S. 287.
153 Zit. nach: Ebenda, S. 296.
154 Zit. nach: Ebenda, S. 293.
155 Gedichte aus Afrika. Hg. v. R. Arnold. Leipzig 1972, S. 100–101. Vgl. Chants révolutionnaires guinéennes. In: PA (1959/60) 29, S. 89–91.
156 Zit. nach: R. Finnegan: Oral Literature in Africa. Oxford 1970, S. 277. – Anfang der fünfziger Jahre beobachtete A. Merriam, wie Arbeiterinnen auf einer Kaffeeplantage im von Belgien kolonisierten Kongo dem Besitzer durch Gesänge klarmachten, daß die Landarbeiter unzufrieden waren. Bisher gewährte Naturalien (Salz, Palmöl) waren wegen einer Lohnerhöhung gestrichen worden. Die Sängerinnen stellten zuerst die Umwelt (die Plantage) dar und drückten Schmeicheleien aus. Dann erwähnten sie den Wegfall der Naturalien und sangen zum Schluß, sie würden sich anderswo Arbeit suchen, wenn ihnen nicht Salz und Palmöl gegeben würden. (Vgl. A. P. Merriam: African Music. In: Continuity and Change in African Cultures. Hg. v. W. R. Bascom u. J. J. Herskovits. Chicago 1959, S. 55.)
157 Vgl. D. T. Niane: Soundjata. Leipzig 1975, S. 5–6.
158 Zit. auf der Mappe der Schallplatte *Keletigui et ses tambourinis*. Ed. Syliphone 30. Conakry o. J. – Vgl. auch L. Kaba: The Cultural Revolution, Artistic Creativity and Freedom of Expression in Guniea. In: The Journal of Modern African Studies. Cambridge 14 (1976) 2, S. 207–216.
159 G. W. Hartwig: The Historical and Social Role of Kerebe Music. In: Tanzania Notes and Records. Dar es Salaam (1969) 69, S. 56.
160 T. O. Ranger: Dance and Society in Eastern African 1890–1970. London-Ibadan-Nairobi-Lusaka 1975, S. 149.
161 Ebenda, S. 150.
162 F. K. Fiawoo: Tuinese – Fra Gi Dziele. Two Plays in Ewe and English. Marburg 1973, S. 9 u. S. 13.
163 K. Sekyi: The Blinkards. AWS 136 (1974), S. 147–148.
164 Vgl. H. Loth: Geschichte Afrikas. Teil 2. Berlin 1976, S. 136–143, S. 188–200 u. S. 242–246; Ch. Mährdel: Afrikanische Parteien im revolutionären Befreiungskampf. Berlin 1977, S. 18–28.
165 S. A. Gakwandi: The Novel of Contemporary Experience in Africa. London-Lusaka-Ibadan-Nairobi 1977, S. 5.
166 Zit. nach: C. Wauthier: The Literature and Thought of Modern Africa. London 1966, S. 101; vgl. O. R. Datborne: African Literature in the Twentieth Century. London 1976, S. 266–267.
167 Vgl. A. d'Aby/B. Dadié/G. Coffi Gadeau: Le Théâtre Populaire en République de Cote D'Ivoire. Abidjan 1966, S. 5–6.
168 J. Kenyatta: Facing Mount Kenya. London 1968[4], S. 318.
169 L. S. Senghor: Négritude und Humanismus. Düsseldorf-Köln 1967, S. 7.
170 Teilweise eigene Übersetzung auf der Grundlage der Fassung, die Jahnheinz Jahn anbot in: A. Césaire: Zurück ins Land der Geburt. Cahier d'un retour au pays natal. Frankfurt a. M. 1962, S. 63–69.

171 A. Diop: Discours d'ouverture. In: PA (1959) 24/25, S. 41–42 u. S. 48.

172 Vgl. Anthologie de La Nouvelle Poésie Nègre et Malgache de langue française. Hg. v. L. S. Senghor. Paris 1969², S. 17–25, S. 66–79, S. 112 bis 127 u. S. 149–176.

173 PA (1956/57) 11, S. 4.

174 O. Bischofberger: Tradition und Wandel aus der Sicht der Romanschriftsteller Kameruns und Nigerias. Einsiedeln 1968, S. 75–76. – Die französischsprachige Prosa der fünfziger Jahre war politisch offen antikolonialistisch. Vgl. A.-B. Ischinger: Der antikolonialistische Roman im frankophonen Schwarzafrika. Bern-Frankfurt a. M. 1975, S. 32–38 u. 44–76 (Phil.-Diss. Heidelberg 1975).

175 Vgl. L. Vieira: Das wahre Leben des Domingo Xavier. Berlin 1974, S. 1. – Vgl. zur Situation der angolanischen Literatur unter dem Kolonialismus R. G. Hamilton: Voices From An Empire. A History of Afro-Portuguese Literature. Minneapolis 1975, S. 112–119 u. S. 134–140.

176 Vgl. J. Woddis: Afrika. Kontinent im Morgenrot. Berlin 1963, S. 269 bis 297. – Im wesentlichen die Entwicklung der Arbeiterklasse und der Gewerkschaften verfolgend, betont Woddis gerade für die nationale Befreiungsbewegung der vierziger und fünfziger Jahre die gemeinsame Stoßrichtung des Kampfes der „afrikanischen Händler, Farmer und Kapitalisten" und „der wachsenden afrikanischen Arbeiterklasse" (ebenda, S. 297).

177 PA (1957) 14/15, S. 3.

178 K. D. Kaunda: A Humanist in Africa. London 1967², S. 21–22.

179 Ebenda, S. 28.

180 A. Neto: Gedichte. Leipzig 1977, S. 57–58. – Neto kannte die Dichter der Négritude; mögliche Einflüsse sind nicht auszuschließen, zumindest sind ähnliche Haltungen und Formelemente erkennbar. Vgl. R. G. Hamilton: Voices From An Empire. A History of Afro-Portuguese Literature. Minneapolis 1975, S. 67 u. S. 96–102.

181 Anthologie de La Nouvelle Poésie Nègre et Malgache de langue française. Hg. v. L. S. Senghor. Paris 1969², S. XII.

182 Vgl. ebenda, S. XIV.

183 Ebenda, S. 2.

184 L. S. Senghor: Botschaft und Anruf. Sämtliche Gedichte. München 1963, S. 22.

185 Ebenda, S. 34.

186 Ebenda, S. 44.

187 Feuer und Rhythmus. Gedichte aus Afrika. Auswahl Monika Fischer u. Hans Petersen. Berlin 1965, S. 121.

188 L. S. Senghor: Botschaft und Anruf. München 1963, S. 46.

189 Ebenda, S. 138.

190 Ebenda, S. 140–141.

191 Ebenda, S. 93–97.

192 Ebenda, S. 122.

193 Feuer und Rhythmus. Gedichte aus Afrika. Auswahl M. Fischer u. H. Petersen. Berlin 1965, S. 123.

194 L. S. Senghor: Botschaft und Anruf. München 1963, S. 133–134.

195 Ebenda, S. 168.

196 Ebenda, S. 141.

197 Ebenda, S. 18C–186.

198 Vgl. u. a. J. Suret-Canale: Schwarzafrika. Bd. 2. Berlin 1969, S. 610–615; M. Crowder: Senegal. A Study in French Assimilation Policy. London 1962, S. 29–48; H. Loth: Geschichte Afrikas. Teil 2: 1884–1945. Berlin 1976, S. 240–255.

199 Vgl. L. S. Senghor: Liberté II. Nation et Voie Africaine du Socialisme. Paris 1971, S. 9–12, S. 63, S. 87–99, S. 111, S. 126–128, S. 135 u. S. 151–153.

200 Vgl. ebenda, S. 18.

201 Vgl. ebenda, S. 158–169 u. S. 210.

202 Ebenda, S. 193–194; vgl. auch S. 53, S. 58, S. 103. – 1955 hatte er schon in einem Vorwort zu westafrikanischen Erzählungen die gleiche These aufgestellt, daß der schlimmste Kolonialismus die Diktatur der Vernunft und Technik sei: „D i e D i k t a t u r d e r V e r n u n f t u n d d e r e u r o p ä i s c h e n T e c h n i k i s t d e r s c h l i m m s t e K o l o n i a l i s m u s . Ich spreche vom ganzen (totale) und totalitären (totalitaire) Europa, das nicht im Osten – durch die Oder-Neiße-Linie – begrenzt ist." (L. S. Senghor: Liberté I. Négritude et Humanisme. Paris 1964, S. 177.)

203 L. S. Senghor: Négritude und Humanismus. Köln-Düsseldorf 1967, S. 11.

204 Ebenda, S. 12.

205 Vgl. ebenda, S. 15.

206 Ebenda, S. 91.

2C7 Ebenda, S. 103.

208 L. S. Senghor: Liberté I. Négritude et Humanisme. Paris 1964, S. 364.

209 L. S. Senghor: Liberté II. Nation et Voie Africaine du Socialisme. Paris 1971, S. 194.

210 L. S. Senghor: Botschaft und Anruf. München 1963, S. 58 u. S. 70 – Vgl. dazu die Analysen von Sartre in: Anthologie de la Nouvelle Poésie Nègre et Malgache de langue française. Hg. L. S. Senghor. Paris 1969, S. XXIV u. S. XXIX–XXXV; S. O. Mezu; Léopold Sédar Senghor et la défense et illustration de la civilisation noire. Paris 1968, S. 60–80.

211 Vgl. L. S. Senghor: Négritude und Humanismus. Köln-Düsseldorf 1967, S. 45–46.

212 Ebenda, S. 218–219.

213 L. S. Senghor: Botschaft und Anruf. München 1963, S. 95.

214 Ebenda, S. 40.

215 Ebenda, S. 110.

216 Ebenda, S. 180.

217 Ebenda, S. 141. – Vgl. auch *Mögen Koras und Balafong mich begleiten,* wo das Bild von der paradiesischen Kindheit, dem harmonischen, schönen Afrika wesentlich ein Bild privilegierter Schichten ist, entnommen seiner eigenen Erfahrung als Sohn eines reichen Kaufmanns und Grundbesitzers, der mit dem letzten König von Sin und dessen Griots geselligen Umgang pflegte (ebenda, S. 63). Vgl. S. O. Mezu: Léopold Sédar Senghor et la défense et illustration de la civilisation noire. Paris 1968, S. 16–21; L. S. Senghor: Négritude und Humanismus. Köln-Düsseldorf 1967, S. 245.

218 Das Romantische und der Idealismus der Négritude-Konzeption und ihrer dichterischen Verwirklichung sind von unterschiedlichen Standpunkten aus vielfach hervorgehoben worden. So wandte sich der Südafrikaner Mphahlele mehrmals gegen den Romantizismus, der Afrika als ein „Symbol der Unschuld, Reinheit und kunstloser Primitivität" darstellt. (In: African Literature and the Universities. Hg. v. G. Moore. Ibadan 1965, S. 23) Vgl. auch E. Mphahlele: The African Image. London 1962, S. 25–40; ders.: African Literature: What Traditions? In: Denver Quarterly. Journal of Modern Culture 2 (1967) 2, S. 51–56; J. Jahn: Der Poet Léopold Sédar Senghor. In: Senghor Senegal. Stuttgart 1968, S. 3C; Sovremennye literatury afriki. Severnaja i zapadnaja afrika. Redaktionskollegium u. d. Leitung v. T. D. Nikiforova. Moskva 1973, S. 197–204.

219 Die enge Verbindung zwischen Négritude-Konzeption und einer gegen den wissenschaftlichen Sozialismus gerichteten Theorie des „afrikanischen" oder „senegalesischen Sozialismus", die er seit den fünfziger Jahren immer stärker ausbaute, wird in seinen Arbeiten aus den sechziger Jahren sichtbar: L. S. Senghor: On African Socialism. New York-Washington-London 1964, S. 132–154. – Ein theoretischer Hauptpunkt ist sein Versuch, Sozialismus vor allem als Geisteshaltung, als Ethik, auf jeden Fall fundiert auf Religion zu bestimmen. (Vgl. L. S. Senghor, Prose and Poetry. Hg. v. J. Reed u. C. Wake. Oxford 1965, S. 7–13) – Eine ausführlichere marxistische Analyse der Négritude-Konzeption in ihrem Zusammenhang mit Bemühungen um eine Theorie des „afrikanischen Sozialismus" ist zu finden bei E. Broszinsky-Schwabe: Négritude und Kulturrevolution in Afrika. Phil.-Diss. (A). Berlin 1973, S. 136–156. – Die Négritude-Konzeption als ideologischen Faktor des konservativen Bündnisses bürgerlich orientierter Kräfte, intellektueller Elite und überkommener halbfeudaler Gruppen stellte dar I. L. Markovitz: Léopold Sédar Senghor and the Politics of Négritude. New York 1969, S. 13–27, S. 75, S. 119–150, S. 177–186 u. S. 233–237. Zum Konservatismus vgl. T. lo Liyong: The Last Word. Nairobi 1969, S. 204–205.

220 L. S. Senghor: Botschaft und Anruf. München 1963, S. 122.

221 E. Milcent/M. Sordet: Léopold Sédar Senghor et la naissance de l'Afrique moderne. Paris 1969, S. 29.

222 Vgl. L. S. Senghor: Liberté II. Nation et Voie Africaine du Socialisme. Paris 1971, S. 9–12 u. S. 83–84.

223 Zit. nach: L. Kesteloot: Les écrivains noirs de langue française: naissance d'une littérature. Bruxelles 1963, S. 109.

224 F. Fanon: Black Skin White Masks. London 1967, S. 166.

225 Ebenda, S. 188–189.

226 Ebenda, S. 127–128.

227 Vgl. PA (1957) 14/15, S. 32.

228 Ebenda (1959) 24/25, S. 64–65. – Eine auffällige Rolle spielte auch die Konzeption eines spezifischen afrikanischen Humanismus, der, Grundlage von Moral, Kultur und Kunst der traditionellen Gesellschaften, das entkolonialisierte Afrika und seine Mission in der Welt bestimmen würde. Vgl. u. a. K. D. Kaunda: A Humanist in Africa. London 1967, S. 22–24 u. S. 29–31; M. Sipalo: Socialism and Humanism. In: The Jewel of Africa. Lusaka (1968) 2 u. 3.

229 Vgl. H. Winston: Zur Strategie des Befreiungskampfes der Afroamerikaner. Berlin 1975, S. 19–20.

230 Vgl. J. A. Langley: Pan-Africanism in Paris 1924–36. In: The Journal of Modern African Studies. Cambridge 7 (1969) 1.

231 L. S. Senghor: Négritude und Humanismus. Köln-Düsseldorf 1967, S. 96 bis 97. – Zur direkten Beziehung Senghors zu Dichtern der sogenannten Harlem-Renaissance und zu thematischen und weltanschaulichen Gemeinsamkeiten zwischen ihnen und Senghor vgl. P. Aberger: Die Bedeutung der Harlem-Renaissance für das dichterische Werk Léopold Sédar Senghors. Phil.-Diss. Würzburg 1972, S. 16–30 u. S. 40–100.

232 A. Memmi: Portrait du colonisé. o. O. [Holland] 1966, S. 174.

233 Ebenda, S. 165.

234 Ebenda, S. 174.

235 L. S. Senghor: Négritude und Humanismus. Köln-Düsseldorf 1967, S. 112. – Die idealistische Auffassung, daß Rassenmerkmale entscheidend seien, fand sich in den fünfziger Jahren nicht nur bei Senghor. Cheikh Anta Diop ging in ähnlicher Weise von der Gegenüberstellung einer „afrikanischen Kultur“ und einer „nordischen, arischen Kultur“ aus. (Vgl. Ch. A. Diop: L'Unité Culturelle de L'Afrique Noir. Paris 1959, S. 7–10) – In den siebziger Jahren kritisierte Soyinka die Négritude gerade auch wegen der Übernahme jener Ideologie und ihrer rassistischen Elemente, die sie bekämpfen wollte. (W. Soyinka: Myth, Literature and the African World. Cambridge 1976, S. 126–129)

236 Vgl. F. Fanon: Black Skin White Masks. London 1967, S. 221–226.

237 Vgl. S. Ousmane: Le Docker Noir. Paris 1956, S. 73. – Cheikh Anta Diop brachte in den sechziger Jahren seine Kulturtheorie, insbesondere seine Thesen von der negroiden Beeinflussung altägyptischer Kultur, mit dem Befreiungskampf in Verbindung. (Vgl. die *Conclusion* in: Ch. A. Diop: Antériorité des Civilisations Nègres. Mythe ou vérité historique? Paris 1967) – So ist denn auch die Négritude-Konzeption von Afrikanern unterschiedlicher politischer und weltanschaulicher Positionen als ein historisch

nicht unwichtiger Schritt des nationalen Befreiungskampfes in den vierziger und fünfziger Jahren gewertet worden. Sie bereitete in der kolonialen Situation nach dem zweiten Weltkrieg notwendiges kulturelles Selbstbewußtsein vor und stärkte damit antikoloniale Haltungen. Vgl. dazu u. a. African Literature and the Universities. Hg. v. G. Moore. Ibadan 1965, S. 22–23 u. S. 56–57; Abiola Irele: Négritude or Black Cultural Nationalism. In: The Journal of Modern African Studies 3 (1965) 3, S. 322; L. Nkosi: Home and Exile. London 1965, S. 44–46; E. N. Obiechina: Cultural nationalism in modern African creative literature. In: African Literature Today. Freetown (1968) 1, S. 24–26; Ki-Zero: Sostojanie i perspektivy novoj afrikanskoj kul'tury. In: Innostrannaja Literatura (1970) 10, S. 209 bis 210. – Allerdings haben die meisten Autoren auch deutlich die Grenzen der Négritude, ihren Idealismus und ihre konservativen Züge gesehen und ihr im wesentlichen eine historisch-progressive Bedeutung für die Zeit der Formierung des antikolonialen Kampfes zugesprochen.

238 L. S. Senghor: Botschaft und Anruf. München 1963, S. 30.

239 Ebenda, S. 76. – Die letzte Zeile ist hier m. E. ungenau übersetzt. Sie ist im Original deutlicher in ihren „Brüchen". Bei Senghor steht: „Et les pierres, brusque et faible chute, vont prendre le fracas des cataractes" (ebenda, S. 77). Das könnte übersetzt werden: „Und die Steine, plötzlicher und leiser Fall (zwei unterschiedliche, gegensätzliche Attribute – J. F.), beginnen das Tosen der Katarakte."

240 Ebenda, S. 92.

241 Ebenda, S. 124–125.

242 Ebenda, S. 153–154.

243 Vgl. H. Friedrich: Die Struktur der modernen Lyrik. Hamburg 1962, S. 57–66 u. S. 145–152.

244 Vgl. L. S. Senghor: Liberté I. Nègritude et Humanisme. Paris 1964, S. 167.

245 L. S. Senghor: Liberté II. Nation et Voie Africaine du Socialisme. Paris 1971, S. 187.

246 L. S. Senghor: Négritude und Humanismus. Köln-Düsseldorf 1967, S. 132.

247 Ebenda, S. 134.

248 A. Rimbaud: Sämtliche Werke. Übertr. v. Sigmar Löffler u. Dieter Tauchmann. Leipzig 1976, S. 313–315.

249 Lautréamont: Œuvres Complètes. Paris 1961, S. 302–303.

250 Vgl. ebenda, S. 160.

251 Nach der kurzen, nackten Feststellung, er sei schmutzig („je suis sale"), fährt er fort: „Les pourceaux, quand ils me regardent, vomissent. Les croûtes et les escarres de la lèpre ont écaillé ma peau, couverte de pus jaunâtre. Je ne connais pas l'eau des fleuves, ni la rosée des nuages. Sur ma nuque, comme sur un fumier, pousse un énorme champignon, aux pédoncules ombellifères. Assis sur un meuble informe, je n'ai pas bougé mes membres depuis quatre siècles." (Ebenda, S. 264)

252 Vgl. A. Bréton: Die Manifeste des Surrealismus. Hamburg 1968, S. 11–12,

S. 15, S. 55, S. 58 u. S. 76. – Die kolonialisierten „Völker, die für ihre Unabhängigkeit kämpfen" gegen „die stumpfsinnigen Grausamkeiten der weißen Dekadenz", interessieren dabei als Verbündete, als geschichtliche Kräfte, die das verhaßte bürgerliche Europa ins „Nichts" stürzen werden. (P. Eluard: Die Abschaffung der Sklaverei. In: Als die Surrealisten noch recht hatten. Hg. v. G. Merken. Stuttgart 1976, S. 90.)

253 Vgl. u. a. das Interesse der Surrealisten für Asien, seine Religion und Mystik. M. Nadeau: Geschichte des Surrealismus. Reinbek b. Hamburg 1965, S. 82–84.

254 L. S. Senghor: Négritude und Humanismus. Köln-Düsseldorf 1967, S. 104.

255 Ich betone hier den „Versuch". Inwieweit die Avantgardisten doch wieder Stereotype in ihren sich immer schneller ändernden „modischen" Konzeptionen wiederholten bzw. ausbildeten, ist eine andere Frage. Auf die Tendenzen seit dem Dadaismus besonders in der bildenden Kunst eingehend, ist derartiges angedeutet bei P. Bürger: Theorie der Avantgarde. Frankfurt a. M. 1974, S. 76–93.

256 L. Kesteloot: Les écrivains de langue française: naissance d'une littérature. Bruxelles 1963, S. 198.

257 L. S. Senghor: Négritude und Humanismus. Köln-Düsseldorf 1967, S. 166. – Vgl. zur Unterschiedlichkeit surrealistischer Kunst einerseits und Senghors Dichtung andererseits I. D. Nikiforova: Sjurrealizm i „negroafrikanskaja poezija". In: Vzaimosvjazi afrikanskich literatur i literatur mira. Moskva 1975, S. 91–92.

258 L. S. Senghor: Négritude und Humanismus. Köln-Düsseldorf 1967, S. 167.

259 Ebenda, S. 134.

260 Ezekiel Mphahlele z. B. kritisierte in den sechziger Jahren recht heftig die Négritude-Konzeption und auch ihre poetische Verwirklichung bei Senghor wegen ihres „schieren Romantizismus" und der kitschigen (mawkish) Züge (E. Mphahlele: The African Image. London 1962, S. 27), 1976 aber schrieb er für Senghor anläßlich des siebzigsten Geburtstages eine öffentliche „Hommage". „Ich weiß," schrieb er u. a., „daß du – mit der Kraft und den Mitteln, die du beherrscht – den Jungen helfen kannst auf dem Weg zur größeren Freiheit des Geistes, der Schule (nursery) wahrhaftigster Poesie." (In: PA [1976] 99/100, S. 290)

261 S. Ousmane: Stromauf nach Santhiaba. Berlin-Weimar 1970, S. 118–120.

262 Vgl. ebenda, S. 39–40, S. 109–110 u. S. 201–202.

263 Ebenda, S. 138.

264 Ebenda, S. 214–215.

265 Ebenda, S. 113.

266 S. Ousmane: Le Docker Noir. Paris 1956, S. 197.

267 Vgl. ebenda, S. 88.

268 Zit. nach der engl. Ausgabe: S. Ousmane: God's Bits of Wood. AWS 63 (1970), S. 48–50. Vgl. W. Soyinka: Myth, Literature and the African World. Cambridge 1976, S. 118–121.

269 A. C. Brench: The Novelist's Inheritance in French Africa. London-Ibadan-Nairobi 1967, S. 118.

270 Zit. nach der engl. Ausgabe: S. Ousmane: God's Bits of Wood. AWS 63 (1970), S. 250–251.

271 Ebenda, S. 126.

272 S. Ousmane: Stromauf nach Santhiaba. Berlin-Weimar 1970, S. 187–188.

273 Zit. nach der engl. Ausgabe: S. Ousmane: God's Bits of Wood. AWS 63 (1970), S. 134–135.

274 Ebenda, S. 256.

275 Ebenda, S. 333.

276 M. Beti: Le pauvre Christ de Bomba. Paris 1956, S. 272. – Zum politischen Charakter und zur antikolonialen Wirksamkeit von Betis Prosa gerade auch auf eine europäische Leserschaft während der fünfziger Jahre vgl. O. Bischofberger: Tradition und Wandel aus der Sicht der Romanschriftsteller Kameruns und Nigerias. Einsiedeln 1968, S. 73–74.

277 Vgl. A. Neto: Gedichte. Leipzig 1977, S. 13–14, S. 23, S. 57–64 u. S. 94–98.

278 Der Roman erschien unter dem Namen Eza Boto. Vgl. E. Boto: Die grausame Stadt. Berlin 1963.

279 V. V. Ivaševa: Literatura stran zapadnoj Afriki. Proza. Moskva 1967, S. 70.

280 Auf die Bedeutung des Individuums, seiner politischen progressiven Haltung bei Ousmane verwies S. O. Anozie in einer soziologischen Studie: „Im Unterschied zu den Helden Betis und Oyonos sind Ousmanes im allgemeinen reifer, in ihrer individuellen Eigenart (personnalités individuelles) ausgeprägter und daher positiver. Ousmanes Helden sind die Kolonisierten, die revoltieren . . . So ist Ousmanes Held das Individuum, das das Ideal der progressiven Gruppe verkörpert und das in sich die Leiden der Unterdrückten und der Arbeiter vereint." (S. O. Anozie: Sociologie du Roman Africain. Paris 1970, S. 191.)

281 Vgl. zur Gründung der Partei J. Woddis: Afrika. Der Weg nach vorn. Berlin 1964, S. 208–210; Die Länder Afrikas. Hg. v. d. Sektion Afrika- und Nahostwissenschaften, Lehr- u. Forschungsbereich Afrika d. Karl-Marx-Universität Leipzig. Berlin 1969, S. 252–253.

282 Vgl. S. Ousmane: L'Harmattan. 1. Referendum. Paris 1964, S. 47–59 u. S. 156. – Vgl. Ch. Serauky: Grundzüge der Darstellung gesellschaftlicher Konflikte im Werk des senegalesischen Schriftstellers Sembène Ousmane. In: Der Beitrag der Völker Afrikas zur Weltkultur. Hg. v. B. Brentjes. Wissenschaftliche Zeitschrift der Martin-Luther-Universität Halle-Wittenberg 32 (1977) 13, S. 127 (Gesellschafts- und Sprachwissenschaftliche Reihe).

283 Vgl. Sovremennye literatury Afriki. Severnaja i zapadnaja Afrika. Hg. I. D. Nikiforova. Moskva 1973, S. 223.

284 Zur freien Behandlung der Geschichte durch Malraux vgl. z. B. die Ein-

führung zu Romanauszügen von A. Boutet de Monvel in: A. Malraux: La Condition Humaine (Extraits). Paris 1955, S. 13–14.

285 Vgl. ähnliche Situationen, in denen Romanfiguren der Möglichkeit oder der Realität des Todes gegenüberstehen, bei S. Ousmane: God's Bits of Wood. AWS 63 (1970), S. 274–277, und bei A. Malraux: So lebt der Mensch. Stuttgart 1968, S. 250–258.

286 Vgl. die Beobachtungen von J. R. Becher: Wirklichkeitsbesessene Dichtung. In: Die Neue Bücherschau 6 (1928), S. 494.

287 S. Ousmane: Stromauf nach Santhiaba. Berlin-Weimar 1970, S. 63–64, S. 189 u. S. 155.

288 A. Klein: Wirklichkeitsbesessene Dichtung. Leipzig 1977, S. 349. – Bredels *Maschinenfabrik N & K* war, wie er später betonte, zunächst als „erweiterte Arbeiterkorrespondenz" für die Arbeiterpresse gedacht (Maschinenfabrik N & K. Berlin 1960, S. 185).

289 Zu diesen Dokumentartendenzen vgl. K. Neukrantz: Barrikaden am Wedding. Berlin 1958. – Ein Dokumentenanhang sollte die Authentizität dieses Romans „einer Straße aus den Berliner Maitagen 1929" gegenüber „nur-fiktiver" Literatur unterstreichen. (Vgl. A. Klein: Die Entwicklung der proletarisch-revolutionären Romanliteratur in Deutschland. Phil.-Diss. Leipzig 1962, S. 99–101 u. S. 201–210.)

290 S. Tretjakow: Deng Schi-Hua. Berlin 1958, S. 5; vgl. dazu F. Mierau: Erfindung und Korrektur. Tretjakows Ästhetik der Operativität. Berlin 1976, S. 125–139 (Literatur und Gesellschaft).

291 S. Ousmane: L'Harmattan. Paris 1964, Vorwort des Autors.

292 Gleichfalls eine Wirkung von Malraux' Roman auf Ousmane ist nur indirekt, aus dem Vergleich der Strukturen, dem Zitieren des Romans, zu erschließen. In den Befragungen afrikanischer Schriftsteller, die L. Kesteloot 1959 durchführte, nannte niemand, also auch nicht Ousmane, Malraux als einen wichtigen literarischen Bezugspunkt. (Vgl. L. Kesteloot: Les écrivains noirs de langue française: naissance d'une littérature. Bruxelles 1963, S. 283–286.)

293 Zit. nach: V. V. Ivaševa: Literatura stran zapadnoj Afriki. Proza. Moskva 1967, S. 26 u. S. 55.

294 Vgl. L. Kesteloot: Les écrivains noirs de langue française: naissance d'une littérature. Bruxelles 1963, S. 296 u. S. 299.

295 In: African Literature and the Universities. Hg. v. G. Moore. Ibadan 1965, S. 57.

296 L. Kesteloot: Les écrivains noirs de langue française. Bruxelles 1963, S. 294. – Dieser Aspekt von Ousmanes Werk darf aber nicht allein mit seiner Forderung nach unmittelbarer gesellschaftlicher Praktikabilität und der damit einhergehenden Vernachlässigung von Form und spezifischer ästhetischer Wahrnehmungsweise, Sensibilität, Innovationsabsicht erklärt werden. Seine Filme nämlich zeichnen sich gerade durch solche Züge aus, verbleiben nicht im skizzenhaften Vermitteln alltäglicher Wahrnehmungen

usw. Seine Erzählung *Le Mandat* und der 1973 erschienene Roman *Xala* sind im Vergleich zu den daraus entstandenen Filmen (*Die Postanweisung* und *Xala*) geradezu „arm". Es scheint, daß Ousmanes eigentliche, wichtigste künstlerische Fähigkeit beim Film liegt, er filmisch reicher und sensibler „erzählen" kann. Das müßte allerdings in einer anderen Arbeit genauer geprüft werden.

297 Vgl. u. a. S. Eisenstein: Über mich und meine Filme. Berlin 1975, S. 39–41 u. S. 51–58; E. Piscator: Aufsätze. Reden. Gespräche. Berlin 1968, S. 41–45 u. S. 56–60. – Hier soll nur auf Ähnlichkeiten hingewiesen werden. Die Unterschiede zwischen den Arbeiten und Methoden Eisensteins und Piscators einerseits und denen Ousmanes andererseits können nicht einmal angedeutet werden.

298 S. Touré: Le leader politique considéré comme le représentant d'une culture. In: PA (1959) 24/25, S. 104, S. 108 u. S. 111.

299 F. Fanon: Die Verdammten dieser Erde. Frankfurt a. M. 1966, S. 181 u. S. 187–188.

300 S. Ousmane: God's Bits of Wood. AWS 63 (1970), S. 162.

301 S. Ousmane: Stromauf nach Santhiaba. Berlin-Weimar 1970, S. 216.

302 In: PA (1956/1957) 11, S. 1C7.

303 Zit. nach: J. Woddis: Afrika. Kontinent im Morgenrot. Berlin 1963, S. 499. – Zum relativ hohen Niveau gewerkschaftlicher Entwicklung – besonders des Streiks – im Kampf gegen den Kolonialismus seit 1945 vgl. J. Suret-Canale: Afrique Noire Occidentale et Centrale (1945–1960). Paris 1972, S. 19–38. – A. G. Hopkins bewertet die Streikbewegungen in Westafrika als wesentliche Instrumente für die Erschütterung des Kolonialismus. Sie seien besonders zwischen 1945 und 1950 sehr heftig gewesen, wie der nigerianische Generalstreik von 1945, der Streik auf der Eisenbahnlinie von Dakar 1947/48, die Unruhen an der Goldküste, die den Boykott europäischer Firmen und Massendemonstrationen umfaßten, und der Streik in den Kohlengruben von Enugu 1949. Hopkins schätzt, daß in Nigeria von 1945 bis 1950 jährlich ca. 100 000 Arbeitstage durch Streik verlorengingen. Er hebt ausdrücklich Ousmanes Roman über den Eisenbahnerstreik als einen „semi-fictional and most readable account of this strike" hervor. (A. G. Hopkins: An Economic History of West Africa. New York 1973, S. 269.)

304 In welchem Maße militante antikoloniale Haltungen afrikanischer Intellektueller Ousmane zu Idealisierungen in seinen Romanen nach *Le Docker Noir* gedrängt haben mögen, läßt die Rezension von L. Diakhate zu *Le Docker Noir* ahnen. Diakhate kritisierte, daß das Buch nicht klar genug den Stolz, die Würde, den Kampf der afrikanischen Minderheit in Frankreich um ihre Lebensrecht dargestellt habe. Es sei in dieser Hinsicht nicht direkt, konsequent genug. In: PA (1957) 13, S. 154.

3C5 Zit. nach der engl. Ausg.: S. Ousmane: The Money-Order with White Genesis. AWS 92 (1972), S. 5–6.

306 W. Soyinka: The writer in a modern African state. In: The Writer in Modern Africa. Hg. v. P. Wästberg. Uppsala 1968, S. 16.

307 Ebenda, S. 20–21.

308 Taban lo Liyong: The Last Word. Nairobi 1969, S. 201.

309 J. Ngugi: Satire in Nigeria. In: Protest and Conflict in African Literature. Hg. v. C. Pieterse u. D. Munro. London-Ibadan-Nairobi 1969, S. 58.

310 A. S. Touré: Le Pouvoir Populaire. Bd. 16, o. O., o. J. – [Conakry, nach 1968], S. 449. – Touré hatte gegenüber früheren Ansichten schon 1959 begonnen, die soziaien Differenzierungen in afrikanischen Ländern genauer zu beachten. (Vgl. S. Touré: La Lutte du Parti Démocratique de Guinée pour L'Emancipation Africaine. Bd. 4/2, o. O., o. J. [nach 1959], S. 27 bis 28.) – Einschätzungen von Tourés Interpretation der Antagonismen und ihrer Lösungsmöglichkeiten, der Spezifik des Klassenkampfes in Guinea bzw. Teilen Afrikas versuchten: I. Marton: Wirklichkeit, soziale Basis und Dynamik des Klassenkampfes in den Werken von Ahmed Sékou Touré. In: Afrika. Gegenwärtige soziale Prozesse und Strukturen. Hg. v. K. Ernst u. L. D. Jabločkov. Berlin 1976, S. 261–280; K. Hutschenreuter/U. Schmidt: Volk, Partei und Staat in der politischen Ideologie Ahmed Sékou Tourés. In: AAL (1976) 5, S. 739–750.

311 Vgl. u. a. Internationale Beratung der kommunistischen und Arbeiterparteien Moskau 1969. Berlin 1969, S. 31–33; Der XXIV. Parteitag der KPdSU und die Entwicklung der marxistisch-leninistischen Theorie. Berlin 1971, S. 110–112.

312 Vgl. C. Mährdel: Afrikanische Parteien im revolutionären Befreiungskampf. Berlin 1977, S. 45–46.

313 Vgl. Ch. Achebe: Morning Yet on Creation Day. London 1975, S. 42.

314 Nach persönlichen Auskünften des Autors Ebrahim Hussein.

315 Vgl. Thesen wie „Kamerun – ein Mikrokosmos der Négritude" in: Abbia. Révue Culturelle Camérounaise. Yaoundé (1966) 12/13. – 1974 hat Senghor – wie in den Jahren zuvor – im wesentlichen seine Konzeption der besonderen Negerkultur aufrecht erhalten, betonend, daß Termini oder Begriffe nicht entscheidend seien. Was zähle, sei die Übereinstimmung „über das Wesen, über die Werte der Zivilisation der Negerwelt". (Vgl. seine Rede an das 2. Vor-Kolloquium *Black Civilisation and Education* in Dakar vom 30. Oktober bis 5. November 1974. In: PA [1974] 92, S. 33.) Es existiere eine „schwarze Ideologie" (black ideology). (Ebenda, S. 35.)

316 J. Ngugi: Satire in Nigeria. In: Protest and Conflict in African Literature. Hg. v. C. Pieterse u. D. Munro. London-Ibadan-Nairobi 1969, S. 58.

317 Vgl. La Culture africaine. Le symposium d'Alger 21. juillet–1er août 1969. Alger 1969, S. 84–85, S. 87, S. 97, S. 153 u. S. 342–343.

318 Zit. nach L. Kaba: The Cultural Revolution, Artistic Creativity and Freedom of Expression in Guinea. In: The Journal of Modern African Studies 14 (1976) 2, S. 217. – Y. Benot hat, von Westafrika und ehemaligen

französischen Kolonien ausgehend, verallgemeinert, daß besonders die privilegierten Gruppen der afrikanischen Bourgeoisie, die Elite, die westliche Importgüter kräftig konsumiere, Apologeten des Traditionalismus seien. Sie, die die Häuptlingstraditionen und das Feudalwesen in Ghana preisen, die die Künste an die Folklore fesseln wollen und nur von afrikanischer Persönlichkeit und afrikanischer Größe sprechen, öffnen dem Neokolonialismus weit die Tür. Sie sprechen nur von Kultur, um sich mit der westlichen Politik arrangieren zu können. „Welcher Staatschef des ehemaligen französischen Afrika, das in der gaullistischen Abhängigkeit gehalten wird (dépendance gaulliste), preist nicht seine afrikanische Spezifik?" Y. Benot: Idéologies des indépendances africaines. Paris 1972, S. 422. – Die Mythen einer ewigen „afrikanischen Authentizität" sind Mitte der siebziger Jahre noch stark verbreitet, ohne daß ihre klassenmäßige Funktion immer deutlich wird. (Vgl. E. Broszinsky-Schwabe: Probleme afrikanischer Kulturentwicklung auf der UNESCO-Konferenz zur Kulturpolitik in Afrika, Accra 1975: In: AAL [1976] 2, S. 265–270.)

319 Vgl. die ausführliche Analyse von G. A. Heron: The Poetry of Okot p'Bitek. New York 1976, S. 12–33 u. S. 46–56. – p'Bitek verwendet z. B. solche Bilder: „My husband's tongue / Is bitter like the roots of the lyonno lily / It is hot like the penis of the bee, / Like the sting of the kalang! Ocol's tongue is fierce like the arrow of the scorpion, / Deadly like the spear of the buffalo-hornet." (O p'Bitek: Song of Lawino. Nairobi 1968^2, S. 16.) Vgl. die deutsche Übersetzung: „Meines Gatten Zunge ist bitter / wie die Wurzel der Lijonno-Lilie; / sie ist spitz / wie das Glied der Biene, / wie der Stachel des Kalang-Insekts. / Otschols Zunge ist grausam / wie der Stachel des Skorpions; sie ist tödlich / wie der Speer der Büffelhornisse." (O. p'Bitek: Lawinos Lied. Berlin 1977, S. 11.)

320 Vgl. Taban lo Liyongs partielle Kritik, die dem Poem u. a. eine oberflächliche Analyse der Situation, ein Verharren in „Negritudist"-Haltungen vorwarf. Lawino sei ein „anachronistic wife". (Taban lo Liyong: The Last Word. Nairobi 1969, S. 140–144.)

321 Vgl. G. Kamenju: Black Aesthetics and Pan-African Emancipation. In: Black Aesthetics. Hg. v. P. Zirimu u. A. Gurr. Nairobi-Kampala-Dar es Salaam 1973, S. 175–194.

322 Two Songs by Okot p'Bitek. Nairobi 1971, S. 65–66.

323 Die Schwierigkeiten, mit Maßstäben konventioneller Literaturbetrachtung p'Biteks Poeme zu bewerten, deutet Heron in seinem Buch an, und sie zeigen sich zugleich in seiner eigenen Analyse. (Vgl. G. A. Heron: The Poetry of Okot p'Bitek. New York 1976, S. 65–88.) – Was die noch Ende der sechziger Jahre vorherrschenden Kunstauffassungen unter der Intelligenz in Ostafrika betrifft, so wurde das Theaterleben weitgehend von Briten und von Afrikanern beherrscht, die abstrakte Normen eines überall gültigen Theaters nach bürgerlichen britischen Maßstäben förder-

ten. Nur zwei Beispiele: 1969 antwortete eine Britin auf die Frage, ob sie von der Inszenierung des englischen Stückes *Beaux Stratagem* im National Theatre Kampala „relevance", eine Bedeutung für Uganda erwarte: „A good play is a good play anywhere ... And ‚Beaux Stratagem' is a good play." (In: Uganda Argus [Kampala] v. 11. 10. 1969.) – Zwei Monate später antwortete die in Glasgow ausgebildete Schauspielerin T. Musoke aus Uganda auf die Frage, ob nicht zu viele europäische Stücke das Verständnis der Afrikaner für ihre eigene Situation behinderten: „It doesn't matter what the productions are, providing they are well done." (In: Uganda Argus [Kampala] v. 27. 12. 1969.) Vgl. für Kenia J. Fiebach: Theater in Schwarzafrika. In: Theater der Zeit (Studien 1) (1972) 2, S. 13.

324 Ngugi wa Thiong'o: Homecoming. London-Ibadan-Nairobi 1972, S. 72.

325 J. Mukařovský: Aesthetic Function, Norm and Value as Social Facts. Ann Arbor 1970, S. 88–89.

326 J. M. Lotman: Aufsätze zur Theorie und Methodologie der Literatur und Kunst. Kronberg/Taunus 1974, S. 8.

327 Ngugi wa Thiong'o: Homecoming. London-Ibadan-Nairobi 1972, S. 148.

328 Taban lo Liyong: Ballads of Underdevelopment. Kampala-Nairobi-Dar es Salaam 1976, S. 21.

329 Taban lo Liyong: The Uniformed Man. Nairobi-Kampala-Dar es Salaam 1971, S. IX–XII.

330 Ebenda, S. XIII-XV.

331 Vgl. für diese Verschränkungen und Relativierungen: Taban and the white dragon. In: Ghala. Special Issue of East African Journal. Nairobi. 8 (1971) 1, S. 39–40. – Hier bezeichnet er Nietzsche, Marx und Hitler als europäische Helden, da sie auf verschiedene Weise – Hitler durch die Schwächung Europas mit seinem Krieg – beitrugen, daß afrikanische Unabhängigkeit geboren wurde.

332 Taban lo Liyong: Ballads of Underdevelopment. Kampala-Nairobi-Dar es Salaam 1976, S. 8–10. – Von dieser ganz „praktischen", „wertfreien" Haltung aus entwickelt er auch Thesen eines Zynismus und Individualismus, die denen nicht unähnlich scheinen, die die Dadaisten bei ihrer radikalen Distanzierung von bürgerlicher Wirklichkeit und Kunst formulierten. 1968 schrieb er: „Jedenfalls – was ist so heilig an afrikanischen Dingen? ... Man sollte eigentlich ein Zyniker werden, ein Z y n i k e r, um sich über alles zu erheben, um einen erhöhten Standpunkt zu erlangen, um alles gleichermaßen zu sehen ... Man tut alle diese Dinge aus keinem anderen Grund als um der Glorifizierung des eigenen Geistes willen. Alles andere kann dann zum Teufel gehen, wenn es ihn findet." (In: Nexus. Nairobi. 2 [1968] 1, S. 6. Abgedr. in: The Last Word. Nairobi 1969, S. 209–210 [Post Script.].) – Bei den Dadaisten konnte man Formulierungen finden wie: „Man kann Dada nicht auf Grundsätze festlegen" (Huelsenbeck). Dada votiere weder für Menschlichkeit noch für

Barbarei, wende sich gegen jede Ideologie. (In: Dada-Almanach. Berlin 1920. Hg. v. R. Huelsenbeck, S. 3–6.) Vgl. auch Tristan Tzaras dadaistische Theorien bzw. Manifeste. (In: The Dada Painters and Poets. Hg. v. R. Motherwell. New York 1951, S. 76–81.) – Es gibt aber nur Ähnlichkeiten. Liyong ist – in dieser Hinsicht „undadaistisch" – gerade engagiert für afrikanische Unabhängigkeit und Überwindung der Rückständigkeit, wenn auch mit Vorstellungen, die sich an sehr unterschiedlichen Bezugspunkten orientieren und Skepsis sowohl gegenüber traditionalistischen wie nichtkapitalistisch ausgerichteten Strategien zeigen. Zu letzterem vgl. das Gedicht *the filed man laughed and says* (In: T. lo Liyong: Another Nigger Dead. AWS 116 [1972], S. 8–9). – Hier kann der „Funktionär" eines nichtkapitalistisch orientierten Staates, der nach „gutem Rat vom Osten" Banken und Wirtschaft nationalisiert hat und so Neokolonialismus zu verhindern suchte, feststellen: „We have at last nationalized p o v e r t y." An anderer Stelle sieht Liyong, sich auf Marx und vor allem auf Nkrumah beziehend, gerade den „kleinen Mann" als Hebel für den Fortschritt Afrikas. (In: Ghala 8 [1971] 1, S. 40.)

333 The Nationalist (Dar es Salaam) v. 6. 12. 1968.

334 Vgl. S. Tourés Kritik der klassischen drei Einheiten. Sie seien auf das Theater in Guinea nicht anwendbar, da dieses revolutionär sei, aus den Notwendigkeiten des konkreten Volkskampfes hervorgehe und in ihm funktioniere. (A. S. Touré: The Doctrine and Methods of the Democratic Party of Guinea. Teil 2, o. O., o. J. [etwa 1964], S. 199.) – Der Einfluß dieser drei Einheiten, eines illusionistischen Theaters aus Europa, war in Tansania zumindest bis Ende der sechziger Jahre sehr stark, auch für revolutionär orientierte Gruppen. (Vgl. E. Hussein: On the Development of Theatre in East Africa. Phil.-Diss. [A] Berlin 1975, S. 70–102.)

335 M. Rugyendo: The Barbed Wire and Other Plays. AWS 187 (1977), S. 54 u. S. 52.

336 Ebenda, S. 55.

337 Ebenda, S. 37. – Rugyendo scheint stark von J. Birihanzes Konzept, das 1971 in Tansania vorgestellt wurde, beeinflußt; dieser wiederum wurde nicht zuletzt durch Konzeptionen Brechts und des gegenwärtigen revolutionär ausgerichteten Theaters in Europa geprägt. (Vgl. J. Fiebach: Räume, Kommunikationsweisen und Funktionen von Theater in Tropisch-Afrika. In: Theatre Space. Der Raum des Theaters. International Federation for Theatre Research. Hg. v. J. F. Arnott u. a. München 1977, S. 92–93.)

338 Zit. nach: J. Sachs: Swahili-sprachige Dichtung in Tansania/Zanzibar. In: Tradition und nichtkapitalistischer Entwicklungsweg in Afrika. Berlin 1971, S. 288. – Zur Tradition didaktischen Dichtens bzw. funktionaler Literaturtätigkeit in der Swahili-Kultur vgl. Anthologie aus der Suaheli-Literatur. Hg. v. C. Büttner. Berlin 1894; J. Knappert: Traditional Swahili-Poetry. Leiden 1967, S. 11 u. S. 149; R. Arnold: Afrikanische Literatur und nationale Befreiung. Berlin 1977, S. 12–29. Zur aktuellen

politischen Lyrik in Zeitungen vgl. B. Fröhlich: Untersuchungen zu Entwicklung und Rolle der swahili-sprachigen Literatur bei der Herausbildung eines demokratischen Nationalbewußtseins in Tansania. Phil.-Diss. (A) Leipzig 1973, S. 155–181.

339 TANU/AFRO-Youth League Tanzania: Poems of Liberation. [Vervielfältigtes Manuskript] o. O., o. J.

340 In: Sechaba. London 9 (1975) 8/9, S. 24. – In der Frelimo werden diese gegenseitigen Besetzungen von Ästhetik und Politik, Kunst und Leben auch theoretisch aufgearbeitet. 1969 hieß es in einem Aufsatz über Lyrik in Moçambique: „Ein Gedicht der Rebellion, das jemand schreibt, der seine Rolle im wirklichen Kampf nicht spielen will ..., kann uns nicht interessieren. Denn wir sprechen von funktionaler Kunst, funktionierend für das Leben. Wir erkennen die Gültigkeit eines rein ästhetischen Urteilskriteriums nicht an. Daher können wir das Leben eines Mannes nicht mehr von seinem Werk, seine Worte nicht von seinen Taten trennen ... Es gibt keinen Platz mehr für die Entstellung ‚der Kunst um der Kunst willen', die sicherlich aus historischen Gründen stattfand. Jetzt gibt es nur Raum für Kunst um des Lebens willen. Aber zugleich gibt es kein Leben ohne Kunst, wie wir weiter unten sehen werden ..." (The Role of Poetry in the Mozambican Revolution. In: Mozambique Revolution [1969] 38, S. 17. Abgedr, in: Lotus. Kairo [1971] 8.)

341 Vgl. ein tansanisches Stück wie *Mgomo wa Mazinde* (dt. *Streik in Masinde*) in: Stücke Afrikas. Hg. v. J. Fiebach. Berlin 1974, S. 328–345 u. S. 677–678. Für Guinea vgl. N. I. L'vov: Sovremennyj teatr tropičeskoj Afriki. Moskva 1977, S. 115–116.

342 De la Pièce de Théatre. In: Horoye (Conakry) v. 31. 1. 1976.

343 Vgl. G. Okara: Die Stimme. Berlin 1975, S. 129–135.

344 Ch. Achebe: A Man of the People. AWS 31 (1966), S. 3.

345 Ebenda, S. 3. – Auf Druck einer seit dem zweiten Weltkrieg besonders starken antikolonialen Bewegung hatte sich in Nigeria seit Anfang der fünfziger Jahre ein parlamentarisches System nach den Regeln der britischen parlamentarischen bürgerlichen Demokratie entwickeln können. (Vgl. M. Crowder: The Story of Nigeria. London 1962, S. 225–257.)

346 Ch. Achebe: A Man of the People. AWS 31 (1966), S. 4.

347 Ebenda, S. 5.

348 Ebenda, S. 91.

349 Achebe nannte einen „ungezügelten Republikanismus" als Kennzeichen dieser Verhältnisse (Ch. Achebe: Morning Yet On Creation Day. London 1975, S. 23). Vgl. auch das 1938 erstmals erschienene Buch von G. T. Basden: Niger Ibos. London 1966, S. 130–146; V. C. Uchendu: The Igbo of Southeast Nigeria. New York-Chicago-San Francisco-Toronto-London 1966, S. 15–35. – Uchendu, selbst Ibo oder – wie es in Ibo heißt – Igbo, konstatiert bei aller Unterschiedlichkeit der verschiedenen Gruppen als gemeinsamen Nenner eine „Gleichheitsideologie" (egalitarian

ideology), „das Recht des Individuums, nach oben zu klettern, und den Glauben an seine Fähigkeit, das auch tun zu können" (ebenda, S. 84). Wieweit hier möglicherweise eine moderne bürgerliche Sicht die geschichtlichen Verhältnisse idealisiert, vermag ich nicht zu beurteilen.

350 Die Kritik hat das immer wieder hervorgehoben. Vgl. G. Moore: The Chosen Tongue. London-Harlow 1969, S. 151; E. Palmer: An Introduction to the African Novel. London-Ibadan-Nairobi 1972, S. 49; K.-H. Böttcher: Tradition und Modernität bei Amos Tutuola und Chinua Achebe. Bonn 1974, S. 211 u. S. 265. – K.-H. Böttcher wies die Exaktheit der Darstellung im Vergleich mit ethnologischen und historischen Untersuchungen etwa von Uchendu und Basden nach.

351 Vgl. J. Fiebach: Chinua Achebe: Der Pfeil Gottes. In: Weimarer Beiträge 22 (1976) 3, S. 152–154. – Zur Kollision zwischen den bestehenden Strukturen der Ibo-Gemeinschaften und dem System der „indirekten Herrschaft" des britischen Kolonialismus vgl. M. Crowder: The Story of Nigeria. London 1962, S. 231–233.

352 Ch. Achebe: Der Pfeil Gottes. Berlin 1975, S. 331–332.

353 Ch. Achebe: Okonkwo oder Das Alter stürzt. Berlin-Weimar 1976, S. 22.

354 B. Lindfors, der ausführlich die Sprache und die Verwendung von Sprichwörtern bei Achebe untersuchte, betonte: „Achebes sensitiver Gebrauch einer angemessenen Sprache verleiht seinen Romanen Historizität (an air of historicity)." (B. Lindfors: The palm ail with which Achebe's words are eaten. In: African Literature Today. A Journal of Explanatory Criticism. London [1968] 1, S. 6.)

355 Vgl. K.-H. Böttcher: Tradition und Modernität bei Amos Tutuola und Chinua Achebe. Bonn 1974, S. 263.

356 Vgl. Interview mit D. Nwoga 1964. In: African Writers Talking. Hg. v. D. Duerden u. C. Pieterse. London-Ibadan-Nairobi 1972, S. 8.

357 In: Nigeria Magazine. Lagos (1964) 81, S. 157.

358 Vgl. die Analysen im vorliegenden Band. S. 18–21.

359 O. Arikpo: The Development of Modern Nigeria. PB 1967, S. 115–116.

360 Ebenda, S. 119–120. – Zur Geschichte des Bürgertums in Nigeria, seiner Beziehungen zur traditionellen Aristokratie, insbesondere im bedeutenden Zentrum Lagos, und zu ihrer objektiv antikolonialen Rolle vgl. P. Cole: Modern und Traditional Elites in the Politics of Lagos. Cambrigde 1975, S. 72–97 u. S. 181–191; A. L. Mabogunje: Yoruba Towns. Ibadan 1962. – Zur Herausbildung politischer Parteien in Afrika, ihrer teilweise starken Prägung durch Normen der vorkolonialen Gesellschaften und zugleich durch die koloniale Situation vgl. Th. Hodgkin: African Political Parties. PB 1961, S. 13–31 u. S. 125–165. – Zur politischen Entwicklung von der Unabhängigkeit bis zur Machtübernahme durch das Militär vgl. K. Hutschenreuter: Die inneren Auseinandersetzungen in Nigeria um die Gestaltung des Staatsaufbaus. In: Asien, Afrika, Lateinamerika. Hg. Der Rektor der Karl-Marx-Universität Leipzig. Leipzig 1968, S. 371–400.

361 Zum Zusammengehen verschiedener sozialer Kräfte in der antikolonialen Bewegung der vierziger und fünfziger Jahre, besonders des nationalen Bürgertums und Kleinbürgertums mit dem Proletariat vgl. Ch. Mährdel: Arbeiterklasse und nationale Bourgeoisie in den ersten Jahren der revolutionären Phase der nationalen Befreiungsbewegung der Völker Nigerias (1945–1951). Phil.-Diss. Leipzig 1964, S. 26–37, S. 92–104 u. S. 165 bis 171; Nnamdi Azikiwe: My Odyssey. An Autobiography. London 1970, S. 359–383. – Azikiwes Vorstellung von einer parlamentarischen bürgerlichen Demokratie, in der sich freies Unternehmertum und zugleich soziale Gerechtigkeit entfalten würden, läßt sich deutlich aus seinen Reden bis 1960 ablesen (Zik. A Selection from the Speeches of Nnamdi Azikiwe. Cambridge 1961, S. 10, S. 16–17, S. 19–21, S. 86–88 u. S. 261.)

362 Die „Vorhersage" der Machtübernahme im Roman zeigt Achebes scharfen Blick für die sozialpolitische Realität in Nigeria. (Vgl. B. Lindfors: Achebe's African Parable. In: PA [1968] 66, S. 132–136.)

363 Ch. Achebe: The Black Writer's Burden. In: PA (1966) 59, S. 138.

364 Ch. Achebe: A Man of the People. AWS 31 (1966), S. 152.

365 Ebenda, S. 167.

366 Ebenda, S. 97.

367 Ebenda, S. 166–167.

368 J. Ngugi: Satire in Nigeria. In: Protest and Conflict in African Literature. Hg. v. C. Pieterse u. D. Munro. London-Ibadan-Nairobi 1969, S. 57–58.

369 B. Brecht: Schriften zur Literatur und Kunst. Bd. 2. Berlin-Weimar 1966, S. 62.

370 A. Irele schrieb z. B. zu Achebes Romanen vor *A Man of the People*: „Die herausstechende Qualität seines Stils ist *Nüchternheit* (sobriety), nicht die Simplizität eines beschränkten Talents, sondern die disziplinierte Ökonomie eines selbstsicheren (assured) Künstlers. Mit Hilfe eines konventionellen Mediums läßt Achebe die Komplexität menschlicher Situationen mit den geringsten Mitteln erstehen ... Er konzentriert sich vor allem auf Individuen. Seine Erzählweise (narrative method) ist objektiv (detached), beinahe teilnahmslos (impassive)." (In: Introduction to African Literature. Hg. v. U. Beier. London 1967, S. 177.) – Böttcher meint: „Der erste Eindruck, den Achebes Werke vermitteln, ist der einer fast ‚klassisch' zu nennenden Einfachheit und Klarheit ... In der Regel werden die Ereignisse aus der Perspektive des Abstand haltenden, über den Dingen stehenden Berichterstatters dargeboten ... In jedem Falle weiß der Erzähler in seiner Romanwelt Bescheid, und wann immer es ihn notwendig dünkt, kann er den Leser durch erläuternde Bemerkungen auf ein besseres Verständnis des Geschehens vorbereiten." (K.-H. Böttcher: Tradition und Modernität bei Amos Tutuola und Chinua Achebe. Bonn 1974, S. 283.)

371 Graham Greene, Hemingway, vor allem Joseph Conrad hätten ihn interessiert, sagte Achebe 1962 in einem Interview. (In: African Writers Tal-

king. Hg. v. D. Duerden u. C. Pieterse. London-Ibadan-Nairobi 1972, S. 6.) – Das bedeutet nicht, Achebe sei mit solcher Literatur zu identifizieren, habe vor allem die Tiefen einer a l l g e m e i n e n „menschlichen Natur" (human condition) erforschen wollen, wie G. D. Killam behauptet in: The Writings of Chinua Achebe. London-Ibadan-Nairobi-Lusaka 1977, S. 84 u. S. 128.

372 Ch. Achebe: Morning Yet on Creation Day. London 1975, S. 45.

373 Ebenda, S. 22.

374 Ebenda, S. 3.

375 Ebenda, S. 19.

376 Ch. Achebe: The Role of the Writer in a New Nation. In: Nigerian Magazine. Lagos (1964) 81, S. 158.

377 Zit. nach: African Writers Talking. Hg. v. D. Duerden u. C. Pieterse. London-Ibadan-Nairobi 1972, S. 13 u. S. 17.

378 Mphahlele bemerkte: „Achebe sympathisiert eindeutig mit Okonkwo, aber während der ganzen Geschichte ist er objektiv (detached) wie der alte griechische Dichter." (E. Mphahlele: The African Image. London 1962, S. 202.) – Achebe dagegen sagte 1967 zu Serumaga: „Ich meine, meine Sympathien lagen nicht völlig bei Okonkwo ... Das Leben muß einfach weitergehen, und wenn man sich weigert, Veränderungen anzunehmen, dann wird man beiseite gefegt, so tragisch das auch sein mag." (In: African Writers Talking. Hg. v. D. Duerden u. C. Pieterse. London-Ibadan-Nairobi 1972, S. 14.)

379 Ch. Achebe: A Man of the People. AWS 31 (1966), S. 65. – Odili ist aber wohl kaum als ein Bestandteil der korrupten Kräfte aufzufassen, die er bloßstellt, wie Ravenscroft andeutet. (Vgl. A. Ravenscroft: African Literature V: Novels of Disillusion. In: The Journal of Commonwealth Literature. London [1969] 6, S. 121–122.)

380 Ch. Achebe: A Man of the People. AWS 31 (1966), S. 155 u. S. 161 bis 162.

381 Ebenda, S. 167.

382 Vgl. G. Kamenju: A Man of the People. In: Darlite. Dar es Salaam. 2 (1967) 1, S. 38–40.

383 Wie schwierig das für die demokratische Intelligenz Anfang der sechziger Jahre in Nigeria war (wegen der Zersplitterung der progressiven Kräfte, der politischen Schwäche der Arbeiterbewegung), vgl. K. Hutschenreuter: Die inneren Auseinandersetzungen in Nigeria um die Gestaltung des Staatsaufbaus. In: Asien, Afrika, Lateinamerika. Hg. Der Rektor d. KMU Leipzig. Leipzig 1968, S. 375–379.

384 Bereits Achebes zweiter Roman *No Longer at Ease* (1960), die Geschichte eines jungen, modern gebildeten nigerianischen Beamten noch unter dem Kolonialismus, kann die komplexen gesellschaftlichen Vorgänge nicht mehr in der individuellen Geschichte des Mannes schildern. In welchem Maße die Veränderung der darzustellenden Wirklichkeit das Problematischwer-

den seiner „klassischen" realistischen Schreibweise bedingte, zeigt sich vielleicht darin, daß er ursprünglich die Geschichte des Okonkwo und des Helden von *No Longer at Ease*, eines Enkels von Okonkwo, in e i n e m Buch erzählen wollte. (Vgl. das Interview mit Serumaga in: African Writers Talking. Hg. v. D. Duerden u. C. Pieterse. London-Ibadan-Nairobi 1972, S. 16.)

385 Der Nigerianer D. Nwoga bemerkt in seiner Rezension, bevor er die unterschiedlichen Gegenstände aufführt, Achebe habe „seiner Vision unserer Zeit, der jüngsten Vergangenheit (des Bürgerkriegs um Biafra – J. F.) Ausdruck gegeben und eine Haltung zum Leben vorgestellt, die betont menschlich ist". (In: Okike. New York-Enugu. 1 [1971] 2, S. 39.)

386 Ch. Achebe: Girls at War and other Stories. AWS 100 (1972) S. 73.

387 Ch. Achebe: Beware Soul Brother and other Poems. Enugu 1971, S. 28 bis 30.

388 Sembène Ousmane: Xala. [Paris] 1973, S. 134.

389 Mit einem nur verbalen Hinweis auf gesellschaftliche Veränderungen durch proletarische Gruppen klingt auch *Le Mandat* (dt. *Die Postanweisung*) aus. Der Postbote sagt dem betrogenen Arbeitslosen Diem, daß sich die Dinge ändern werden und daß er, Diem, einer der Veränderer sei.

390 Zit. nach: L. Kesteloot: Les écrivains noirs de langue française: naissance d'une littérature. Bruxelles 1963, S. 299; vgl. M. Beti: Perpétue und die Gewöhnung ans Unglück. Berlin 1977, S. 308.

391 Vgl. J. Woddis: Afrika – der Weg nach vorn. Berlin 1964, S. 173–174.

392 Thomas Melone beobachtet in einer Studie, die ansonsten zu stark die Demonstration von unabänderlicher Fremdheit und Einsamkeit des einzelnen in Betis Werk betont, die „imperturbable sérénité" der kleinen Leute, also die „unerschütterliche (heitere) Ausgeglichenheit", die sich natürlich in der Erzählweise reflektiert. (Th. Melone: Mongo Beti, l'homme et le destin. In: PA [1969] 70, S. 122.)

393 Vgl. die Diskussion von Intellektuellen über die Situation im Lande und die Ermordung des Fußballspielers in: M. Beti: Perpétue und die Gewöhnung ans Unglück. Berlin 1977, S. 74–84 u. S. 267–268; vgl. ebenfalls die publizistische Darstellung der neokolonialen Herrschaft und der Diktatur im unabhängigen Kamerun durch Beti selbst: M. Beti: Main basse sur le cameroun. Paris 1972, S. 33–89.

394 G. C. M. Mutiso: African-Social-Political Process: A Model from Literature. In: Black Aesthetics. Hg. v. A. Gurr u. P. Zirimu. Nairobi-Kampala-Dar es Salaam 1973, S. 105.

395 Clark veröffentlichte 1964 mit *The Raft* ein Stück, in dem metaphorisch die Unsicherheit des Individuums mit dem Schicksal von Flößern verglichen wird, die unaufhaltsam von Strömung und Unwetter in den Ozean, d. h. in den Tod, getrieben werden. (Vgl. J. P. Clark: Three Plays. London-Ibadan 1964, S. 112, S. 117, S. 120–121 u. S. 131–134.)

396 Vgl. A. K. Armah: The Beautyful Ones Are Not Yet Born. Toronto 1969, S. 55.

397 Ebenda, S. 87–89.

398 Solche objektiven und subjektiven Faktoren waren u. a.: die Abhängigkeit vom kapitalistischen Weltmarkt, der durch Senkung des Kakao-Preises Ghanas Hauptexportprodukt und damit die Deviseneinnahmen außerordentlich dezimierte; die bereits relativ starke Bourgeoisie und ein sehr starkes Kleinbürgertum; die ungünstige Investitionspolitik; das Versäumnis, eine in den Massen verwurzelte revolutionäre Partei aufzubauen, und der Kult um die Person Nkrumahs. Vgl. H.-J. Wienhold: Die Akkumulation und der staatliche Produktionssektor nach der Einleitung der nichtkapitalistischen Umgestaltung. Einige Schlußfolgerungen aus dem Beispiel Ghanas. In: Asien, Afrika, Lateinamerika. Hg. Der Rektor d. KMU Leipzig. Leipzig 1968, S. 401–419. – Wienhold meint, daß die Händler und die bürokratische Bourgeoisie teilweise maßlos und mit Hilfe von Terror die Werktätigen ausplünderten, gerade als von Nkrumah und der kleinen um ihn gescharten Gruppe wesentliche Schritte zur antikapitalistischen Umgestaltung unternommen wurden. – Vgl. K. Nkrumah: Dark Days in Ghana. London 1968, S. 38–96; W. E. F. Ward: A History of Ghana. London 1966, S. 402–429.

399 A. K. Armah: The Beautyful Ones Are Not Yet Born. Toronto 1969, S. 3.

400 Ebenda, S. 11–13.

401 Ebenda, S. 62; vgl. ebenda, S. 118.

402 Ebenda, S. 156–157.

403 Ch. Achebe: Morning Yet on Creation Day. London 1975, S. 24–26.

404 Den französischen Roman seit den zwanziger Jahren behandelnd, mit dem Blick auf Proust und – im anglo-amerikanischen Bereich – auf Faulkner, Virginia Woolf und Joyce, hat G. Zeltner-Neukomm solche Züge aufgezeigt. (G. Zeltner-Neukomm: Das Wagnis des französischen Gegenwartsromans. Reinbek b. Hamburg 1962, S. 83–132.)

405 J.-P. Sartre: Der Ekel. Reinbek b. Hamburg 1963, S. 16.

406 Ebenda, S. 133–134.

407 Vgl. z. B. Armahs Sprache mit folgenden Stellen bei W. Faulkner: Intruder in the Dust. PB 1966, S. 200–209; Light in August. PB 1967, S. 195 bis 197 u. S. 208–209. – Damit soll nicht behauptet werden, es gäbe einen besonderen oder überhaupt einen Einfluß Faulkners; ich möchte nur andeuten, daß Armah nicht einfach mit Sartre zu vergleichen ist.

408 Vgl. eine Stelle wie diese: „*Bella (verächtlich):* Mutig bist du wirklich nicht. *(Ihre Saufotze bellt.)* Fohracht! / *Bloom (verächtlich):* Mach dir erst mal den nagellosen Mittelfinger sauber, die kalte Spucke deines Bullen tröpfelt aus deinem Hahnenkamm. Nimm 'ne Hand voll Heu und wisch dich ab." J. Joyce: Ulysses. Bd. 2, München 1966, S. 580 (Sonderreihe dtv.).

409 Vgl. nicht nur die Benennung der Gegensätze zwischen den Massen und der ausbeutenden Bourgeoisie, sondern auch die Anspielung auf wichtige historische Ereignisse, wie den Putsch vom 24. Februar 1966, der Nkrumah stürzte, und den Streik der Eisenbahner und anderer Werktätiger von 1961 gegen steigende Lebenskosten. (A. K. Armah: The Beautyful Ones Are Not Yet Born. Toronto 1969, S. 155; W. E. F. Ward: A History of Ghana. London 1966, S. 423–424.)

410 Einführung zu A. K. Armah: The Beautyful Ones Are Not Yet Born. Toronto 1969, S. X–XI.

411 A. K. Armah: Fragments. AWS 154 (1974), S. 81.

412 Ebenda, S. 207.

413 Ebenda, S. 209.

414 Ebenda, S. 190.

415 Juana, die nach Afrika gekommen ist, um aktiv am Neuaufbau teilzunehmen, reflektiert: „Welchen Sinn würde es haben, sich endgültig für ein Verbleiben zu entscheiden, jetzt, da sie wußte, es gibt hier Leute, ..., die die Macht hätten, all das hier zu verändern, die aber nur damit beschäftigt sind, sich in einem schlechten System ein bequemes Nest zu bauen, wie die Leute, die sie von zu Hause kannte und von all ihren Reisen? Leute, die bewußt ihre Augen vor dem Wissen verschlossen, daß ihr eigenes nutzloses Leben Teil des langsamen Verfalls ihrer eigenen Völker ist, zu einem Untergang verurteilt, der schon lange begonnen hat.“ (Ebenda, S. 46.)

416 Ebenda, S. 224.

417 Ebenda, S. 284. – D. Stewart hob in einer Analyse der ersten drei Romane hervor, daß die moderne Welt, also das unabhängige Afrika, wie ein Alptraum beschrieben werde, daß es sich – durch Metaphern verdichtet – zeige wie ein Dschungel, in dem die Hoffnung „des Lebens zur Hoffnung des Sich-Bereicherns geworden“ sei. (D. Stewart: L'être et le monde dans les premiers romans d'Ayi Kwei Armah. In: PA [1973] 85, S. 203.) – Die neokolonialen Abhängigkeiten und die scharfen Gegensätze zwischen der einheimischen Bourgeoisie und den Massen kamen unter dem System der bürgerlichen Demokratie, das dem Umsturz von 1966 bald folgte, besonders kraß zum Ausdruck. R. Tetzlaff schrieb, daß 1966/67 „Ghana zum zweitenmal als Beute aufgeteilt“ wurde, jetzt mit den multinationalen Konzernen als Gewinner. Es habe eine „tendenzielle Rückkehr zu kolonialen Zuständen“ stattgefunden. (R. Tetzlaff: Ghana. Fehlgeschlagene Versuche der Befreiung. In: Zur Soziologie der Dekolonialisation in Afrika. Hg. v. G. Grohs u. B. Tibi. Frankfurt a. M. 1973, S. 250.) – Tetzlaff verweist auch auf die „Mittler-Rolle“ der ghanaischen Bourgeoisie, auf ihre rein konsumtive Haltung, die mögliche für das Land produktive Kapitalansätze nicht produktiv investierte, sondern einfach verzehrte. Es habe sich hier Fanons Analyse der unentwickelten Bourgeoisie, die keinen nationalen Zielen diene, bestätigt, eine Analyse, die auf die „Vermittler“-

Funktion aufmerksam machte (ebenda, S. 247). Vgl. F. Fanon: Die Verdammten dieser Erde. Frankfurt a. M. 1966, S. 116. – Armah scheint Fanon genau gekannt zu haben, er hat sich möglicherweise auf ihn bezogen. In seinem dritten Roman hebt er die Anschrift der fiktiven revolutionären Befreiungsfront eines noch von Portugal unterdrückten Landes in der „RUE FRANTZ FANON" hervor. (A. K. Armah: Why Are We So Blest? AWS 155 [1974], S. 48.)

418 Vgl. J.-P. Sartre: Der Ekel. Reinbek b. Hamburg 1963, S. 122–126 u. S. 165–166.

419 Ebenda, S. 168.

420 A. K. Armah: Why Are We So Blest? AWS 155 (1974), S. 15.

421 Ebenda, S. 232.

422 Ebenda, S. 231.

423 J. Kariara: The Beautyful Ones Are Not Yet Born. In: Zuka. Nairobi (1969) 4, S. 57–58.

424 A. K. Armah: The Beautyful Ones Are Not Yet Born. Toronto 1969, S. VII.

425 Die Geschichte der Grausamkeit der Schwarzen und ihrer Sklaven beginnt – so die Erzählung Ouologuems – mit den Saifs im 13. Jahrhundert, die durch Repressalien, mit dem Schrei „Für den Ruhm der Welt" ihre Speere mit Verbrechen befleckten. Vgl. die englische Fassung Y. Ouologuem: Bound to Violence. AWS 99 (1971), S. 4.

426 Vgl. R. Serumaga: Return to the Shadows. London-Nairobi-Ibadan 1969, S. 128–129. – Vgl. das schon 1967 aufgeführte *A Play*, in dem Gewalttätigkeit eine auffällige Rolle spielt, in einer Geschichte, die politische Vorgänge in Uganda darstellt: R. Serumaga: A Play. Kampala 1968, S. 31–33. – Flüchtlingsprobleme und Gewalttätigkeit im unabhängigen Uganda und seinen Nachbarstaaten sind auch kennzeichnend für das 1970 aufgeführte Stück *The Elephants*. Eine der Figuren verfällt am Schluß dem Wahnsinn – symbolische Konsequenz einer als inhuman angesehenen Welt. (R. Serumaga: The Elephants. Nairobi 1971, S. 58.)

427 Okello Oculis 1967 geschriebene Erzählung *The Prostitute* schildert das freudlose Leben einer Prostituierten in Uganda: „Sie saß sehr still. Der hartnäckige Gestank von Urin umgab sie. Sie selbst hatte dazu beigetragen, in den Nächten, wenn das Geschäft florierte. Den übrigen Teil die anderen Frauen und deren Kinder." (O. Oculi: Prostitute. Nairobi 1968, S. 9.) – Interessant ist auch, daß „triviale Literatur" oder melodramatische Theaterstücke in Sambia z. B. ähnliche Realitätserfahrungen verarbeiten. Vgl. das Stück *The Long Arms of the Law* von G. P. Kasoma in: The Jewel of Africa. Lusaka. 1 (1968) 2, S. 20–22. Vgl. dazu M. Etherton: The Dilemma of the Popular Playwright. In: African Literature Today. Hg. v. E. D. Jones. London-New York (1976) 8: Drama in Africa, S. 29 bis 32. – Insgesamt zeigt sich, daß Mphahlele 1968 nicht scharf genug sah, als er für die afrikanische Literatur allgemein feststellte, daß kein „schwar-

zer Held in der negerafrikanischen Prosa (fiction) von der Angst befallen ist, die ihn wie eine gefangene Fliege herumtorkeln läßt". Es gebe hier noch keine desintegrierten Gesellschaften wie im Westen, also auch keine Figuren wie bei Kafka oder Camus. Allerdings war er sich nicht sicher, ob das auch künftig so bleiben würde. (E. Mphahlele: African Literature and Propaganda. In: The Jewel of Africa. Lusaka. 1 [1968] 4/5, S. 23.)

428 J. Othieno-Angira: Experimental Writing. In: Writers in East Africa. Hg. v. A. Gurr u. A. Calder. Nairobi-Kampala-Dar es Salaam 1974, S. 77.

429 Ebenda, S. 68.

430 Ebenda, S. 71–72.

431 Ebenda, S. 74.

432 J. Angira: Juices. Nairobi-Dar es Salaam-Kampala 1970, S. 12.

433 Ebenda, S. 19.

434 Vgl. die Rezension von Ch. Achebe in: Trasition. Accra. 8 (1972) 41, S. 69–70.

435 K. Awoonor: This Earth My Brother . . . AWS 108 (1972), S. 163–164.

436 Vgl. ein Interview mit K. Awoonor in: Transition. Accra. 8 (1972), 41, S. 42.

437 Vgl. Ebenda, S. 44. – Awoonor sagte dort, Adisa verkörpere das Wesen des Frauentums: „In gewisser Hinsicht das Wesen von Afrika oder einen Aspekt von Afrika. Adisa ist wie Afrika, wie ein kleines Mädchen, das vergewaltigt wird und stirbt, bevor es die Initiation erfahren hat." So sehe man sie auch in der Meerjungfrau wieder – ein erweitertes Bild, das in der westafrikanischen Folklore zu finden sei, in einem Mythos, der auf eine vollkommene Erfahrung, ein vollkommenes Wissen, also Weisheit, ziele. „Und in der Gestalt der Meerjungfrau versuchte ich, die Bilder dieses Mythos in einem anderen Symbol Afrikas einzufangen. Irgendwo existiert sie als die letzte Quelle der Weisheit. Sie weiß die Antwort. Sie weiß, was sie tun muß, was Amamu tun muß, was wir alle tun müssen." Awoonor idealisiert damit aber nicht die Vergangenheit, noch besteht er auf einem romantischen Traditionalismus. Vgl. sein kurzes Stück *Ancestral Power* in: Short African Plays. Hg. v. C. Pieterse. AWS 78 (1972).

438 Vgl. A. K. Armah: Why Are We So Blest? AWS 155 (1974), S. 14–27, S. 50–52.

439 W. Soyinka: Myth, Literature and the African World. Cambridge 1976, S. 116.

440 Vgl. z. B. A. K. Armah: Two Thousand Seasons. Nairobi 1973, S. 57–59.

441 Vgl. ebenda, S. 149–151.

442 W. Soyinka: Myth, Literature and the African World. Cambridge 1976, S. 112.

443 Vgl. A. K. Armah: Why Are We So Blest? AWS 155 (1974), S. 269.

444 A. K. Armah: Two Thousand Seasons. Nairobi 1973, S. 320.

445 Die deutsche Übersetzung lautet, daß all das, wofür sie sich einsetzten, „beiseite geschoben wurde". (J. Ngugi: Preis der Wahrheit. Berlin 1971,

S. 6.) – Im englischen Original heißt es aber, daß sie jetzt sehen „all that they fought for being put on one side", also nicht „beiseite geschoben", sondern „auf e i n e Seite geschoben" oder besser „gelegt". (J. Ngugi: A Grain of Wheat. AWS 36 [1968], S. VI.) Das ergibt auch erst den wirklichen Sinn – die Bauern wurden von der sich herausbildenden kenianischen Bourgeoisie um ihre Früchte gebracht. Zur historisch genauen Darstellung vgl. z. B. J. Ngugi: Abschied von der Nacht. Berlin 1969; C. G. Rosberg jr./J. Nottingham: The Myth of „Mau Mau". Nationalism in Kenya. Nairobi (1966), S. 235–354; J. M. Kariuki: „Mau Mau" Detainee. PB 1964. – Zu J. Ngugis zweitem Roman *The River Between* (*Der Fluß dazwischen*) vgl. das Kapitel über kulturellen Nationalismus (Cultural Nationalism) in Rosbergs und Nottinghams Buch und den Aufsatz von D. N. Sifuna: Adapting Some Aspects of African Culture in Schools. A Case Study of Kenya and Tanganyika. In: PA (1976), 99/100.

446 Vgl. J. Ngugi: Morgen um diese Zeit. In: Stücke Afrikas. Hg. v. J. Fiebach. Berlin 1974, und J. Ngugi: Der schwarze Einsiedler. In: Vier Dramen (Der Löwe und die Perle). Berlin 1973, besonders den zweiten Akt, mit C. Leys: Underdevelopment in Kenya. London 1976², S. 179–180 u. S. 122–124.

447 Vgl. Interview mit J. Ngugi in: The Nationalist (Dar es Salaam) v. 6. 12. 1968. Vgl. auch die Interviews von 1964 in: African Writers Talking. Hg. v. D. Duerden u. C. Pieterse. London-Ibadan-Nairobi 1972, S. 123 bis 129. – Hier finden sich auch Aussagen, die auf seine einfühlsame Schreibweise hinweisen: Der Engländer D. H. Lawrence habe ihn tief bewegt durch seine Schreibhaltung, durch „die Art, in den Geist der Dinge zu gehen", „in die Seele der Menschen hinein". (Ebenda, S. 122–123.)

448 Interview mit J. Ngugi in: Cultural Events in Africa. London (1969) 50, S. I.

449 Vgl. C. G. Rosberg jr./J. Nottingham: The Myth of „Mau Mau": Nationalism in Kenya. Nairobi 1966, S. 235–303; C. Leys: Underdevelopment in Kenya. London 1976, S. 49–50.

450 Vgl. Ngugi wa Thiong'o: Verborgene Schicksale. Berlin 1977, S. 6–7.

451 Vgl. J. Nyerere: Freedom and Unity/Uhuru na Umoja. Dar es Salaam 1967, S. 167–169.

452 Ngugi wa Thiong'o: Homecoming. London-Ibadan-Nairobi 1972, S. 25.

453 Vgl. T. Mboya: Freedom and After. London 1963, S. 163–170; T. Mboya: Sessional Paper No. 10 – it is African and it is Socialism. In: East Africa Journal. Nairobi. 5 (1969) 5, S. 15–20. – Mboya setzte sich voll für einen „afrikanischen Sozialismus" ein, der in Wirklichkeit kapitalistische Orientierung bedeutete.

454 Vgl. African Socialism and its Application to Planing in Kenya. Nairobi 1965, S. 4–18.

455 Vgl. C. Leys: Underdevelopment in Kenya. London 1976, S. 207–275.

456 J. Ngugi: Preis der Wahrheit. Berlin 1971, S. 311.

457 Tressel betonte als Ziel seines Romans: „Ich beabsichtigte die Verhältnisse zu zeigen, die aus Armut und Arbeitslosigkeit resultieren, die Fruchtlosigkeit der Maßnahmen zu enthüllen, die zu ihrer Bekämpfung angewandt werden, und anzudeuten, was, wie ich glaube, das einzig wirkliche Hilfsmittel ist – der Sozialismus." (R. Tressel: The Ragged Trousered Philanthropists. London 1956, S. 11.) – Indem das Buch ein reiches Bild „der unbesiegbaren und schöpferischen Humanität der Arbeiterklasse" gebe, schrieb Jack Mitchell, sei es bis heute ein „proletarischer sozialistischer Klassiker" der englischen Literatur. (J. Mitchell: Robert Tressel and The Ragged Trousered Philanthropists. London 1969, S. 53.) Zur Bedeutung des Buches für Ngugi vgl. das Vorwort von Ime Ikiddeh zu: Ngugi wa Thiong'o: Homecoming. London-Ibadan-Nairobi 1972, S. XIII.

458 Ngugi wa Thiong'o: Homecoming. London-Ibadan-Nairobi 1972, S. 56.

459 Ebenda, S. 12.

460 Ebenda, S. 13. – Er bezog sich auf die Arusha-Deklaration, die abgedruckt wurde in: J. Nyerere: Freedom and Socialism/Uhuru na Ujamaa. Dar es Salaam 1968, S. 233–234. – Zur Entwicklung, die Nyereres Sozialismus-Konzeption während der sechziger Jahre nahm, vgl. C. Mährdel: Afrikanische Parteien im revolutionären Befreiungskampf. Berlin 1977, S. 134–141.

461 Ngugi wa Thiong'o: Homecoming. London-Ibadan-Nairobi 1972, S. XVI.

462 Ebenda, S. 65–66.

463 Ebenda, S. XVI. – Ngugi betonte in diesem Zusammenhang die Verpflichtung des afrikanischen Künstlers auf seine Gesellschaft, die Funktionalität von Literatur. Er sah hier eine deutliche Scheidelinie zu Haltungen in Europa, die auf eine „Art von individueller Kultur" zielen und zu Künstlern, die – wie er an James Joyces Konzept des Künstlers zu sehen glaubte – nur ihrer eigenen Phantasie folgen (ebenda, S. 6). Er zitiert eine Stelle aus: J. Joyce: Jugendbildnis. Zürich 1965, S. 340–341 (5. Kap. von *A Portrait of the Artist as a Young Man*). Bei Joyce heißt es, zitiert von Ngugi: „Ich will dir sagen, was ich tun und was ich nicht tun will. Ich will dem nicht dienen, an das ich nicht länger glaube, ob es nun Heimat, Vaterland oder Kirche heißt: und ich will versuchen, mich in irgendeiner Art des Lebens oder der Kunst auszudrücken – und zwar so frei, wie ich kann, und so vollständig, wie ich kann – und zu meiner Verteidigung nur die Waffen gebrauchen, die zu gebrauchen ich mir selbst erlaube: Schweigen, Verbannung, List."

464 J. Ngugi: Preis der Wahrheit. Berlin 1971, S. 310–311.

465 Das wurde teilweise stark kritisiert. Vgl. S. A. Gakwandi: The Novel and Contemporary Experience in Africa. London-Lusaka-Ibadan-Nairobi 1977, S. 118. – Gakwandi, offensichtlich von einer konventionellen Erwartung auf einfach-einfühlsame Literatur ausgehend, bemängelte den „Sinn für Kontinuität", die „schwerfällige erzählerische Technik", die Kluft, die zwischen dem „plot" und dem Thema liege. I. Ikiddeh dagegen

nannte die Erzählweise zwar kunstvoll, aber die soziale Wirkung dämpfend. Klarheit der Geschichte wäre hier besser. (I. Ikiddeh: James Ngugi as Novelist. In: African Literature Today. Hg. v. E. D. Jones. Freetown [1968] 2, S. 9.) Derek Elders dagegen sieht in dem „gesprengten Zeitschema" (exploded time-scheme) einen Vorzug. Es unterminiere ständig „moralische Selbstgefälligkeit" (moral komplacency), da es Haltungen unter verschiedenen Aspekten zeige. (Ebenda, S. 53.)

466 Die Stücke *Der schwarze Einsiedler* und *Morgen um diese Zeit* waren 1962 bzw. 1966 aufgeführt bzw. letzteres als Hörspiel gesendet worden.

467 Ngugi wa Thiong'o: Verborgene Schicksale. Berlin 1977, S. 6.

468 Vgl. zu den verschiedenen Aspekten dieser Entwicklung, insbesondere zu dem Mythos eines „afrikanischen Sozialismus" und zur repressiven Politik, J. Kenyatta: Suffering Without Bitterness. Nairobi 1968, S. IX–XIV, S. 227 bis 238, S. 272–277, S. 302–307 u. S. 340–348; O. Odinga: Not Yet Uhuru. AWS 38 (1968), S. 269–315; C. Leys: Underdevelopment in Kenya. London 1976, S. 198–253. – Besonders Odinga hebt den starken Anti-Kommunismus hervor, der als ideologische Waffe gegen jede kritische, nur andeutungsweise linke Opposition dient.

469 Ngugi wa Thiong'o: Verborgene Schicksale. Berlin 1977, S. 8.

470 Ebenda, S. 6–7.

471 Die drei genannten Erzählungen des Bandes *Verborgene Schicksale* wurden nach 1971 geschrieben. Die anderen entstanden in den sechziger Jahren. Der Band erschien 1975.

472 Vgl. L. Kibera/S. Kahiga: Potent Ash. Nairobi o. J., S. 144–146.

473 Vgl. J. Ruganda: The Burdens. Nairobi 1972.

474 „Die Tage gehen zu Ende für mich, / Das Leben wird immer schlechter, / Sehr bald, sehr, sehr bald, / Wird die Zeit mich ans Ende führen. / Sehr gut. So sei es. / Nur eines bitte ich von dir. / Wenn die Sonne für mich niedergehen muß, / Wenn alles zu einem Ende kommen muß, / Wenn du mich los sein mußt, / In der Art, wie du mit allen meinen Freunden verfahren bist, / Wenn du mich töten mußt, / So mach rasch. / TÖTE MICH SCHNELL." (M. Mwangi: Kill Me Quick. AWS 143 [1973], o. S.)

475 Ngugi wa Thiong'o/M. G. Mugo: The Trial of Dedan Kimathi. AWS 191 (1977), o. S. (Vorwort).

476 Vgl. K. Watene: Dedan Kimathi. Nairobi 1974, S. 82–97. – In dem anderen Stück sind Vater und Sohn auf verschiedenen Seiten der Barrikade. Der Vater, der für Mau-Mau kämpft bzw. sie unterstützt, muß seinen Sohn opfern. (K. Watene: My Son for my Freedom and other Plays. Nairobi 1973, S. 71.)

477 Ngugi wa Thiong'o/M. G. Mugo: The Trial of Dedan Kimathi. AWS 191 (1977), o. S. (Vorwort)

478 Ebenda, S. 82.

479 Ebenda, S. 79. – „Wahrheit unsere Atombombe / Aber Disziplin unsere Wasserstoffbombe." (Ebenda, S. 68–69.)

480 Ebenda, S. 85. – Zu Strukturen des revolutionären Theaters vgl. den ersten Abschnitt dieses Kapitels, ferner: J. Fiebach: Theater in Schwarzafrika. In: Theater der Zeit (1972) 2, S. 16–18 (Studien 1); J. N. Birihanze: African Theatre: A Call For Change. In: Umma. Dar es Salaam (1971) 2. – Die „offenen" Formen mit Publikumsadressen, Einschluß von Tanz und Musik, Sprengung von Raum- und Zeitschemata sind natürlich nicht auf Tansania oder Ostafrika beschränkt. Entwürfe politischer, antiimperialistischer Dramatik Westafrikas demonstrieren sie – unabhängig von den ostafrikanischen Modellen – in sehr ähnlicher Weise. Vgl. die Stücke des Kameruners Alexandre Kum'a N'dumbe III: Kafra-Biatanga. Paris 1973; Cannibalisme. Paris 1973; Lumumba II. Ein Stück in neun Szenen. [Vervielfältigtes Manuskript] o. O., o. J.

481 Ngugi wa Thiong'o: Petals of Blood. AWS 188 (1977), S. 4.

482 Ebenda, S. 190.

483 Vgl. ebenda, S. 91, mit C. Leys: Underdevelopment in Kenya. London 1976, S. 98, S. 236–240, und Berichten über Eidschwören im Landsitz von Kenyatta, auf Gatundu, in: The Nationalist (Dar es Salaam) v. 6. 8. 1969; vgl. auch das Kapitel: *Tendenzen und Elemente gesellschaftlicher Umwälzungen im subsaharischen Afrika.*

484 Ngugi wa Thiong'o: Petals of Blood. AWS 188 (1977), S. 5.

485 Ebenda, S. 41–42.

486 Ebenda, S. 99–100.

487 Ebenda, S. 63–64.

488 Ebenda, S. 45.

489 Ebenda, S. 46.

490 Ebenda, S. 293–294.

491 Ngugi wa Thiong'o: Homecoming. London-Ibadan-Nairobi 1972, S. XVII bis XVIII.

492 Ngugi wa Thiong'o: Petals of Blood. AWS 188 (1977), S. 339–340.

493 A. K. Armah: Why Are We So Blest? AWS 155 (1974), S. 163.

494 Ngugi wa Thiong'o: Petals of Blood. AWS 188 (1977), S. 344. – Vgl. ebenda, S. 42, Muniras Erinnerung an Karega: „Karega und sein Gefolge von Theng'eta Fabrikarbeitern unterschieden sich in nichts voneinander. Sie hatten, das ist wahr, die einfache Brüderlichkeit (mere brotherhood) der Haut, der Region und der Gemeinschaft des Ursprungs zurückgewiesen, und sie sagten nein sowohl zu schwarzen, weißen wie indischen Unternehmern (Arbeitgebern, employers of labor)."

495 Ngugi wa Thiong'o: Homecoming. London-Ibadan-Nairobi 1972, S. XIII. Vgl. ebenda, S. 41–46.

496 Ebenda, S. XVIII.

497 Ebenda, S. XIX.

498 Ngugi wa Thiong'o: Petals of Blood. AWS 188 (1977), S. 204.

499 Ebenda, S. 210.

500 Ebenda, S. 4.

501 Vgl. ebenda, S. 338.

502 Ngugi detained. In: African Perspectives. Nairobi (1978) 2, S. 14 u. S. 35.

503 In: African Writers Talking. Hg. v. D. Duerden u. C. Pieterse. London-Ibadan-Nairobi 1972, S. 173–174.

504 Vgl. Stücke Afrikas. Hg. v. J. Fiebach. Berlin 1974, S. 59–61.

505 E. D. Jones: The Writing of Wole Soyinke. London-Ibadan-Nairobi 1973, S. 5.

506 O. Balogun: Traditional Arts and Cultural Development in Africa. In: Cultures. Paris 2 (1975) 3, S. 166–167; vgl. S. Johnson: The History of the Yorubas. London 1921, S. 29–30; U. Beier: The Agbegijo Masqueraders. In: Nigeria Magazine. Lagos (1964) 82, S. 189–199.

507 Vgl. J. A. Adedeji: The Origin and Form of the Yoruba Masque Theatre. In: Cahiers d'Etudes Africaines. 12 (1972) 2, S. 254–276; J. A. Adedeji: Oral Tradition and the Contemporary Theatre in Nigeria. In: Lotus. Kairo (1974) 22, S. 132–137.

508 Vgl. Stücke Afrikas. Hg. v. J. Fiebach. Berlin 1974, S. 135–157. – Kritik, daß der Schlußteil mehr „die Synopsis eines symbolischen Balletts als ein sich selbst tragender (self-sufficient) dramatischer Text" sei, wie sie Gerald Moore äußerte, geht an solcher gestalterischer Spezifik vorbei. (Vgl. G. Moore: Wole Soyinka. London-Ibadan 1971, S. 39–40.)

509 W. Soyinka: Idanre and other Poems. London 1969[2], S. 86.

510 S. Johnson nennt Ogun in seiner *History of the Yorubas* nur kurz als Gott des Krieges.

511 W. Soyinka: Idanre and other Poems. London 1969[2], S. 68 u. S. 85.

512 Ebenda, S. 87–88.

513 W. Soyinka: Myth, Literature and the African World. Cambridge 1976, S. 150.

514 Ebenda, S. 157.

515 Vgl. W. Soyinka u. a.: Der Löwe und die Perle. Vier Dramen. Berlin 1973, S. 34–35.

516 Vgl. W. Soyinka: Die Straße. In: Stücke Afrikas. Hg. v. J. Fiebach. Berlin 1974, S. 542–546.

517 Ebenda, S. 527.

518 Vgl. G. Parrinder: Religion in Afrika. PB 1969, S. 78–87.

519 W. Soyinka: The Harvest. London 1967. – Der Titel weist metaphorisch auf diese Wirksamkeit hin, zugleich auf ein Hauptmotiv des Stückes, die Feier der Yam-Ernte, die der Diktator Kongi groß für sich ausgestalten will.

520 W. Soyinka: The Bacchae of Euripides. London 1973, S. XI.

521 Die Analyse seiner Lyrik im Hinblick auf diese Erscheinung würde hier den Rahmen der kurzen Studie überschreiten. Einige Stücke sehe ich gleichsam als reine Satire, als Kritik schlechter Wirklichkeit. Vgl. die Stücke um den Propheten Jero, *The Trials of Brother Jero*, in: W. Soyinka:

Five Plays. London-Ibadan 1967[2]; *The Metamorphosis of Brother Jero* (1973); W. Soyinka: Opera Wonyosi. After John Gay and Bertolt Brecht. [Vervielfältigtes Manuskript.] Ife 1977, eine völlig auf das gegenwärtige subsaharische Afrika bzw. Nigeria bezugnehmende Variante der *Dreigroschenoper*.

522 Vgl. W. Soyinka: The Writer in a modern African State: In: The Writer in Modern Africa. Hg. v. P. Wästberg. Uppsala 1968, S. 16–19.

523 Vgl. Stücke Afrikas. Hg. v. J. Fiebach. Berlin 1974, S. 154.

524 Ebenda, S. 98.

525 Vgl. W. Soyinka: Camwood on the Leaves. London 1973, S. 25–29; W. Soyinka: The Strong Breed. In: W. Soyinka: Five Plays. London-Ibadan 1967[2], S. 266–283; E. D. Jones: The Writing of Wole Soyinka. London-Ibadan-Nairobi 1973, S. 49–52.

526 Vgl. W. Soyinka: The Interpreters. London 1967, S. 245–246.

527 Stücke Afrikas. Hg. v. J. Fiebach. Berlin 1974, S. 623–624.

528 Ebenda, S. 628.

529 M. Laurence verallgemeinerte, ausgehend von *Die Straße*, für Soyinkas Werk der sechziger Jahre: „Was immer wieder in diesen Werken hervorsticht, ist das Konzept, daß ein Mann sich selbst den Tod gibt, um dessen Natur zu begreifen, um ihn zu besiegen und sich als stärker als die Endgültigkeit zu erweisen.“ Das „Thema des Opfers“ führe ins Thema des „Märtyrertums, das für Soyinka der gewählte Tod bedeutet“. (M. Laurence: Long Drums and Cannons. London-Toronto-Melbourne 1968, S. 75.) – A. Ricard hat in seinem Vergleich zwischen LeRoi Jones und Soyinka dagegen die besondere Betonung des Individuums gegenüber der sozialen Gruppe und übergreifender sozialer Realität zu wenig berücksichtigt. (A. Ricard: Théâtre et Nationalisme. Wole Soyinka et LeRoi Jones. Paris 1972, S. 132–133.)

530 W. Soyinka: Le théâtre moderne négro-africaine. In: 1. Festival mondial des Arts nègres. Colloque sur l'art nègre. Bd. 1. Paris 1967, S. 548.

531 Vgl. W. Soyinka: The Writer in a modern African State. In: The Writer in Modern Africa. Hg. v. P. Wästberg. Uppsala 1968, S. 16–19.

532 Schon in dem 1970 aufgeführten Stück *Madmen and Specialists* sehe ich Anzeichen einer Neuakzentuierung. Der Old Man wird verfolgt bzw. getötet, weil er Soldaten, die Underdogs, denken lehrte und sie somit zu einer möglichen umstürzlerischen Tätigkeit befähigte. Vgl. W. Soyinka: Madmen and Specialists. London 1971, S. 37 u. S. 59–61.

533 W. Soyinka: Zeit der Gesetzlosigkeit. Berlin 1977, S. 30–31.

534 Vgl. die Rolle des Zaki in: Ebenda, S. 135–137. – Zur historischen Situation seit 1966 vgl. J. M. Ostheimer: Nigerian Politics. New York-Evanston-San Francisco-London 1973, S. 58–99; A. Ali Amr: The historical roots of the Nigerian Civil War (1967–1970). Phil.-Diss. (A) Berlin 1974, S. 34–95; Sovremennaja Nigerija. Moskva 1974, S. 161–195 u. S. 203–206; D. Fatogun: Tendenzen und Besonderheiten der sozialpoliti-

Entwicklung Nigerias. In: Probleme des Friedens und des Sozialismus (1977) 4, S. 515–520.

535 W. Soyinka: Zeit der Gesetzlosigkeit. Berlin 1977, S. 17.

536 Ebenda, S. 104–105.

537 Vgl. den Aufsatz von D. Fatogun sowie eine um marxistische Positionen bemühte Stellungnahme nigerianischer Intellektueller zur Situation und zum Regime des General Gowon *The Democratic Road to Development in Nigeria.* [Vervielfältigtes Manuskript.] Ibadan 1974, S. 1–26.

538 Soyinka hatte nach eigenen Angaben engere Beziehungen zu den progressiven Offizieren, die die militärische Machtübernahme begannen. In seinem Buch über die Zeit, die er von 1967 bis 1969 wegen Kritik der nigerianischen Politik im Gefängnis verbringen mußte, erwähnt er die Bekanntschaft mit einem in Moskau ausgebildeten Marxisten. (W. Soyinka: The Man Died. London 1972, S. 179.) Vgl. auch sein Gedicht *Ujamaa (for Julius Nyerere)* in: W. Soyinka: A Shuttle in the Crypt. London 1972, S. 80.

539 In: Transition. Accra 8 (1973) 42, S. 62 u. 64.

540 Bereits in *Madmen and Specialists* spielten alte Frauen als Prinzip der Erde eine wesentliche Rolle. Vgl. die Analyse v. Oyin Ogunba: The Movement of Transition. A Study of the Plays of Wole Soyinka. Ibadan 1975, S. 211–213.

541 Vgl. W. Soyinka: Zeit der Gesetzlosigkeit. Berlin 1977, S. 199, S. 146 u. S. 222–223.

542 Vgl. ebenda, S. 16.

543 Ebenda, S. 133.

544 Ebenda, S. 96. – Hier ist aber ungenau übersetzt: „Earth" wird mit „Wirklichkeit" wiedergegeben; bei der zentralen Bedeutung von „Earth" (Erde) für das Buch ist das nicht angemessen. (Vgl. W. Soyinka: Season of Anomy. London 1973, S. 82.)

545 W. Soyinka: Zeit der Gesetzlosigkeit. Berlin 1977, S. 350.

546 Vgl. die Übersetzung *Die Bakchen* in: Euripides. Werke in drei Bänden. Berlin-Weimar 1966, Bd. 3, S. 198–204, S. 207–221 u. S. 232–240.

547 W. Soyinka: The Bacchae of Euripides. London 1973, S. 54. – Soyinka hat in seiner Einleitung u. a. auf Thomsons Dionysos-Deutung verwiesen. Vgl. G. Thomson: Aischylos und Athen. Berlin 1957, S. 137–168.

548 W. Soyinka: The Bacchae of Euripides. London 1973, S. 63.

549 Ebenda, S. 65.

550 Ebenda, S. 38.

551 Ebenda, „Production Note". – Warum Soyinkas Stück eine Adaption des Euripides sei, die in gewisser Weise „zwischen die kulturellen Stühle des europäischen und afrikanischen Theaters" falle, machen M. Banham u. C. Wake in ihrem Band *African Theatre Today* (London 1976, S. 36) nicht klar.

552 K. Marx/F. Engels: Werke. Bd. 13. Berlin 1961, S. 641. – Lévi-Strauss'

Bemerkung, daß „wildes Denken" – also das vorwissenschaftliche, sich wesentlich über Mythen vermittelnde – heute noch bei uns gleichsam geschützt in der Kunst existiere, ist in diesem Zusammenhang interessant. (C. Lévi-Strauss: Das wilde Denken. Frankfurt a. M. 1968, S. 253–254, S. 303–304.) – R. Weimanns Herangehen an die Frage Mythos–Kunst ist weniger produktiv. Er setzt nur ein – allerdings nötiges – Warnschild gegen das Irrationalisieren moderner Kunst und Weltanschauung im Namen des Mythos. Zum Verständnis von moderner Kunst trägt nur begrenzt bei, daß er auf die Differenzierung zwischen ästhetischem Symbol, Kunst auf der einen, Mythos auf der anderen Seite pocht, dabei die – allerdings nicht so einfach zu sehende – Identifizierung des im Mythos Gedachten mit objektiver Realität gegenüber ästhetischer Illusion als einziges Unterscheidungsmerkmal näher behandelt. (R. Weimann: Phantasie und Nachahmung. Drei Studien zum Verhältnis von Dichtung, Utopie und Mythos. Halle 1970, S. 140–145.) – Interessanter ist es gerade zu verfolgen, wie Kunst und Mythos ähnlich modellieren, also wesentliche Strukturähnlichkeiten haben. Eine andere Frage wäre dann, was jeweils konkrete Kunst in konkreten Kommunikationssituationen, Wirklichkeit „mythologisierend", zu realistischen Haltungen gegenüber Wirklichkeit beitragen kann. Vgl. zu Ähnlichkeiten zwischen „Erzählweisen" von Mythos und Kunst. E. M. Meletinskij: Poetika Mifa. Moskva 1976, S. 149–173, 295–372.

553 Poems of Black Africa. Hg. v. W. Soyinka. AWS 171 (1975) S. 13–14. – Vgl. zu diesem Fragenkomplex H. Ley: Zur Allgegenwart von Struktur. In: Deutsche Zeitschrift für Philosophie (1978) 6, S. 745–749.

554 Vgl. u. a. H. O. Dill: Sieben Aufsätze zur lateinamerikanischen Literatur. Berlin-Weimar 1975, S. 56–114; ders.: Synthese von Dokument und Phantasie. Rezension zu M. Scorza „Garabombo der Unsichtbare". In: Sonntag (1978) 7, S. 12; C. Rincón: Nachbemerkung. In: G. G. Marquez: Hundert Jahre Einsamkeit. Berlin-Weimar 1975; U. Kunzmann: Nachwort. In: M. A. Asturias: Die Maismänner. Berlin 1977.

555 J. M. Lotman: Die Struktur des künstlerischen Textes. Frankfurt a. M. 1973, S. 319.

556 W. Soyinka: Myth, Literature and the African World. Cambridge 1976, S. XII.

557 Ebenda, S. 10–11 u. S. 14–15.

558 When The Man Died. Views, Reviews and Interview on Wole Soyinka's Controversial Book. Hg. v. J. Agetua. [Benin City] 1975, S. 39.

559 Ebenda, S. 40.

560 Ebenda, S. 41.

561 Vgl. W. Soyinka: The Man Died. PB 1977[3], S. 174–183, dazu die Rezension von K. Omotoso, abgedr. in: When The Man Died. Hg. v. J. Agetua. [Benin City] 1975, S. 19.

562 Vgl. W. Soyinka: Myth, Literature and the African World. Cambridge 1976, S. VII u. S. 36.

563 When The Man Died. Views, Reviews and Interview on Wole Soyinka's Controversial Book. Hg. v. J. Agetua. [Benin City] 1975, S. 39.

564 W. Soyinka: Death and the King's Horseman. London 1975, o. S. („Author's Note").

565 F. Osofisan: Drama And The New Exotic: the paradox of form in modern African theatre. [Vervielfältigtes Manuskript.] Ife 1978, S. 11.

566 W. Soyinka: Opera Wonyosi. After John Gay and Bertolt Brecht. [Vervielfältigtes Manuskript.] Ife 1977, S. 51.

567 When The Man Died. Hg. v. J. Agetua. [Benin City] 1975, S. 37–38.

Personenregister

In der gleichen Schriftenreihe sind u. a. erschienen:

Werner Bahner

Formen, Ideen, Prozesse in den Literaturen der romanischen Völker

Band 1: Von Dante bis Cervantes

1977 · 285 Seiten · 9,– M

Werner Bahner

Formen, Ideen, Prozesse in den Literaturen der romanischen Völker

Band 2: Positionen und Themen der Aufklärung

1977 · 292 Seiten · 9,50 M

Streitpunkt Vormärz

Beiträge zur Kritik bürgerlicher und revisionistischer Erbeauffassungen

1977 · 324 Seiten · 10,50 M

Ideologie – Literatur – Kritik

Französische Beiträge zur marxistischen Literaturtheorie

Herausgegeben von Karlheinz Barck und Brigitte Burmeister

1977 · 415 Seiten · 13,– M

Kürbiskerne

Beiträge zur Politik und Kultur in der BRD

Auswahl aus „Kürbiskern" (1965–1975)

Teil 1 und Teil 2

Herausgegeben von Ursula Reinhold

1977 · 601 Seiten · 19,50 M

Tibor Klaniczay

Renaissance und Manierismus

Zum Verhältnis von Gesellschaftsstruktur, Poetik und Stil

1977 · 276 Seiten · 9,– M

Nyota Thun

Krieg und Literatur

Studien zur sowjetischen Prosa von 1941 bis zur Gegenwart

1977 · 299 Seiten · 9,50 M

„Kontext"

Sowjetische Beiträge zur Methodendiskussion in der Literaturwissenschaft

Herausgegeben von Rosemarie Lenzer und Pjotr Palijewski

1977 · 216 Seiten · 7,– M

Michael Nerlich

Kritik der Abenteuer-Ideologie

Beitrag zur Erforschung der bürgerlichen Bewußtseinsbildung (1100–1750)

Teil 1 und Teil 2

1977 · 565 Seiten · 18,50 M

Ingrid Pepperle

Junghegelianische Geschichtsphilosophie und Kunsttheorie
1978 · 287 Seiten · 9,– M

Günther Klotz

Alternativen im britischen Drama der Gegenwart
1978 · 188 Seiten · 6,– M

Karlheinz Kasper

Multinationale sowjetische Erzählung (1945–1975)
1978 · 231 Seiten · 7,50 M

Jürgen Schebera

Hanns Eisler im USA-Exil
Zu den politischen, ästhetischen und kompositorischen Positionen des Komponisten 1938 bis 1948
1978 · 235 Seiten · 7,50 M

Amerikanische Literaturkritik im Engagement
Beiträge zur marxistischen Literaturtheorie und Literaturgeschichte
Eingeleitet und herausgegeben von Norman Rudich
1978 · 220 Seiten · 7,– M

Bulgarische marxistische Literaturtheorie und Literaturkritik (1891–1941)
Texte und Dokumente
Herausgegeben von Georgi Dimow und Dobri Witschew
1978 · 408 Seiten · 26,– M

Werner Lenk

„Ketzer"lehren und Kampfprogramme
Ideologieentwicklung im Zeichen der frühbürgerlichen Revolution in Deutschland
2. erg. Auflage 1978 · 203 Seiten · 7,– M

Ingeborg Spriewald

Vom „Eulenspiegel" zum „Simplicissimus"
Zur Genesis des Realismus in den Anfängen der deutschen Prosaerzählung
2. erg. Auflage 1978 · 166 Seiten · 6,– M

Manfred Naumann

Prosa in Frankreich
Studien zum Roman im 19. und 20. Jahrhundert
1978 · 306 Seiten · 10,– M

Wolfgang Klein

Schriftsteller in der französischen Volksfront
Die Zeitschrift „Commune"
1978 · 384 Seiten · 12,– M

Werner Herden

Wege zur Volksfront

Schriftsteller im antifaschistischen Bündnis

1978 · 236 Seiten · 7,50 M

Frank Wagner

„. . . der Kurs auf die Realität"

Das epische Werk von Anna Seghers (1935–1943)

2. Auflage 1978 · 318 Seiten · 10,– M

Norbert Krenzlin

Das Werk „rein für sich"

Zur Geschichte des Verhältnisses von Phänomenologie, Ästhetik und Literaturwissenschaft

1979 · 192 Seiten · 6,– M

Kolibri 360 GmbH
Ferdinand-Jühlke-Straße 7
99095 Erfurt, Deutschland
produktsicherheit@kolibri360.de